中国近现代政治思想史

刘健清　李振亚　主编

李振亚　刘景泉　赵铁锁　刘健清
邵云瑞　李　瑗
分　撰

南开大学出版社
天　津

图书在版编目(CIP)数据

中国近现代政治思想史/刘健清,李振亚主编.—天津:南开大学出版社,1993.12(2011.2重印)
ISBN 978-7-310-00607-6

Ⅰ.中…　Ⅱ.①刘…②李…　Ⅲ.①政治思想史-中国-近代-高等学校-教材 ②政治思想史-中国-现代-高等学校-教材　Ⅳ.D092

中国版本图书馆 CIP 数据核字(1999)第 63227 号

南开大学出版社出版发行
出版人:肖占鹏
地址:天津市南开区卫津路94号　邮政编码:300071
营销部电话:(022)23508339　23500755
营销部传真:(022)23508542　邮购部电话:(022)23502200
*
天津市蓟县宏图印务有限公司印刷
全国各地新华书店经销
*
1993年12月第1版　2011年2月第16次印刷
850×1168毫米　32开本　12.625印张　306千字
定价:21.00元

如遇图书印装质量问题,请与本社营销部联系调换,电话:(022)23507125

说　明

此书作为高等学校文科和研究生教材奉献给读者。

本书以政治思潮为主线，以专题形式阐述了近百余年来，中国主要的社会政治思潮起伏、交替、碰撞，及其对中国社会进程发生作用的历史。在写作上我们力图从政治学与历史学相结合的角度，对各种思潮作出简明、深入的分析，以有助于说明五四时期中国先进分子选择科学社会主义以及这一理论在中国取得胜利的历史必然性。

本书的主编刘健清、李振亚自1982年以来即在南开大学历史学系、政治学系、马列教学部和中国政治思想史研讨班开设中国近现代政治思想史课程。在此基础上，自1986年开始，又约请邵云瑞、李瑗、刘景泉、赵铁锁诸位副教授、讲师参加撰稿。近年来，本学科的研究日见深入，已出版多种专著和教材，我们尽可能吸取新的研究成果。虽经多次讨论，数易其稿，但限于水平，本书难免存在错误和不足，敬希读者批评指正。

在本书写作过程中，得到南开大学历史学系、马列主义教学部、研究生院的支持和南开大学出版社的大力协助，在此一并致谢。

目　录

绪　言

1840至1949年的中国历史,被人们习惯地以五四运动为界标,划分为中国近代史和现代史两个时期。然而,这百余年间中国的社会性质、基本矛盾、革命任务并无根本区别。反映这一大变革时代的社会政治思想,无论中西撞击之纷纭,还是新旧激战之复杂,多不外为解除民族忧患、摆脱国家贫穷,变旧中国为新中国而思考、而论争。本书以社会政治思潮为主干,将新旧民主主义两大革命阶段连贯起来,阐述其演变的历史。

一

政治思想史的研究对象是什么?至今仍表述不一。多数学者认为主要是研究各阶级和政治集团不同的国家观,即对国家政权的主张,国家观构成政治思想最本质的核心的部分。不同的是,有些学者认为研究范围应更广泛,如当代的"政治哲学","社会模式论"、"治国方略","伦理道德";现代各政党、团体和群众的政策、法规、宣言、告示、口号等等。这也不无道理。

政治思想史属于政治学的一个分支,也是历史学的分支,又是思想史的一部分。因此,要弄清其研究对象,必须首先弄清什么是政治和政治思想,这不是一个纯概念问题。我们注意学习和比较了经典作家和名人学者对此问题的论述,也注意观察和分析了现实社会的政治现象,并将两者加以综合,从而形成这样两点看法:第一,政治是一个历史范畴,其含义广泛复杂而又不确定,在阶级社会，阶级对阶级的斗争固然是政治的主要内容，然而并非其全部内容；第二，政治思想主要是研究国家来源、形式、行为和目的学说。国家问题“是关系全部政治的主要的和根本的问题”①。这里有两个争议的问题。其一是什么是国家？我们认为不能仅从“国家是阶级统治的工具”这个单一概念上理解它的含义，应该吸收国家产生、国家定义和国家理论分论的观点。不同的阶级统治说明不同国家的性质，土地、主权、人民三要素则说明不同的国度，如中国、美国、日本。从一般的意义上说，国家就是凌驾于社会之上有控制机能的政治实体，对社会实行一定控制是国家的基本职能。国家的性质和职能是密不可分的，但又不能混为一谈。前者说明哪个阶级在国家政权中占统治地位，后者说明统治的方式、行为和效能。政治思想史研究的对象，就国家观来说两者兼任，但主要是前者。因为阶级产生之后才有国家。“居民第一次划分为两大阶级”和“城市的出现”，就“需要有行政机关、警察、赋税等等……就是说需要政治”②。处理阶级与阶级之间的关系，本阶级内部的关系，是国家和政治的第一位的本质的表现和职能。因而，任何一种政治思想（国家观）不能不带着阶级性质。“一切关于非阶级的社会主义和非阶级的政治学说，都是胡说八道。”③ 谁不了解这一点，“谁就对马克思的经济学说或政治学说一窍不通。”④ 当然，在阶级社会里，人与人之间、集团与集团之间，并非全部都是阶级关系，例如一般的社会关系、伦理关系、民族关系、人际关系等等。尽管这些关系也属于国家和法的理论范畴，与政治思想相关联，但它应属于专门的分支学科的研究范围，而不应作为政治思想史研究的主要对象。

有争议的第二个问题，是对“政治就是各阶级之间的斗争”⑤

---

① 《列宁选集》第4卷，第42页，人民出版社1972年10月版。

② 《马克思恩格斯选集》第1卷，第56页，人民出版社1972年5月版。

③⑤《列宁选集》第2卷，第438页、第370页。

④ 《列宁选集》第3卷，第815页。

这一命题的理解。从革命阶级与反革命阶级的关系来说，它是正确的。但阶级斗争并非处理一切社会阶级关系的唯一准则和形式，从“政治就是参与国事，指导国家”[①] 的角度来说，“政治中基本的东西就是对于政治权力的控制，以及对这一权力加以运用的模式。”[②] 革命阶级无论在夺取政权时期和掌握政权时期，都必须兼顾阶级斗争和阶级合作两个方面，因此，把政治看作是“权力斗争”与“权力合作”辩证统一的科学和艺术，更符合实际。在阶级社会里，政治都带有阶级性，但政治和阶级斗争不能划等号。同样，权力和政权也不能划等号。人类除受政治权力的制约而外，还受自然的、社会的权力的制约。这里所指的“权力”仅限于政治权力，特别是国家政权。在阶级社会里，阶级、社会集团、民族之间的相互关系中，“权力”使政治从社会关系的总和中分离出来，它区别于经济的、文化的、伦理的、心理的等等一切其他权力，成为具有管理权力的（服从关系）政治权力。其特点在于将某种政治主张实施于社会生活，必要时得采取一些强制措施加以推行。国家权力是政治权力最高最集中的体现，它以其政策、法律、命令、动员等各种手段实现自己的意志。政治权力问题是国家观的核心内容，因而也就成为政治思想史研究的主要对象。

政治思想史把国家观作为研究对象，但不是对国家问题作静态研究，而是要就各个历史阶段的思想家、政治家、关于国家的各种学说、流派作动态考察。首先是“认识国家”，即研究思想家们关于国家起源、功能、目的的论述。其次是“组织国家”，即研究思想家们关于国家制度的理论。再次是“管理国家”，即关于国家活动的论述，如权力划分运用、民主法制、党派、民族、国际关系、行政管理等方面的主张。这三个侧面基本上包括了国家观内容。

---

① 《列宁选集》第2卷，第407页。

② 金岳霖：《论政治思想》，《清华学报》1986年1月号。

由于政治思想史把国家观作为主要研究对象，这就使它在思想史研究的领域中最具权威性，它制约着、影响着，甚至决定着其它思想史的研究。以中国儒家的伦理政治学说为例，“君权神授”、“三纲五常”之说，渗透到中国古代社会各个方面，维系着从君主专制的国家制度到宗法社会制度以至人伦关系，对于稳固封闭式的封建政治体系和自然经济起了决定作用。18世纪法国启蒙思想家的理性国家观，对于法国以至西方的政治文化、哲学思想、社会道德观同样起着决定性的影响。中外的实例说明，在一定的时间和空间内，占统治地位的统治集团的政治价值观和影响力，象一面旗帜，一根指挥棒，通过它集合群众的行动，使其它思想处于服从地位。中国近代以来，进步的革命的新思潮此起彼伏，思想家前仆后继，可谓步履艰难，其重要原因之一，就是中国传统政治价值观的严重影响力。这是研究近现代政治思想史需要特别注意的问题。

二

中国近代政治思想与古代政治思想有着显著的区别，有其特定的主题和特征。

古代中国是一个封闭、稳定的封建社会结构。在大一统的皇权观念下，儒家道统一直处于统治地位，非儒家道统则一律被视为异端，政治思想在长达两千余年的时间内，基本处于停滞状态，没有发生根本变动。

近代以来，由于帝国主义的入侵，结束了中国社会的封闭状态。封建的自然经济和专制制度，受到了先进的资本主义生产方式和制度的挑战和猛烈冲击，从而引起了中国社会的动荡和变化。社会的变动势必引起观念形态的变化。表现在政治思想领域，民主与专制、民权与君权、西学与中学、改革与保守、革命与反革命……这些对立的思想之间日益发生着越来越深刻的、尖锐的冲突和对抗。

由封建主义而资本主义，这本来是社会发展的自然规律。但中国社会自身的发展没有完成这种取代，帝国主义的侵略，改变了中国社会自身发展的轨迹，中国不仅没有成为资本主义，反而逐步沦为一个半殖民地半封建社会。资本主义的生产方式和西方文明，伴随军舰和大炮而来，先进与落后之间裹挟着民族侵略与民族生存的尖锐矛盾和冲突。先进的中国人曾诚心诚意地向西方的"老师"学习，然而"老师"却无意于中国的现代化，它们热衷的是对中国领土、主权和资源的掠夺。按照中国社会自身发展的规律，推翻封建专制、争取民主和发展工业应是当务之急。然而空前严重的民族危机，却使这一急务为争取民族的生存和独立这一更为急迫的任务所掩盖。这样，爱国主义、救国救民就成为近代中国社会的首要政治主题，自然也就成为中国近现代政治思想史的最首要的主题。"帝国主义和中华民族的矛盾，封建主义和人民大众的矛盾，这些就是近代中国社会的主要矛盾"。"而帝国主义和中华民族的矛盾，乃是各种矛盾中最主要的矛盾"。[①] 毛泽东为代表的中国共产党人最深刻地认识了中国问题的症结所在。

爱国主义是中国近代中华民族各阶级、阶层、群体的共性，也是一个较为广泛的概念，不同阶级、阶层的"爱国"内含也不尽相同。地主阶级顽固派的"闭关自守"、"以夷制夷"，以儒学"正人心"、"防西化"，也可以称之为某种意义上的"爱国"；地主阶级改革派的"中体西用"、"师夷之长技以制夷"；资产阶级改良派的变法维新；资产阶级革命派的推翻清朝，建立民国；农民阶级的盲目排外，所有这些都是他们各自爱国主义的表现，都表现出一定程度的民族性和反帝性质。然而所有上述阶级和阶层都没有也不可能深刻认识近代中国社会的症结，即反对帝国主义侵略这一爱国主义的根本主题。只有为马克思主义的科学社会主义所武装的新兴的中国

① 《毛泽东选集》第2卷，第631页，人民出版社1991年6月版。

无产阶级，才对这一主题的认识达到了一个新的高度，并实现了理论与实践的统一。

先进的中国人对这一主题的认识和探索的过程是艰难曲折而又前仆后继的。

中国是在资本帝国主义的侵略之下进入近代历史时期的。中国沦为半封建半殖民地社会，是一个痛苦的过程。中国先进思想家们面对的现实和抉择是严酷、复杂和矛盾的。学习西方又要反帝；反封建又要不失中国传统；要工业化又要避免西方资本主义社会的弊端。在特定的历史条件下，探索中国特殊的出路，这势必形成近代中国政治思想史的纷云繁杂，流派众多，百家争鸣的局面。

对近代中国出路的探索，从19世纪60年代的“夷务”，到70至80年代的“洋务”和90年代的“新学”、维新变法，以及20世纪初的民主革命思潮，再到20世纪20年代至40年代科学社会主义与中国革命实践相结合，这个过程大体反映了这一历史时期，不同阶段上的先进的中国人，对此问题认识不断深化的过程。龚自珍、林则徐、魏源、洪秀全、严复、康有为、孙中山、陈独秀、李大钊、毛泽东，这些具有代表性的思想家们的思想，具有不同阶段，或同一阶段的不同特点，但其认识又是相互衔接的，有着一代比一代更加深化的明显特征。分开来说，五四以前和五四以后，表现出不同的特点。

第一、五四前的80年，先进中国人对反帝救国这一主题的探索，仅仅是纵向的深入，其结果表现为西方资产阶级共和国方案的破灭。

19世纪40至50年代，中国封闭的大门刚被打开。在西方列强的“船坚炮利”、“奇技淫巧”面前，地主阶级改革派的思想家和农民阶级思想家，各自提出了它们不同的主张。魏源力主“以夷制夷”、“师夷之长技以制夷”，主张引进西方的“火轮机、火炮车、自来火、自转磨，千斤顶”之类的“利器”以强国；洪秀全则从西方引进

“上帝”动员农民，以图建立“无处不均匀，无人不饱暖”的人间天国。60年代初冯桂芬的《校邠庐抗议》和洪仁玕的《资政新篇》则具有更为明显的资本主义色彩。但是，在民族资本发展还十分微弱的条件下，他们的理想自然不能摆脱传统的封建专制政权的模式。洋务运动开拓了中国人对西方认识的视野。洋务运动是清王朝的“自救”运动，但在实践上建立中国最早的现代工业，引进了西方的自然科学，而从选派到西方的留学生中，又出现了早期的新型知识分子。这样，在向西方学习的内容上就由过去仅仅注意技艺，进而注意研究西方国家的政治体制，这无疑是认识上的一次飞跃。但是，这些新型知识分子并未脱离封建本体的束缚，他们的主张也只能达到“以中国之本有之学，还于中国，是犹取之外厩，纳之内厩”①，“变器不变道”的水平。早期改良主义之所以还未能形成思潮，是因为还不具备其形成的社会条件。

90年代的戊戌维新运动，发生在洋务破产、甲午战败之后。《马关条约》造成的割地、赔款，使“天下震动、举国廷诤，都人惶骇”。这一局面使中国思想界为之震撼。梁启超说：“甲午之前，我国士大夫言西法者，以为西人之长不过在船坚炮利，机器精良”，而“乙未和议成，士大夫渐知泰西之强由于学术”。②。正是在这种背景下，中国知识分子的队伍开始出现政治主张的分野，逐步形成了君主立宪派、民主共和派和无政府主义派。尽管三派的主张不同，但都不同程度地具有否定皇权的绝对性，背离封建国体的趋向。他们的世界观也由“天不变、道亦不变”转为“物竞天择，适者生存”的进化论。如果说立宪派仍然是在封建的传统范围内寻求政治改良的话，那么民主共和派则完全以法国革命为楷模，主张武力推翻清王朝，建立资产阶段共和国。无政府派随着民主共和派而起，鼓吹

① 郑观应：《盛世危言》初篇卷1。

② 梁启超：《戊戌政变记》。

一种更为激进的绝对自由平等说，否定一切国家权力。

同地主阶级改良派相比，康有为和孙中山的思想有一个显著的特点，这就是他们调转了以往思想家们用东方本体观念看西方的角度，而用西方的政治思想来观察中国。这一立场观点的转变无疑加深了他们对中国问题的认识。无论康有为怎样借用孔子，托古改制，他使用的思想武器实际上是进化论。20世纪初年民主革命派的宣传家如陈天华、邹容等，无不以卢梭、孟德斯鸠的天赋人权、主权在民、民主共和为蓝本。孙中山的三民主义也使用一些传统语言，以证明其思想古已有之，但其理论体系却完全是西方的政治思想。攻击封建专制政体，否定皇权，宣传民主政治是这一时期中国思想界的中心论题。帝国主义的入侵，中外反动势力的结合，更加促使知识分子与“大一统”的传统观念相决裂。中华民族的新觉醒，爱国主义的民族感情，正是在这种民族危亡的特定历史条件下形成。当年陈独秀曾大声急呼：“大祸临门，眼见得故国山河已不是汉种人的世界”。要人们“尽誓死守土地之责任，除平日为己之私见，当守合群爱国之目的”①。这场爱国主义思潮以维新变法为起点，中间经义和团运动，到辛亥革命推翻清王朝达到高潮。然而，辛亥革命只是把皇帝拉下了马，中华民国只是一块徒具虚名的空招牌。辛亥革命夭折的严酷的现实告诉人们，资产阶级共和国的方案在中国行不通。现实逼迫人们继续思考探索，而辛亥革命毕竟给这一探索留下了新的基础和丰富的思想养料。

第二，五四后三十年探索的特点是深层次的横向比较，其结果是选择了科学社会主义作为救国的武器。

五四运动进一步冲击了封建思想的闸门，五光十色的西方思潮纷至沓来，涌入中国。从西方的民主主义到国家主义，从马克思主义到形形色色的社会主义和社会改良主义，应有尽有。信仰各种

① 陈独秀：《亡国篇》，《安徽俗话报》第8、9、10期，1904年。

主义的社团、小团体更是应运而生，其政治主张可以说是五花八门，“教育救国”、“科学救国”“实业救国”、“工读主义”、“新村主义”、“联省自治”、“好人政府”，不一而足。“本现代思潮的精神，谋社会之改造”成为中国思想界最热门的话题。中国思想界出现的这种百家竞起、异说争鸣、泥沙俱下、鱼龙混杂的现象，固然反映了辛亥革命后人们寻求新出路的饥不择食的急切心理，然而它却造成了思想界空前的繁荣和活跃，带来了人才辈出的新局面。人们在这思想的百花园里争辩、比较、鉴别，寻找中华民族解放之路。

首先，以“科学”与“民主”为旗帜的新文化启蒙运动，将中国思想界的注意力引向了更深的层次，即不仅注意西方科学技术、政治制度的移植，更加注意中国社会土壤的改造，着眼点是人的思想解放。从五四到30年代，无论是东方文化派和科学方法派，本位文化派和全盘西化派，尽管他们各执一端，但这种论争推动了人的思想解放。科学社会主义正是在这种论争中开拓了自己的阵地，形成了符合中国国情的、以马克思主义为指导的中国崭新的政治文化。

其次，由人的思想解放进而深入到对经济结构、社会形态的探讨，从而基本上认清了中国的国情。五四时期“问题与主义”的论战、社会主义的论战，重点是涉及了社会问题要不要根本解决，而30年代的社会性质、社会史和农村社会性质的论战才真正探讨了中国国情。这一认识的深入，为以毛泽东为代表的中国共产党人形成其新民主主义革命理论的完整体系，提供了坚实的思想基础。

再次，在30至40年代，随着中国民族危机空前严重，中华民族的觉醒已达到了一个新的高度：爱国主义与国际主义联系起来；广泛的民族统一战线的建立和抗日救亡运动的深入；民族斗争与阶级斗争关系的科学处理等等；各种思潮经过比较和论争、扬弃和选择；各派代表人物，经过分化和重新组合，到40年代基本形成了三种代表性的建国主张。

第一，以国民党蒋介石为代表的大地主大资产阶级，主张以儒家道统为核心的所谓“三民主义”为指导，在国民党一党专致下“建设三体合一(文化、经济和国防)的新国家”①。蒋介石认为：“个人本位的自由主义与阶级斗争的共产主义”都“违反中国固有文化精神”，“不合国计民生”，②故一律排斥。他提出采用所谓“符合大同原则”的法西斯蒂政治理论，建立封建法西斯政体，并且付诸实践。

第二，30年代出现的民族资产阶级和小资产阶级的中间党派，既反对国民党的一党专政，又不同意共产党的主张。他们要求民主、团结、抗战和进步。但其基本的政治主张是要求在国共两党之间走第三条道路，即在中国建立资产阶级共和国。

第三，中国共产党的新民主主义革命理论是中国共产党人以马克思主义为思想武器，对近百年来各种政治主张论争、比较、选择、综合的结果。这一理论总结了中国革命的根本规律，从而也找到了中国社会的根本出路，即首先进行新民主主义革命，改变半殖民地半封建的社会形态，建立无产阶级领导的人民民主专政，进而实行社会主义革命和建设，实现中国的现代化。毛泽东指出：自从鸦片战争失败那时起，先进的中国人，经过千辛万苦，向西方国家寻求真理。但是帝国主义的侵略打破了中国人学西方的迷梦。资产阶级的共和国，外国有过，中国不能有。在中国，唯一的路是经过工人阶级领导的人民共和国到达社会主义和共产主义，到达阶级的消灭和世界的大同。“总结我们的经验，集中到一点，就是工人阶级(经过共产党)领导的以工农联盟为基础的人民民主专政。”这是对中国革命规律的深刻总结，同时也是对中国近现代政治思想发展轨迹的深刻总结。

---

①②蒋介石：《中国之命运》。

第一章

晚清地主阶级革新派的社会改革思想

第一节 清王朝的没落与经世致用之学的兴起

一、清王朝的没落与资本主义的入侵

清朝是中国封建社会的最后一个王朝。它是在满族贵族征服汉族和其他少数民族基础上建立起来的、带有明显民族统治特点的满汉地主阶级联合专政的政权。

清朝开国以后，满族贵族一方面用武力镇压汉族和其他少数民族的反抗，另一方面采用满汉复制和恢复加强封建土地所有制、恢复科举的办法，软化和拉拢汉族官僚、地主和知识分子。同时也采取了一些恢复社会生产的措施，这使清王朝在康熙、雍正、乾隆年间达到了鼎盛时期。从18世纪末叶以后，清王朝由盛转衰，社会各方面都呈现出没落景象。政治上，吏治腐败，统治集团奢侈腐化。权贵们大多遵循“多磕头，少说话”的为官之道，投机钻营，逢迎谄媚，追逐名利。官场上贪赃枉法、贿赂公行、徇私舞弊司空见惯。嘉庆四年(1799年)，大学士和珅被革职处死，抄出的家产折合白银8亿两，相当于清王朝当年财政收入的10倍。地方官吏更是横征暴敛，所谓“三年清知府，十万雪花银”就是生动的写照；经济上，土地

兼并之风与日俱增，嘉庆年间，江浙一带的良田，十之七八为官僚、地主和高利贷者所有。道光当政之后，此风有增无减。大臣琦善一家就有256万亩土地。兼并之风使大量农民失去土地沦为佃户，甚至丧家失所沦为流民；军事上，武备废弛，军队腐朽。长期的和平环境和特权，使八旗兵逐渐丧失了强悍骁勇的作风，变成了一个只知吃禄收租的寄生集团。绿营兵虽无特权，但其腐败更甚于八旗；在思想文化方面，嘉庆、道光年间，继续厉行康乾时代就实行的文化专制政策；在对外关系上，顽固坚持闭关自守的政策，其要害是害怕人民与外国的接触会危及其统治。清王朝的腐朽统治使国内的阶级矛盾日趋激化，秘密结社遍及各省，农民起义不断发生。1796年至1808年爆发了遍及湖北、四川、河南、陕西、甘肃五省的白莲教大起义。1813年又爆发了天理教起义。统治者自身的腐化和农民起义的打击，使清王朝无可挽回地走向衰败。

正当清王朝国势日衰之际，处于资本主义自由竞争阶段的欧美资本主义国家正在迅速发展。17世纪40年代的英国资产阶级革命和18世纪80年代的法国资产阶级革命，取得了反对封建制度的巨大胜利。从18世纪60年代由英国开始的工业革命，又极大地促进了欧美各资本主义国家社会生产力的发展。到19世纪初，英、法、美等国的主要工业部门，都采用了大机器生产。英国是当时世界的头号资本主义强国。它的巨大的商品生产能力和对外输出的欲望，驱使资产阶级不断地去寻求与扩大新的原料产地和新的商品市场。同时，近代大工业的发展，势必使其陷入周期性的经济危机，也势必加剧资产阶级与工人阶级的矛盾和冲突。资产阶级为了争夺殖民地和商品销售市场，为了缓和国内矛盾，摆脱危机，加紧对外扩张、侵略。19世纪初，英国已经控制了印度，接着又相继侵入缅甸和阿富汗。这样，地大物博、人口众多且又落后的中国，自然就成了英国的侵略重点。为了打开中国的大门，英国首先以罪恶的鸦片输出作为工具。开始时中国把鸦片作为一种药品进口，数量受到严格控制。英国商人为牟取暴利，改变早期中英贸易中入超的不利局面，从19世纪初开始就在英国政府的支持下，以贿买清朝官吏和武装走私等卑劣手段向中国偷运鸦片。到20年代，年输入量近800箱。而到30年代后期，英国每年运进中国的鸦片已达4万余箱。1835年，中国吸食鸦片的"烟民"已达200万之众。毒品不仅在民间泛滥，而且在官吏和军队中也有大量"瘾君子"存在。由于鸦片烟毒的泛滥，走私盛行，使得本来就已经腐败的清王朝统治机器更加败坏。鸦片大量输入中国造成的另一个直接恶果，就是中国的白银大量外流，银价飞涨。到19世纪30年代末，中国白银出超每年已高达1000万两。银价也逐年上涨，有的地方竟上涨了百分之五十。白银外流使清政府国库空虚，财政陷入严重困难。银价上涨的直接受害者是广大劳动人民，因为普通百姓交税要以制钱折成白银，银、钱的比价不断上涨，大大加重了他们的实际负担。清王朝迫于其统治的存亡所系，在人民群众强烈要求禁烟的压力下，被迫实行禁烟。1838年底，道光皇帝任命林则徐为钦差大臣，到广州禁烟。1839年3月，林则徐到达广州，立即采取了严厉的禁烟措施。6月，林则徐把收缴的两万多箱鸦片在虎门海滩一举销毁。"虎门销烟"表明了中国人民禁烟的决心和反抗侵略的意志。

为了维护罪恶的鸦片贸易，英国政府于1840年6月悍然发动了侵略中国的鸦片战争。这场战争以清政府的失败告终。1842年8月，清政府在英国侵略者的炮舰威胁下，与之签定了中国近代史上第一个丧权辱国的不平等条约——《南京条约》。从此，中国一步一步地变成了一个半殖民地半封建的社会。

二、经世致用之学的兴起

清朝统治的没落和鸦片战争，使中国社会发生了巨大的变化和动荡。在鸦片战争前，中国社会主要由地主阶级和农民阶级两大对抗性阶级所组成。鸦片战争之后，随着中国社会逐步向半殖民地半封建社会的演变，随着外国资本主义在中国开办企业和中国资本主义经济的产生和发展，中国社会出现了无产阶级和资产阶级两个新兴的阶级。在鸦片战争前，中国社会的主要矛盾是农民阶级和地主阶级的矛盾。在鸦片战争之后，中国社会除原有的农民阶级和地主阶级的矛盾而外，又增加了帝国主义与中华民族的矛盾。

鸦片战争时期剧烈的社会变动，阶级矛盾和民族危机的加深，必然引起中国社会思潮的变化。一部分封建士大夫在社会危机和民族危亡的刺激下，开始面对中国和世界的现实，寻求挽救封建末世厄运和御侮强国的途径。正是在这种背景下，主张务实和解决社会实际问题的"经世致用"之学逐渐兴起。"经世致用"之学的兴起，是这一时期中国社会思潮变向的主要标志。

"经世致用"之学是作为清朝统治者所推崇的儒学、程朱理学的对立面兴起的。满族在入关以前是一个经济文化落后的少数民族，因此它入关以后非常注重利用汉族地主阶级的统治经验来加强自己的统治。他们在经济、政治等方面几乎全部沿袭明朝的制度，在思想文化方面也充分利用历代汉族统治阶级思想家的遗产实行专制主义统治。清朝建立之初就厉行文化专制政策，钳制舆论，严禁会盟结社，禁绝一切不利于清王朝统治的著述和异端思想。同时大兴文字狱，对稍有不满于朝廷或对国事略有微词的知识分子严加惩处，监禁、放逐、斩首，乃至满门抄斩，无所不用其极。在这种残酷的文化高压政策之下，知识分子噤若寒蝉，思想界一片死寂。与此同时，清王朝大力尊崇儒学，倡导尊孔读经，把程朱理学定为统治思想。推崇"理学"是"开愚蒙而立亿万世一定之规"的"内圣外王之学"。此外，清朝统治者还大力提倡脱离实际、脱离政治的繁琐的考据学，组织士大夫编纂大类书、大丛书。康熙时编纂了《古今图书集成》一万卷，乾隆时编集了《四库全书》。这种大规模的编纂活动，意在查禁销毁、删改历史典籍，消灭不利其统治的文字和书籍，泯灭汉族人民的民族意识，打击反清活动，把士大夫、汉族知识分子引入脱离社会现实、从事繁琐考据的歧途。清朝统治者这种又打又拉、软硬兼施的反动文化专制政策，使大部分知识分子再也不敢接触社会实际问题。他们或是一头钻入故纸堆中从事繁琐的考据，或是醉心科举，从程朱理学和八股文中找出路。这样，明末清初黄宗羲、顾炎武、王夫之等人倡导的“经世致用”，读书实践的风气为之一扫，代之而起的是考据学和程朱理学的盛行。到乾隆、嘉庆年间，考据学和程朱理学在文化思想界完全占据了统治地位。

然而，任何高压政策都无法永远禁锢人们的思想。随着清王朝统治由盛转衰，其对思想文化方面的统治也稍有松弛。鸦片战争中清王朝的失败更带给中国社会以极大的震撼。吏制腐败、社会危机和民族危机的刺激，终于使一部分士大夫、知识分子从故纸堆中，从麻木不仁的状态中抬起头来面对现实。以龚自珍、林则徐、魏源为主要代表人物的一部分开明地主阶级知识分子，勇敢地举起了“经世致用”的旗帜，向占据统治地位的汉学和理学发起挑战。他们指出，这些学说厚古薄今，逃避现实，禁锢天下人的聪明智慧和思想，引导人们舍本逐末，不问世事，一味地从事典籍的训诂、校勘、辨伪、辑佚等工作。结果是使“学术衰而人材坏”，“术愈精而愈无用”。他们提出，应当注意社会现实问题的研究和解决，治学的目的是经世致用，“以经术为治术”。他们还对清王朝的腐败与黑暗进行揭露，指出这个王朝已处于衰败之中。正是出于挽救这个处于衰世之中的王朝的愿望，龚自珍 、林则徐、魏源都提出了变更法度，实行社会改革的主张。此外，面对西方资本主义列强的入侵，这些开明的封建士大夫和知识分子都主张抵抗西方资本主义的侵略。但是，他们并不象一般封建官僚那样妄自尊大、盲目排外。他们反对闭关锁国，主张学习西方的科学技术，强调了解敌情，以便知己知彼，“筹制夷之策”。魏源提出的“师夷长技以制夷”，是上述思想的集中体现。

第二节 地主阶级革新派的社会改革思想

一、龚自珍的更法改制主张

龚自珍(1792—1841),字璱人,号定庵,浙江仁和(今杭州)人。出身于官僚地主家庭,祖父和父亲都曾在京做官。外祖父段玉裁是著名汉学家。龚自珍少年时期曾从外祖父学习文字学,但他并没有走上正统考据学的路子。社会的腐败和动荡促使他从青年时期就开始关心时政,写作针砭时弊的政论性文章,并因此引起世人的注意。1819 年,他在北京师从今文经学家刘逢禄学习《公羊春秋》。今文经学微言大义的理论,使他找到了畅快地表达自己社会改革思想的手段。他写道:"昨日相逢刘礼部,高言大句快无加;从君烧尽鱼虫学,甘作东京卖饼家。"("鱼虫学"指训诂考据学。"卖饼家"典出《三国志》魏志裴秀传注:当时的司隶钟繇不喜欢今文的《公羊传》,而喜欢古文的《左传》,他把《左传》比作御膳房,把《公羊传》比作卖饼的小铺子。)当然,龚自珍的思想不仅仅是渊源于今文经学,他不拘泥儒典,而是"方读百家,好杂家之言"。由于他的思想和当时占统治地位的汉学、程朱理学相悖,多次科考不第,直到 38 岁才中进士,此后仕途不畅,长期担任内阁中书、礼部尚书等闲职。1839 年,他因讥议朝政,得罪了权贵,随后辞官南下。此后在丹阳县云阳书院、杭州紫阳书院教书。1841 年秋死于丹阳云阳书院。龚自珍一生著作颇丰,后人将其编为《龚定庵文集》、《龚自珍全集》等。

龚自珍生活在清王朝由盛转衰的嘉庆、道光年间,内忧外患使清王朝的封建大厦行将崩塌。然而,权贵们和整个社会上层仍在麻木的平静中歌舞升平,他们对社会的危机、民族的危亡、人民的灾难一概熟视无睹。官吏们更加贪婪地追逐利禄,士子们仍旧在八股文中钻营。一方面是危机四伏，另一方面则是整个统治阶级的腐朽和堕落。这种情况势必要深刻而尖锐地反映在清末一些比较清醒的思想家的头脑里，龚自珍就是这些思想家的主要代表人物之一。

龚自珍政治思想主要有两个方面，一是对清王朝面临“末世”的揭露和批判；二是提出了更法、改制的社会改革思想。

（一） 对封建“末世”的揭露和批判

龚自珍清醒、大胆地指出，当时的社会已是“日之将夕”的衰世。嘉庆、道光年间，整个社会已是满目疮痍，百病丛生。然而，统治阶级却看不到也不愿意承认这一严酷的现实。一般的封建文人则粉饰太平，“和其声以鸣国家之盛”。在一片歌功颂德声中，龚自珍敏锐大胆而又深刻地向人们描绘出一幅清王朝急剧走向衰落的社会图景。他在《西域置行省议》中写道：“自乾隆末年以来，官吏士民，狼艰狈蹷。不士、不农、不工、不商之人，十将五六；又或餮菸草，……取诛戮，或冻馁以死；……自京师始，概乎四方，大抵富户变贫户，贫户变饿者，四民之首，奔走下贱，各省大局，岌岌乎皆不可以支月日，奚暇问年岁？”① 针对一些封建文人粉饰太平的论调他指出，从表面看，当时的社会“文类治世，名类治世，声音笑貌类治世”，而实际上是“日之将夕，悲风骤至”的“衰世”了。

龚自珍还对清王朝吏治的腐败和黑暗进行了揭露和抨击。以皇权为绝对权威的封建专制制度，必然要产生腐败的、麻木不仁的官僚制度。官僚们只知对皇帝顶礼膜拜而不知其他。这种情况越是到了封建社会晚期越是严重。龚自珍长期在京为官，对清王朝腐败的官僚制度和官场的黑暗，是熟知而深恶痛绝的。他指出，在京城里，为官的尽是些“丑类窳呰，诈伪不材”的欺诈平庸之辈，他们享受高官厚禄被委以重任。在地方上，官吏、幕僚、师爷、狱吏把持着司法大权，“豺踞而鸮视，蔓引而蝇孳”。在官僚集团中，有权势的

---

① 《龚自珍全集》上册，第106页，中华书局1959年版。

只“知车马、服饰、言词捷给而已，外此非所知也”；没权势的闲员，便练书法，吟诗作赋，苟且偷安。这些官僚不仅平庸无能不知大义，而且大多是些寡廉鲜耻之流。“历览近代之士，自其敷奏之日，始进之年，而耻已存者寡矣！官益久，则气愈偷；望愈崇，则谄愈固（越有声望越会向皇帝进谄）；地益近，则媚亦益工。（地位越接近皇帝，献媚的功夫越到家）”。[1]

龚自珍并没有停留在对封建官僚制度的揭露和抨击上，他认为造成封建官僚制度腐败的原因在于帝王的专权和僵化的科举取士制度。他指出，官吏的德操如何，与君主如何对待臣下有很大关系。在“天下无巨细，一束于不可破之例”的高度集权的封建君主专制的制度下，皇帝为了树立自己至高无上的权威，势必要“仇天下之士，去人之廉，以快号令，去人之耻以嵩高其身。”[2] 皇帝对待大臣象对待犬马，大臣们自然就不会有任何尊严，“彼将犬马自为也。”在皇权的羁縻、约束之下，大臣和官吏们惶惶然不可终日，“左顾则左罚俸至，右顾则降级至，左右顾则革职至。”在这种情况下，群臣们虽朝夕跪拜也难以自保，因此只能是因循苟安，一切按成例办事，即使有个别的有思想见地的“才士”出现，“则百不才督之，缚之，以至戮之”。“戮其忧心，能愤心，能思虑心，能有廉耻心，能无渣滓心。”君主专制制度使真正的人才遭受压抑摧残，而无耻利禄之徒却充斥官场。正所谓“遂乃缚草为形，实之腐肉，教之拜起以充朝市。”清朝的吏制腐败与其取士用人制度也有密切关系。清朝选拔人材靠八股取士。龚自珍指出，八股文和科举制度只能使士子们“疲精神耗日力于无用之学”，使“天下之子弟，心术坏而义理锢”，成为思想呆滞学术浅薄，只会人云亦云，毫无真才实学的人。这些步入仕途的人，进身之始便言不由衷，做官之后便把精力放在追逐

---

① 《明良论二》，《龚自珍全集》上册，第31页。
② 《古史钩沈论一》，《龚自珍全集》，第20页。

和保全名利地位之上，哪里还有余力顾及其他呢？清王朝的用人制度主要是凭资历，论资排辈，“累日以为劳，计岁以为阶。”一般来讲，做官的人“大抵由其始宦之日，凡三十五年而至一品，极速亦三十年。贤智者终不得越，而愚不肖者亦得以驯而到。”龚自珍认为，这种用人制度是“士大夫之所以尽奄然而无有生气者也”的重要原因。

龚自珍从封建末世的黑暗和吏制的腐败中，预感到社会动荡和变乱为期不远了，他认为物极必反，社会郁积的问题愈多，愈久，“发之也必暴”。整个社会“俄焉寂然，灯烛无光，鹖旦不鸣，则山中之民，有大声音起，天地为之钟鼓，神人为之波涛矣。”[①] 当清王朝统治者们尚在文恬武嬉、歌舞升平的时候，龚自珍却清醒地向世人敲响了风暴即将来临的警钟。

(二)更法、改制的思想

龚自珍认为：“自古及今，法无不改，势无不积，事例无不变迁，风气无不移易。”[②]“一祖之法无不蔽，千夫之议无不靡，与其赠来者以劲改革，孰若自改革？……易曰穷则变，变则通”[③]，“奈之何不思更法？”[④] 正是根据这种“变则通”的历史进化观点，龚自珍针对清王朝的时弊提出了他的“改革”主张。

在政治方面，主张适当限制君权，提高臣僚权力，理顺君臣关系。在君臣关系上，应废除跪拜制度，恢复“古者大臣巍然岸然师傅自处之风”。“厉之以礼出乎上，报之以节出乎下。非礼无以劝节，非礼非节无以全耻”。[⑤] 这也就是孔子所说的“君使臣以礼，臣事君以忠”。对“内外大臣之权，殆亦不可以不重。……权不重则民不畏，

---

① 《尊隐》，《龚自珍全集》上册，第88页。
② 《上大学士书》，《龚自珍全集》下册，第319页。
③ 《乙丙之际箸议第七》，《龚自珍全集》上册，第7页。
④ 《明良论四》，《龚自珍全集》上册，第35页。
⑤ 《明良论二》，《龚自珍全集》上册，第32页。

不畏则狎，狎则变”。因此，皇帝只须“亲总其大纲大纪”，余则放手让臣下去干。龚自珍认为，这才是“万世屹立不败之谋”。[1] 他还提出增加各级官僚俸禄，废除八股文和破格提拔人才等主张。他提出的上述“更新”、“改制”主张，特别是他对皇权的触及有一定积极意义。但他的根本用意在于巩固清王朝的统治。他不满皇帝“仇天下之士”，视臣下如犬马。他认为，对士的尊重和培植是朝廷兴旺的标志。“士气申则朝廷益尊，士业世则祖宗益高，士诗书则民听益美”。因此，他的着眼点在于提高士大夫的地位和加重他们的权力，从而解决君主和“士”这一阶层的矛盾。

在经济方面，龚自珍看到了兼并土地之风给清王朝造成的危险。他认为“千万载治乱兴亡之数”，在于社会财富分配是否“相齐”。“小不相齐，渐至大不相齐；大不相齐，即至丧天下。”[2] 为了抑制土地兼并的危害，1823 年他在《农宗》中提出了按宗法家族授田的土地分配办法。具体是把家族中的人按血缘关系，划分为“大宗”、“小宗”、“群宗”、“闲民”四个等级。长子为“大宗”，次子为“小宗”，三子、四子为“群宗”，五子以下是“闲民”。分田的办法是：大宗授田百亩；小宗、群宗授田二十五亩，闲民不分田。大宗可役使五户闲民耕种，小宗、群宗可分别役使一户闲民作佃户。此外，五品以上的大官，国家授予禄田若干，可世袭几代且不交税，六品以下小官不授禄田而给薪俸。龚自珍的上述主张对抑制豪族地主兼并土地有一定作用，但其根本思想是恢复并扩大以血缘关系为纽带的宗法制度，按照等级占有土地和社会财富，使其各得其所。事实上这是一种复古思想，在实践上也是行不通的。

龚自珍还提出在新疆设置行省；主张破格选拔人材，废除八股文；主张禁烟，抵抗外国侵略者，这在当时都有一定的积极意义。

---

① 《明良论四》，《龚自珍全集》上册，第 36 页。
② 《平均篇》，《龚自珍全集》上册，第 78 页。

龚自珍作为晚清时期地主阶级的进步思想家，其思想的最可贵之处在于他的批判精神和变革精神。他在揭露社会的黑暗，抨击封建官僚体系的腐败方面，确实起了震聋发聩的作用。他对社会的讥抨，对社会现实问题的重视和研究，打破了由于清王朝的高压政策所造成的思想文化界的沉寂局面，开创了晚清思想解放的风气。龚自珍根据“天道”、“人事”都是变易的、进化的观点提出的“更法”、“改制”主张，尽管其历史局限性是明显的，但总的说是符合社会发展的趋势的，从这个意义上说，他的上述思想对后来的资产阶级改良派起了重要的启蒙作用。正如梁启超所说：“当嘉道间，举国醉梦于承平，而定庵忧之，……其察微之识，举世莫能及也，生网密之世，风议隐约，不能尽言，……语近世思想自由之向导，必数定庵，当其始读定庵集，其脑识未有不受其刺激者也。”[①] “龚自珍……喜为要渺之思……讥切时政，诋排专制……晚清思想之解放，自珍确与有功焉。光绪间所谓新学诸家者，大率人人皆经过崇拜龚氏之一时期。”[②]

应当指出的是，龚自珍毕竟是地主阶级的思想家，他揭露和抨击社会的黑暗，吏制的腐败，主张更法、改制，目的是为了清除封建制度的弊病，改善封建统治，而不是反对和否定封建制度本身。时代和阶级的局限使他提出的更法、改制，只能是“药方只贩古医丹”。这种枝节的补救改良和复古空想，只能是在治国平天下的封建正统思想体系里打转转。

二、林则徐的反侵略思想

鸦片战争之后，反抗外国侵略，挽救民族危亡一直是中国近现代史的主线，同时也是中国近现代思想史的重要主题。在晚清地主

① 梁启超：《论中国学术思想变迁之大势》，《饮冰室合集》文集第3册第7卷，上海中华书局1936年版。

② 梁启超：《清代学术概论》，《饮冰室合集》专集之34，第54页，上海中华书局1936年版。

阶级进步思想家中，林则徐是反抗外国侵略的爱国主义的主要代表人物。

林则徐(1785～1850)，字元抚，号少穆，福建侯官(今福州市)人。出身于一个下层封建知识分子家庭。1811年中进士。曾任翰林院编修，盐运使、布政使、按察使、江苏巡抚、两江总督、湖广总督等职。他为官清廉正直，办事精明干练，有始有终。他认为民为邦本，人心的向背关系朝廷的安危。因此他比较关心民间的疾苦，关心农业生产，注意爱惜民力，主张“知民情向背而顺导”。林则徐崇尚历代民族英雄，从他们身上学习继承了忠君爱国的传统和民族气节，并将其发展为反抗外国侵略的爱国思想。在晚清王朝众多的腐败官僚中，林则徐可以说是鹤立鸡群，在地主阶级改革派的思想家中，他也是一位不可多得的实干家。

林则徐一生最光辉的业绩是和禁烟、反抗外国侵略联系在一起的。他是清王朝禁烟派的实际领袖。在反侵略斗争中，他是地主阶级中坚定的抵抗派和主要的实践者。他严禁鸦片、主张团结人民抵御外侮的进步思想和正义行动是中华民族不畏强暴精神的体现。林则徐在江苏巡抚任上便力主禁烟，在湖广总督任内禁烟也颇有成效。他受道光钦命在广东禁烟期间，更是雷厉风行，有勇有谋，使英国侵略者无所逞其技。然而，林则徐爱国御侮的行动招来的却是投降派的诬陷和清王朝统治者的不满，维护国家尊严的结果却是被充军新疆。1845年，林则徐被重新启用，调任陕甘总督，旋任陕西巡抚、云贵总督。1850年，他奉旨前往镇压太平天国起义，在从福建赴广西的途中病逝。

林则徐和龚自珍、魏源同属地主阶级改革派。所不同的是，林则徐是清王朝的一名封疆大吏，著述不多，其社会政治思想，主要反映在他的实践活动当中。

(一)严禁鸦片，团结人民以御外侮的爱国主义思想

19世纪20至30年代，随着鸦片走私的猖獗，清王朝上下吸

食鸦片的现象已相当严重。1831年刑部奏称："现今直省地方，俱有食鸦片烟之人，而各衙门为尤甚。约计督抚以下，文武衙门上下人等，绝无食鸦片烟者，甚属寥寥"。[①] 甚至宫廷内部也有人吸食鸦片。鸦片的泛滥使清王朝的吏治更腐败，军队失去战斗力，社会生产受到很大破坏。而白银的大量外流，使清王朝的财政陷入窘境。在这种情况下，是严禁还是弛禁，已是关系国家和民族生死存亡的问题。在这个问题上，清王朝内部发生了激烈争论。1836年，太常寺少卿许乃济奏请取消鸦片输入的禁令，准许公开买卖。办法是"仍用旧例，准令夷商将鸦片照药材纳税。"[②] 同年8月，鸿胪寺卿黄爵滋上书道光，痛切陈词鸦片的危害，说明由于官吏的贪赃枉法而使禁烟未获实效，建议采取"重治吸食"的办法，杜绝鸦片的输入。

林则徐积极支持、赞许黄爵滋的建议，并上奏道光说：鸦片"迨毒于天下，则为害甚巨，法当从严。若犹泄泄视之，是使数十年后，中原几无可以御敌之兵，且无可以充饷之银"。[③] 道光皇帝也感到鸦片输入对清王朝统治的威胁，几经权衡，采纳了禁烟派的主张，并于1838年12月任命林则徐为钦差大臣，节制广东水师，赴广州查禁鸦片。1839年3月林则徐到达广洲，他与两广总督邓廷祯、广东水师提督关天培等一方面缉拿烟贩，重治吸食，整顿水师，惩办不法官弁；另一方面，严令外商呈缴鸦片，并出具甘结，声明"嗣后来船永不敢夹带鸦片，如有带来，一经查出，货尽没收，人即正法。"他坚决表示："若鸦片一日未绝，本大臣一日不回，誓与此事相始终，断无中止之理。"[④] 在禁烟运动的压力下，英、美等国商人被迫

---

① 《查禁鸦片烟案》，《中国近代史资料丛刊·鸦片战争》第1册，第414页，神州国光社1954年10月版。

② 《许太常奏议》，《中国近代史资料丛刊·鸦片战争》第1册，第451页。

③ 《林则徐集·奏稿》，第601页，中华书局1963年10月版。

④ 《林则徐集·公牍》，第59页，中华书局1963年10月版。

呈缴鸦片二万二百余箱。1839年6月，林则徐将缴获的全部鸦片在虎门当众销毁。“虎门销烟”打击了外国侵略者的气焰，鼓舞了人民的斗志，向全世界表明了中国人民维护民族尊严和反抗外国侵略的坚强决心。

在禁烟运动中，林则徐很注意斗争策略，提出了“奉法者来之，抗法者去之”的正确方针。对鸦片走私活动坚决打击，严厉惩罚，对合法的正常贸易则予以鼓励、保护。他不同意道光皇帝提出的同各国断绝一切贸易、封关禁海的意见。他认为：“将现未犯法之各国夷船与英吉利一同拒绝，是抗违者摈之，恭顺者亦摈之，未免不分良莠，事出无名。”他认为，若区别对待，则可分化西方各国，利用其矛盾。“若概之绝，则觖望之后，转易联成一气，勾结图私。”[①]

林则徐深知英国势必以武力保护鸦片贸易，因此，他一方面雷厉风行地禁烟，另一方面还积极地备战，整顿海防，修筑炮台，购置西洋火炮，添造战船，日夜操练水师。他根据敌强我弱的实际情况制定了“坚垒固军”、“以守为战”的正确策略。他认识到在反侵略斗争中“民心可用”。他指出：“察看民情，所有沿海村庄，不但正人端士衔恨刺骨，即渔舟村庄，亦俱恨其强梁，必能自保身家，团练抵御。”[②]他允许群众“群相集议，购置武器，聚合壮丁，以便自卫”。[③]他主张从渔民、蛋户、盐工中挑选精壮，加以训练，协助水师作战，并宣布：“英夷兵船一进内河，许以人人持刀痛杀。”当然，作为清统治者一员的林则徐，在利用民心民力时是有其阶级局限性的。他强调对群众要讲究“驾驭”之方，要“加意防维，随时稽查”，“化其嚣陵，防其流弊”。但是，较之投降派奕山之流提出的“患不在外而在内”、“防民甚于防寇”的反动主张，“民心可用”的思想是明显高出

---

① 《复奏曾望颜条陈封关禁海宜折》，《林文忠公政书两广奏槁》卷1。

② 《英人非不可制应严谕将英船新到烟土查明全缴片》，《林则徐集·奏稿》，第678页。

③ 马士：《中华帝国对外关系史》第1卷，第271—272页。

一筹的。

(二)注意了解西方和向西方资本主义国家学习的思想

林则徐主张反抗外来侵略,但又不同于清王朝那些对西方一无所知,却又夜郎自大、盲目排外的顽固派。他深知为了有效地保卫祖国,反抗侵略,就必须了解自己的对手。林则徐是近代中国睁开眼睛看西方的第一人。当时中国朝野上下对西方可以说是一无所知,英国侵略者已打上门来,道光皇帝竟然提出英国"与俄罗斯是否接壤"的令人啼笑皆非的问题。林则徐最初对西方世界也毫无所知,但在外患日逼的历史条件下,他开始把"经世致用"的方向从国内转向海外。在湖广总督任上,他就曾"遍访鸦片来由"。受命到广州禁烟之后,他"详考禁令,访悉近来情事及夷商轻藐所由来"。[①] 他招致一批有才干的人和留心海防事务的人才,商议洋事,"侦探夷情,查访汉奸"。又指示通事、买办、引水等和外国人直接往来的人员,随时报告洋人的动向。他招集通晓英文的翻译人才入幕,组织翻译外国出版的书报。

林则徐探求西方知识,主要有两个方面,一是关于西方国家的地理历史和时事。如《四洲志》译自1836年伦敦出版的慕瑞著的《世界地理大全》,《澳门月报》译自《澳门新闻稿》,《华事夷言》摘译自1836年伦敦出版的《中国人》。这些是近代中国系统介绍西方各国地理、历史、时事知识的最初书籍。林则徐从中"所得夷情,实为不少。制取准备之方,多由此出"。[②] 二是关于西方的科技术,其中主要是军事方面的知识。他组织编译了有关欧式大炮瞄准发射技术的书籍,训练军队学习使用西洋大炮。此外他还积极收集西洋各式战船的图样,进行研究。在探求西方军事科学的基础上,林则徐

---

① 梁廷枏:《夷氛闻记》,第18页,中华书局1959年版。

② 林则徐:《答奕将军防御奥省六条》;陈锡祺:《林则徐奏稿·公牍·日记补编》第101页,中山大学出版社1985年12月版。

积极引进西方先进的船舰和大炮，并加以仿造。他还主张建立一支“器良、技熟、胆壮、心齐”的新式水师。

林则徐探求西方知识，一开始就遭到顽固派的攻击和反对。林则徐求购“夷书”被认为有失“天朝大吏”的体面，探求洋人情报的人被污蔑为“汉奸”，铸炮造船的主张被道光斥之为“一片胡言”。正如魏源所说：“苟有议往用西洋兵舶者，则必曰‘借助外夷，恐示弱’。……苟有议译夷书，刺夷事者，则必曰‘多事’。”① 封建专制主义者需要的是愚昧、无知和落后，而林则徐指望在维护腐败、落后的封建制度的基础上，吸收外国某些先进的科学技术达到富国强兵的目的，是必然要碰壁的。

作为地主阶级改革派一员的林则徐，和龚自珍一样是同属“补天派”的“忠臣”，其思想的基本出发点是要维护清王朝的统治。但是，他在民族危亡的关键时刻不顾个人的安危和毁誉，挺身而出，坚定地进行禁烟和反侵略斗争，是符合人民愿望的，体现了中华民族的浩然正气。因此，“烟销瘴海”，“威慑重洋”，“民沾其惠，夷畏其威”，这些赞誉正是人民群众对他的公正评价。林则徐学习西方的思想有其历史局限性，但也有进步意义。“师夷之长技以制夷”的思想，经他的挚友魏源的概括和提倡，启发了近代先进的中国人向西方寻求真理，导致了近代西学的传播和新学的产生。林则徐不愧为近代中国人了解西方、学习西方的先驱。

三、魏源的“师夷之长技以制夷”

鸦片战争的失败，强烈地震撼了妄自尊大的清王朝。一向自诩为“天朝上国”的大清帝国竟然屈膝于“蛮夷小邦”的英国，失败的严酷现实使清统治者茫然失措，使投降派更加认定“夷患”不可制。

---

① 魏源：《筹海篇三·议战》，《海国图志》卷2，石峻：《中国近代史参考资料简编》，第41页，三联书店1957年2月版。

同时，它也强烈刺激和激励着地主阶级改革派去探索强国御侮的途径和“驭外夷”的办法。正是在这样的背景下，魏源继他的朋友林则徐之后成为主张了解西方和抵抗西方的杰出代表。

魏源(1794—1857)，字默深，湖南邵阳人，出身于官僚地主家庭。1814年他随父来到北京，1819年和龚自珍一起从刘逢禄学习今文经学。两人志趣相投，感情甚笃，世称“龚、魏”。1822年魏源中举，此后便作幕僚，注重研究社会经济问题，在漕运、盐政、水利方面颇有见地和筹划能力。早在鸦片战争之前，他就对英国侵略者把鸦片强加于中国表示强烈不满，认为鸦片贸易是使中国民穷财尽的重要原因，主张严禁鸦片输入。鸦片战争中，他在两江总督裕谦府幕中，亲自参加了抵抗英国侵略者的斗争。鸦片战争失败以后，强烈的爱国主义精神，激励他探索御敌之道。1844年，魏源编纂了《海国图志》。这部书在当时的中国和东方都是划时代的世界史地巨著，成为东方各国了解西方的经典。魏源的强国御侮的思想主要反映在这部著作中。

(一)“以夷攻夷”和“师夷长技以制夷”的思想。

这是魏源在《海国图志》中总结出的反抗侵略的两大纲领。鸦片战争失败以后，投降派的“夷患”不可制的论调甚嚣尘上，魏源强烈反对这种谬论。他认为禁烟和战争失败的根由在内而不在外。具体说，一是没有“严修武备”。只要“严修武备”，有了强大的军事力量作后盾，“使我无畏于彼，彼可挟于我，自不敢尝试”。[①] 二是不懂联合与英国有矛盾的国家，共同对付英国。即所谓“联其所忌之国，居间折服”。在上述分析的基础上，魏源提出“驭外夷”的根本办法是“以夷攻夷”和“师夷长技以制夷”。即联合与英国有矛盾的国家，以牵制其力量，学习西方的“长技”，使中国在军事上赶上西方。

---

① 魏源：《筹海篇四·议款》，《海国图志》卷2，石峻：《中国近代思想史参考资料简编》，第56页。

魏源认为，“欲制夷患，必筹夷情”。为此他在《海国图志》中以大量的篇幅介绍西方国家的情况，特别是英国的情况。他介绍说，英国本是欧洲一个小国，“以濒海，专事贸易，故船炮讲求至精”。“专行贾，以行兵，兵贾相济，遂雄岛夷”。英国对外扩张，掠夺成性，“四海之内，其帆幡无所不到，凡有土有人之处，无不睥睨相度，思朘削其精华”。正因为如此，它与不少国家结下了怨恨，因此弄得“仇衅四结”。魏源还介绍了美、法、俄等国的情况，指出美法两国世世友好而仇视英国，水战火器技术则于英国同。俄国“地大兵强”，“无一日忘印度”，非常垂涎鸦片之利，常因争夺地盘与英国连年血战。在东方的廓尔喀、暹罗也都仇视英国。在说明了英国是一个“仇衅四结”的国家之后，魏源提出了“以夷攻夷”的策略，即联合美、法从海路进攻英国本土，使英国“兵舶不敢舍其境而远犯中国”；联合俄国、廓尔喀从陆路进攻印度，可使英国“夫富疆之业，成狼狈之势”；支持暹罗收复新加坡，可使英国“有内顾巢穴之忧”。魏源看出了西方资本主义国家之间的矛盾，并企图加以利用的思想是可贵的，但他的认识和策略却是肤浅、幼稚的。他只看到了西方各国之间的矛盾和争夺，完全看不到他们相互勾结，共同侵略、掠夺中国的一面。关于“师夷长技以制夷”，魏源认为“不善师外夷者，外夷制之”，“善师四夷者，能制四夷”。魏源认为外夷之长技主要在武器装备、部队的训练管理等军事方面。他指出：中国之所以败于英国，主要原因是英国军事“力强技巧”远在中国之上，其次是因为英国军队待遇优厚，选兵、练兵严格，而中国的营伍腐败不堪。因此，师夷长技不仅包括武器船炮的制造和使用，还要学习西方国家选兵、养兵、练兵之法，两者不可偏废。他说：“但知船炮为西夷之长技，而不知西夷之所长不徒船炮也。”“无其节制，即仅有其船械，犹无有也。无其养赡，而欲效其选练，亦不能也。”[①]就是说，在武器船械的改进、军队的训练和纪律等方面都要向西方学习。为此，魏源提出了具体的措施：

第一，在广东开办造船厂和火器局，并聘请外国技师和工匠，“司造船械，并延西洋柁师，司教行船、演炮之法……而选闽粤巧匠精兵以习之。”[②]船厂和火器局除主要生产战舰枪炮、火药之外，也可生产民用品。第二，“沿海商民有自愿仿设厂局以造船械，或自用，或出售者，听之。”[③]第三，淘汰老弱闲散无用之兵，尽裁冗滥兵饷，用以提高士兵待遇。绿营大量吸收内地技勇双全的“猛士”，水师“取诸沿海渔户枭徒者十之八，取诸水师旧营者十之二”[④]，水师将官“必由船厂，火器局出身”。第四，增设水师科，培养水师教官。凡能制造战舰、火轮船以及其他新式武器的人，都作科甲出身。经考试合格者，立即“分发沿海水师，教习技艺”。[⑤]第五，严立船炮修造和水师训练章程。

（二）主张变革内政，提倡经世致用。

魏源除了具有抵抗外国侵略的思想之外，也注重内政的变革，他指出：“天下无数百年不弊之法，无穷极不变之法。”[⑥]”变古愈尽，便民愈甚”。他认为，单靠锐利先进的武器是不能抵抗侵略的，还必须解决社会内部的危机，“先平人心之患”。为此，他提倡经世致用的学风，指出必须“以实事求实功，以实功从实事”。用重视和联系社会实际的态度、方法来治学办事，救国救民。魏源反对专从书本中寻求知识的治学方法，强调“及之而后知，履之而后艰”，“披五岳之图以为知山，不如樵夫之一足”。[⑦] 魏源对在清末思想界占统治地位的理学和汉学也进行了抨击。他认为理学是“庸儒”。他

---

①②③④⑤魏源：《筹海篇三·议战》，《海国图志》卷2，石峻：《中国近代思想史参考资料简编》，第46页、第42页、第48页、第42页、第44页。

⑥ 魏源：《筹鹾篇》，《魏源集》下册，第432页，中华书局1976年版。

⑦ 《默觚上·学篇二》，《魏源集》上册，第7页，中华书局1976年版。

们的学问“上不足制国用，外不足清疆圉，下不足苏民困”，是完全没有用处的“俗学”。他认为专搞繁琐考证儒家经典的汉学，“锢天下聪明智慧，使尽出于无用之一途。”尽管魏源并未提出什么切实的改革内政的办法，但他所提倡的这种关心国事民瘼、注重实际问题研究的学风，还是对后世产生了积极的影响。

魏源是一位地主阶级改革派的思想家。他和他的朋友林则徐是鸦片战争时期封建士大夫中坚决主张抵抗外来侵略的杰出代表，他们代表了中国思想界反抗外侮的爱国主义方向。林则徐是中国近代睁开眼睛看西方的第一人，魏源则是林则徐之后的集大成者。他编纂完成的《海国图志》可以说是这方面最丰硕的成果，这一成果堪称“创榛辟莽，先驱先路”。

魏源在中国近代思想史上最杰出的贡献，在于他提出了“师夷长技以制夷”的思想，魏源作为封建士大夫一员，当然不懂鸦片战争失败的根本原因在于落后的封建制度，更不懂挽救民族危机的根本出路在于改变这种制度。但是，就历史条件所允许的范围来看，“师夷”、“制夷”的策略，毕竟是当时所能提出的最切实可行的抵抗外来侵略的方案。为了“制夷”而“师夷”，为了抵抗外国侵而了解外国，学习西方，这一口号具有鲜明的爱国主义性质和进步意义。当然，由于历史条件的限制，魏源“师夷”的内容和对夷之“长技”的认识，还仅仅停留在学习西方的“船坚炮利”、“养兵练兵之法”的低水平上和狭隘范围内。但重要的是，魏源在这个口号中给人们启示了新的方向，这就是“师其所长，夺其所恃”，为抵抗外来侵略而向西方寻求真理的思想方向。这一新方向的提出确立了魏源在中国近代开端时期思想界的重要地位，使他成为继往开来的人物。

第二章

太平天国的农民革命思想

第一节　洪秀全的太平天国理论

一、洪秀全反清思想的形成

1851年1月爆发的太平天国运动是封建社会晚期地主阶级和农民阶级矛盾激化的产物，也是外国资本主义侵略势力和人民大众矛盾激化的反映。《南京条约》等一系列不平等条约的签定使民族危机愈益严重，清政府的压迫与西方列强的侵略交相为恶，使社会危机也不断加深。土地兼并的痼疾，沉重的地租剥削，形形色色的苛捐杂税，以及鸦片战争后封建统治者将战争的负担转嫁给劳动人民，使人民大众同封建势力的矛盾空前尖锐，许多破产农民和手工业者“铤而走险”，纷纷“聚戕伐官”，进行反抗，这一切预示着全国规模农民起义的风暴即将来临。正是在这风起云涌的动荡年代，积极探索救国救民真理的洪秀全经过艰苦的努力，终于将各地农民斗争的火种汇聚为中国有史以来的一次最伟大的农民运动——太平天国运动。

洪秀全(1814－1864)，原名仁坤，广东花县人，出身于农民家庭。自幼接受封建传统文化教育，能熟诵《四书》、《五经》、《孝经》等儒学经典，后“读中国历史及奇异书籍，均能一目了然”[①]，但其仕途不顺，从十七岁开始，曾四次到广州参加考试，但榜上从无其名。仕途的坎坷竟使他积愤成疾，也促使他重新思考，开始对清政府的腐败和西方资本主义的侵略以及广大农民的贫困与反抗有了较为深刻的认识。多次的广州之行，使他目睹了正是清王朝的腐败给中华民族带来了巨大的耻辱与灾难，而三元里等地群众的抗英斗争则显示了生机勃勃的力量；同时他还从社会的动荡中发现了清王朝的统治并不稳固，只要依靠人民的力量就一定能推翻这个外强中干的庞然大物。他经常与洪仁玕等人“议论时势，则慷慨激昂，独恨中国无人，尽为鞑妖奴隶所惑矣。”清王朝的剥削和压迫“一年如是，年年如是，至今二百年。中国之民安得不贫？贫者安能守法”[②]。他明确表示要继承天地会反清斗争的传统，抛弃复明的陈旧口号和游民的江湖恶习，“开创新朝”。1843年，洪秀全与冯云山、洪仁玕等人创立了“拜上帝会”，利用传统的宗教斗争形式宣传群众和发动群众，积聚力量，等待时机举行起义。

洪秀全从事反清活动的一个重要特点，是利用改造了的基督教义，对中国的封建专制统治进行猛烈的抨击。1843年，洪秀全最后一次应试落第后，认真阅读了中国传教士梁发编写的《劝世良言》。这本宣传信仰上帝，在上帝面前人人平等，反对崇拜邪神，猛烈抨击儒、佛、道三教的“内容奇极，大异于寻常中国经书”的基督教布道书，使洪秀全“大觉大悟”。他借用这本书，如同从西方借来了一个比皇帝还要权威的上帝，用来否定、推翻和扫荡中国土地上的封建专制统治。

在中国历史上，农民阶级利用宗教形式发动起义屡见不鲜。这

---

① 中国史学会：《中国近代史资料丛刊·太平天国》第6册，第838页，神州国光社1952年版。以下简称《太平天国》。

② 《钦定英杰归真》，《太平天国》第2册，第570页。

是因为在自然经济条件下，生产方式的限制和社会的闭塞，以及“君权神授”思想的影响，使他们不可能科学地认识世界和改造世界，使他们相信唯有受天命差遣的人才有君临天下的特权。洪秀全沿袭宗教形式与这种历史既有联系又有区别。联系在于都是利用宗教、君临人上的神权以及农民所熟悉的转生、托梦、降神、附身等形式；区别则在于利用的是经他改造过的西方基督教。他认为中国旧的秘密结社所提出的“反清复明”的政治口号已经陈旧过时，中国旧教门信奉的诸神、圣贤也都较为落后，所以公开表示“憎恶”拜魔神、邪神。但是，洪秀全宣传的宗教观念与基督教义具有本质的不同。基督教要人们安于现状、顺从、忍耐、不要反抗，把幸福的希望寄托于死后和来世，洪秀全则吸收其某些教义和形式，将其改造为发动和组织农民斗争的思想武器。

基督教宣扬上帝是创造天地万物、主宰世间的独一真神，以此来掩盖现实社会生活中的剥削与被剥削、压迫与被压迫之间的尖锐的阶级对立。而洪秀全将上帝树立为农民利益的代表，用来否定、打倒、扫荡人世间的神仙菩萨和封建君主。他承认人间只能信仰上帝，而封建皇帝称自己为皇上帝，这就是僭越行为，应诛杀之。洪秀全自称是上帝的次子，奉上帝之命来人间灭妖诛鬼，从而使自己反对封建王朝的斗争具有“法统”上的合理性。

基督教宣扬世界上万国之人，在世人所论，虽有上下尊卑贵贱之分，但在天上神父面前，以万国男女之人，就如其子女一般。旨在肯定世人只有拜上帝的平等和原罪的平等，而社会生活中人与人之间的上下等级贵贱之分仍是要维护的。洪秀全则认为人类既然都是上帝的子女，在上帝面前都是平等的，那就根本没有尊卑贵贱之分，“四海之内皆兄弟”，“天下多男子，尽是兄弟之辈，天下多女子，尽是姊妹之群。”这样，洪秀全就把基督教许诺的虚幻的“天堂”里的平等，改造成为真实的、现实生活中的平等，从而形成了具有中国农民阶级特色的社会平等思想。

基督教鼓吹保护私有财产，洪秀全则主张废除私有，实行“天下为公”；基督教劝人顺从、戒杀，洪秀全则强调的是“皇上帝”与“阎罗妖”的对立斗争，申明不准滥杀无辜，但世界所存的一切魔鬼该杀，头一个便是咸丰皇帝，号召农民起来向封建皇帝作斗争；基督教宣扬赎罪，而后可以升到天国，洪秀全却把这个虚幻的天国化为在人间“开创天国”。至于人间天国的设计，则在《天朝田亩制度》中得到了充分的反映，最核心的就是要达到“无处不均匀，无人不饱暖”的光明境界。进入天上天国靠的是忏悔、赎罪和祈祷；而开创地上天国靠的是“斩邪留正”的暴力手段，兄弟姐妹“同心放胆同杀妖”。由此可见，洪秀全对西方的基督教义，既不是全盘接受，也不是一概否定，而是从农民所理解的平等要求和本人的需要出发做了扬弃。很显然，不是舶来的宗教唤起了中国农民的大革命，而是中国农民革命的需要使洪秀全采用并改造了这一外来的宗教为推翻封建王朝服务。

但是，宗教毕竟不是真理。它所宣传的观念、理论，所进行的思想教育，规定的制度、纪律，都不是对客观事物和世界的科学解释。利用宗教作为发动农民起义的工具，仍然是农民小生产者阶级局限性的表现。它可以在一定的时间内、一定的条件下成为宣传群众、组织群众、推动革命的有力武器，因为急于改变现状的心理和战争的胜利可以暂时维护宗教迷信的权威。但是当农民战争进一步向前发展的时候，它的消极作用和局限性就会日益显露，并且造成严重的危害。所以，以宗教意识为动力、为精神支柱的农民革命，不能也不可能找到进一步发展的方向，对皇上帝的迷信与崇拜，完全抹煞了人的作用，自然地会束缚群众的思想和积极性。特别是农民队伍内部集权与各派集团的分权的矛盾，一些领袖人物对天条、禁令的违反进一步引起宗教神学的动摇。当拿不出更新更有效的思想武器来解决现实矛盾的时候，“太平一统”理想的幻灭和动乱分裂的现实结局，就驱散了皇上帝头上的灵光，作为“天父”代言人的杨秀清的被杀，更导致了拜上帝会思想体系的瓦解，使迷信和宗教完全走向破灭。

二、洪秀全的太平天国理论

1845 至 1847 年间，洪秀全写成了《原道救世歌》、《原道醒世训》、《原道觉世训》(以下简称《三原》)等著作，从而奠定了太平天国运动的理论基础。

“三原”的基本思想是争取政治、经济、民族和男女平等的民主主义。在“三原”中，洪秀全将封建势力一概斥之为阎罗妖，列为诛伐的对象。为了增强诛妖的合法性，他把基督教义中的平等观和反对奴役的思想与中国古代的大同观念，农民战争的平均、平等思想结合起来，“创造”出一个代表近代农民要求、赋予其权威和民主意志的皇上帝，并奉为独一尊神，将群众的斗争事业说成是皇上帝的事业。同时，他将现实生活中农民阶级与地主阶级的矛盾归结为“皇上帝”与“阎罗妖”之间的对立斗争。人世间的一切贪官污吏、地主豪绅以及种种封建主义的精神偶象，皆为“阎罗妖之妖徒鬼卒”，全在打倒之列。他还指责历代帝王妄改皇上帝尊号、敬拜邪神，并由此明确提出了打倒清朝皇帝的思想，号召“天下凡间我们兄弟姊妹所当共击之，惟恐不速者也。”

在“三原”中，洪秀全强调在上帝面前人人平等，因此封建等级制度应予废除，农民应有平等的政治、经济权利。他说：“天父上帝人人共，天下一家自古传”，“天下凡间人民虽众，总为皇上帝所化所生”，所以“天下多男人，尽是兄弟之辈，天下多女子，尽是姊妹之群”。兄弟姊妹之间，要不分彼此，相济相让，严禁兼并倾轧。他还引用了《礼记·礼运》篇中天下为公的思想对自己设计的天国社会作了说明。在这个社会里，人与人之间是没有阶级、等第的完全平等的关系，而现实社会中的封建专制是实现平等的最大障碍，应当将其彻底推翻。这样，就为农民争取政治、经济权力的平等，推翻清王朝的统治提供了理论依据。洪秀全还对封建私有制进行了猛烈的抨击，疾呼变革社会制度，世界才得光明。

在“三原”里，洪秀全为人们描绘太平天国美好前景的同时，还为进入天国的人们制定了严格的道德规范。提出进入天国的首要条件是正直、有高尚的道德。他列举了历史上的“正人”，如夏禹、伯夷、叔齐、周公、孔丘、颜回等，宣传孝顺、忠厚、廉耻、尚礼等行为准则。并且揉合了基督教和儒家的思想，奉劝世人拜上帝，学“正人”，捐妄念。而将淫乱、忤父母、行杀害、盗贼、巫觋、赌博归纳为世间的六不正。一个人犯有六不正行为，就是道德败坏，必须切实改掉。以后，洪秀全又参照《圣经》中的“摩西十诫”为太平天国制定了《十款天条》。主要内容有：崇拜皇上帝、不好拜邪神、不好妄题皇上帝之名、七日礼拜颂赞皇上帝恩德、孝顺父母、不好杀人害人、不好奸淫邪乱、不好偷窃劫抢、不好讲谎话、不好起贪心等等。很明显，前四款属于宗教信仰，后六款仍是《原道救世歌》中反对六不正的内容。它既是拜上帝会教徒生活的准则，道德的规范，也是太平军的纪律约束和处理军民关系的法规。

在“三原”中，集中反映了农民从封建制度下解放出来的要求，代表了他们对太平理想世界的追求与向往，也反映了洪秀全的思想发展。《原道救世歌》中提出的主要是对每个人的道德、宗教要求，但它明显受着儒家传统思想的束缚。《原道醒世训》虽然宗教色彩依然浓厚，但已经提出了把陵夺斗杀之世改造为公平正直之世的要求。当然，他揭露封建社会中道德败坏的现象，实际也反映了农民对现实社会的不满和反抗情绪，本身就包含着对封建社会政治腐败的谴责。《原道觉世训》则反映出洪秀全的思想大进了一步。他明确指出了地主与农民两大营垒、两种势力的对立，并且将封建社会中统治阶级和被统治阶级幻化为阎罗妖与皇上帝的对立和斗争，将阶级对立、阶级斗争的现实曲折地在宗教的说教中反映出来。洪秀全思想上的这一发展为太平天国运动准备了理论武器。

“三原”不可避免地带有时代的局限性。首先，洪秀全非偶像、尊一神的思想在革命初期曾起了很大的作用。但是代替多神的一神仍旧没有摆脱宗教迷信的羁绊，而任何宗教迷信都是反科学的，在本质上是反动的。以宗教意识为动力、做支柱的农民革命，不可能取得彻底的胜利。其次，“三原”所追求的平等，实质上是落后的小生产者的平均主义，它对破除旧的封建等级制度有一定的积极意义，但是当面临建设新制度的任务时，平均主义往往成为起破坏作用的酵母。由此可见，农民运动仅仅在要求解决土地问题上属于民主革命的范畴，这种农民阶级自发的、半自觉的运动，与无产阶级领导下的农民革命运动有着本质的区别。

三、洪秀全皇权主义思想评析

洪秀全的政治思想具有强烈的革命性，但是，在当时的社会条件下，作为一个农民领袖，其思想的另一突出特点是皇权主义，主要表现为：

王权神化 。洪秀全精心为自己编造了受命上天、救世下凡、宰治天下的神话，并且巧妙地将天上的大天堂与地上的小天堂、神与人沟通起来，以皇上帝的名义赋予自己神的品格，打扮为上帝派到人间的全权代表。为了使人确信这一点，他和其它首领一起，运用发布诏书、布告、公文，外事往来的文书谈话，会试出题，对《圣经》的批解，编写启蒙教材，甚至找人旁证等各种方式，进行大张旗鼓的宣传，目的在于确定自己在凡间独一真命天子的地位，赋予自己专制王权的职能。洪秀全既然是神，那么天王之国为天国，天王之口为天口，天王之言为天言，天王理所当然地具有极大的权能，而且不会有过错。“只有人错无天错，只有臣错无主错。”实际上，这些“上天受命、下凡救世”的神话仍然是“君权神授”的翻版。洪秀全承袭甚至发展了儒家的这些思想，在自己头上描绘了神秘的光环，却走向了人民大众的对立面，并终于导致了天京变乱的发生。

王位世袭的家天下是皇权主义的显著标志之一。太平天国实行帝王万世一系的家天下的原则，建立了一个“朕即国家”的洪氏家天下。在洪秀全颁布的文件中，充斥着这样的语言：“百姓之田皆天王之”，他认为“天下之人，尽是食朕，衣朕，用着、看着、听着，都是朕畀的”，都是在享受着天王的恩赐。在军事上，他视百万太平军为洪氏家兵，“称天朝、天军、天民、天官、天将、天兵，御林兵者背(皆)算其一人之兵”，不许将领称自己部众为我队之兵。洪秀全不仅将自己神化为救世主，而且神化自己的儿子，以此证明洪氏父子都具有神的品格，同样受命于天，应该君临天下。早在1851年，他就确定自己的儿子是王位继承人，规定：“王世子，臣下称呼：幼主万岁。”公然地把天下据为自己的私有物。“人人不受私”的原则遭到彻底的破坏。

封建礼仪是封建等级特权制和皇权主义的必然产物，一经产生，又是为维护等级特权和皇权服务的。历史上凡是皇权主义盛行的时代，必有繁琐的封建礼仪相伴随。太平天国也没有摆脱这个窠臼。无论是朝仪，还是服饰、舆马仪卫等王者之制，都有详细的规定。甚至连诸王的子女，丞相以下至两司马以及子女，诸王的家族、亲戚，都按不同的等级规定了不同的称呼。洪仁玕主持朝政以后，宣谕发布了《钦定敬避字样》，其避讳面之广，内容之繁琐，等级之多且严，在历史上都是不多见的。

洪秀全皇权主义思想的产生和发展有着复杂的社会历史原因。

首先，农民政权的封建化，不决定于思想意识，而决定于社会存在。洪秀全所处的时代，资本主义生产关系仍处于萌芽状态；封建的经济、政治制度虽已日趋衰朽，但还没有走完它的历史行程；广大农村封建的土地关系仍占据着统治地位，新的阶级力量还没有走上历史舞台。在这样的条件下，作为自然经济基础上自发的农民起义，不可能完成超越历史条件许可的民主革命任务。而且，在农民政权和封建政权之间，并没有一条不可逾越的鸿沟。因此，起义的结局只能是建立以皇权主义为核心的封建政权，而不可能建立以民主主义为内容的农民政权。

其次，封建时代的农民阶级并不代表新的生产力和生产关系。农民阶级的意识从属于封建经济和政治权力。因此，仅仅依靠农民和农民意识，不可能彻底摧毁封建生产方式。正如马克思所说：小农业和家庭手工业相结合的封建自然经济，"始终是东方专制制度的牢固基础，它们使人们头脑局限在极小的范围内，成为迷信的驯服工具，成为传统规则的奴隶"。[①] 在自然经济条件下，一方面小农经济受封建地主经济的压榨和排斥，处于不断分化状态；另一方面，它们又是地主经济的补充或附庸，是封建统治赖以存在的经济基础。这样的经济地位决定了他们在政治上没有独立的姿态，既不能代表自己，更不能解放自己。他们长期生活在封建家长制度下，养成了无限崇拜个人权力的世界观，崇拜能保护他们利益的高高在上的权威，迷信能赐给他们阳光和雨露的救世主，要求有主宰者，有神仙和皇帝来代表自己。因此，即使没有神也会通过舆论制造出神来，而且人间君主的权威采取了超人间的形式，神权成为君权不可缺少的精神支柱，君权只有神授才能具有令人慑服的权威。这种通天通神的权威，正是农民小生产者乐于接受的。

再次，洪秀全的皇权主义与其个人经历有着密切的关系。他虽然出生在农民家庭，生活在农村，但他同时又是封建时代的知识分子，自幼接受封建教育，深受传统的儒家思想的熏陶，成年后又有求取功名利禄的强烈愿望，只是在仕途受挫之后才走上了革命的道路。这样的经历，并没有在他领导起义后的革命斗争中除去痕迹，而且透过现实生活，在新的条件下重新反映出来。它产生了两个直接后果：一是能亲自撰写理论宣传读物，礼拜日也能亲自向群

---

① 《不列颠在印度的统治》，《马克思恩格斯选集》第 2 卷，第 67 页。

众讲道理，有利于宣传群众和组织群众；二是不象刘邦、朱元璋那样，制作礼乐需文人代劳。太平天国的许多重要文件都是洪秀全动手或亲自指导下写成的。因为他不仅熟悉封建的礼仪典章，而且又将西方基督教的精义渗杂其中，从而更加深了太平天国的宗教化和封建化。

第二节 《天朝田亩制度》

一、《天朝田亩制度》的基本内容

1853年冬，太平天国颁布了《天朝田亩制度》。它是以解决农民土地问题为中心，包括社会组织、军事、文化教育诸方面的纲领性文献，被公认为太平天国思想的总纲。

《天朝田亩制度》最基本的思想是废除封建土地所有制，一切土地和财物统归天国所有，将土地分给农民。它的最高社会理想是"有田同耕，有饭同食，有衣同穿，有钱同使"，并且希望把"无人不饱暖"建立在"无处不均匀"的分配基础上。《天朝田亩制度》根据"天下人人不受私，物物归上主"的公有原则，在中国历史上第一次以纲领的形式，规定了平分土地的原则和方法：天下耕田，按其产量分为九等，然后算其家口多少，不论男妇，计口授田。同时规定："凡天下田，天下人同耕，此处不足，则迁彼处，彼处不足，则迁此处。凡天下田，丰荒相通，此处荒则迁彼丰处，以赈此荒处，彼处荒则移此丰处，以赈彼荒处。"土地所有权归天国所有。这样，就从根本上否定了中国几千来的封建地主阶级的土地所有制和封建剥削制度。

在土地国有的基础上，《天朝田亩制度》规定了"通天下皆一式"的小农经济的自给自足的生活方式，制定了严格的平均主义的分配制度。"凡天下，树墙下以桑，凡妇蚕绩缝衣裳。凡天下，每家五母鸡二母彘。无失其时。凡当收成时，两司马督伍长，除足二十五家每人所食可接新谷外，余则归国库。凡麦、豆、苎麻、布帛、鸡、犬各物及银钱亦然”。“凡二十五家中所用婚娶弥月喜事，俱用国库，但有限事，不得多用一钱。”老弱病残由国库开支赡养，发生灾荒，由国库调拨接济，取消商品生产和商品交换。自天王以至士兵的一切衣食所需，也均由国库按规定支给。这样规定的目的，是想在消灭私有制和实行平均分配以后，达到人人不受私物，物归上主，处处平均，人人饱暖的理想境界。

在社会组织上，《天朝田亩制度》规定，以二十五家农户构成太平天国公有制经济的基层单位——两。两司马为行政长官，负责民政，组织居民物质文化生活，安排农副产品的分配，陶冶木石等手工业生产，处理民事讼诉以及管理教育，督促礼拜等等。每家出一伍卒(即乡兵)，有警时捕敌杀贼，无事时为农耕桑。每家有子女三个以上者，出一人为兵(参加正规部队)。这样，两就成为行政宗教合一、兵农合一、政治与经济合一，即工、农、兵、政、教合一的村社结构。实质上，这是理想化的庄园经济的政治投影。《天朝田亩制度》以严格的军事化作为平均主义分配、消费和经济生活的保障，从两司马、卒长(四两为卒)、旅帅(五卒为旅)、师帅(五旅为师)到军帅(五师为军)，称乡官；县设监军，郡、省设总制，均称守土官，统称为守土乡官制。朝内官则由将军、侍卫、指挥、检点、丞相、军师、天王组成。

《天朝田亩制度》规定太平天国的各级官吏实行保举和委任相结合的制度。一般情况下，乡官由本地人保举，守土官由上级委任。在地方，由两司马负责，每年一次将属下“有能尊条令及力农者”向上保举，经过逐级审核后由天王任命为官。从最基层的两司马到师帅都要由民举产生，群众有保选权和被保选权。同时规定，各级官吏负责保升奏贬其下属，每三年考核一次，合格和优秀者保升，不合格和低劣者奏贬。保升奏贬均要有真实凭据，列出贤绩恶迹，以避免上下相蒙之弊端。凡滥保举人及滥奏贬人者罢官为农。

《天朝田亩制度》规定，各村设教堂，作为文化教育场所和机关。少年儿童每天要去礼拜堂受教育，成年人则按男女性别每个礼拜日分别到教堂听讲。

《天朝田亩制度》明确提出了男女平等的思想。规定，妇女同男子一样可以分得相应的土地；禁止买卖婚姻；提倡一夫一妻制；禁止缠足、娼妓、买卖奴婢等。同时设立女官，建立女军，允许女子参加考试。这些措施对封建宗法制度起到了猛烈的冲击作用，甚至当时西方资产阶级也赞叹“洵世界得未曾见之奇观，即人类的幻想未能形状其伟大”。①

上述《天朝田亩制度》的基本内容，反映了太平天国的思想家们希望使每个农民都能在分散的小农经济的基础上，永远保持一份平均的财产，在平等的地位上自食其力地生活，彻底埋葬封建土地制度，达到“天下大家处处平均，人人饱暖”的理想境界的美好愿望，它为后人从事的土地革命留下了宝贵而又丰富的历史资料。

二、《天朝田亩制度》的革命性与空想性

《天朝田亩制度》在中国政治思想史上占有重要的地位。

第一，《天朝田亩制度》是农民运动发展的历史产物。中国是一个以农业为基础的大国，农民的土地问题关系到历代政权的兴亡治乱和社会经济的繁荣衰退。以平均地产为核心的平均主义思想，是农民阶级意识形态的主要反映。《天朝田亩制度》继承并发扬了中国历代农民战争“均田”、“均贫富”、“均田免粮”等主张，在清中叶以来土地高度集中、百姓苦不聊生的情况下，将农民平均主义思

① 《华北先驱周报》，1853年第174号，转引自罗尔纲：《太平天国史事考》，第337页，三联书店1955年版。

想制度化，并且发展到新的阶段。它所提出的平分土地，欲耕者有田种，物资供给制等主张，既适应了农民反对封建土地所有制的需要，也是历代农民运动思想和经验的升华，是将历代农民起义积累下来的经验加以理想化和规范化的结果。

第二，《天朝田亩制度》作为封建土地制度的对立面，具有强烈的革命性。

中国进入封建社会以来，官吏富绅巧取豪夺，横征暴敛，形成土地高度集中的地主阶级土地所有制，构成了封建社会的基础，成为中国社会生产力发展的最大障碍和广大农民受剥削的根源。因此，打碎封建土地所有制的枷锁，推翻封建王朝的统治，将土地夺回到自己手中，是千百年来广大农民的迫切要求。《天朝田亩制度》集中反映了农民阶级渴望得到自己一块土地的要求，并且将“均田”作为制度规定下来，这在中国历史上是第一次。它具有挖掉封建制度的墙脚、铲除封建土地所有制根基的历史意义。而且在半殖民地半封建社会初期，摧毁封建土地所有制的革命已经远远地超出了单纯农民战争的范围。因为在当时的条件下，封建土地所有制不仅是封建统治的基础，而且也是西方列强维护对半殖民地统治的基础。不摧毁封建土地所有制，就不会有农民的彻底解放，也不可能有中华民族的真正独立。正是从这个意义上说，太平天国运动是中国近代民主革命的先声。

第三，《天朝田亩制度》所宣扬的平均主义思想及实施在客观上包含了为中国资本主义因素开辟道路的内核。实践证明，对封建土地所有制的彻底否定必将为萌芽中的资本主义发展扫清道路。列宁曾指出：“农民起义取得彻底胜利，没收地主的全部土地，把土地平分给农民，就意味着资本主义最迅速的发展，这是对农民最有利的资产阶级民主主义变革的形式”。① 尽管太平天国的将士们对资本主义并无多少预见，他们的平均主义主张也是一种空想，并且是错误的，但究其本旨是防止封建土地所有制的复活，而不是避免驶上资本主义的轨道。在欧美资本主义发展的初期曾经出现过欧文、圣西门、傅立叶的社会主义，其主张未尝不是空想和错误的，但在科学社会主义诞生之前，它却是进步的，因为它反映了无产阶级的要求，合乎社会发展规律。所以“空想”未必违背社会发展趋势；“错误”也不能与反动划等号。更何况《天朝田亩制度》所规定的平均主义，只是一种错误的形式和空想的外壳，其所包含的内核是彻底的反封建和为资本主义发展开辟道路的。这种外壳的被突破，较之打碎几千年的封建锁链，其容易程度何啻千万倍。

事实也正是如此。首先，《天朝田亩制度》对土地生产资料是“算其家口多寡”和“杂以九等”平均分配的，这显然是包产到户，是以家庭为生产单位而不是以两为生产单位。它规定了授田，但没有规定还田。这样，所谓“天父之田”实际上变成了个体小农的“永业田”。仍属于变相的小农土地所有制，而在小农经济的温床上，将随时随地滋生着资本主义。其次，《天朝田亩制度》对生活资料的分配是留足所食，余则归国库，农副产品亦然。既然是以户为单位生产，收成自然是以户为单位进行，这就势必导致个体生产与集体分配之间的矛盾，其结果必然会使平均主义的框架被资本主义萌芽所冲破。而且这种个体生产与集体分配之间的矛盾是非对抗性的，可以由农民的自发势力加以解决，而不象农民与封建地主之间的殊死斗争，经历了两千多年的漫长岁月。

第四，《天朝田亩制度》作为平均主义的纲领，只是农民小生产者的思想结晶，它要求在小农经济分散的个体生产上均贫富，消灭

① 《俄国社会民主工党第五次代表大会》，《列宁全集》第12卷，第450－451页，人民出版社1959年7月版。

阶级，财产公有，这只能是一种空想。农民期望摆脱贫困与压迫，却又本能地不愿意铲除贫困和压迫的根源——私有制；他们自觉或不自觉地将平均主义寄托于小生产，而小产生又必然导致产生出维护小生产所必须的专制统治和等级特权。因此，以小生产和平均主义为核心内容的农业社会主义，一开始就包含着对平均主义理想的自我否定，这是它内在的不可克服的矛盾。平均主义对于斗争中的农民是兴奋剂，但是随着革命的推进和胜利，又必然被社会实践和农民自己所否定。因为作为改造社会的整个方案，它既不能代表历史前进的方向，也不能反映生产力进一步发展的要求。

太平天国早期实行的圣库制度，财富的主要来源是战争中的缴获而不是生产过程中的劳动产品，军内实行的平均分配并不是分配领域里的平均主义，而是不与劳动报酬相联系的一种军事共产主义制度，因此是正确的。但是《天朝田亩制度》将圣库制度推向社会，鼓吹人无私财，“物物归上主”，这必然触动当时社会存在的各种形式的所有制。农民平分财富的要求，针对地主阶级的剥削是革命和正义的，但是针对商人和农民手工业者来说则是倒退和反动的。每个劳动者手中不能保留任何剩余产品，甚至连鸡鸭猪狗都要上缴国库，这与早期军中实行的圣库制度性质是完全不同的。利用宗教和行政权力支配经济生活，对力农或惰农的赏与罚，仍然是一种超经济的强制。而且在生产力发展水平很低的情况下，既要保证全体社会成员的平均分配，就不得不把人们的消费水平降到最低限度，因此平均主义的天然伴侣必然是禁欲主义。有限的生活资料，无差别的平均分配，其结果只能是有饭大家同吃，无饭大家挨饿，甚至一起喝大锅清水汤。

在农民小生产者看来，男耕女织、自给自足的自然经济是一种最合理的经济模式。因此《天朝田亩制度》取消了商品生产和交换，生活资料采取了产品直接分配的形式。在每一个经济单位里，几乎要生产本单位二十五家所需的全部生活资料。这种生产方式的基本单位必然是自给自足和闭门自守的。其中居民获得生活资料多半是靠与自然交换，而不是与社会交换。非常明显，太平天国的领导人在创立地上天国时，主观地想用小农经济的标准把整个世界都改造成为划一的、平均的小农经济，这是根本做不到的。因为倘若如此，就势必取消社会分工，破坏商品经济，阻碍资本主义萌芽的生长。在破坏封建土地所有制的同时也破坏自耕农民的土地所有制，劳动者不可能从"人人不受私、物物归上主"的规定中获得任何好处，其结果只能是普遍的贫困。实践证明，在没有出现新的生产力和生产关系的条件下，没有无产阶级及其政党的领导，无论如何伟大的农民领袖都不可能找到领导农民阶级走向彻底解放的道路。《天朝田亩制度》的革命性和空想性同时存在，反映了洪秀全等人思想上的矛盾，毋庸置疑，这是时代的产物。

第三节　洪仁玕与《资政新篇》

一、《资政新篇》的基本思想

《资政新篇》是太平天国著名领袖洪仁玕 1859 年主政后撰写的，是具有资本主义色彩的太平天国后期的重要纲领性著作。

洪仁玕(1822—1864)，字益谦，广东花县人，洪秀全的族弟，最早参加拜上帝会的成员之一，也是太平天国运动后期"仅次于天王的第二领袖"。金田起义时他没有能够赶上参加，尔后，几次组织队伍奔赴广西，因太平军转移，只得返回广东。1853 年，被迫流亡香港，在外国传教士处教书，并接受瑞典巴色会传教士韩山文洗礼。同时，韩山文根据洪仁玕的口述写成了介绍金田起义的《洪秀全之异梦及广西乱事之始原》，这是最早向世界介绍太平天国运动的著作。在港期间，洪仁玕阅读了大量天文、历算、宗教、历史、地理、机械工程等科学著作，了解国际形势，探求英美政治制度和富强的原因。通过广泛地对西方资本主义学术思想和社会政治制度的研讨，在他的头脑中逐渐形成了一个发展资本主义以改造中国的方案，帮助他成为当时“最开通的中国人”①，并为其撰写《资政新篇》提供了重要的思想资料。1858 年洪仁玕离开香港，几经风险于翌年 4 月到达天京，参加太平天国运动。洪秀全对他的到来感到“格外欢喜”，非常器重，称他“志同南王，历久弥坚”，对他出来辅国寄予了极大的希望，先后封为干天福、干天义、加九门主将衔。不到一月，又晋封为“天国开朝精忠军事顶天扶朝纲干王”，总理全国政事。洪仁玕临危受任，励精图治，怀着对太平天国革命事业的深切期望，根据太平天国面临的形势和世界资本主义迅速发展的客观事实，主张太平天国借鉴西方，实行改革以巩固政权。从此目的出发，洪仁玕总理朝政后不久就向洪秀全提出了《资政新篇》。1864 年 7 月天京城破，他保护幼天王出走江西，不幸被俘，11 月在南昌慷慨就义。

洪仁玕在《资政新篇》开篇阐述著作此书的用意在于“条陈款列，善辅国政，以新民德”。撰写此书的原则是“治国必先立政，而为政必有取资。”所谓“立政”，是要建立健全政治制度，制定政纲；所谓“取资”，“其要在于因时制宜，审势而行而已。”这里的“时”与“势”是洪仁玕革故鼎新思想的着眼点，即所有损益变革，“准以时势二字”，“视乎时事之变通为律，”也就是要依据太平天国面临的形势和世界的发展趋势去改革朝政。之所以如此，是因为他从欧美等国的发展中清楚地看到了历史车轮已经不可逆转地朝着资本主义方向前进。只有顺应时代潮流和历史发展的趋势，适应客观形势的变化不断革新，才能使太平天国成为“新天新地新世界”。

《资政新篇》分为四部分：“用人察失类”，强调“禁朋党之弊，”加强中央集权；“风风类”，反对封建主义腐朽的生活方式，提出移

① 《天京游记》，《太平天国》第 6 册，第 955 页。

风易俗的改革;“法法类”,提出各种带有资本主义性质的改革措施;“刑刑类”,提出要健全司法制度。

《资政新篇》的一个基本思想是强调要革新政治,加强中央集权,建立一个具有资产阶级民主性质的国家。如前所述,太平天国颁布的许多纲领在很大程度上突破了封建制度的束缚,含有利于资本主义发展的因素。但是,建都天京以后,这个政权及其领袖人物在不同程度上的封建化阻碍了这一因素的发展。针对这种情况,洪仁玕强调革新政治首先要从中央开始整顿,如果中央不能成为团结一致的强有力的行政权力机构,任何好的政策都只能停留在文字上。所以他认为,革新政治的首要任务,是要迅速扭转混乱涣散的政治,“禁朋党之弊”,明确规定任何结党营私都是削弱中央集权的行为。他指出:“结盟联党之事,是下有自固之术,私有倚恃之端,外为假公济私之举,内藏弱本强末之弊。为兵者行此,而为将之军法难行;为臣者行此,而为君之权谋下夺。”显然,他的目的是为了防止“弱本强末”,以避免大权旁落,纠正已经出现的各级官吏互相拉拢,各自为政的弊端,从根本上杜绝各级将领随意培植亲信,给官给禄的现象,并且将官员的任命权收归中央。

为了推行新政而建立的强有力的中央政权与封建集权具有本质的区别。因此,洪仁玕在规划政权革新时,强烈地表现出资产阶级民主政治的色彩。他详细地介绍了西方资本主义国家的议会制度,谈到美国“邦长五年一任,限以俸禄,任满则养尊处优,各省再举。有事各省总目公议,呈明决断。取士、立官、补缺及议大事,则限月日置一大柜在中廷,令凡官民有仁智者写票公举,置于柜内,以多人举者为贤能也,以多议是者为公也。”尽管他在这里对欧美资本主义国家政治制度仅作介绍而不作评论,但实际上已涉及到太平天国体制的敏感问题,透露了向西方资产阶级民主政治学习的愿望。他不赞成事无大小都由天王一人裁决,而要充分发挥中央行政权力的作用。他向洪秀全提出建议,凡国家重大的决策,君主不宜专断，可将议题先交干王和六部讨论，然后由天王定夺。他还提出，为了加强中央集权，政府官员必须接受群众的有效监督，设暗柜举报不法之官。他建议兴办西方资本主义国家那样的邮政和新闻事业，开设报馆，使百姓可以通过报纸及时地了解中央的政令，揭露地方官员中的以权谋私、行为不轨的弊端。为了保证舆论的监督，他主张在各省设立相对独立的新闻官，"不受众官节制，亦不节制众官"，其任务只是"专收十八省及万方新闻篇"，使全国"由众下而达于上位，则上下情通。"与此相适应，他主张发展现代交通工具，使各地消息能够迅速传递，便于及时处理，努力形成"一念之差、一念之恶，难逃人心公议"的局面。

《资政新篇》强调以法制国。洪仁玕认为，一个国家的法制如何，对国家的兴衰关系极大。西方资本主义国家之所以强盛，原因在于"法善"，"邦法弘深"。因此，他反复强调"国家以法制为先"的思想，指出，要巩固政权，就必须加强法制，将法作为人们行为的共同准则。"其事大关世道人心，如纲常伦纪，教养大典，则宜立法以为准焉"。只有这样才能使百姓明辨是非，约束行为。如何立法，洪仁玕在吸收中外法制经验教训的基础上，提出要加强政治、经济、社会救济、医疗卫生等各方面的立法。在政治方面，强调法律要为巩固中央集权服务，所以要加强对各级官吏的管理和监督方面的立法，明确规定各级官吏的职责和应负的法律责任，而且要赏罚分明。他非常重视国家官吏守法、执法的重要性，强调官吏要以身作则，率先垂范，并对贪赃枉法的"可耻之行"进行坚决的抵制和斗争。在经济方面，他提出运用法律手段促进经济的发展，规定废除奴隶制，保护私人财产所有权、发明权和创造权，保护保险事业的发展，保护与外人自由通商和引进外国的先进技术等等。

在立法的同时，洪仁玕提出法律的实行宜采用"德化于前、刑罚于后"的基本原则，反对不教而诛。对于犯罪分子应允许"改过自新"，给予生活出路。在预防和惩治犯罪的关系上应以预防为主，

"治人'心恶'之未形者,制于萌念之始"。在刑罚的具体原则上提倡施用缓刑,教化为主,对犯人不轻侮、不歧视、不搞法外体罚,尊重犯人的人格及合法权利,反对刑讯逼供,尤其要"善待轻犯",主要通过劳动(清扫街道、挖渠修路等)来加以改造。针对太平天国存在的酷刑,他提出"勿杀"的主张,尽量少杀或不杀,非杀不可的也不要砍头,更不准搞封建法制的车裂、腰斩等。此外,他还主张国家的立法和司法要有稳定性和实效性,基本原则必须坚持,具体条文可以根据形势和具体情况的发展变化随时修改。

《资政新篇》对清政府的妄自尊大、闭关锁国政策进行了尖锐的批判。倡导在民族自立、维护国家尊严和平等互利的前提下,积极和先进国家建立友好的外交关系,反对闭关自守,"轻污别国",而要"与番人并雄"。在国家交往中所谓"万方来朝,四夷宾服,乃夷狄、戎蛮、鬼子等一切轻污之字,皆不必说也。盖轻污字样,是口角取胜之事,不是经纶实际,且招祸也。"他谴责清政府的闭关政策造成中国"全体闭塞,血脉不通",既妨碍了中国人民向外国学习科学技术,又使中国的社会经济停滞不前。他认为与先进国家建立友好关系主要是从两方面作出努力,一是建立正常的通商贸易关系,在平等互利的基础上通过正当贸易发展国与国之间的友好往来,从商品交易中了解外国的工业生产情况以及产品的式样和质量;二是准许外国"技艺精巧"的技术人员来中国传授技艺,这实际是早期的技术引进的设想。他还批评了盲目排外的思想,一方面规定"惟许牧司等、并教技艺之人入内,教导我民";另一方面制定"一定之章程,一定之礼法"加以限制和约束。使他们的在华活动是"为国献策",而不是"谤毁国法"。尽管洪仁玕对于资本主义的掠夺本性以及不平等条约给中国造成的严重危害尚缺乏深刻认识,但他提出的这些外交政策既讲实际,又有远见,显然是有利于资本主义发展的。

《资政新篇》比较完整地提出了向西方资本主义学习的具体方

案。洪仁玕的一个重大贡献，是将发展资本主义和巩固太平天国政权联系起来。他以很大篇幅介绍了欧美以及波斯、埃及、日本、印度等国盛衰荣辱的概况，赞扬了西方资产阶级的物质文明和政教法律，要借鉴西方“条陈方策”，“以资国政”。他例举了这样的事实来说明自己的思想。俄国虽然比中国大，然而以前却屡遭英、法、德诸国压迫，后彼得伪装凡民，到西欧各国学习邦法、火船技艺，回国后大兴政教，声威日著。在分析这件事例和中国的改革趋向时，洪仁玕非常强调的“邦法”和“技艺”，是要求民主与科学的萌芽。他认为只有学习西方的先进技术和政治制度，才是中国走向富强独立的唯一通途。他疾呼，如果中华民族“不自爱惜，自暴自弃，则鹬蚌相持，转为渔人之利，那时始悟兄弟不和外人欺，国人不和外邦欺，悔之晚矣。”如果“乘此有为之日，奋为中国倡”，才能使“太平一统江山万万年。”他在《资政新篇》中提出了二十八条仿效西方资本主义的建议，内容包括兴建近代工业、农业、商业、科技文教等诸方面。主要是：鼓励用资本主义经营方式来兴办、发展私人近代企业和管理企业，大量吸收私人投资并允许获取利润。发现矿藏者，不仅准允其“招民采取”，给予“总领爵位”，保护其开采的优先权，而且准其“获十之二，国库获十之二，采者获十之六”；反对封建剥削制度，提倡资本主义性质的雇佣关系，“准富者请人雇工”，贫者“宜合作工，以受所值。”同时还规定：“若每日无三个时辰工夫者，即富贵亦是惰民，准父兄乡老擒送进诸绝域，以警颓风之渐。”这实际是在法律上保护资本主义制度；他还主张以资本主义自由竞争的方式发展生产，开办企业不加限制，采矿可以打破地域界限等；开拓交通事业，造火车、修公路，“兴车马之利”。造轮船，疏河道，“兴舟楫之利”；开发五金矿产，“兴宝藏”；奖励技术革新创造，规定技术革新和发明机器应以“益民为原则”，对首先发明创造者，“赏以自专其利，限满准他人仿做”，即承认和保护科技发明的专利权；制造“精巧利便”的用具，“兴器皿技艺”；兴办银行，以利商民，鼓励“百万家财者”申请开办银行，印发纸币，也可“三四富民共请立，或一人请立，均无不可”；设立保险机构，以对私人财产予以保险赔偿；奖励慈善事业，兴办医院和社会福利事业，以“拯困扶危”救济疾苦等等。通观上述这些措施，明显是刺激并有利于资本主义发展的。而且洪仁玕高度重视商品货币的发展，针对中国封建社会长期以来一直存在的“重本抑末”、“重农抑商”思想，他将“利于商贾士民”摆在突出地位。例如，兴车马舟楫之利，是为了加速商品流转，便于“大商搭客运货”；创办银行，发行纸币，是为了“利于商贾士民，出入便于携带”，存放兑换也都方便；兴办保险业，是对“屋宇、人命、货物、船等有防于水火”，也能使工商企业一旦“失物则已不致尽亏”；办新闻馆也有“报时事常变”和“物价低昂”，以利“商农览之，得以通有无”的因素。毫无疑问，《资政新篇》所设计的是以近代生产力为基础的资本主义蓝图。

《资政新篇》对封建专制、神权和旧礼教都进行了猛烈的抨击，提倡革新旧的礼仪习俗，推行进步的文化政策。文风和政治斗争历来有密切的关系，是一个政权政治思想的反映。针对太平天国当时存在的“不务实学，专事浮文”的现象，洪仕玕提出官吏所讲的一字一句都必须符合建立新天地的政治需要，一切邪说淫词必须禁绝。他规定：一切文件“只须实写，勿看一字浮文。倘有沉没书札银信及伪造新闻者，轻则罚，重则罪。”他还专门对合朝内外官员书士人等颁布了《戒浮文巧言谕》，指出：“照得文以记实，浮文在所必删；言贵从心，巧言由来当禁。”这些措施反映了洪仁玕文以务实的思想，也使太平天国后期在文风上有了较大的改进。此外，他努力探求将中国改造成为具有新风尚、新道德、新气象的国家，坚决反对旧的礼仪习俗，如溺死子女，吸食鸦片、修斋打醮、演淫戏、酗酒、朝拜菩萨等，并认为男人留长指甲、妇女缠足、金玉粉饰、养鸟、斗蟋蟀、打鹌鹑等都属于“骄奢之习”，伤风败俗，应当禁止。

二、《资政新篇》评析

《资政新篇》是洪仁玕根据中国社会和太平天国运动的实践，借鉴西方资本主义国家的若干经验而提出的革新政治、变革文化、发展资本主义的施政纲领。它的价值在于，在半殖民地半封建社会的条件下，给农民运动指出了一条挣脱封建枷锁，甩开落后空想，继续前进的方向和道路。《资政新篇》的颁行在中国近现代思想史上占有重要的地位。

《资政新篇》发展资本主义的思想符合社会发展的客观要求。自英国工业革命以后，世界资本主义处于发展和上升的阶段，封建主义必然被资本主义取代是不以人们意志为转移的社会发展的客观规律。尽管资本主义制度从一降生便是从头到脚每个毛孔都沾满血污，但是“资产阶级在历史上曾经起过非常革命的作用”[①]。资本主义制度优越于封建主义制度和小生产者的空想与现实更是无可争辩的事实。处于这样时代条件下的中国不管愿意还是不愿意、被迫还是主动，总得朝着资本主义方向前进。而且当时中国的资本主义萌芽已经有所发展，封建自然经济已开始解体。因此，《资政新篇》要求发展资本主义的主张，无论从世界和中国的历史发展趋势来看，都是必要和进步的。在漫长的中国历史长河中，《资政新篇》是第一个在反封建、反侵略的政权基础上要求全面仿效西方国家，努力发展资本主义的纲领性文献。

鸦片战争以后，在民族危机和社会危机的刺激下，大批先进的中国人开始要求革新变法，走西方资本主义国家富强的道路，摆脱贫困与屈辱。但从魏源到容闳都只是设想在旧的封建制度的基础上加以改革，学习西方先进技术的目的是为了“师夷长技以制夷”，是为了巩固封建政权，因此其进步性是有限的，《资政新篇》与其有

① 《共产党宣言》，《马克思恩格斯选集》第1卷，第253页。

着明显的区别。但它更不同于洋务派的改革思想，他们是地主阶级改革派思想向右的发展，他们继承“师夷长技”的目的主要不是为了“制敌”，而是“制民”。与后人相比，资产阶级改良派是地主阶级改革派思想向左的发展，他们在百日维新期间提出的发展资本主义，实行君主立宪的主张虽然更深刻更详备，但不仅在时间上晚于《资政新篇》几十年，而且也缺乏洪仁玕那种“革故鼎新”的魄力。洪仁玕与他们的根本区别在于，前者是企图依靠封建政权去发展资本主义，而后者则是要依靠太平天国农民政权来推行发展资本主义的改革方案，是要推翻封建统治，实现“太平一统江山万万年。”从总的历史趋向考察，后来出现的资产阶级改革派与资产阶级革命派的思想，也基本上是沿着《资政新篇》的轨迹前进的。

《资政新篇》是《天朝田亩制度》珍贵的续篇。它主张在太平天国农民政权的领导下发展资本主义生产，所以应该承认这种要求与太平天国政权的要求具有内在的联系。《天朝田亩制度》虽然表现了反封建性，但却陷于空想，提不出先进的社会发展新方案去代替旧的封建制度，甚至被迫退回到“照旧交粮纳税”的政策上去。而《资政新篇》要求发展资本主义的主张恰好是纠正了太平天国政治思想的空想的方面，而发展了它反封建的一面。从《天朝田亩制度》到《资政新篇》，是太平天国从消灭私有制到承认和鼓励私人所有制的转折点，它反映了太平天国后期政治思想发展的进步趋势。可以说，洪仁玕是中国近代最积极要求走向资本主义的人物之一。

《资政新篇》的局限性在于它以相当大的篇幅介绍了西方资本主义国家的议会民主制，但没有就中国如何采取民主政体提出任何实际的明确主张。在封建生产方式下长期生活的农民阶级充当了革命的主力军，但他们并不能领导民主革命取得胜利，也找不到君主制以外的政权形式代替封建主义的皇权专制，因而自己也必然走上皇权主义的老路，这是中国历代农民战争的悲剧所在。《资政新篇》对农民阶级强烈要求的土地问题也没有给以足够的注意，只是强调要继续施行《天朝田亩制度》，而没有提出切合实际的解决农民土地问题的具体方案；同时又将发展资本主义作为当务之急，结果在现实斗争中并没有产生实际的效应。此外，洪仁玕对资本主义的侵略本质缺乏应有的认识，只是提出了发展资本主义的主张和措施，却不能理解在资本主义侵略和封建主义的压迫下，中国根本不可能走上资本主义道路。但是小疵大醇，《资政新篇》的这些局限性并未掩盖它的进步性在中国近现代政治思想史上放射绚丽的异彩。

第三章

洋务派与洋务思想

第一节　洋务运动与洋务派

一、洋务运动的兴起

洋务运动开始于19世纪60年代，结束于90年代的甲午战争。它是清政府中一部分官僚为维护封建统治所进行的一场以标榜“自强”的“练兵制器”活动和“求富”的经济活动为中心内容的“自救”活动。这部分官僚以“中学为体、西学为用”为指导思想，主张采用西方国家的军事装备和工业技术，以强化和巩固清王朝的统治。为此，他们兴办了一批近代军事工业和民用工业；编练了新式海军和陆军；创办了一些新式学校，翻译了一批西洋书籍；向海外派遣了一批留学生，培养了一些技术人材。所有这些师法外国的活动，当时称之为“洋务”、“夷务”，洋务派和洋务运动由此得名。

洋务运动一定程度上促进了资本主义生产方式在中国的产生和发展，但它特有的封建性和买办性，决定了它不可能使中国走上富强之路。

洋务运动在19世纪60年代兴起不是偶然的。当时，清政府已受到西方列强两次鸦片战争的严重打击，又受到太平天国和捻军起义的严重威胁，正是在这种内外交困的形势下，洋务运动应运而生。

从内部原因看，洋务派兴办洋务的直接目的就是镇压农民起义。60年代初，太平军在长江下游地区接连重创清军，北方的捻军方兴未艾，西北的回民、西南的苗族也纷纷起义，这对清王朝的统治构成了严重威胁。为了镇压农民起义，清政府开始购置洋枪洋炮和兵舰，直接用于对农民起义军的作战。

从外部原因看，洋务运动的兴起是中外反动势力相勾结的结果。1860年11月，第二次鸦片战争以清政府的再次失败而告终。通过这次战争，西方列强在中国又得到一大批特权。同时这次战争也加速了中外反动势力的勾结。战争的结果使西方列强认识到，与其彻底打垮清政府，不如扶植它作为统治中国人民的工具，以保证它们在中国特权的实现。因此，《北京条约》一签定，西方各国的公使就立即表示，只要清政府把他们当朋友看待，认真履行条约，就可以得到它们的任何援助，包括以武力帮助清政府"剿贼"。与此同时，西方各国积极向清政府出售枪炮，装备清军，并派人教习制造、驾驶轮船、管理新式火炮。通过这场战争，清政府再次领教了西方各国的"船坚炮利"，同时也认识到外国侵略者并无取代自己的野心，而且还要"助剿发捻"，于是它们认定，只要与西方列强合作，执行"中外同心，以灭贼为志"的政策，清政府的统治就可平安无事。1862年，清政府正式确定"借师助剿"的方针，标志着中外反动势力勾结的完成，标志着清政府已完全成为西方侵略者统治中国的工具。正是在这样的背景下，一部分官僚开始兴办洋务，特别是兴办近代军事工业，以期从中找到所谓"自救"的出路。

此外，洋务运动的产生也同早期学习外国长技的"师夷"思想有一定的联系。鸦片战争时期，以龚自珍、魏源、林则徐、冯桂芬等人为代表的"师夷长技"以图自强的思想开始出现。他们从挽救国家民族的积弱积贫出发，提出了向西方学习、改革弊政、富国强兵的主张。魏源在《海国图志》中首先提出了"师夷之长技以制夷"的口号，指出，外国长技有战舰、火器、养兵练兵之法。主张以引进西方新式军用工业为开端，进一步引进某些民用机器工业。魏源上述思想，对洋务运动的影响比较明显。洋务派"师夷智以造炮制船"的口号，就是从魏源那里承接过来的。在魏源稍后，地主阶级知识分子冯桂芬的思想更直接影响着洋务运动。代表洋务派中心思想的"中学为体、西学为用"的口号，实际上是冯桂芬"以中国之伦常名教为原本，辅以诸国富强之术"这一主张的翻版。冯桂芬又是李鸿章的淮军进入上海勾结外国侵略者的牵线人，并在李鸿章那里当了两年幕僚，因而对李鸿章个人的思想影响也是不小的。然而，洋务派尽管接过了早期"师夷"的口号，但同这一思想的实质是不同的。魏源等"师夷"是为了"制夷"，抵抗侵略。洋务派则不同，他们的"师夷"排除了魏源等所主张的"师夷以制夷"的爱国精神，代之以抚夷、媚夷。主要是为了"剿发逆"、"勤远略"，挽救封建统治的危机。洋务运动的这一思想基础，决定了洋务运动的性质和方向。

二、洋务派代表人物

洋务派是第二次鸦片战争之后，清朝统治集团内部新产生的一个政治派别，由崇拜和主张引进西方武备、机器及科学技术的封建官僚组成。第二次鸦片战争之后，为"助师剿贼"，清统治集团中以奕䜣、桂良、文祥为代表的中央势力和以曾国藩、李鸿章为代表的地方势力开始登场。他们主张同列强搞好关系，以争取其军事上的帮助，引进西方精良的武器，强化清政府的武装力量，使清统治转危为安。这样，就从清廷内部分化出一个不同于顽固派的洋务派。洋务派产生以后，便同顽固派之间争论不休，甚至互相攻讦。洋务派与顽固派的根本区别就在于对西方的先进科学技术的态度。前者主张在保持封建统治的基础上，仿效西方资本主义的生产方式，借以"图强"和"求富"。后者则死抱住封建教条不放，坚决反对学习西方和兴办洋务。

以奕䜣等清朝贵族为首的洋务派，控制着总理各国事务衙门，总揽一切与洋务有关的事务，是洋务派在中央的代表。洋务派在地方的代表是曾国藩、李鸿章、张之洞等督抚大臣。曾国藩是洋务运动的创始人之一，也是最早由封建官僚转化为洋务派的人物。他因镇压太平天国革命有功而被任命为钦差大臣、两江总督，督办江南军务。第二次鸦片战争结束不久，他提出要“师夷智”，仿造船炮。在此期间，他曾购买西洋枪炮，仿造西洋船炮，希望以此来巩固封建统治。曾国藩又是一个典型的封建卫道士，他以孔孟道统的继承者自诩，在办洋务的同时，狂热地鼓吹维护中国的纲常名教，并把它看作是治国安邦的根本。而且，他是在所谓“守定和议”，“绝无更改”，“坚持一心，曲全邻好”的妥协政策前提下办洋务的，这就使其洋务事业带有明显的封建性和买办性色彩。曾国藩提拔、重用、保荐了一大批以办理洋务著称的人物，如左宗棠、李鸿章、郭嵩焘、丁日昌、沈葆祯等人，形成了以曾国藩为首、以地方督抚大臣为骨干的洋务集团。这些人又大都是从镇压太平天国革命起家的，他们同顽固派在维护清朝统治这一点上是一致的。但是，在如何使清王朝转弱为强、维持其统治地位的问题上则不同于顽固派。顽固派拒绝学习西方，反对任何改革；洋务派则主张学习西方技艺，引进新技术，根据形势实行某些变革。因此，他们开始用洋枪洋炮装备自己的湘军和淮军，并开办近代军事工业。1862 年曾国藩在安庆设军械所。同年，李鸿章在上海设江南机器局。1865 年他又在南京设金陵机器局。1866 年左宗棠在福州设船政局，制造军舰。此后，张之洞在汉阳建立湖北枪炮厂，等等。

洋务派所推行的洋务运动，从发展过程上说来，60 年代主要以购置西洋船炮枪械，建立近代军事工业，训练新式海陆军以充实军备和培养洋务人才等为主要内容；70 年代后，在继续充实军备和培养人才的同时，逐渐兴办工矿、轮船、电报、铁路和纺织等民用工业。此外，还创办了一批新式学堂，派遣留学生和翻译西学书籍等。单就科学技术的引进和传播来说，洋务运动对当时和其后的中国社会的影响，是不应该低估的，对于中国资本主义的发展有一定的推动作用。但是，从本质上看洋务运动是为巩固清政权服务的，这就决定了他们的双重目的均无法实现。它既不可能在对外抗争中使中国“自强”，也不可能使中国在新的工业活动中”致富”。1895年清政府在中日甲午战争中的失败，宣告了洋务运动的破产。

第二节　李鸿章的“自强”“求富”

一、“自强”与“求富”

李鸿章(1823—1901)安徽合肥人，出身于官僚家庭。中过举人、进士。并拜曾国藩为师。1853年，回安徽原籍办团练，与太平军交战多年。1858年到江西投奔其师曾国藩，协助镇压太平天国和捻军起义。1862年由曾国藩保荐任江苏巡抚。1870年升任直隶总督兼北洋大臣，掌握清政府军事、政治、外交大权近三十年，成为清统治集团中的决策人物。由于李鸿章在洋务派中权力最大，经办的洋务最多，时间也最长，故而成为洋务派中最主要的代表人物。

李鸿章对清政府面临的内忧外患、上下交困的严重危机，有较清醒的认识。他在奏章中曾多次陈述说：“东南海疆万余里，各国通商传教，来往自如，麇集京师及各省腹地，阳托和议之名，阴怀吞噬之计。一国生事，诸国构煽，实为数千年来未有之变局。”① 他认为，中国面临的是“数千年未有之强敌”。列强“轮船、电报之速，瞬息万里；军器机事之精，工力百倍；炮弹所到，无坚不摧，水陆关碍，不足限制”。② 为此，他指出：“我朝处数千年未有之奇局，自应建数千年

①②《筹议海防折》，《李文忠公全集·奏稿》卷24。

未有之奇业”。[①]“识时务者当知所变计耳。”[②]这说明，李鸿章能从世界大势的角度，正视中外实力相差悬殊、敌强我弱这一客观现实，由此提出了他的“自强”和“求富”的应变主张。

李鸿章说：“思欲以西法导中国利用之，以求自强”[③]。所谓“中国日弱，外人日骄，此岂一人一事之咎！过此以往，能自强者尽可自立，若不自强则事不可知。”[④]“外国猖獗至此，不亟亟焉求富强，中国将何以自立耶？”[⑤]这就是说，自强即自立，即强化清朝统治的力量，增强清统治者应付内外危局的能力。李鸿章从西方各国走向富强的实例中得到启示，得出了“能自强必先变法”[⑥]的结论。李鸿章谋求变法自强是从制器练兵开始的。他认为，英法在两次鸦片战争中所以取胜，主要是因为拥有先进的武器，清朝的失败是由于军事的落后。他在外国军舰上看到：“大炮之精纯，子药之细巧，器械之鲜明，队伍之雄整，实非中国所能及。”因此，他感到制造火器是刻不容缓之事。“中国但有开花大炮、轮船两样，西人即可敛手。”[⑦]在制器方面，李鸿章坚持自造的方针，因为购买不足以自立。李鸿章还发现，要建立自己的独立的军事工业，必须学会制造工作母机。“中国欲自强，则莫如学习外国利器；欲学习外国利器，则莫如觅制器之器”。[⑧]从而丰富了冯桂芬的“采西学”、“制洋器”的思想。在强调学习西方制器技术的同时，他还强调必须练兵，改变军制。他认为：“兵制关立国之根基，驭责之枢纽”，“今日疆吏之责以练兵为急

① 《复鲍华谭中丞》，《李文忠公全集·朋僚函稿》卷11。
② 《议复张家骧争止铁路片》，《李文忠公全集·奏稿》卷39。
③ 吴汝纶：《李文忠公神道碑铭》，《李文忠公全集》卷首。
④ 《复刘仲良中丞》，《李文忠公全集·朋僚函稿》卷15。
⑤ 《复朱久香学使》，《李文忠公全集·朋僚函稿》卷6。
⑥ 中国史学会编：《洋务运动》第1册，第268页。
⑦ 《李文忠公全集·朋僚函稿》卷3，第19页。
⑧ 《同治朝筹办夷务始末》卷25，第4～10页。

务。”[①] 李鸿章对旗兵绿营军队腐败、武器落后的状况非常不满，指出：“承平日久，绿营弁兵，大都怯弱不堪用”，[②]“用旗绿营弓箭刀矛抬鸟枪旧法，断不足以制洋人，并不足以制土寇。”[③] 因此，只有改变军制才能“靖内患”、“御外侮”。在这方面，李鸿章提出了一个方案：“今昔情势不同，岂可狃于祖宗之成法，必须尽裁疲弱，厚给粮饷，废弃弓箭，专精火器，革去分讯，化散为整，选用能将，勤操苦练，然后绿营可恃。”[④]在对清武装力量的改造和强化的过程中，李鸿章非常重视筹办海防，建设海军。他痛感：“惟各国皆系岛夷，以水为家，船炮精练已久，非中国水师所能骤及。”[⑤]因此，他强调：“敌从海道内犯，自须亟练水师。”[⑥]同时，他还极力主张造船，“仿立外国船厂，购求西人机器，先制夹板火轮，次及巨炮兵船，然后水路可恃。”[⑦]对于巩固海防，他在《筹议海防折》中提出了具体方案：“一为守定不动之法，如口内炮台壁垒格外坚固，须能抵御敌船大炮之弹，而炮台所用炮位，须能击破铁甲船，又必有守口巨炮铁船，设法阻挡水路，并藏伏水雷等器。一为挪移泛应之法。如兵船与陆军多而且精，随时游击，可以防敌兵沿海登岸。”[⑧]由此看出，李鸿章把“自强”的希望寄托在仿造外洋船炮、创办军事工业上。他的“练兵、制器、购船”等活动，只是加强了清朝镇压农民起义的军事力量，而在抵御外侮方面则没有起到“自强”的作用，所谓的新式海军在甲午战争中的惨败就是证明。

李鸿章还提出了“求富”的主张。他说：“今日当务之急，莫若借法以富强，强以练兵为先，富以裕商为本。”[⑨] 随着军事工业的开办和经营，原料、经费等困难日益严重。由此李鸿章也认识到，强大的军事力量要建立在雄厚的经济实力基础上，“必先富而后能强”[⑩]，

---

①②④⑦《李文忠公全集·朋僚函稿》卷5，第34页、第35页、第34页。

③⑤⑥⑧《筹议海防折》，《李文忠公全集·奏稿》卷24。

⑨ 盛宣怀：《上海奏建专祠疏》，《李文忠公全集》卷首。

⑩ 《试办织布局折》，《李文忠公全集·奏稿》卷43。

富是强的根本，求强就必须求富。于是，他开始把眼光转向大力发展工商业上。他看到“西洋方千里数百里之国，岁入财赋动以数万万计，无非取资于煤铁五金之矿，铁路电信局丁口等税。”因此，决心“择其至要者逐渐仿行”[①]，以增加财政收入，开辟兵饷来源，充实经济力量。为此，他开始大力提倡兴办民用工业和振兴商务。他认为：“船炮机器之用，非铁不成，非煤不济。”[②] 因此积极倡导：“用洋法开采煤铁”。[③]强调“借用洋法而不准洋人代办”，[④]也不准洋商入股。他很早就有“改驿递为电信，土车为铁路”的打算，认为：“铁路、电线二者相为表里，无事时运货便商，有事时调兵通信，功用最大。东洋各国富强之基，胥赖此以充拓”。[⑤]他提出了建造南北四条铁路干线的计划，指出：“铁路为富强要图”，“况洋人常以代中国兴利为词，令我先自兴其利，且将要路占尽，庶足关其口而夺其气，使之废然而返。”[⑥]对于纺织等轻工业，李鸿章也很重视。他说：“溯自各国通商以来，进口洋货日增月盛，……出口土货年减一年，往往不能相敌。推原其故，由于各国制造均用机器，较中国土货成于人工者省费倍蓰，售价既廉，行销愈广。自非逐渐设法仿造，不足以分其利权，盖土货多销一分，即洋货少销一分，庶漏卮可期渐塞。”[⑦]可见，李鸿章办民用工业有“杜外人觊觎之渐而保中国自主之权”[⑧] 的意图，这就使得为“求富”而创办的近代工矿企业，在一定程度上限制了外国经济侵略势力的扩张，为民族资本主义的发展作了必要的准备。然而，尽管李鸿章等人兴办了中国第一批近代工矿企业，但是要发展这些企业，又不得不在技术、装备、原料等方面

---

① 《复丁稚璜宫保》，《李文忠公全集·奏稿》卷16。
②⑦《议复陈启照条陈折》，《李文忠公全集·奏稿》卷39。
③ 《直境开办矿务折》，《李文忠公全集·奏稿》卷40。
④ 《筹议制造轮船未可裁撤折》，《李文忠公全集·奏稿》卷19。
⑤ 《复王补帆中丞》，《李文忠公全集·朋僚函稿》卷14。
⑥ 《妥议铁路事宜折》，《李文忠公全集·奏稿》卷39。
⑧ 《商局接办电线折》，《李文忠公全集·奏稿》卷45。

依赖资本主义列强，因此无论如何也摆脱不了外国资本的控制；并且，在整个封建制度不变革的前提下，也难以摆脱封建的羁绊而走向工业文明。这就决定了为“求富”创办的民用企业，根本不能使中国富强起来，也无法遏止中国向殖民地沉沦的趋势。

李鸿章基于“自强”“求富”的需要，十分重视培养掌握科学技术的人才。他认为，西方先进的军事装备和机器生产，是同先进的科学技术连在一起的。要引进西方先进的军事装备和机器生产，就必须造就掌握先进科学技术的人才。“造就人才，实为中国自强根本”，“目前当务之急”。[①] 为了培养有用的人才，“开用人之途”，李鸿章提出要改变传统的取仕标准和方法。他在同治十三年上奏说：“文武两途，仍舍章句弓马未由进身；而以章句弓马施于洋务，隔膜太甚。是以沈葆桢前有请设算学科之奏，丁日昌前有武试改枪炮之奏，皆格于部议不行。而所用非所学，人才何由而出？”[②] 李鸿章指出“所用非所学”的弊端，实际上是不满于传统的八股取仕。因此，他主张变通“考试功令”，“另开洋务进取一格，以资造就”。他建议“设立洋务局”，“分为格致、测算、舆图、火轮、机器、兵法、炮法、化学、电气学等数门”，所学如有成效，“与正途出身无异”。[③]他还建议开办学馆、学堂，培养通晓外国语言和精于算法、天文、地理、测海、造船、机器制造各方面的人才，“使西人擅长之技，中国皆能谙悉”。应该说，李鸿章在培养洋务人才、创办近代文化教育事业方面，还是有一定的建树的。他的变通科考的思想，对封建科举制度则是一次猛烈的冲击，为后来戊戌变法中“废科举”的实现打下了基础。

① 《肄习西学请奖折》，《李文忠公全集．奏稿》卷 53。
②③《筹议海防折》，《李文忠公全集·奏稿》卷 24。

二、"力保和局"的外交思想

李鸿章掌握着清政府的外交大权。在几十年苦心经营的洋务运动中，提出了一整套对外主张。其中，"外须和戎"，[①]"力保和局"[②] 则是他一贯所持的对外方针。

李鸿章主张对外"和戎"、"力保和局"，来源于他对中外力量的对比和列强本性的认识。他认为："外国利器强兵百倍中国，内则狎处辇毂之下，外则布满江海之间，实能持我短长，无以扼其气焰。"他认为当时中国兵将，"靖内患或有余，御外侮则不足"。[③]。李鸿章正视当时敌强我弱的客观事实，本来无可非议，问题在于他由此推出一种错误的结论：由于中外实力相距悬殊，中国无法取胜于疆场，"即暂胜必终败"。[④]可见，李鸿章是被"数千年来未有之强敌"所吓倒，故主张"和戎"。同时李鸿章对列强的侵略本性也认识不清，他为第二次鸦片战争后暂时出现的中外相安这一表面现象所迷惑，认为"洋人所图我者，利也，势也，非真欲夺我土地也。"[⑤] 此外，李鸿章对外"和戎"思想的提出，同列强对华政策的变化也有密切关系。第二次鸦片战争后，资本主义列强对清政府采取了扶植政策，与此相适应，李鸿章提出了所谓"羁縻政策"。他说："自周秦以后驭外之法，征战者后必不继，羁縻者事必久长。今之各国又岂有异？"[⑥] 可见，羁縻即和戎，从羁縻到和戎，则是李鸿章对外政策发展的必然趋势，实质都是牺牲中国的权益以"笼络"洋人，苟求中外相安。正如李鸿章所说："各国条约已定，断难更改，江海各口，门户

---

① 《复王壬秋山长》，《李文忠公全集·朋僚函稿》卷19。

②④《筹议海防折》，《李文忠公全集·奏稿》卷24。

③ 《李文忠公全集·朋僚函稿》卷5，第11页。

⑤ 《复曾相》，《李文忠公全集·朋僚函稿》卷10。

⑥ 《李文忠公全集·朋僚函稿》卷10，第27页。

洞开，……彼族恃强要挟，在在皆可生衅。”[①] 因此，只有“委曲周旋，但求外敦和好”。[②] 这就决定了他在同列强交涉时，往往以坚守不平等条约为前提，交涉不成就曲从迁就，不惜在权益上作出让步，以换取“中外相安”的局面。由于外国资本主义列强的侵略本性是不会改变的，因此，不管以李鸿章为代表的洋务派如何忍辱退让，“力保和局”，也不能阻止列强贪得无厌的侵略、掠夺和步步紧逼。李鸿章由此发出了“西人专恃其炮轮之精利，横行中土”的怨言。他也感到了“洋人论势不论理，彼以兵势相压，我第欲以笔舌胜之，此必不得之数也。”[③] 只有不断增强自己的实力以相抗衡，才能使外国侵略者“阴怀疑惧而不敢遽尔发难”，否则，“平日必为外人所轻，临事只有拱手听命。”[④] 因此，李鸿章把有限的战备，作为“力保和局”的一种手段。在他看来，“和局”离不开“战备”，“明是和局而必阴为战备，庶和可速成而经久”。只有这样，才能和外国人讨价还价，“善保和局”。李鸿章被西方列强的实力所吓倒，面对咄咄逼人的外国侵略者，一味妥协，反对抵抗，成为“战必败”的失败论者。既然敌不过人家，就只有妥协求和了。李鸿章在侵略者面前毫无民族自尊和骨气，这除了其阶级局限外，还有其历史和现实的原因。李鸿章原是中外反革命势力勾结的牵线人，曾经同侵略者携手镇压过太平天国革命；他发迹之初，就曾受到洋人的青睐。他为洋务又多方面存在着对外国资本主义的依赖。这种千丝万缕的联系，使李鸿章不敢得罪侵略者，遇事妥协退让，不惜牺牲国家民族利益来“力保和局”。李鸿章思想上的崇洋媚外，必然导致他外交上的妥协投降，以至卖国。尽管他在洋务运动期间，筹办了海防，加强了练兵，但由于他的对外方针的出发点是“和”字第一，因此，他所主持

---

① 《李文忠公全集·奏稿》卷24，第1页。

② 《李文忠公全集·朋僚函稿》卷1，第36页。

③ 《筹议海防折》，《李文忠公全集·奏稿》卷24。

④ 《筹议制造轮船未可裁撤折》，《李文忠公全集·奏稿》卷19。

的外交总是以妥协屈辱，签订新的不平等条约告终。

第三节　张之洞的“中体西用”说

一、“中体西用”的思想源流

“中体西用”说是洋务派的思想纲领。这一主张并不是张之洞首先提出的。它的产生与发展有一个过程。1861年，冯桂芬在《校邠庐抗议》中提出：“以中国之伦常名教为原本，辅以诸国富强之术”[①]的主张，可以说是“中体西用”思想的发端。此后，早期改良派的代表人物王韬、薛福成、郑观应等人都进一步论述了这一主张。王韬说：“器则取诸西国，道则备自当躬。”[②] 又说：“形而上者中国也，以道胜；形而下者西人也，以器胜”。[③] 薛福成说：“今诚取西人气数之学，以卫吾尧舜禹汤文武周孔之道”。[④] 郑观应的思想更加明朗化，他说：“中学其体也，西学其末也，主以中学，辅以西学”。还说：“道为本，器为末；器可变，道不可变。庶知所变者，富强之权术而非孔孟之常经也。”[⑤] 他们的这种思想，特别是“器可变而孔子之道不可变”的思想，很快被洋务派承袭过去，成为推行洋务运动的指导思想和理论纲领，李鸿章、曾国藩无一例外都是中体西用论者。1865年，李鸿章说：“中国文物制度迥异外洋獉狉之俗，所以郅治国邦，固丕基于勿坏者，固自有在。必谓转危、转弱为强之道，全由于仿习机器，臣亦不存此方隅之见，顾经国之略有全体偏端，有

---

① 冯桂芬：《校邠庐抗议》。

② 王韬：《杞忧生易言跋》，《弢园文录外编》，第321－323页。

③ 王韬：《弢园尺牍》，第30页。

④ 薛福成：《筹洋刍议·变法》。

⑤ 郑观应：《盛世危言·西学》。

本有末，如病之亟，不得不治标，非谓培补修养之方，即在是也”。[1]继李鸿章、曾国藩之后，张之洞在1878年5月，撰成了《劝学篇》，系统地阐发了“中体西用”思想，从而成为这一思想之集大成者。

二、“中体西用”论的二重性

张之洞(1837～1909)，直隶南皮人，出身于官僚家庭。1863年中探花，历任翰林院侍讲学士、内阁学士、山西巡抚、两广总督、湖广总督等职。他也是洋务派的后期领袖，不仅举办了一批洋务企业，且网罗了一批知识界人士为其创办报刊，兴办学堂。更使他名声鼓噪的则是被视为洋务派思想代表作的《劝学篇》。《劝学篇》产生于洋务运动行将破产、变法维新运动即将兴起之时。张之洞为了辟维新派的“邪说”，维护封建道统和纲常名教，向光绪帝进呈了《劝学篇》。重申“中学为体、西学为用”。从理论上概括了整个洋务运动的指导思想。《劝学篇》迅即得到光绪帝的赞许，将其“颁行天下”，由军机处印发总督、巡抚、学政各一部，各地相继翻印。洋人亦尤为吹嘘。梁启超由此而言，“所谓‘中学为体、西学为用’者，张之洞最乐道之。”[2] 由此可见，把“中体西用”归于张之洞的名下，还是有一定道理的。

张之洞在《劝学篇》中对“中体西用”作了基本表述：“新旧兼学，四书五经、中国史事、政书、地图为旧学；西政、西艺、西史为新学，旧学为体，新学为用。”[3] 全书四万字，主要是围绕着这个基本思想而阐述的。在张之洞看来，所谓“旧学”即“中学”指的是四书五经，即以孔孟之道为中心内容的封建主义旧文化，主要是指纲常名教、封建道德。所谓“新学”即“西学”，就是他所提出的西艺与西政。

---

① 《同治四年奏折》，《李文忠公全集·奏稿》卷9。

② 梁启超：《清代学术概论》，《饮冰室合集》专集第9册，第61页。

③ 以下均引自张之洞：《劝学篇》。

西艺包括算术、绘图、矿冶、医学、物理、化学等等。西政并不包括西方的政治制度，主要包括学校，地理、财政、武备、律例、通商、工业等等。张之洞认为，旧学为体，即旧学为立国之根本；新学为用，即新学为巩固根本的权宜手段，不得混为一谈。“今日学者，必先通经以明我国先圣先师立教之旨，考史以识我中国历代之治乱，九州之风土，涉猎子集以通我中国之学术文章，然后择西学之可以补吾阙者用之，西政之可以起吾疾者取之，斯有其益，而无其害”。这说明，张之洞已经看到封建制度的“阙”和“疾”，也发现了西方的科学技术、军工器械和机器生产等西学对维护封建统治的实用价值。因此，他决心要择西学以“补”之，取西政以“起”之。然而，“起”与“补”的作用，还是在于复苏和强化封建制度。即以学习西方的科技这一手段来达到保护中国的封建制度及其文化这一根本目的。这里反映出张之洞既忠于现存统治秩序，又具有一定变革要求的矛盾心理。

对于“中学为体”的实施，张之洞认为，根本问题是要“扶持名教”。他指出，圣人之所以为圣人，中国之所以为中国，就在于有三纲五常。而“三纲五常为中国神圣相传之至教，礼教之原本，人禽之大防”。只有尊孔读经，懂得了先圣先师之道，才能固人心，保国家。他又说：“我圣教行于中土数千年而无改者，五帝三王，明道垂法，以君兼。汉唐及明宗尚儒术，以教为政。我朝列圣尤尊孔孟程朱，屏黜异端，纂述经义，以躬行实践者教天下，故凡有血气者咸知尊亲。盖政教相维者，古今之常经，中西之通义”。张之洞在这里明确地指出了封建的纲常名教、孔孟儒家学说同巩固封建政权的关系。面对当时中国封建统治不稳固、人心浮动思变的危境，张之洞极力主张尊孔读经，希望通过传统的封建文化和礼教的灌输，使人们“熟知孝悌、忠信、礼义、廉耻、纲常、伦纪、气节以明体”，使人们自觉地成为封建卫道士。张之洞尊经劝学之用心可谓良苦。

对于“西学为用”的实施，就是在确保封建制度不变的前提下，积极兴治西学，采用西方的科学技术。张之洞认为，这是形势发展的需要。他说："近来万国辐凑，风气日开，其溺于西人之说，喜新攻异者，固当深诫。然其确有实用者，亦不能不旁收博采，以济时需。"他认为，西学中的练兵、制器、技艺、开矿，乃至于学校、公法，"皆足以资自强而裨交涉"。所以，他竭力主张"旁收博采"，"以西学瀹其知识，练其艺能。"为了学习西方的科学技术，张之洞尤其着眼于兴学、治学，除主张派留学生出国学习外，还提出应改变教育制度、科考制度，加进一些西学内容。这是张之洞与曾国藩、李鸿章等洋务派所不同的地方，即把"变成法"——主要是改革教育、改革科举、培养人才——作为学西方的根本。

张之洞在《劝学篇》外篇中主张变法。在经济上全面学习西法进行生产，同时大谈其设工厂、开矿山、修铁路、办报纸、倡农工商学。总之，他所理解的西学比起地主阶级改革派所指的船坚炮利的内容有所扩展。

从张之洞这些主张看，在学习西学方面，他是地主阶级当权派中具有改革倾向的开明人士，较之深闭固拒的封建顽固派要开通明智得多。随着外侮接连而至和他对西方认识的加深，特别是当他发现西方的科学技术对维护封建统治和抵御外侮的实用价值时，西学就象磁石吸铁一样，有力地把他吸引到洋务事业上。而洋务事业的实践活动，又冲击了他的卫道思想，增强了他追求西方应用科学之兴趣。但是，张之洞心目中所要的西学是以不触动封建社会的主要思想基础——孔孟之道为界限的。由于他同清王朝共命运，把封建的"中体"视为命根子，这就决定了张之洞在维新派提出改变封建体制的要求时，势必同封建顽固派一样，竭力反对维新派的政治主张，坚持维护朝不保夕的封建统治。因此，同维新派"改变政体"的主张相比，张之洞又是一个地地道道的封建卫道士。

张之洞在维新运动兴起之时所系统阐发的"中体西用"论，其初衷是为了维持封建专制制度，抵制维新变法。但其"中体西用"论却具有兴西学和保中学的两重性，即在为封建旧学张本的同时，也为西学的传播起了促进作用，简单地全部否定“中体西用”论是不公允的。

第四章

资产阶级改良主义政治思潮

第一节　早期资产阶级改良派

一、早期改良派的产生

19 世纪后半叶，西方资本主义列强进一步加紧了对中国的侵略。政治上，通过逼迫清政府订立不平等条约，谋取了在华的种种特权，置中国于毫无独立主权的地位；经济上，通过继续扩大对华商品输出，在华开设银行，筑路开矿，控制了中国的经济命脉；文化上，通过传教、办学等对华进行文化侵略。所有这一切"对于中国的社会经济起了很大的分解作用，一方面，破坏了中国自给自足的自然经济的基础，破坏了城市的手工业和农民的家庭手工业；又一方面，则促进了中国城乡商品经济的发展"①。从 70 年代起，在中国逐步出现了一批由民间兴办的、具有商办性质的近代工商企业，即微弱的民族资本主义企业。这些企业中，有的原本就是生长于中国封建社会内部的资本主义萌芽中的一小部分，有的则是得助于洋务派大官僚、外国商人的中小官僚、地主、商人和高利贷者们新兴

① 毛泽东：《中国革命和中国共产党》，《毛泽东选集》第 2 卷，第 626 页，人民出版社 1991 年版。

建的商办近代工矿企业。其中较著名的有：1872 年广东南海的继昌隆缫丝厂，1877 年安徽的池州煤矿，1878 年天津的贻来牟机器磨坊，1880 年上海的恒昌祥机器厂，1881 年上海的公和永丝厂，1882 年上海的均昌船厂和徐州的利国驿煤铁矿等。中国社会中新产生的民族资本主义经济，就是资产阶级早期改良派及其政治思想产生的客观经济基础。

伴随着中国民族资本主义经济的产生，那些幸存下来并有所发展的原手工工场主和大作坊主，那些得助于外商而投资兴建近代商办企业的原中小官僚、地主、商人和高利贷者，以及那些企图得到洋务派政治势力的保护，而在官督商办名义下经营近代工矿业的厂矿主，都逐步地转变并形成了中国的民族资产阶级。中国民族资产阶级因其产生的具体途径各不相同，因而客观地被区分为上层与中下层。如前所述的第一部分人成为了民族资产阶级的中下层，后两部分人则成为了民族资产阶级的上层。这个刚刚产生的中国民族资产阶级就是资产阶级早期改良派及其政治思想产生的客观阶级基础。

中国民族资产阶级在产生过程中一直是在外国资本主义和本国封建主义的双重压迫的夹缝中艰难地挣扎、缓慢地成长。外国资本主义疯狂地在中国推销商品和掠夺原料，使中国民族资本主义工业在原料供应和产品市场方面倍受排挤；清政府的“重本抑末”政策和名目繁多的苛捐杂税，使中国民族资本主义工商业所承受的负担十分沉重；外资在华经营的企业和洋务派控制的企业所享有的种种特权和优待条件，又使中国民族资本主义企业在竞争中常常处于劣势。所以，中国民族资本主义同外国资本主义和本国封建主义之间存在着尖锐的矛盾。他们有反对外国资本主义和本国封建主义的要求，有反对洋务派控制、垄断近代新式工业的要求，他们希望维护国家独立，改革国内政治，要求参预国家的政治事务，以保护民族资本主义的经济利益。这样，资产阶级早期改良派及其政治思想便应运而生。一批从洋务派中分化出来的受过西方资本主义思想影响的上层知识分子，站在新生的中国民族资产阶级立场上，提出了反映民族资产阶级的经济和政治要求的改良主义思想，从而形成了中国的早期资产阶级改良派。他们的代表人物有：

冯桂芬　(1809—1874)，字林一，号景亭，江苏吴县人。道光进士。1862 年作李鸿章的幕府。他重视经世致用之学，注意研究西学，对清王朝的腐朽统治也有不满，曾多次建议改革。他还曾提出过“以中国之伦常名教为原本，辅以诸国富强之术”的理论，主张“采西学”、“制洋器”，发展军事工业以及其它事业。冯桂芬的思想对洋务派有很大影响，同时又被早期资产阶级改良派奉为先导。主要代表著作为《校邠庐抗议》。

马建忠　(1844—1900)，字眉叔，江苏丹徒人。少年时代一再随其商人家庭迁徙，后定居上海。受西方资本主义影响较深，为探求中西“得失之故”，抛弃科举而专门研究西学。1876 至 1879 年，在法国留学并获博士学位。回国后为李鸿章办洋务，曾任轮船招商局会办、上海机器织布局总办。他提出了“讲富者以护商为本，求强者以得民心为要”的理论。他认为对外通商是“求富之源”，主张要发展对外贸易，就必须争回关税自主权，并支持由“商人纠股设立公司”来兴办新式工商业，反对洋务派的垄断政策。主要代表著作为《适可斋纪言纪行》。

薛福成　(1838—1894)，字叔耘，江苏无锡人。1867 年任曾国藩的幕僚，后随李鸿章办外交。1879 年曾提出变法主张。1889 年出任驻英、法、比、意四国公使。他崇尚西方的君主立宪制度，初步认识到这较比封建专制制度是社会的进步，他认为资本主义国家是“以工商立国”，中国亦应效法西方，发展工商业，用以抵制西方列强的经济侵略。强调“工商之业不振，则中国终不可以富，不可以强。”所以，主张让私人集股成立公司，不赞成洋务派对新式工业的垄断政策。他还提出了“圣人正不讳言利”、“人人欲济其私”等符合资产阶级要求的论点。主要代表著作为《筹洋刍议》。

王韬 (1828—1897),字紫诠,号仲弢,江苏吴县人。1849年赴上海,任职于英国教会书馆。在太平天国和第二次鸦片战争期间,他屡向清政府献“御戎”、“平贼”等策,未被采纳。1862年回乡,化名上书太平军,被清政府下令缉拿。在英国领事庇护下逃往香港,为英国传教士译书,后赴英国译书,并游历英、法、俄等国。1884年获李鸿章默许,回到上海。他的一生,主要是靠外国资产阶级的庇护支持而取得一定的社会地位,带有浓重的买办色彩,晚年虽然和洋务派也接触频繁,但终其身也未得“见用于世”,因而常常从在野派的角度,提出改良社会的主张。王韬多年来一直是评论时政,主张“变法自强”,反对清政府与西方列强签订的不平等条约。他提出“富强即治国之本”,认为学习西方的“富强之术”,必须大力发展工商业,“先富而后强”,因此应广贸易、开煤矿、兴铁路、兴织纴、造轮船。他呼吁要允许“民间自立公司”,兴办工矿交通事业,认为“官办不如民办”,并对洋务运动颇有批评。王韬的思想反映了新兴资产阶级的要求,因而他被认为是早期改良主义的首倡者之一。主要代表著作为《弢园文录外编》、《弢园尺牍》等。

陈炽 (?~1899),字次亮,江西瑞金人。陈炽长期在清政府的户部、刑部、军机处任职,遍历沿海各地,并考察过香港、澳门,“留心天下利病”,积极钻研西学,主张学习西方以求自强。1895年与康有为在北京组织强学会,任提调,主变法。他认为西方资本主义国家的议院制度是“强兵富国”的根源,主张中国改行君主立宪政体。他主张必须反对外国侵略者攫取各种在华的特权,因为“利之所在,即权之所在,不可轻以假人”。他还提出了以商业为中心全面发展各部门经济、进而实现民富国强的理论,他指出:“商之本在农”、“商之源在矿”、“商之体用在工”。因此,洋务派的“摧折华商”的政策是错误的,相反,却应该成立商部、制定商律、保护关税、取消厘金、设立公司、实行专利等保商措施。主要代表著作为《庸书》。

郑观应　(1842～1922),字正翔,号陶斋,广东香山人。1858年到上海学商。此后二十余年,先后在英商宝顺洋行、太古轮船公司任买办,又自己经营贸易,投资轮船公司。1880年后,先后由李鸿章札委为上海机器织布局总办、轮船招商局帮办、总办、上海电报局总办。他关心时政,热心西学,既为洋务派出力,又在思想上与其有分歧。后来因受洋务派排斥和外国公司迫害,在经济和政治上受到打击,更注意研究时务,到90年代初逐渐形成维新改良思想,以"由博返约"作为向西方学习的途径。郑观应主张兴变革之风以御外侮,认为"欲张国势",就必须改变专制,实行议院制。他强调,只有"以商战为主"才能抵御外侮,"欲制西人以自强,莫如振兴商业",即发展本国的资本主义工商业。所以,他要求实行护商政策,采取收回海关、保护关税、裁撤厘金、自由投资等护商政策。主要代表著作为《盛世危言》。

二、早期改良派的革新主张

早期改良派多是些不当权的知识分子,生活在外国侵略势力猖獗、民族资本主义企业较发达、集中的地区。他们与洋务派和新兴的民族资产阶级分子交往甚密,有的还曾多年亲自经营洋务企业和民族资本主义工商业。所以,他们特别容易萌发摆脱日益严重的民族危机和大力发展本国民族资本主义经济的强烈愿望。早期改良派在新的历史情况下,继承并发展了地主阶级改革派谋求国家独立、强盛的爱国思想和"师夷长技以制夷"的进步主张。加之,70年代的中国出现了一大批传播介绍西方资产阶级政治学说、国家政令法律和科技文化的书籍报刊,这又成为他们学习西方的思想来源。由于他们早年大多亲自参加过洋务运动的实践,所以比较清醒地认识到洋务派"舍本图末","遗其精义而袭其皮毛",根本不可能抵御外侮,振兴中国,使其日益富强。所以,他们逐步地抛弃了

"小变而非大变，貌变而非真变"的"自强"、"求富"的口号。进而走上了通过敦促清朝政府自立自强、抵抗外侮、消除外患；仿效西方资产阶级政治体制，变革中国的封建专制制度；学习西方"以工商立国"的经验和科技文化，变革中国社会、发展资本主义经济，来使中国实现独立富强的新道路。早期改良派的政治主张逐步形成了早期改良主义的政治思潮，同时也成为后来资产阶级维新派变法维新、改制图强的思想先驱。其基本观点如下：

（一）反对西方列强的侵略，维护民族独立和国家主权。早期改良派"外感于时势之艰难，内忧于措施之颠倒"，深切地关注着由于西方列强发动侵华战争，而使中国处于"群雄各觊觎，利权暗侵夺"的严重民族危机之中的政治现实。他们已敏锐地认识到，"航海东来，聚之于一中国"的西方列强，就是要"恃其长"，"挟其所有"，"张其炫耀"，"肆其欺凌"[①]，疯狂地践踏中国之主权，掠夺中国之财富与资源。"或借港泊船，或租地筑室。或司总税务，或代邮传驿，或为开矿煤，或为训士卒。"[②] 对此他们深感愤慨：堂堂中华竟然听任"彼族动肆横逆"，致使"我民日受欺凌"，实属奇耻大辱。"凡有血气，孰不欲结发厉戈，求与彼决一战哉？"[③] 他们痛切地向清政府呼吁：时至今日，中国的唯一出路只能是奋起反抗列强的外来侵略，制止民族危机的进一步发展。否则，中国也"将蹈印度、波斯、土耳其之覆辙"，落得个"虎视并狼吞，海疆终决裂"的悲惨下场。

早期改良派主张要维护国家主权，废除不平等条约，要求限制、取消外国侵略者在华的种种特权。他们指出，西方列强之所以能够在中国倾销其商品，把持中国海关，视中国为其"取材之地"，"谋利之场"，扼制中国的民族资本主义经济，靠的就是不平等条

① 王韬：《变法上》，《弢园文录外编》，第12页。

② 郑观应：《诗草》第1卷。

③ 郑观应：《盛世危言·商战》，《戊戌变法》第1册，第83页，上海神州国光社1953年版。

约。因此凡“有不利吾民，有碍各国自主之权者”，皆应废除。否则就不能“收我权利，富我商民”。他们认为首当其冲的就要废除关税协定权，将“定税之权，操诸本国”。这是因为“税则者，国家自主之权也。非他国所得把持而搀越者也”。[①]关税主权只有用来“遏制别国之利源，广本国之销路，便吾民日用生计”，[②] 才能“裨益榷政”，“保全中朝国体”。而当今之中国的总税务司却落入洋人赫德之手，中国的“海关厘税；岁入三千万”，皆“仰其鼻息，以为盈虚”。凭借着关税协定权，赫德便可将中国“自有之利源，据为己有”，以至其“家赀之富，可以敌国”。此外，无论洋人来华贸易，还是将中国资源“运归本国”，“盘踞要津”的赫德都要“引党类数百人”，“阻挠税则，左袒西商”。[③] 肆无忌惮地纵容列强疯狂地掠夺中国资源，破坏中国的民族资本主义经济。其次，还必须废除领事裁判权。因“凡在华之洋人”皆仰仗此权为非作歹。“苟或有事，我国悉无权治之”。他们质问列强，似此等领事裁判之权为何“不行于欧洲”，而唯独行于中国？实属欺人太甚。所以，废除此权乃“我国官民在所必争……此所谓争其所当争也。公也，直也”。[④]

（二）批判顽固守旧势力，主张发展民族工商业。早期改良派在批判顽固派“墨守陈编，知古而不知今”、“甘守愚陋而受制于人”的同时，大声疾呼：“穷则变，变则通”。他们以孔子的“因时制宜”为旗帜，宣传“设我中国至此时而不一变，安能埒于欧洲诸大国，而与之比权量力”[⑤] 的思想。同时，还特别强调：值此民贫国弱，危机四伏的时刻，要维护国家和民族的生存就决不能专事复古，而必须向西方学习。他们的基本政治主张，就是要求把变法作为摆脱民族危机

① 陈炽：《庸书·税则》，《戊戌变法》第1册，第238页。

② 郑观应：《盛世危言·税则》，《戊戌变法》第1册，第79页。

③ 陈炽：《庸书·税司》，《戊戌变法》第1册，第242页。

④ 王韬：《除额外权利》，《弢园文录外编》，第90页。

⑤ 王韬：《变法中》，《弢园文录外编》，第14页。

的唯一出路，希望通过变法来适应世界发展变化的形势。“世变小，则治世法因之小变。世变大，则治世法因之大变。”[①]

早期改良派认为，中国之所以惨遭列强欺凌蹂躏的经济原因就是民贫国弱，商务不昌。因此，他们断言：使中国摆脱贫穷落后的“生财大端在振兴商务”，在大力引进资本主义的生产方式。他们在总结吸取西方各国发展经济的经验的基础上，指出：中国要致富致强就必须抛弃自古以来的“崇本抑末”的传统观念，树立“商务为富强之本”和“以工商立国”的新观念。决不能以“从前九州之内所未知，六经之内所未讲”为由，而拒绝实行这种政策。

在早期改良派看来，商业就是整个国民经济的中心，“四民”中的士、农、工都应从属于商的需求。因为商是“有益于民，有益于国”的根本。“士无商则格致之学不宏，农无商则种植之类不广，工无商则制造之物不能销。是商贾具生财之大道，而握四民之纲领也。”[②]“凡致力于商务者，在所必争，可知欲制西人以自强，莫如振兴商务，安得谓商务为末务哉”。[③] 他们呼吁清政府必须当机立断，改弦易辙，使整个国家的政策转向以保护商务为基点。倘若做到“国家不惜巨赀，备加保护商务者，非但有益生民，且能拓土开疆也。”[④]

早期改良派还主张要大力引进西方先进的资本主义生产方式，发展中国的民族资本主义经济，用以抵制外国资本主义的经济侵略，做到华洋“彼此可共获之利，则从而分之；中国所自有之利，则从而扩之；外洋所独擅之利，则从而夺之。”[⑤] 他们提出的关于全面发展中国民族资本主义经济的具体措施是：

---

① 薛福成：《筹洋刍议·变法》，《戊戌变法》第1册，第159页。
② 郑观应：《盛世危言·商务二》第3编第1卷，第2页，光绪二十四年刊本。
③ 郑观应：《盛世危言·商务》，《戊戌变法》第1册，第80页。
④ 郑观应：《盛世危言·商战下》第3编第1卷，第1页。
⑤ 薛福成：《筹洋刍议·商政》，《戊戌变法》第1册，第154页。

第一，兴“贩运之利”，大力发展近代交通运输业。他们认为：发展民族资本主义经济的基本条件就是必须促进商品流通，就要敢于和能够同外国资本主义争夺国内外市场。然而要实现这个基本条件，就离不开发达的近代交通运输工具。纵观当今欧美各国之所以经济发达，竞富争强，牟取暴利，“所恃者，火车轮船耳”。所以说，中国“致富致强最要之策”就是要兴办华人铁路和轮船运输业。“财之于国，犹血之在身，血不流则身病，财不流则国病。反是而用，“铁道则无否塞滞销之患，此开源之利当行也。”[①]“铁道所通，无水旱盗贼之忧，无谷贱钱荒之弊”。[②]只要认真实施发展近代运输事业，一则可使国家财政收入成倍增长，实现国库储备“日渐充盈”；二则可以改变“洋人以轮船运华货”之局面，夺回中国的江海航运之利；三则还可以开辟海外航运，发展中国的对外贸易。进而促进华货的流通，繁荣中国的民族资本主义经济。

第二，兴“艺植之利”，发展近代农业生产。早期改良派认为：中国要振兴商务，进行商战，就必须要大力发展近代农业生产。“商之本在农，农业兴则百物蕃，而利源可浚也”。发展近代农业首先就要改变传统的耕作方法，提倡“度土宜，辨种植，辟旷地，兴水利，深沟洫，泄水潦，备干旱”。[③]其次，还要提倡综合利用土地，“仿法国之法，因地制宜”。或“劝民栽种桑茶”和“有利之树”；或从事畜牧，“多辟利源”。再次，还要引进西方资本主义先进的经营管理体制和农业科学技术，只有大量“采用新法”，“参用新机”，才能广收“艺植之利”，全面发展民族资本主义经济。

第三，取“制造之利”，发展近代工业生产。早期改良派指出：“西人致富之术，非工不足以开商之源，则工又为其基，而商为其

①②马建忠：《铁道论》，《适可斋纪言》，第16、10页，中华书局1960年4月版。

③ 王韬：《兴利》，《弢园文录外编》，第45页。

用。"[①] 因此要大力发展中国的民族资本主义经济就必须重视"用机器殖财",采用现代机器生产。为能够同西方列强进行"商战",就应鼓励由私人"招商股自成公司",并"多购机器,教民制造"。因为如欲"使人获优良价廉之益,而自享货流财聚之效",唯有"恃机器为之用也"。特别是为了抵抗列强对中国的经济掠夺,挽救中国日益深重的民族危机,"不致以利权授外人",则更应"购机设厂",实行现代的机器生产。"盖用机器以造物,则利归富商,不用机器以造物,则利归西人"。"利归富商,则利犹在中国",而"利归西人,则如水渐涸而禾自萎,如膏渐销而火自灭,后患有不可言者矣"。[②]

(三)变革封建专制制度,实行君民共主的议院政治。早期改良派在继承了地主阶级改革派"更法改图"主张的同时,还研究了西方资本主义国家的政治制度。他们认识到:西方国家之所以富强,其根本原因在于实行君民共主的议院政治。"泰西议院之法……合君民为一体,通上下为一心"。这既是资本主义政治体制的显著特点,又是"英美各邦所以强兵富国,纵横四海之根源"。它可使"民气日舒,君威亦日振"。[③] 而中国的君主专制则是"一人秉权于上,而百姓不得参议于下"。"舆情隔阂,民之视君如仰天然"。[④] 似这等专制独裁、君民不亲的封建国家"焉能不思变计"?早期改良派认为:中国欲致富致强的根本出路,就在于必须变更政治制度,变君主专制之中国为君民共主之中国。"夫君民共主,无君主、民主偏重之弊,最为斟酌得中……为旷古所未有也。"[⑤] "君民共主之国,其定法、执法、审法之权,分而任之,不责于一身,权不相侵,故其政事纲

---

① 薛福成:《筹洋刍议·商政》,《戊戌变法》第1册,第154页。

② 薛福成:《机器殖财养民说》,《庸庵海外文编》第3卷,第21页,光绪二十一年刊本。

③ 陈炽:《庸书外编·议院》,《戊戌变法》第1册,第245页。

④ 王韬:《重民下》,《弢园文录外编》,第23页。

⑤ 薛福成:《出使日记续刻》第4卷,第22页,光绪二十四年传经楼校本。

举目张，粲然可观。”[①] 如果中国也能设立议院，则可吸取西方国家的很多长处，只要坚持“无论政治大小，悉经议院妥酌，然后举行”，便能收到“君民上下互相联系之效”，进而实现“内可以无乱，外可以免侮，而国本有若苞桑磐石焉。由此而扩充之，富强之效亦无不基于此矣”。[②] 尽管他们要求实行君民共主的政治主张的实质，仅仅是以承认封建君主的最高统治地位为基础，要求赋予资产阶级一些参政的机会与权利。但是，它仍然有力地冲击了长期束缚中国人民思想的旧的封建主义的“正统”观念，显示出重要的思想启蒙作用。

早期改良派的政治主张既体现了争取民族资产阶级政治、经济利益的进步性，同时又表现出了其政治上的软弱性和妥协性。他们反对西方列强的对华侵略，却幻想着要对侵略者实行“战胜于无形，驾驭于不兵”的政策，即企图通过适宜的外交途经来达到取消不平等条约和列强在华的种种特权的目的。这说明早期改良派还没有从根本上认清西方侵略者的反动本质。他们反对封建君主专制制度，却主张要在君民共主的旗帜下继续保留清王朝的政权和皇帝。这说明早期改良派并不能完全否定、也更不敢彻底摧毁封建制度。他们主张引进西方资本主义进步的政治理论和先进的科学技术文化，但却继续坚持以“中学其本也，西学其末也；主以中学，辅以西学”作为自己的信条。这说明早期改良派的思想仍然没有彻底摆脱浓重的封建思想文化的羁绊。应该承认早期资产阶级改良派的政治主张，毕竟是为了坚持反抗外来侵略势力，发展民族资本主义经济，谋求国家和民族的独立自主、兴旺发达和繁荣富强而提出来的。它既具有强烈的爱国主义精神，也反映出一定的民主主义色彩。

---

① 马建忠：《上李伯相言出洋工课书》，《适可斋纪言》，第28页。

② 王韬：《重民下》，《弢园文录外编》，第24页。

第二节　康有为的维新思想

一、康有为及其变法维新主张

康有为(1858～1927),资产阶级改良主义维新派的政治代表,广东南海人,出生于官僚地主家庭。自幼接受严格的正统儒家教育,后拜理学大师朱次琦为师研读宋明理学。受其师的影响,他求学善于独立思考,处世自命有"救世"之壮志。社会的动荡和民族危机的加深,使他对空泛无为的封建理论深感厌倦。1879 年受友人张鼎华的影响,他读了《文献通考》、《西国近事汇编》等"经世致用"之书,并游历了香港。"始知西人治国有法度,不得以古旧之夷狄视之。乃复阅《海国图志》、《瀛环志略》等书,购地球图,渐收西学之书"。① 他由此得到一些西方资产阶级的社会政治和自然科学知识,顿觉"日新大进"。这些新知识便成为其资产阶级改良主义思想的重要成分。康有为的思想是封建社会急剧崩溃和民族危机极端严重的现实的反映,是与封建阶级还保持着难解难分的关系的新兴资产阶级寻找拯救中国的出路的表现。

在甲午战争前的十年间,康有为在聚徒讲学的同时,还逐步形成了以仿效日本明治维新,在中国进行资产阶级改良主义的维新变法为核心内容的政治思想体系。其间,他先后写出《人类公理》、《新学伪经考》和《孔子改制考》,为发动维新变法运动奠定了思想理论基础。因而,被封建顽固势力斥为鼓吹"异端邪说"。1895 年《马关条约》签定后,康有为发动"公车上书",并提出了"拒和、迁都、练兵、变法"四项政治主张,使其维新变法的思想理论发展成为直接的政治运动。此后,他又接连几次上书,并通过办报、创会、讲

---

① 康有为:《康南海自编年谱》,《戊戌变法》第 4 册,第 115 页。

学等形式进行宣传和组织活动，竭力扩大资产阶级改良主义的政治影响。1898年6月，康有为又以极大的政治热情促成并投身于"百日维新"运动。不久，因变法失败而逃亡国外，继续坚持其改良主义的政治立场。晚年，他堕落为顽固反对资产阶级民主派从事资产阶级革命运动的保皇派。1927年病逝于青岛。

康有为维新变法的基本政治主张是：

（一）君主立宪乃强国之制。康有为指出：国家的盛衰强弱决定于其政治制度和政体是否适应于时代发展的需求。纵观当今世界，"东西各国之强，皆以立宪法开国会之故"，即实行"君与国民共议一国之政法"的资本主义政治制度。然而中国仍实行封建君主的"专制政体，一君与大臣数人共治其国，国安得不弱？"① 所以他认为中国如欲使"生机已尽，暮色凄惨"的封建制度再发"生机"，就必须另谋"图强之计"，立即"变行新法"。从中国现实的状况分析，唯一的出路就在于要"采法俄日"，实行"君民共主"的君主立宪制。即"行宪法"，"开国会"，君主"以庶政与国民共之，行三权鼎立之制"。②使中国能够出现"君民合治"的政治格局。这样，便能实现"君民同体，情谊交孚，中国一家，休戚与共"。"合四万万人之心以为心，天下莫强焉"。③ 康有为这一主张的目的，就是要在保护封建统治阶级根本利益的基础上，建立一个地主资产阶级的联合政权。

康有为为实行君主立宪制设计了改变现行封建政体的具体方案：第一，选"议郎"，设议院"。"议郎"可"轮班入直，以备顾问，并准其随时请对，上驳诏书，下达民辞"。④议院则遵照皇帝的旨意，依法对于"内外兴革大政，筹饷事宜"，开会讨论，并本着"三占从二"的原则来决定其废立禁行。其结果必然是"政皆出于一堂，故德意无不下达；事皆本于众议，故权奸无所容其私；动皆溢于众听，故中

---

①②康有为：《请定立宪开国会折》，《戊戌变法》第2册，第236、237页。

③④康有为：《上清帝第二书》，《戊戌变法》第2册，第153页、第152页。

饱无所容其弊"[①]。第二,实行立法、司法、行政三权分立。"以国会立法,以法官司法,以政府行政,而人主总之,立定宪法,同受治焉"。君主则"不受责任,而政府代之"。[②]在这里康有为试图以三权分立,互相牵制、监督的方式,来限制君主专制并保护资产阶级的权益,这无疑是中国政治思想的历史性进步。第三,设立制度局与十二局。制度局为国家最高权力机关,负责审议通过各种法律制度。十二局为具体推行新政的各专门办事机构。这种具有资本主义国家中央政府性质的新型政权机构,与清政府旧的封建政权机关是对立的,表现出资产阶级与封建统治阶级争夺政权的愿望。

(二)发展工商业乃"立国之本"。康有为主张要抵抗帝国主义的侵略,就要与之进行经济竞争。而前提是"以富国为先",即制定"惠商劝工"的政策,发展资本主义经济,增强中国的经济实力。"凡一统之世,必以农立国,可靖民心;并争之世,必以商立国,可侔地利。易之则困敝"。[③] 虽然他还不懂得"重农"与"重商"是社会发展进程中的两个不同阶段,但他已认识到,面对帝国主义的侵略,欲救亡图强,就必须彻底抛弃"农本"思想,而"以商立国"。康有为这里所说的"商",是以商务为先,兼顾工业的全部资本主义经济。后来他又提出了"以工立国"的纲领和一整套发展资本主义工业的具体方案:采用机器、奖励发明、开矿筑路、办工厂、造船舶。他强调只有将中国"定为工国,而讲求物质","成大工厂以兴实业",才能进而"立国新世,有恃无恐"。[④] 所以说大力发展工商业既是"养民之法"又是"立国之本"。另外,康有为还强调:要发展工商业就必须既要彻底废除"内之穷农工之源,外之损富商之实"的封建厘金制度,又要打破洋务派对新式企业的垄断,无论民用企业或军用企业,均

---

① 康有为:《上清帝第四书》,《戊戌变法》第 2 册,第 176 页。

② 康有为:《请定立宪开国会折》,《戊戌变法》第 2 册,第 236 页。

③ 康有为:《上清帝第二书》,《戊戌变法》第 2 册,第 145 页。

④ 康有为:《请厉工奖创新折》,《戊戌变法》第 2 册,第 227 页。

宜“纵民为之，并加保护”。康有为的这一主张的目的，是要变封建主义的中国，为资本主义的中国。这一政治主张既符合中国社会发展的总趋势，又同救亡图存的爱国思想相联系，较早期改良主义者的主张具有明显的进步。

（三）废科举，倡新学，“养有用之才”。康有为认为“诸学并立，大学岿然，人才不可胜用”，[①] 是西方国家政治、经济强盛的重要原因。资本主义的文化教育可使人以“最有用之年华，最有用之精力”“从事科学，讲求政艺”。[②] 而封建主义的教育制度却偏偏是“不立学校，但设科举，是徒因其生而有之，非有以作而致之，故人才鲜少，不周于用也。”[③] 所以康有为才极力主张要实现强国富民的理想，就必须要废除科举，广泛设立各级各类的新式学校，大力培养各行各业的专门技术人才。这一于国于民有百利而无一弊的举措，无疑是动摇封建专制主义政体的一项重要变革。

二、康有为维新理论的思想渊源

康有为的维新变法思想及其理论虽然具有明显的西方资产阶级政治学说的色彩，但仍大量地采用了中国传统的封建文化理论。

康有为深受今文经学派“通经致用”、“微言大义”的启示，于是就以“托古改制”为旗帜，运用西方资产阶级的维新变法、君主立宪的政治学说，重新解释了中国传统的文化理论。

《新学伪经考》是康有为维新变法理论的代表作，其基本观点是：1. 自东汉以来被奉为经典的古文经学是刘歆为迎合王莽篡权而造的“伪经”，它阉割了孔子始作经书的真谛；2. 惟西汉时的今文经学才是孔子创作的“微言大义之真经”。这部书从学术上批判了古文经学派的陈腐教条和守旧学风；从政治上打击了顽固派“恪守

---

①③康有为：《请开学校折》，《戊戌变法》第 2 册，第 218 页、第 217 页。

② 康有为：《请废八股试帖法试士改用策论折》，《戊戌变法》第 2 册，第 210 页。

祖训”和“祖宗之法莫敢言变”的保守思想。使人们的思想受到启示:既然信奉的经典是“伪经”,那么“伪经”所主张维护的君主专制的典章制度也理应变革。从而动摇了顽固派“恪守祖训”的反动理论根据,向被封建统治阶级奉为立政治国的最高准则发起挑战,使封建知识分子的思想受到很大的震动。所以,引起顽固派的恐慌,指斥康有为“惑事诬民,非圣无法,同少正卯,圣世不容,请焚《新学伪经考》”。①

如果说康有为撰写《新学伪经考》的目的在于要扫清“破旧”的思想障碍,那么《孔子改制考》的目的则是要为“创新”开路。它是以孔子“托古改制”的微言大义论证维新变法的继承性与合理性。其基本观点是:1.孔子既是“创法立制”的“素王”,又是“托古改制”的鼻祖。由于春秋时期的社会心理是“荣古”、“贵远”,所以诸子百家为使得自己的政治主张能赢得更多人的支持与信仰,都要“托古”以论证其政治主张的合理性。孔子就是“托古”于尧舜文武等古圣先王的盛德伟业,作为自己创儒教,制六经,并用以变革社会制度的护身符的。康有为强调,不管历史上是否确有尧舜,反正孔子所记述的尧舜制法及其盛德伟业都是孔子的政治理想,不过是要托古圣先王之名,行自己“创法立制”之实。这样就为资产阶级维新派提供了强有力的历史依据:维新变法不仅在理论上完全合乎儒家的“圣人之道”;而且在行动上也完全继承了古往今来通行于世的“布衣改制”的合法权利。2.阐发了“通三统”、“张三世”的社会进化历史观,论证了实现君主立宪制是人类社会发展的历史必然。所谓“通三统”,即夏、商、周三代是分别“承顺天命”、独成一“统”的国家,每个新王朝都曾变革过先朝旧制,并不全部承袭旧制。所以,人类社会历史进程中的每一个充满生机的朝代、国家,都必须因时改制,根本不必“恪守祖训”,“莫可言变”。这样,就使得“通三统”学说

① 《康南海自编年谱》,《戊戌变法》第4册,第128页。

顺理成章地成为康有为维新变法的理论依据了。所谓“张三世”,即人类社会的发展演变必然经过“据乱世,升平世,太平世”三个历史阶段。康有为运用“微言大义”的传统方式,按照西方资产阶级庸俗进化论的观点重新解释,阐发了“张三世”说,使之成为具有中国传统理论色彩的历史进化观点。他认为,“据乱世,升平世,太平世”不仅表明了人类社会发展必须遵循的进化过程,而且表明了人类社会必然要由低级向高级逐步改良、缓慢地发展。它既非人力所能阻挠、改变,更不会出现紊乱与重复。另外,他还将“张三世”比附为“专制、立宪、共和”三种政治体制。从而证明君主立宪制是人类社会发展进程中必不可少的历史阶段。据此,康有为得出的结论是:至今仍处于“据乱世”,即“专制时代”的中国,必须要因时改制、维新变法,使其进入“升平世”,即君主立宪制时代。

康有为的这两部书,在当时的政治斗争中显示出相当大的威力,梁启超称其为“思想界的大飓风”和“火山大喷火,大地震。”顽固派则诬称说:“康有为隐以改复原教之路德自命,欲删定六经而先作伪经考,欲搅乱朝政而又作改制考,其貌则孔也,其心则夷也。”① 如果纵容其“邪说暴行、横流天下。……吾恐中国之祸不在四海之外,而在九州之内矣。”②

康有为的政治思想集中体现了中国新兴的民族资产阶级在政治、经济诸方面的利益要求。既有其积极、进步的作用,又明显地带有其不可避免的阶级局限性和历史局限性。

首先,康有为不承认帝国主义的侵略是中国贫穷落后的根源,“劝告”人们不要怨恨帝国主义。“吾既自居于弱昧,安能禁人之兼攻?吾既自居于乱亡,安能怨人之取侮?”③ 只有致力于“内政振

① 《叶吏部与刘先端黄郁文两生书》,《翼教丛编》第6卷。

② 张之洞:《劝学篇序》。

③ 康有为:《上清帝第五书》,《戊戌变法》第2册,第190页。

兴”,消除穷愚弱乱,才能“消除外患”。甚至幻想靠帝国主义支持中国的维新变法,使中国走上独立发展资本主义的道路。

其次,康有为反对封建专制的政治主张还表现出资产阶级的软弱与妥协。他既主张“兴民权”,“自主自立”,但又主张保留封建政权。只是要求“君权”与“民权”并存,建立起地主阶级与资产阶级的联合政权而已。他认为法国式的民主共和政体与“吾国体不宜”,崇尚日本式的奉“人主为神圣”的君主立宪制度。他虽然提出建立资产阶级代议制式的政权机构的设想,主张中央设立制度局和十二局,地方设立民政局,要求封建统治阶级允许资产阶级上层分享些政权,但又不要求打破旧的封建官僚统治机器,也不触及封建的社会经济基础,只是希望通过自上而下的改良来实现资产阶级改良主义在政权问题上的理想与理论。

再次,康有为的资产阶级改良主义的政治思想还陷于沉重的封建儒家理论的束缚之中。他在否定了古文经学的神圣经典地位的同时,却又奉今文经学为圣尊正统,并立孔子为教主。力图通过“托古改制”来证明维新变法理论的合理性。这说明资产阶级维新派的政治理论和其政治斗争的实践一样,反映出资产阶级对于封建统治阶级的畏惧与妥协。

另外,康有为还顽固坚持其资产阶级的庸俗进化论观点,只承认人类社会必须缓慢而渐进地发展,而否认人类社会发展的飞跃与突变。反映在他对于实际的政治斗争中所采取的立场,就是只承认局部的社会改良,而反对彻底的社会革命。他特别强调:“进化有渐进,仁民有渐进,爱物亦有渐进。此皆圣人所无可如何,欲骤进而未能”的根本规律。所以,康有为特别强调人类社会的发展和政治制度的演变,必然遵循“据乱世—升平世—太平世”和“由君主而渐为立宪,由立宪而渐为共和”[①] 的因革进化规律。如果违背了这个

① 康有为:《论语注》第2卷,第10页,中华书局1984年版。

规律，必然会天下大乱。这也正是他顽固坚持改良主义立场，以致后来完全堕落成为资产阶级保皇派的思想根源。

三、康有为的大同思想

康有为高于同时代其他改良派人士的一个重要之处，还在于他提出了一个具有空想社会主义性质的“大同”理想，写了一部“秘不示人”的《大同书》，比较全面地阐述了他对社会进化问题的根本观点，提出了自己的最高社会理想。“大同”思想是康有为思想体系中最激进也最虚幻的组成部分，在其整个思想体系中占有重要地位。“大同”思想从开始孕育到著述成书，经过了将近二十年，而且吸收了古今中外多方面的思想理论才逐渐形成的。但其最主要的思想理论基础则是具有浓厚封建性和宗教神秘性的“三世说”和资产阶级人性、人道论。“三世说”既然把整个人类历史视为不断发展进化的，那么无论是中国的封建社会，还是西方的资本主义社会就都不是永恒不变的。这就为康有为追求人类社会的理想制度奠定了重要的理论依据。至于康有为提出的“去苦求乐”的人性、人道论虽然本质上是资产阶级人本主义，但他就是从这种抽象的人性和“永恒的正义”出发，既论证了实现君主立宪、发展资本主义的正确性，又论证了进而追求大同理想境界的合理性。《大同书》的基本内容如下：

（一）揭露抨击封建社会的黑暗与罪恶。《大同书》从抽象的超阶级的人性、人道论出发，把整个封建社会描绘成一个黑暗的、违背人性、充满罪恶的苦难世界。在“甲部，入世界观众苦”一节中，他指出，在封建制度的统治下，人们之所以“眉间蹙蹙常若有忧”，正是由于蒙受了数十种难以忍受的苦难。诸如：贫富悬殊，“等级迥绝”，“名分之限制、体制之迫压，托之于义理以为桎梏，比之于囹圄尚有甚焉。”“君主专制其国，鱼肉其臣民，视若虫沙，恣其残暴”；

“夫之专制其家，鱼肉其妻孥，视若奴婢，恣意凌辱”。[1] “政权不许参预，赋税日以繁苛，摧抑民生，凌锄士气”，等等。若以此而求富强，“犹却步而求及前也。”特别是《大同书》对封建土地制度、封建租佃关系的揭露，不仅在当时其他资产阶级改良派的著作中，就是在康有为公开发表的其它著作中亦所未有。“田主率非自耕，多为佃户，出租既贵，水旱非时，终年劳动，胼手胝足，举家兼勤，不足事畜，食薯煮粥，尤不充饥，甚者鬻子以偿租税，菜色褛衣”，“饥寒乞丐，流离沟壑”。“今以农夫言之”，“其困苦有不忍言者”。尽管康有为当时还不愿或不敢把这些观点公诸于世，并且只是在说及未来大同世界的公农时才提及它，但仍不失其进步意义。

（二）初步揭露了资本主义社会的弊端。《大同书》认为西方的资本主义社会属于“升平世”，既肯定了它比仍处于“据乱世”的中国先进富强，又不把它当作绝对永恒的理想境界。它在大力宣扬资本主义制度优越性的同时，还揭露了资本主义社会的弊端。认为它同样应当为 理想的“太平世”，即大同社会所取代。所以，《大同书》着力揭露了资本主义社会中的垄断压迫、财富集中以及劳动人民过度劳动和极端贫困的状况。它指出，资本主义社会的“工业之争，近年尤剧，盖以机器既创，尽夺小工，……而小工无所谋食矣。而能作大厂之机器者，必具大资本家而后能为之”。“一厂一场，小工千万仰之而食；而资本家复得操纵轻重小工之口食而控制之或抑勒之，于是富者愈富，贫者愈贫矣。”“彼采矿者，深入洞穴，潦水露肤，燃火以作，煤矿尤甚，炭气重灼，身手漆黑，触鼻作恶。常人一刻而难受，矿夫终身而力作，洞穴或裂，压死不觉。烧炭制铁，蒸轮火烈，热带舱底，终身执热。机局掌火，火炭爆屑，汗臭迸流，面目若鬼”。“试观伦敦之贫里，如游地狱，巴黎、纽约、芝加哥贫里亦然。菜色褴

---

① 康有为：《大同书》，古籍出版社 1956 年 8 月版。本节以下引文除另标注者外，均引自康有为《大同书》。

褛，处于地窖，只为丐盗”。此外，《大同书》还揭露了资本主义制度下的“自由竞争”和生产无政府状态所引起的各种弊害，即由于农、工、商各业的资本家都是“各自为谋”、“各自制物”、“不能统算”，必然导致“十百万万人之殄物、失时、枉劳”，势必造成“饰欺作伪”、“互相倾压”、贫富悬殊的社会不平等现象。康有为以其较强的政治敏感性，对于“近年工人联党之争，挟制业主，腾跃于欧美”的资本主义社会的现实感到惴惴不安。他担心“工党之结联，后此必愈甚，恐或酿铁血之祸。其争不在强弱之国，而在贫富之群矣”。因此，他认为，有了高度发达的生产力，还必须改变社会政治、经济制度，才能使人类得到幸福。“以今之治法，虽机器日出精奇，人民更加才智，政法更有精密，而不行大同之法，终无致生民之食安乐。”

（三）精心描绘未来大同社会的美妙蓝图。康有为设想，未来大同社会的唯一原则就是“人人平等，天下为公”。到那时，既“无帝王、君长，亦无统领，但有民举议员以为政。”公政府已不是原来阶级社会的国家机器，其任务就只是组织社会生产、安排人们的物质与精神生活，成为社会的经济和文化管理机关。所以大同社会中，既“无爵位之殊 ”，又无有“竞选”的“喧哗之事”。“其视今政府之事，将以为野蛮之举动而笑之者矣”。这也是对于资本主义社会“民主政治”的虚伪性和丑态百出的“自由竞选”的野蛮行为的无情批判。

康有为在《大同书》中还特别强调：“今欲致大同必去人之私产而后可，凡农工商之业，必归之公。”这就是说，在大同社会中所有的社会财富和生产资料必须归公。同时在废除了“私产之业”的太平世，整个社会的生产和流通事业将改变资本主义社会那种“各自为谋”，“相互竞利”，“不能统算”的状态。“公政府”将根据全社会的需要实行有计划的生产和分配，以求得“地无遗利，农无误作，物无腐败，品无重复余赢”。进而做到：农民“举全地所出之百谷、花果、草木、牧畜……皆适足以应全地人数之所需”；“工人之所作器适与生人用器相等，无重复之杂货，无腐败之殄天物”。再不使社会劳动和社会财富像资本主义社会那样白白浪费。

康有为设想未来的大同社会是“尚文”、“重工”，物质文明高度发展的太平之世，大同社会“以开人智为主，最重学校。”“其学人之进化过今不止千万倍”。“太平之世，工最贵”，“所尊高者工之创新器而已”。到那时，“机器日新，足以代人之劳”，“劳动苦役，依之机器，用及驯兽，而人惟司其机关焉。”故就连农业生产亦是“凡举百动皆有机器，无须沾手涂足之勤”，“其速率比于今者，或千百倍。”生产力的高度发达，物质文明的高度发展，使得“一人作工之日力，仅三四时或一二时而已足，自此外皆游乐读书之时矣”。人们的物质和精神生活达到了“愿欲皆获”的程度，犹如“极乐天中之仙人也”。与此同时，康有为还对大同社会中人们的衣食住行等生活状况，作了淋漓尽致的描述，以与他所指陈的封建社会、资本主义社会中的人们悲惨处境相对照。在大同社会中，人们穿的是“裙屐蹁跹，五采杂沓”，“裹身适体，得寒暑之宜，藏热反光，得养身之要”；吃的是“饮食日精，渐取精华而弃糟粕，……故食日多而体日健”；住的是“贝阙珠宫，玉楼瑶殿”；乘的是“飞屋飞船”，而且“大小舟船皆电运，不假水火，一人司之，破浪千里”，如此等等。这些设想体现了资产阶级改良主义者对未来人类社会生活天真而美妙的幻想，无疑有其进步的启蒙作用。《大同书》还设想，在大同社会的太平之世，不仅废除了国家、阶级、等级，而且还消灭了家庭，人类的“生育、教养、老病、苦死，其事皆归于公”。到那时，“男女平等各有独立之权”。家庭既不是生产单位，也不是生活单位，社会生活均由各级公政府组织安排，“盖自养生送死皆政府治之”，社会生活完全公共化、社会化了。同时，由于大同社会“无邦国”、“无君主”、“无爵位”、“无私产”、“无税役、关律”、“无名分”，也就没有违背人性、天理、道德之事。“故太平之世不立刑，但有各职业之规则”。

综上所述，可见《大同书》对未来人类社会的理想境界的政治、经济和社会生活都作了极其详细具体的设想。这种设想正象恩格斯在评论西方空想社会主义思想时所说的，“含有十分虚幻和空想的性质”，但同时也“天才地预示了我们现在已经科学地证明了其正确性的无数真理。”① 但这种大同思想也有其局限性：

首先，康有为用封建地主阶级的宿命论把封建制度所造成的诸多苦难与罪恶，统统解释为“天涯之苦，已自胎生”，从而抹煞了阶级剥削与阶级压迫的实质。同时，他还从资产阶级人性、人道论出发，虚构了不少所谓“富人之苦”，“贵族之苦”。把封建统治阶级的王公贵族、地主富商亦称为应该被拯救的苦难众生。这就掩盖了封建统治阶级与被统治阶级根本对立的本质，甚至幻想着他们能够共同进入并和谐地生活于大同社会之中。

其次，康有为对封建制度下的人民群众所遭受的苦难深感同情，也主张人民群众应该获得解放、自由与幸福。“吾既生乱世，目击苦道，而思有以救之。”但他却反对通过阶级斗争、人民革命来砸碎旧世界，建设新世界的途径来实现。因而提出“总诸苦之根源，皆因九界而已”，“吾救苦之道，即在破除九界而已”，“九界既去则人之诸苦尽除矣”的论断和主张。所谓“去九界”，即：“去国界”，“去级界”、“去种界”、“去形界”，“去家界”，“去业界”，“去乱界”，“去类界”，“去苦界”。这种把改变自然现象与根本解决社会政治问题混杂在一起的主张，是康有为用带有宗教神秘性的历史唯心主义与形而上学观察社会的结果，虽然有其试图对社会、历史进行综合探讨的积极意图，但仍是荒诞无稽的谬误主张。因为他回避了封建社会中一切政治斗争的核心问题——土地问题的解决，而是引导人们把争取解放、自由和幸福的注意力局限于一些非本质的问题。这实际是资产阶级改良主义者软弱妥协、极力逃避社会现实的政治

① 恩格斯：《德国农民战争第二版序言补充》，《马克思恩格斯选集》第2卷，第301页，人民出版社1972年版。

斗争的理论。

再次，康有为的大同思想是以庸俗进化论作为理论基础的。他虽然天才地幻想了大同社会的美妙蓝图，但却没有、也不可能找到一条实现大同理想的道路。《大同书》在论述实现大同理想的道路时，特别强调：不论是“去产界，公生业”，还是“去国界”，都要“自去人之家始”。又强调“欲去家界之累乎，在明男女平等各有独立之权始矣”。但这需要靠仁人圣智发“不忍”之善心，启发民智才能实现。二是强调历史虽是不断进化的，但这种进化是有天然顺序的，只能顺序渐进，不能躐等遽变，反对暴力革命，反对人民群众起来造反。所以，《大同书》虽然提出了废除私有，废除国家等人类社会发展中的重大根本问题，但并没能得到正确的认识和解决的办法。

总上所述不难看出，《大同书》在揭发社会弊端和设计未来理想社会图案的时候，的确提出了一些发人深思的问题，提出了一些有积极意义的论断。但在不少方面，特别是书中关于实现大同的途径问题的论述却是消极、反动，甚至荒唐的。

第三节　谭嗣同对纲常礼教的批判

一、反君主倡民权

谭嗣同（1865～1898），湖南浏阳人，资产阶级维新派中的左翼激进分子，冲决封建罗网的勇士，戊戌政变中殉难的“六君子”之一。他虽出身宦门，自幼受封建儒家理论的教育，但由于他幼年丧母，“不得父欢”，“为父妾所虐”，“遍遭纲伦之厄，涵泳其苦，殆非生人所能任受”。[①] 从而激起他对封建纲常名教的憎恶，并能够受新

① 谭嗣同：《仁学·自叙》第2页，中华书局1962年版。本节以下引文除另标注者外，均引自谭嗣同《仁学》。

思想的影响和启发，去追求平等、自由与个性的解放。谭嗣同10岁从师于欧阳中鹄，继承了中国传统文化中的积极进步因素，如墨家的兼爱思想，王夫之的朴素唯物论，黄梨洲的反君主专制思想等。这些都对他的反清、反专制思想的形成，起了重要作用。他还曾广游南北，亲睹国土受蹂躏，人民遭奴役，财富被掠夺的社会现实，从而萌生了“爱国惜民”，“誓拯同类”的志向。但总的说来，甲午战争之前，谭嗣因的思想观点基本上是保守的：周孔之道不可变，纲常名教不可废，尊王攘夷等封建正统观念是其思想的主流。

甲午战争失败后日益严重的民族危机，使谭嗣同的思想发生了根本变化。他从此“长与旧学辞矣”，“洒然一变，前后判若两人”。[①] 而且受当时知识界中新风气的影响，他开始寻求新的救国救民的出路。“自致于当世有用之学”，并广读西书，获得了许多新知识，开阔了眼界，相信新学比旧学更有用。更重要的是，他接受了资产阶级改良主义思想。康有为的维新变法理论和严复宣传介绍的资产阶级民主自由观点和社会科学理论都对谭嗣同产生重要的影响，从而使他认识到：西方之所以强盛，在于“彼之法良意美”；当今的中国，“不变法，虽圣人不能行”。从此谭嗣同抱定不惜肝脑涂地的决心，投身于维新变法运动，并成为其中的激进分子。他热情宣传维新变法理论，撰写了《仁学》等一批著作，并在“百日维新”中应诏进京，推行“新政”。“百日维新”失败后，他被封建顽固势力残酷地杀害了。

由以上可见，谭嗣同经历特殊，形成了勇于反抗、体恤民苦、“以理为断”、“任侠为仁”、“轻其生命”的人生观。“几不能国”的民族 危机又使其产生了强烈的民族忧患意识。所以，虽然从时间上看他投身于维新变法运动较晚，但他投身于这场政治运动之后，勇于为维新变法运动献身的爱国主义精神，却无论在理论上和实践

---

① 《湖南历史资料》1959年第4期，湖南人民出版社。

上都超过了与之同时代的所有维新派。特别是其颇具特色的、富于反封建精神的、较为激进的政治思想，更是当时理论界的精华。

谭嗣同把中国的"大同"、"重民"等进步的传统思想与西方的社会契约论结合起来，用以反对"君权神授"论。"民"的权利是天赋的，而"君"则是根据社会需要和"民"的意志来决定取舍立废的。"生民之初，本无所谓君臣，则皆民也。民不能相治，亦不暇治，于是共举一民为君。君也者，为民办事者也。夫曰共举之，则非君择民，而民择君也"。故而凡不合民意，不为民办事之君，"易其人，亦天下之通义也"。所以，他认为，所谓"君权神授"的谬论实乃维护封建君主专制制度的谎言。"天子挟天以压制天下"实为大逆不道的残暴举措。他发出了"冲决君主之网罗"，"冲决天之网罗"，天下当以"兴民权为实际"的呐喊。他提出维新变法的目的就是要"变不平等为平等"，实现"君主废"、"贵贱平"，而"遍地为民主"的政治理想。

他指出，君主专制是中国封建社会的万恶之源。"两千年来之政，秦政也，皆大盗也。"封建君主为维护其"世世万代子孙"的专制统治，皆"视天下为其囊橐中之私产，而犬马土芥乎天下之民。"对于亿万民众不仅要"锢其耳目，桎其手足，压制其心思，绝其利源，窘其生计，塞敝其智术"，而且更要肆无忌惮地滥施淫威暴政。只要民众稍有违抗，就"断其元首，刳其肺肠，车裂支解其四体，磔膊脔割其肌肉。"所以，谭嗣同愤而疾呼；此乃天下之最大不平等。"夫彼君主犹是耳目手足，非有两鼻四目，而智力出于人也，亦果何所恃以虐四万万之众哉?"因此，亿万民众必须要"争平等"、"兴民权"、"诛独夫"，"废君统"，推翻这种"黑暗否塞，无复人理"的君主专制制度。他主张中国的维新变法运动应该要效法法国的资产阶级大革命，发扬"誓杀尽天下君主，使流血满地球，以泄万民之恨"的彻底革命精神，而且抱定了"闹到新旧两党流血遍地"的决心，坚定地投身于维新变法运动。

二、反纲常礼教的自由平等思想

谭嗣同一针见血地指出，封建统治阶级之所以能够如此长时期地维持并不断强化封建专制的统治秩序，就是“赖乎早有三纲五伦字样”的精神枷锁对人们的思想的钳制。它不仅能制人之身，且兼能制人之心，甚至还“足以破其胆，而杀其灵魂。”在他看来，三纲五常原本不过是些“俗学陋行”，而专制君主为维护其统治秩序的稳定，便将其造就为冠以“名教”之美誉的“钳制之具”和“不平等之法”。于是有“君以名桎臣，官以名轭民，父以名压子，夫以名困妻”等“各以名势相制”的封建道德准则。尽管靠纲常名教“吃人”之凶惨犹如地狱一般，但民众又皆因“名之所在”，而“敬若天命而不敢逾，畏若国宪而不敢议”。所以，“独夫民贼，固甚乐三纲之名，一切刑律制度皆依此为率。”故而，他谴责纲常名教是维新变法运动的最大障碍，主张必须要废除三纲五伦、提倡平等自由。

谭嗣同还以“天理即在人欲之中”的朦胧人权论为武器，对所谓三纲、五伦逐一进行批判。他指出，君民关系之真谛在于“民本君末，君由民择”。人世间绝无“君要臣死，不得不死”的道理。为人臣民“止有死事的道理，决无死君的道理！”即只能是忠于所追求的事业与真理，而不能是为忠君而死节。他愤而质问：倘不能做到为忠君而死即为“大逆不道”的话，那么如果“君为独夫民贼，而犹以忠事之，是辅桀也，是助纣也。其心中乎不中乎？”“古之所谓忠，中心之谓忠也。”所以，应该提倡“彼君之不善，人人得而戮之”，以“泄万民之恨”。似此等“伸民气，倡勇敢之风”的壮举，绝“无所谓叛逆也”。相反却有功于自由、平等之风气日益兴盛的正义事业。同时，他还用平等的原则阐明君臣上下关系之真谛在于：“下之事上当以实，上之待下乃不当以实乎？则忠者，共辞也，交尽之道也，岂又专责之臣下乎？”就是说，君臣上下都要相互以诚心实意的平等观念来对待对方。

谭嗣同认为，真正的父子关系原则亦为平等，“父子朋友也”。所以，封建的“父叫子亡，不得不亡”的绝对服从观念必须彻底否定。“父为天之子，子亦为天之子，父非人所得而袭取也，平等也。”因此，为子事父，平等为上，孝在其中。纲常名教所提倡的为子事父只有绝对服从的观念，不过亦是“钳制之术”。专制君主惧怕揭竿而起的民众反抗会破坏其封建统治秩序，就编造出“父叫子亡，不得不亡”的谎言来愚弄民众，动辄以“尔胡不忠！尔胡不孝！是当放逐也，是当诛戮也。”如“逢、比、屈原、伯奇、申生之流逐，衔冤饮恨于万古之长夜，无由别白其美。”逢是关龙逢，夏桀的贤臣；比是比干，商纣之臣；屈原是楚臣。他们皆因进谏而遭迫害。伯奇是周尹吉甫之子；申生是春秋时晋献公之子。他们都以不孝之罪被后母所害。历史上有多少忠臣贤子屈死于不忠不孝之罪名。谭嗣同认为这种黑暗，都是名教之罪。

同样，真正平等的夫妇关系也应是“夫妇朋友也”。而“夫为妻纲”“三从四德”实乃“残暴无人理”，“禽兽不逮”之礼。谭嗣同指出，在封建专制制度下的婚姻关系都是以“男尊女卑”为基础的，“本非两厢情愿而结合，渺不相闻之人絷之终身，以为夫妇”的毫无理性的婚姻。“夫既自命为纲，则所以遇其妇者，将不以人类齿。”所以妇女饱尝了从家庭到社会的压迫歧视。肉体上“残毁其肢体，为缠足之酷毒”，残害妇女使之成为不便站立、行走的小脚女人；在政治、经济、文化、教育诸领域的社会活动中，完全排斥妇女的参与，“女权”被彻底剥夺，致使妇女成为没有任何自由与独立人格的玩物。他指出，如此残酷地迫害、奴役妇女完全是封建的纲常名教严重违悖人的自然天性和社会理性所造成的罪恶。实际上男与女仅有性别上的差异，而在创造社会财富，繁荣人类文明等各种社会范畴内，必须承认，“男女同为天下之菁英，同有无量之盛德大业，平等相均。”

谭嗣同认为，在君臣、父子、夫妇，兄弟、朋友这五伦之中，唯有朋友关系既合乎人的自然天性，又合乎其社会理性，对人无弊而有利。“所以者何？一曰：‘平等’；二曰：‘自由’；三曰：‘节宣惟意’。总括其义，曰不失自主之权而已矣。”他认为，只要人类社会崇尚自由，“世法平等，则人人不失自主之权，可扫除三纲畸轻畸重之弊矣。”即只有做到“人人不失自主之权”，才能废除君主专制，取消封建等级，破除男尊女卑，实现资产阶级民主主义的政治理想。“故民主者，天国之义也”。“今中外皆侈谈变法，而五伦不变，则举凡至理要道，悉无从起点。”所以说，维新变法运动至关重要的一点，就要在人与人之间的关系问题上，树立起资产阶级的平等、自由、自主、博爱等新观念、新道德、新秩序，铲除封建专制制度的精神支柱，即纲常名教。

谭嗣同作为资产阶级改良主义维新派中的激进分子，在深刻的社会变革大潮中，成为顺乎历史发展潮流的进步势力的杰出代表。他无情地揭露、抨击了封建专制制度的罪恶，特别是他批判封建君主专制和纲常名教的深刻程度和战斗气息，都是当时他人“所不敢言”、所不能及的。但他仍然受到了时代、阶级和封建传统文化的局限与束缚，所以他在反对封建君主专制，追求平等、自由、自主的政治斗争实践中仍表现得十分矛盾。他既批判了“忠君”观念，发出“冲决君主之网罗”的呐喊；却又虔诚地恭奉光绪是“圣恩高厚”的“圣天子”。甚至就义时还痛首疾呼：“告我中国臣民，同兴义愤，翦除国贼，保我圣上。”他既论证了“民本君末”、“君由民择”的理论，并高度赞扬了资产阶级民主主义的自由、平等原则，却又把君主立宪的“君民共主”政治视为“完美”的理想和终极抉择，他既表示理解太平天国等农民起义，赞赏法国大革命“血流满地”的斗争方式，却又拼命诋毁、压制民众力量的兴起壮大，唯恐“大乱一作，无可收拾”，主张要“练兵以防内乱”。他既揭露、批判了封建社会的纲常名教所造成的罪恶及其维护封建专制秩序的反动实质，还提出了新的人际关系准则和伦理道德标准，却又认识不到要铲除如此“惨祸烈毒”的封建道德观，就必须首先铲除其赖以生存的经济基础，主张用唯心主义的“精神批判”和陶冶“自我意识”的方法来消除客观现实中的罪恶与痛苦。

总而言之，谭嗣同的政治主张，比起同时代的其他资产阶级改良主义维新派的政治主张来，的确有其更显著的进步性。但它仍然还没有形成为成熟的资产阶级民主主义思想体系。即便是他所提出的一些十分激进，甚至还具有一定的革命倾向性的政治主张，仍不可避免地同他所从事的政治斗争的实践相矛盾。正是这种极其尖锐的矛盾和极其残酷的政治斗争的现实，无情地将谭嗣同这位资产阶级维新派的激进分子抛向了断头台。

第四节　严复对西方思想的传播

一、严复的进化论与自由民主观

严复(1854～1921)，又名宗光，字又陵、几道，福建侯官人。他是第一个较全面、系统地把西方资产阶级经济、政治学说和学术思想介绍到中国来的资产阶级启蒙思想家。他出身地主家庭，幼年曾接受严格的封建教育，后因家道衰败，无力走“科举正路”。于1867年入福州船政学堂学船舶技术。1877年又赴英国留学。这期间他直接广泛地接触了西方资本主义社会的实际状况与科学文化，着重研究了资产阶级的社会政治学说，特别是英国历史的和现实的政治、法律制度。他认为英国资产阶级创立和实施的合乎理性的政治学说和完善的法律制度，是其民富国强的根本原因。从而奠定了他维新变法的思想基础。1879年，严复学成归国，在天津北洋水师学堂执教达20年，甲午战争的惨败，使他认识到，洋务派“盗西法之虚声”,“沿中土之实弊”。[①]“彼之所精,不外象数形下之末;彼之所务,不越功利之间。逞意为谈,不咨其实”。[②]为了传播西方资产阶级学说之真谛,他开始“致力于译述以警世”[③],翻译、撰写介绍西方社会政治学说和科学技术的著作。在他的大量译著中,对中国社会产生的影响最深刻的当属《天演论》。

严复翻译、评述《天演论》的目的,就是要用“物竞天择、适者生存”的进化论,去呼唤人们的民族意识,增强救亡图存的勇气。他自称:“赫胥黎氏此书之旨……且于自强保种之事,反复三致意焉。”[④]此书的出版在中国思想界的确产生了震聋发聩的反响。“物竞天择,优胜劣败”成为当时所有爱国者的共同心声。“《天演论》为中国西学第一者也。”在马克思主义理论传入中国以前,它启发教育了中国几代知识分子的成长。

严复虽然在全面介绍西方资产阶级的政治思想、政治制度和学术思想方面作出了巨大贡献,从而成为颇有政治影响的启蒙思想家,但是在实际政治斗争方面,他却十分保守。他一贯不赞成从政治改革着手去救国,而认为搞教育、办报纸以开民智才是救国之本。所以无论是在政治主张还是在维新变法运动的实践等方面都表现得异常软弱,特别是在戊戌政变之后,日趋消沉,以至公开反对资产阶级革命派的反清斗争,拼命维护封建帝制,直至 1921 年去世。

严复宣传进化思想,呼吁维新图强,具有重大的思想启蒙意义。

甲午战争后中国社会急剧变化的状况,使严复感到中华民族要扭转“强邻四环、刀俎鱼肉”、祖国山河任人瓜分的危亡局面,要

---

① 严复:《救亡决论》,《戊戌变法》第 3 册,第 68 页。

②④严复:《译(天演论)自序》,《严复集》第 5 册,中华书局 1986 年版。

③ 《严复年谱》,《戊戌变法》第 4 册,第 183 页。

使中华民族继续生存发展，进而由弱变强，就必须用进化论来武装民众的思想，自觉地顺应“天演”，弃旧维新。因为“物竞天择、适者生存”乃“近五十年来西人所孜孜勤求，近之可以保身治生，远之可以经国利民之一大事”。[①]他从自然科学发展演变的角度充分论证了“物竞天择，进化无已”是大自然和万物生存发展的客观规律。同时强调这也是人类社会发展进步的必然规律。于是他在翻译《天演论》的过程中，结合中国社会的实际，“取便发挥”，撰写了许多案语来论证，发挥原书的基本理论，从而创立了反映中国时代特点的社会进化理论。

严复指出，人类社会的发展变化同宇宙间万物的发展变化一样，是“虽圣人无所为力”[②]的客观现实。而且“世变无论如何终当背苦而向乐”，“必利其身事者而后存”。[③]即任何人都无力阻碍人类社会在“物竞天择，优胜劣败”的竞争中，逐步由低级向高级变化发展的客观规律。然而，自鸦片战争以来中国所面临的亡国灭种之民族危机日益深重。“天下理之最明，而势所必至者，如今日中国不变法，则必亡是已。”[④]所以，变革中国的君主专制和传统的封建学术思想已是刻不容缓的了。中华民族只能遵循着“天演”的规律，发扬“人人皆求所以强，而不自甘于弱”[⑤]的奋斗精神，进行维新变法，才能实现其自强、自立、自主，才能永远自立于世界民族之林而不遭被淘汰的厄运。因为纵观当今强盛于世的西方资本主义各国，无一不是遵循并适应了“物竞者，物争自存”，“天择者，存其最宜

---

① 严复:《原强》,《戊戌变法》第 3 册,第 41 页。
② 严复:《论世变之亟》,《戊戌变法》第 3 册,第 71 页。
③ 严复:《天演论》,《严复集》第 5 册,第 1351 页。
④ 严复:《救亡决论》,《戊戌变法》第 3 册,第 60 页。
⑤ 严复:《国闻报缘起》,《严复集》第 2 册,第 454 页。

者"的"所谓天演之学"。[①] 此乃"一国盛衰强弱之故，民德醇离合散之由"。自达尔文的进化论问世以来，"欧美二洲，几于家家有其书，而泰西之学术政教，一时斐变。""更革心思，甚于奈端氏[②] 之格致天算，殆非虚言。"[③]

但是，严复还特别强调"物竞天择"并不是"听天由命"的任天而治，特别是人类社会的发展绝不是被动的自然进化。与其相反，人类社会只能是在激烈的竞争中求得自身的生存与发展。中国之所以落后于列强，究其原因就是由于"中国委天数；而西人恃人力"[④]，所以，严复认为要真正理解、掌握"物竞天择、适者生存"之真谛，就不能甘心情愿地以劣等民族自居。相反，却要敢于"与天争胜"。因为，"人治天行，不得同为天演"。"假人力以成务者天；凭天资以建业者人。"[⑤]归根结蒂，中华民族进化发展的命运掌握在自已的手中。"小之则树艺牧畜之微，大之则修齐治平之重"[⑥]，无一不是人定胜天。要改变中国"积弱不振"的现状，就要"鼓民力，开民智，新民德"，就要学习西方先进的政治制度和科学文化，以适应新时代的新要求，"与天争胜"，"自强保种"。

严复还宣传"自由为体，民主为用"，用以否定和反对封建君主专制独裁制度。

严复指出，西方资本主义国家的根本，"苟扼要而谈，不外于学术则黜伪而崇真，于刑政则屈私以为公"。[⑦]即在学术思想方面反对迷信，崇尚科学；在政治制度方面反对专制、崇尚自由，实行资本主义的民主主义制度。这是西学的实质与核心。既然要学习西方，"自不容不以西学为要图，此理不明，丧心而已。救亡之道在此，自

①⑤⑥严复：《天演论》，《严复集》第 5 册，第 1324 页、第 1334 页、第1324 页。

② 奈端氏即牛顿。

③ 严复：《原强》，《戊戌变法》第 3 册，第 41 页。

④⑦严复：《论世变之亟》，《戊戌变法》第 3 册，第 73 页、第 72 页。

强之谋亦在此”。[①] 所以，严复才别树一帜，把全面系统地介绍、传播西方资本主义的政治制度和学术思想，启发中国人民正确掌握“西学”的“命脉之所在”，自觉走西方资本主义道路作为自己的天职。

严复指出，国家的“政教学术”，即“体”与“用”是“若左右手”一样不可分割的整体。他指责洋务派的所谓“中学为体，西学为用”理论的实质，是要用资本主义的科学技术来维护封建主义的政治制度，是割裂“体”与“用”的关系的荒唐主张。因为，世间万物自身各有其不可分割的“体”与“用”；而任何社会与国家也都各有其内在的、密不可分的政治制度与学术思想。这便如同“牛有牛之体，有牛之用；马有马之体，有马之用”一样。“有牛之体则有负重之用，有马之体则有致远之用。未闻以牛为体，以马为用者也。”[②] 洋务派的“中体西用”论便如同“以牛为体，以马为用”一样的荒唐。他认为，学习西方走资本主义道路，就要做到“体用一致”，彻底摈弃封建主义的“体”与“用”，全面实行西方资本主义的“体”与“用”。即摈弃专制与迷信，兼采民主与科学。

严复还以其资产阶级启蒙思想家的深邃见解，剖析了西方资本主义政治体制是“自由为体”，“民主为用”。个人自由、自由竞争是其实质，而民主政治则是自由的产物。所以，在中国实行维新变法的首要条件就是使民众获得自由和民权，“吾未见其民之不自由者，其国可以自由也；其民之无权者，其国之可以有权也。”[③] 而中国实现这个目标的最大障碍就是封建的君主专制。“夫自由一言，真中国历古圣贤之所深畏，而从未尝立以为教者也。”[④] 因此，严复

① 严复：《救亡决论》，《戊戌变法》第 3 册，第 70 页。

② 严复：《与外交报之人论教育书》，转引自《论严复与严译名著》，第 147 页，商务印书馆 1982 年版。

③ 严复：《原富》下册，第 753 页，商务印书馆 1981 年版。

④ 严复：《论世变之亟》，《戊戌变法》第 3 册，第 73 页。

在批判"君主神圣"的反科学的传统观念的同时，提出了"王侯将相者，通国之公仆隶也"；"民也，固斯天下之真主"① 这一典型的资产阶级国家观和民权观。正是基于这种理论，他谴责中国的历代封建专制帝王都是"窃国"的"大盗"，他们在"窃国"以后，害怕民众的觉醒与反抗会将其推翻，于是便凭借"法与令猥毛而起"的专制、独裁去"坏民之才，散民之力，漓民之德"。"盖自秦以降，为治虽有宽苛之异，而大抵皆以奴虏待吾民"。在这种既"侵人自由"，又无丝毫民主可言的封建君主专制独裁的政治制度下，"民亦以奴虏自待"。但这只是"无可如何已耳，非心悦诚服"。所以，国人必然是"怀诈相欺，上下相遁"。民众既然不能"得其意，申其言"，就更不会做到"若有深私至爱于其国与主，而赴公战如私仇"②了。所以，严复特别强调，"民权者，不可毁者也。必欲毁之，其权将横用而为祸愈烈者也。毁民权者，天下之至愚也"。③ 这充分反映了他对实现"主权在民"，以"自由为体，民主为用"的资本主义政治制度的向往。

二、严复政治思想的局限性

严复虽然热情地宣传了达尔文的进化论，并以此作为呼吁救亡图存的理论依据，激励了中国人民奋起图强的爱国热情，使"中国民气为之一变"。但同时他却固执地坚持庸俗进化论的观点，认为社会政治制度的变革与生物进化一样，应该是"一任天演之自然"。所以他不但没有亲自参加康、梁领导的维新变法运动，反而非议这种积极主动地变革中国社会的行动未免过于激烈，他认为社会的发展，"当循序渐进"，"不宜以人力强为变迁"。④ 他又说："其进弥骤，其途弥险。新者未得，旧者已亡，伥伥无归，或以绝灭。"由

---

① 严复：《辟韩》，《戊戌变法》第3册，第81页。

② 严复：《原强》，《戊戌变法》第3册，第58页。

③ 严复：《原富》，《戊戌变法》第3册，第73页。

④ 《学衡》第6期。

此可见，严复既相信世道必变，必进，却又反对骤变，急进。因此，即使是在资产阶级改良主义的范畴内，严复的思想主张也是极其消极保守的。

严复虽然介绍了西方资产阶级的自由、民权理论，尖锐地抨击了封建君主专制制度。但他却始终没有把废弃封建君主，彻底地实行资本主义政治制度作为直接的政治目标。他认为，“君臣之伦，盖出于不得已”。在中国“及今而弃吾君臣”，“是大不可。何则？其时未至，其俗未成，其民不足以自治也”。[①] 所以在这种情况下，“动言中国宜减君权、兴议院，嗟呼！以今日民智未开之中国，而欲效泰西君民并主之美治，是大乱之道也。”[②] 这是由于他曾经在英国亲眼看到实行君主立宪制的资本主义社会中出现的许多困难与弊端，于是认为积弱不振的中国若亦实行此制，困难弊端将会更多。基于这种认识，严复主张中国应该继续维持“圣君贤相”秉政的政治体制，反对立即在中国“兴民权”。在他看来，“权者，生于智者也。有一分之智，即有一分之权。今日欲伸民权，必以广民智为第一义”。“欲兴民权，必先兴绅权”。对于那些“才未逮，力未长，德未和”的中国民众说来，必须要有象他一样的英雄豪杰——资产阶级的思想理论家、教育家来实施开化教育和启蒙教育。中国当前最急切的任务，就是要仰仗“圣明君主”来提高“绅权”、改革教育，通过教育来解决其它一切政治问题，所以，现在就要推翻皇帝、取消帝制是绝对不行的。

正因为如此，严复在资产阶级改良主义维新运动彻底失败以后，资产阶级民主革命运动兴起之际，就堕落成为顽固反对革命的封建复古主义者了，公开反对自己曾大力宣传过的资产阶级民主主义理论，主张复古倒退。资产阶级革命家章太炎讥讽严复说：“天

---

① 严复：《辟韩》，《戊戌变法》第3册，第80页。

② 严复：《中俄交谊论》，《严复集》第2册，第475页。

下固未知严氏之为人也。少游学于西方震垒其种，而视黄人为猥贱，若汉，若满，则一丘之貉也！故革命，立宪，皆非其所措意者，天下有至乐，日营菟裘以娱老耳。”① 可见，严复在后来的资产阶级革命派的眼中，只不过是个远离现实社会激烈的政治斗争实际、贪图私利、目光短浅的改良主义知识分子。

① 章太炎：《社会通诠商兑》，《章太炎全集》第 4 册，第 323 页，上海人民出版社 1985 年 9 月版。

第五章

资产阶级革命派的政治理论

第一节　革命民主主义思潮的勃兴

一、资产阶级革命派的政治观

20世纪初，资产阶级革命民主主义思潮在中华大地蓬勃兴起，这是近代中国民族资本主义经济发展的必然结果。

中日甲午战争后，由于各地收回路矿权利和抵制外货的爱国运动进一步发展，也由于日俄战争前后帝国主义之间相互争斗的加剧，暂时放松了对中国的经济掠夺，使中国民族工商业获得了发展的好时机，1905至1908年间又出现了一个高潮。据统计，从1901到1910年，新创办的工矿企业有370家，资本总额8762万元，平均每年投资862万元。其中，1906至1908年三年中，新设的工矿企业有178家，资本总额为5300万元。

这一时期民族资本主义的发展有一个重要特点，即中小企业占绝大多数。在上述370家企业中，资本在1万元到5万元的有153家；5万元到10万元的有59家；10万元到50万元的有116家；50万元以上的有42家，其中超过100万元的只有15家，说明民族资产阶级的中下层发展较快。他们多数由手工业作坊主和中小商人转化而来，地位不高，资金不多。民族资产阶级中下层同上层相比较，与帝国主义和封建势力联系较少，动摇性和妥协性相对较弱。面对民族危机的加深和社会矛盾的激化，代表民族资产阶级利益的资产阶级革命派逐步走上了推翻清王朝的革命道路。

资产阶级革命派的主体是一批资产阶级、小资产阶级知识分子。他们仇恨列强的欺凌，忧患民族危机的深重，痛恨清政府的腐败。为改变中国的现状，积极寻找救国救民的真理，进行革命的宣传鼓动工作，掀起了创办革命刊物的热潮。据统计，1903年前后，资产阶级革命派创办的刊物有30多种。其中影响较大的有《开智录》、《中国日报》、《国民报》、《游学译编》、《大陆》、《湖北学生界》等。他们利用这些刊物，以西方资产阶级革命时期的天赋人权、自由平等学说为思想武器，猛烈抨击清政府的黑暗统治，鼓吹反满革命，使革命民主主义思潮得到迅速传播。

随着革命民主主义思潮的传播，资产阶级革命派逐步组织起来，建立了许多爱国组织和革命团体。据粗略统计，这类团体当时不下100个。影响大的除了孙中山创立的兴中会外，还有湖南的华兴会、湖北的科学补习所、浙江的光复会、旅日学生中的拒俄义勇队等。革命团体的涌现，为建立资产阶级革命政党准备了条件。同时，也进一步推动了革命宣传工作，使革命民主主义思潮盛行于中国大地。

中国资产阶级革命民主主义思潮兴起于20世纪初，其政治观被时代赋予了特定的内容。

（一）反帝爱国观。在中国近代社会条件下，挽救国家危亡是爱国者的中心任务。要救亡首先要解决如何认识和对待帝国主义这一不可回避的问题。资产阶级革命派主要弄清了三个问题。

第一，什么是帝国主义？资产阶级革命派指出："帝国主义，乃膨胀主义也，扩张版图主义也，侵略主义也，总言之……即强盗主义也”。[①] 这虽然不是对帝国主义这一概念的科学表述，但却指出了帝国主义的某些重要特征。

第二，关于帝国主义的形成，资产阶级革命派认为，欧美各国在建立资产阶级民族国家后，工商业日趋发达，生齿日益增加，迫切需要市场。所以，从19世纪后期开始，各资本主义国家加紧对外扩张，形成了帝国主义。正确地揭示了资本主义与帝国主义之间的关系。

第三，关于帝国主义的理论，资产阶级革命派指出，帝国主义的理论是弱肉强食，其逻辑是："地球之物，宜地球上之人公共享之，故彼有财不取我代取之，有利不收我代收之。"[②]因此，它们"不顾天理，不依公法，而惟以强权竞争为独一无二之目的"。把"夷人国"、"灭人家"，皆视为"人道之当然"。[③] 所以，帝国主义是"狰狞之恶鬼"，"酷毒之猛兽"。

资产阶级革命派对帝国主义的认识，使鸦片战争以来中国人民对帝国主义的感性认识开始向理性认识提高，为中国人民认识帝国主义的本质准备了必要的思想基础。

其次，资产阶级革命派愤怒控诉了帝国主义的侵华罪恶。年轻的资产阶级革命家陈天华在《警世钟》、《猛回头》两本书中，从沙俄入侵黑龙江讲起，追述了近代帝国主义侵华的历史，揭示了亡国亡种的危险性。他写道："俄罗斯，自北方，包我三面；英吉利，假通商，毒计中藏；法兰西，占广州，窥伺滇桂；德意志，领胶州，虎视东方；新日本，取台湾，再图福建；美利坚，也想要，割土分疆。"陈天华指出了帝国主义给中国人民带来的深重灾难："痛只痛，失矿权，莫保糟糠；痛只痛，办教案，人命如草；痛只痛，修铁路，人扼我吭；痛只

①②《论帝国主义之发达及二十世纪世界之前途》，《辛亥革命前十年间时论选集》第1卷上册，第53页、第54～55页，三联书店1960年4月版。

③ 《论中国之前途及国民应尽之责任》，《辛亥革命前十年间时论选集》第1卷上册，第460页，三联书店1960年4月版。

痛，在租界，时遭凌践；痛只痛，出外洋，日苦深汤。”他以通俗的语言和流畅的文字，描绘了在帝国主义铁蹄蹂躏下近代中国血泪斑斑的景象，愤怒声讨了帝国主义的侵华罪行。

再次，资产阶级革命派提出了挽救中国危局的行动纲领。它体现在陈天华在上述两部著作里提出的“十个须知”和“十条奉劝”中，主要有以下几点。

第一，树立反帝救国必胜的信心。陈天华充满民族自信心，坚信帝国主义并不可怕。他说：“洋兵不来便罢，洋兵若来，奉劝各人把胆子放大，全不要怕他。”“其实洋人也是一个人，我也是一个人，我怎么要怕他？”如果全中国“一十八省，四万万人，都舍得死，各国纵有精兵百万，也不足畏了”。

第二，反帝救国必须全国皆兵。陈天华认为，反帝救国，匹夫有责。因为“国家是人人有份的”；“国家与身家有密接的关系”，“身家都在国家之内，国家不保，身家怎么能保呢？”因此，反帝救国必须全国动员。“只要我全国皆兵，他就四面受敌，即有枪炮，也是寡不敌众。”

第三，反帝救国必须学外人的长处，去掉自己的短处。陈天华认为，反帝决不可盲目排外，“须知要拒外人，须要先学外人的长处”。主张“越恨他，越要学他”，因为“越学他，越能报他，不学断不能报”。

第四，反帝救国要有不怕牺牲，坚持到底的决心。陈天华指出：“撞着可死的机会，这死一定不要怕，我虽死了，我的子孙，还有些利益”。“须知这时多死几人，以后方能多救几人”。他希望大家常常咏诵“牺牲个人，以为社会；牺牲现在，以为将来”的格言。他还认为，反帝救国要作持久奋斗的打算，指出：“就是要苦战八十年，也要坚持下去。”

以陈天华为代表的资产阶级革命派的反帝爱国思想，达到了其所处历史时代的最高水平。他继承了先人学习西方拯救民族的思想精华，抛弃了改良派对帝国主义的幻想；他继承了近代中国人民反侵略的无畏战斗精神，却扬弃了盲目排外的愚昧思想。这样，鸦片战争以来中国人民的朴素反侵略思想，由于注入了资产阶级民主主义内容而得到丰富和发展。

（二）民主共和观。民主共和国思想是资产阶级革命派的政权观，这是资产阶级革命民主主义的精华所在。

民主共和与封建专制是水火不相容的。资产阶级革命派为了建立本阶级的政权，猛烈抨击清王朝的封建专制统治。

资产阶级革命派指出，鸦片战争后，清政府投降卖国，“开门揖盗”，继之勾结洋人，出卖主权，完全变成了“洋人的朝庭”，只是“替洋人，做一个，守土官长”①。中国要独立富强，“除革去卖国之旧政府，建设救国之新政府外，其道未由”②。这样，资产阶级革命派就逐步把反清革命同反帝救国联系起来，说明近代中国人民在认识民主革命对象问题上前进了一步。

资产阶级革命派又指出，在清政府专制统治下，中国成了民族压迫的监狱。知识分子、农民、士兵乃至富商大贾，莫不深受其害。至于“监狱之刻，狱吏之惨，犹非笔墨所能形容。即比以九幽十八狱，恐亦有过之无不及”。③

在抨击清政府专制统治的基础上，资产阶级革命派进而批判了中国几千年的封建专制制度。他们指出：“天下之政体，莫毒于专制；天下之苦，莫惨于专制政府之压制”。“专制政体者，侵害国民之公益、剥削国民之权利之利斧也。”④ 中国历代帝王“鞭笞宇内，私

---

① 陈天华：《警世钟》。

② 汉驹：《新政府之建设》，《辛亥革命前十年间时论选集》第1卷下册，第592页，三联书店1960年4月版。

③ 邹容：《革命军》。

④ 辕孙：《露西亚虚无党》，《辛亥革命前十年间时论选集》第1卷下册，第565、566页。

其国，奴其民，为专制政体，……揽国人所有而独有之，以保其子孙帝王万世之业”。[①]“中国之所谓二十四朝之史，实一部大奴隶史也”。[②]在清朝统治下，中国人则更成了“数重奴隶”。要打碎这种枷锁，必须“扫除数千年种种之专制政体”。

资产阶级革命派为了实现建立资产阶级共和国这一目标，从西方借来了进化论和民约论作为思想武器。

他们用进化论的观点论证建立民主共和国的必然性，指出：“天择物竞，最宜者存，万物莫不然，而于政体尤为著”。“政体进化为天下之公理”。[③] 他们认为，20世纪已进入民权时代，“盖断不容专制余威稍留其迹”。[④]他们坚信，“二十世纪中，必现出一完全无缺之民族的共和国”。[⑤]

资产阶级革命派还用《民约论》的观点论证了民主政体的进步性。他们认为，自由、平等是上天赋予每个人的权利，“暴君不能压，酷吏不能侵，父母不能夺，朋友不能僭”。[⑥] 中国人民之所以被奴役，就是因为丧失了天赋人权。只有推翻专制制度，建立民主共和国，才能夺回上天赋予人们的权利。

当然，由于阶级和历史的局限，资产阶级革命派不了解人们的社会政治权利是人们的社会经济关系和阶级关系的产物，不可能科学地解释它。但是，他们用天赋人权论彻底否定了几千年的“君权神授说”，无疑具有进步意义。

为了实现建立民主共和国的理想，资产阶级革命派以美、法等西方国家为榜样，探索在中国如何建立自己政权的问题。其中，年轻的革命家邹容在留学日本期间所写的《革命军》中，提出了建立资产阶级共和国的25条纲领。其要点是：

---

①②邹容：《革命军》。

③④⑤《政体进化论》，《辛亥革命前十年间时论选集》第1卷下册，第541页、544、545页。

⑥ 《说国民》，《辛亥革命前十年间时论选集》第1卷上册，第72页。

第一，推翻满洲人所立之北京野蛮政府，建立新国家，定名“中华共和国”。第二，以美国宪法为蓝本，参照中国国情制定宪法。第三，实行议会制，“于各省中投票公举一总议员，由各总议员中投票公举一人，为暂时大总统，为全国之代表。又举一人为副总统。各州县府，又举议员若干”。第四，“建立中央政府，为全国办事之总机关”。第五，“全国无论男女皆为国民”；“凡为国人，男女一律平等，无上下贵贱之分”；国民享有言论、思想、出版等自由，又承担纳税和保卫国家的义务。政府的职责是保护人民权利，如有干犯人民权利之事，人民即可推翻旧政府，更立新政府。第六，实行地方自治。第七，中华共和国为自由独立之国，与世界各国平等。

邹容在中国人民面前鲜明地树起了“中华共和国”的旗帜，并设计了资产阶级共和国的具体方案，成为颇具影响的资产阶级革命家。其《革命军》被誉为近代中国的“人权宣言”。

（三）反封建思想观。封建思想是专制制度的支柱。为了推翻封建专制制度，资产阶级革命派向封建思想发起了猛烈冲击。

第一，破除“天命”思想。

天究竟有无意志，上帝存在不存在，这是天命思想的要害。为了从根本上否定天命思想，资产阶级革命派明确指出：“天萃于气，气生于地，地生于日”①，“天者冥冥而无是凭者也”。它并没有什么意志，上帝也并不存在。“信上帝之实有者，莫非无根之说，而空虚无效验之事也”。② 所以，不要畏天命、信上帝。

鬼神迷信是天命思想的重要支柱。为了驳斥天命论，资产阶级革命派利用西方自然科学知识和机械唯物论，解释自然现象，破除鬼神迷信。他们指出，世上根本没有鬼。“灵魂者，空名也，无物可见也”。“灵魂不死者，尤谬误也。人既死矣，何一分不死而独存

① 章太炎：《馗书·无论》。

② 《革天》，《辛亥革命前十年间时论选集》第1卷下册，第716～719页。

乎”。[①]

资产阶级革命派指出，天命论危害极大，它是套在中国人民身上的一副枷锁，“馁尽无量英雄之气”，“中国数千年之坐误于此多矣”。它是历代封建统治者的护身符。他们鼓吹天命论，是“借天以治人”，维护自己的统治。这就正确指出了天命论的阶级实质及其反动性。革命派响亮地提出了“革天”的口号，指出：“天之不可以不革也”，“天革，而他革乃可言矣”。[②]

第二，批判封建礼教。

三纲五常是封建礼教的核心。资产阶级革命派集中火力狠批封建纲常。他们指出：“宋儒尊三纲，定名分之说，可以有利于专制也”[③]，一语道破了三纲五常的反动本质。它的危害在于，使得君权无限，虽日日杀人不为过；使人们屈从权势，不敢“犯上作乱”，“人人自由之言休矣”。[④] 忠君与孝亲是封建社会臣民的“为人之本”，是宗法伦理道德的核心。所谓忠君，即“君使臣死，不得不死”。孝父则是忠君的基础，“父为子纲”是“君为臣纲”的补充。所谓“求忠臣于孝子之门”，不过是把封建家长制作为整个专制社会的基础，把封建家长当作“第二君主”。实际上，父子间虽有教育、抚养的义务，但应该是平等的。儿子不应该是父亲的奴隶，如同臣民不应该是君主的奴隶一样。

革命派在批判三纲五常的同时，还猛烈地抨击了韩愈鼓吹的“道统”说。韩愈说，道统从尧舜时起。圣人传道于孔子，孔子传道于孟子，孟子后中断。他却从孟子那里继承了道。革命派指出，韩愈编造这套谎言，是为了在思想文化领域树立儒家的正统地位。名为尊圣道，实则塞人民之心思耳目，使不敢研究公理而已。

---

①②《革天》，《辛亥革命前十年间时论选集》第1卷下册，第716～719页。

③ 《道统辩》，《辛亥革命前十年间时论选集》第1卷下册，第736页。

④ 《广解老篇》，《辛亥革命前十年间时论选集》第1卷上册，第429页。

同封建社会里一般反礼教不同，资产阶级革命派在反对封建纲常和道统的同时，提出了个性解放、男女平等、婚姻恋爱自由等主张。这些都与资产阶级民主革命的任务有关，反映了资产阶级的政治和经济要求。

第三，提倡妇女解放。

妇女解放问题是中国民主革命的一个重要课题。20世纪初，随着资产阶级革命运动的兴起，妇女解放运动应运而生。走在妇女解放运动最前列的是女革命家秋瑾。她提出了比较完整的妇女解放的思想，主要是：第一，封建专制制度和宗法制度是妇女受压迫的根源。妇女要解放，必须同专制制度决裂，参加"革弊政大建共和"的民主革命；必须实行家庭革命，打碎封建宗法思想的枷锁。第二，妇女要解放，必须获得经济独立与人格独立。经济独立是人格独立的前提。因此，妇女应该受教育，求得自治的基础和自立的艺业，才不致于做男子的牛马与奴隶。第三，中国妇女要解放，必须组织起来。她在《〈中国女报〉发刊词》中说："吾今欲结二万万大团结于一致，通全国女界声息于朝夕，为女界之总机关，使我女子生机活泼，精神奋进，……使我中国女界中放一光明灿烂之异彩。"秋瑾不愧为中国妇女解放运动的伟大先驱者。

然而必须指出的是，资产阶级革命派的政治观同时具有很大的历史和阶级局限性。他们的思想武器多是从西方资产阶级革命时代的思想武库中借来的，而且往往生吞活剥，还常常把西方资产阶级上升时期的思想精华与没落时代的思想糟粕混淆在一起。他们实际上是用庸俗进化论、唯心史观和资产阶级个人主义、人性论作武器，同帝国主义、封建主义作战。例如，在革命对象问题上，他们认为"欲御外侮，先清内患"；而"清内患"叫得最响的则是"反满"。说明他们看不清帝国主义是中国人民最凶恶的敌人；不能把满族贵族与满族人民区别开来。对满族的仇恨掩盖了反帝反封建的主要任务，导致革命的不彻底性。又如，在革命动力问题上，阶级偏见和英雄史观使资产阶级革命派迷信少数英雄人物，看不到人民的力量，特别是鄙视民主革命的主力军农民。他们虽然通过会党同农民有一定联系，但从不愿到农民中去进行宣传、发动工作，甚至压制农民运动。他们本身软弱无力，又不依靠工农群众，在帝国主义和封建势力联合进攻面前，只好束手就擒。再如，在革命道路问题上，他们虽然一直坚持武装斗争，但由于对革命对象和动力认识不足，往往把武装斗争变成单纯军事投机。当多次武装起义失败后，有些人就醉心于暗杀活动。上述一切充分说明，资产阶级革命派的思想理论是软弱无力的，它最终导致了资产阶级领导的革命归于失败。

二、革命派同改良派的论战

当资产阶级革命民主主义思潮兴起时，改良派的领袖康有为、梁启超等人堕落为保皇派。1899 年 7 月以后，康有为等先后在加拿大、美国、日本和南洋等地的华侨和留学生中建立“保救大清皇帝会”，以拥戴光绪，鼓吹君主立宪，反对革命为宗旨。保皇派竭力美化光绪皇帝和清朝君主专制统治，诋毁革命。他们宣称：振兴中国，非“至圣至仁”的光绪皇帝不可；中国只可行立宪不可行革命。由于保皇派的活动，致使国内外知识界和华侨中的不少人为其观点所迷惑，保皇会的组织也在南北美洲、日本和南洋各地得到相当可观的发展。到 1903 年，仅在南北美洲，保皇会就建立了 11 个总部和 86 个支会，甚至一些兴中会会员也参加了进去。保皇派既然竭力鼓吹保皇，势必视革命派为死敌。梁启超表示，“与革命党死战，乃是第一义。有彼则无我，有我则无彼。”为了揭露保皇派的反动面目，肃清他们在群众中的影响，扫清前进道路上的思想障碍，革命派同改良派在政治思想领域内展开了一场大论战。论战的中心战场在日本。革命派的主要阵地是由章太炎主编的同盟会机关报《民报》；改良派则以梁启超主编的《新民丛报》为喉舌。论战主要围绕以下三个问题进行。

第一，是革命还是保皇。

改良派竭力为清王朝涂脂抹粉，吹捧清朝的“盛德仁政”“为中国数千年所无，亦为地球万国古今所未有”。[①] 说在清政府统治下，中国没有民族歧视，也没有民族压迫。清政府是四万万人的政府，根本没有推翻的必要。进而还说：“中国二千年……人人平等，无封建之压制”，“自由平等之实久得 ”。[②]为了攻击革命派，他们否定了自己前期对清政府的揭露，说倡言革命是“无病呻吟”，“丧心病狂”。制造所谓“革命亡国论”，说“革命必招瓜分”，因为革命必然是“群盗满山”，并“唤起各地方之排外热”，列强就会”假定乱之名，行瓜分之实”，“中国之亡益速”。[③] 他们要革命派立即放弃推翻清政府的主张，否则就以“故杀祖国之罪”而惩治。

对改良派的恶毒攻击，革命派予以迎头痛击。他们以大量事实，论证清军入关二百多年以来，清朝始终对汉族实行民族歧视和压迫政策。清政府顽固保守，不思振作，并早已成为列强侵华的工具。要救国必先推翻清政府，否则中国不会富强。革命派还痛斥了改良派的“革命亡国论”，指出：不是革命亡国，而是革命救国；不是保皇爱国，而是保皇亡国；不是革命招瓜分，而是不革命就难免遭瓜分。“革命者，救人救世之圣药也！”

第二，是实行君主立宪还是民主共和制。

改良派主张实行君主立宪制。他们说，国家是调和利害冲突和平衡正义的。君主可以超然于人民的利害冲突之外，起调和作用。如果实行共和制度，必然会引起下层社会大混乱，结果不仅共和制度不能实行，还会导致君主专制。他们还制造了“民智未开”论，认为中国人“既缺乏自治习惯”，“又不识团体公益”，根本没有当“共

---

①②康有为：《法国革命史话》，《新民丛报》第 87 号。

③ 梁启超：《申论种族革命与政治之得失》，《新民丛报》第 76 号。

和国民的资格”，必须经过“开明专制”和“君主立宪”等阶段，然后才能建立民主共和制度。

革命派坚决反对君主立宪，主张民主共和。他们认为，民权的兴起是不可抗拒的时代潮流，由君主专制变为民主共和是进化之公理。国会是全体国民的代表，能起调和人民之间利益竞争的作用。针对“民智未开”论，革命派指出，当今革命风潮一日千丈，不是“民智未开”，而是“民智大开”。中华民族的聪明才智并不比其他民族差。所谓“民智未开”，实质是要中国人民永远处于被奴役的地位。革命派还指出，人民既然能进行政治革命，就能实行民主立宪，也一定有实行议会政治的能力。所谓“开明专制——君主立宪——民主共和”的三世演进说是不能成立的。

第三，是实行土地国有、平均地权还是维护封建土地制度。

改良派认为，中国社会经济组织与欧美不同，从来没有贵族制度，实行的是诸子均得继承财产之法，赋税又特别轻，贫富不象欧美那样悬殊。因此，中国只进行社会改良就可以了，不必进行社会革命，也不能进行社会革命，否则必然妨害社会生产力的发展和阻碍社会文明的进步。他们抛出地主“劳动发家”论，说地主的财富是世世代代“勤劳之结果”。一旦废除了封建土地制度，“个人勤勉殖富之动机，将减去大半”，不仅“病全国之经济”，而且会“危及政体之基础”。[①] 他们攻击“平均地权”是煽动“莠民”起来“暴乱”，要“危及国本”。公然威胁说：“敢有言以社会革命与他种革命同时并行者，其人即黄帝之逆子，中国之罪人也，虽与四万万人共诛之可也”。[②]

针对改良派的谬论，革命派指出，贫富已悬殊固然不可不革命，但贫富将悬殊也不可不革命；与其在贫富悬殊过甚时再革命，

① 梁启超：《再驳某报之土地国有论》，《新民丛报》第91号。

② 梁启超：《开明专制论》，《新民丛报》第75号。

不如在贫富悬殊不甚时容易成功。他们还指出，社会革命不是把所有生产机关统统收归国有，而是"勿使关于公益之权利为一二私人所垄断"。它不但不会妨害社会生产力的发展，反而会调动生产者的积极性，促进整个社会进步。因此，政治革命同社会革命同时并举不仅是可能的，而且是最为有利的。针对改良派对"平均地权"的攻击，革命派指出："土地者，一国之所共有也，一国之地当散之一国之民"，"平均地权"理所当然。

在论战中，由于革命派的主张反映了中国社会发展的趋势，表达了人民群众的愿望，因此他们的斗志越战越盛，力量越战越强。改良派逆历史潮流而动，违背人民心愿，极其虚弱，一经交手便溃不成军，只好偃旗息鼓，不再出战。

这场论战在中国近代政治思想史上占有重要地位。首先，它是一场思想解放运动。它帮助资产阶级、小资产阶级及其知识分子摆脱封建思想的束缚和改良主义的羁绊，对一般平民进行了反动封建专制、争取民主自由的启蒙教育，直接为辛亥革命准备了思想条件。其次，这场论战是革命势力同反动势力之间政治斗争的反映。通过论战，揭露了改良派维护清王朝统治的嘴脸和在政治上的没落，扫除了保皇派的反动影响，分清了革命与改良的界限，捍卫并宣传了三民主义的革命纲领，使革命派取得了思想战线上的领导权，从而加速了革命民主主义的传播，推动了革命运动的发展。再次，资产阶级革命派在论战中所阐发的革命民主主义思想具有承上启下的作用。它既是鸦片战争以来中国人民的民主思想的继续和发展，又是后来五四运动中民主与科学思想的先导。因此，这场论战成为中国人民思想解放路程上的一个重要阶梯。

当然，革命派在基本政治观上存在的时代和阶级的局限性，在这场论战中也充分暴露出来。他们不仅没认识到帝国主义是中国革命的最主要敌人，而且幻想西方国家会支持中国革命；他们虽然反对封建主义，但却过分地强调反满，同时又不敢发动农民彻底摧毁封建的土地制度；他们看不到以农民为主体的人民大众是革命的主力军，反而害怕和限制人民革命。所有这些都反映了资产阶级革命派反帝反封建的不彻底性。资产阶级这种局限性，限制了他们同改良派实行思想上的彻底决裂，同时也是资产阶级领导革命不能成功的重要原因之一。

第二节　孙中山的政治思想

一、孙中山民主革命思想的形成

孙中山（1866～1925年），名文，字德明，号逸仙。广东香山（今中山市）人。

孙中山的青少年时代正值民族危机日益加深和救亡运动不断高涨。中国正由封建社会逐步沦为半殖民地半封建社会。中国人民同中外反动势力进行了不屈不挠的斗争。当时，太平天国运动虽已过去，但遍布全国的农民抗捐抗税斗争、反洋教斗争、会党起事，特别是资产阶级改良派的崛起，汇成了爱国救亡的洪流。这给青少年时代的孙中山以很大影响，使他萌发了爱国救亡的思想。

孙中山出身于一个贫苦农民家庭。父亲孙达成年轻时曾在澳门当裁缝，做鞋匠，后来回乡佃耕，兼做更夫，以养家糊口。哥哥孙眉（字德彰）先做长工，1871年到檀香山当雇工，后来垦荒，经营畜牧业，成为华侨资本家。孙中山从小参加农业劳动，对贫苦农民的境遇比较了解。他喜欢听太平军老战士讲洪杨革命的故事，自幼接受了农民革命思想的熏陶。

1878年，12岁的孙中山到了檀香山，在哥哥孙眉资助下，先后入英、美教会在当地办的学校读书。1883年回国后，又相继就读于广州和香港的医学院校。1892年毕业于香港西医书院。他接受十几年西方资本主义教育，不仅学到许多自然科学知识，而且领略了一些资产阶级社会政治学说。中法战争中清政府的腐败卖国，使他萌发了“倾覆清廷、创造民国之志”。他经常在同学中发言攻击清政府的腐朽统治，并以“洪秀全第二”自居。

孙中山在萌发反满革命思想的同时，也受到改良主义的影响。19 世纪末叶的中国，改良主义思潮主宰着思想界。爱国仁人志士的共同信念是：要救国只有维新；要维新只有学外国。孙中山也是其中之一。同时，他结识了何启、郑观应等一大批著名的改良派思想家。1890 年，孙中山写了《致郑藻如书》。郑是孙中山的同乡，退职的洋务派官僚。孙中山提出兴农桑业、禁绝鸦片、普及教育等三项建议，并主张先在香山县实行，然后推广到全国。

1893 年冬，孙中山与陆皓东、郑士良等人在广州的广雅书局聚会，筹备组织以“驱除鞑虏，恢复华夏”为宗旨的兴中会。但不久又回到家乡，草拟了八千言的《上李鸿章书》，提出“人能尽其才，地能尽其利，物能尽其用，货能畅其流”的改革纲领。1894 年春，孙中山和陆皓东到天津投书李鸿章，被拒之门外。

上书失败后，孙中山到了北京。那时，中日甲午战争已爆发，中国军队在牙山战役中战败，举国震惊。昏庸的清朝统治者却依旧大修颐和园，准备庆祝慈禧太后的六十大寿。严酷的现实使孙中山认识到，“和平之法无可复施，和平之手段不得不稍易以强迫”。① 从此，他摒弃了改良主义，走上革命的道路。

孙中山摒弃改良主义后，在革命活动的实践中逐步形成了革命民主主义思想。

1894 年秋，孙中山再赴檀香山，向华侨宣传反清革命主张。11 月 24 日，他联合华侨中 20 多名反清人士，建立了中国资产阶级第一个革命团体——兴中会。他在亲手起草的《兴中会章程》中，分析民族危机的严重性，指斥清政府统治的黑暗，号召爱国志士行动起

---

① 《孙中山选集》，第 19 页，人民出版社 1981 年 10 月第 2 版。

来,“拯斯民于水火”,“扶大厦之将倾”,“振兴中华,维持国体”。在会员入会誓词中提出了“驱除鞑虏,恢复中国,创立合众政府”的革命纲领。

1895年初,孙中山回到香港。2月21日建立香港兴中会。他修改了会章和入会誓词。会章除重申民族危机深重外,着重揭露清廷的腐败和国内阶级矛盾的尖锐。入会誓词中的“恢复中国”改为'恢复中华”。孙中山把推翻清政府专制统治与建立资产阶级共和国结合起来,是难能可贵的。

香港兴中会一建立,孙中山立即准备在广州发动起义,武装推翻清政府。因事机不秘而失败。孙中山逃亡日本,在横滨设立兴中会分会。此后,他又转赴檀香山、美国、英国,在华侨中宣传革命。1896年10月,他在伦敦蒙难。脱险后继续宣传革命,并研究欧、美资产阶级革命时代的著作,考察欧美各国的政治状况。他目睹了资本主义各国的尖锐社会矛盾,接触了有关社会主义运动的各种学说。此外,他还与旅英的俄、日等国的爱国者交流革命经验。这不仅丰富了他的民族、民权主义思想,而且开始酝酿社会革命思想——民生主义思想。

1897年7月,孙中山回到日本,就近策动国内革命。1903年8月在东京青山秘密创办军事学校。在入校誓词中,他首次提出了“驱除鞑虏,恢复中华,创立民国,平均地权”的十六字纲领。同年9月,孙中山离日本赴檀香山。1904年5月,他加入致公堂(洪门),并重订致公堂章程,把青山军事学校入校誓词中的十六字定为致公堂的宗旨。1905年初,孙中山又远游欧洲,在各地组织革命团体。

1905年7月,孙中山从欧洲回到日本东京,筹建统一的革命组织。在7月30日的筹备会上,决定新组织名称为中国同盟会,其宗旨是孙中山提出的十六字纲领。8月20日召开成立大会,通过了同盟会章程。同年11月创办《民报》,作为同盟会机关报。孙中山在《〈民报〉发刊词》中首次把十六字纲领概括为“民族”、“民权”、“民生”三大主义。12月，冯自由在香港《中国日报》广告栏作介绍时，又把三大主义简称为“三民主义”。后来，孙中山在《〈民报〉创刊周年庆祝大会上的演说词》中，对三民主义作了详尽的阐述。

三民主义是孙中山革命民主主义思想的集中体现。它的提出标志着孙中山的革命思想已形成完整的体系。

二、孙中山的三民主义

孙中山的民族主义思想，一方面继承了中国历史上的民族主义传统，另一方面吸收了西方资产阶级的民族主义思想。他把西方资产阶级主张的“自由”理解为民族独立，纳入自己的民族主义。他认为，实行民族主义，就是为国家争自由。民族主义的内容是“驱除鞑虏，恢复中华”，即推翻清王朝的统治，建立统一的民族国家，实行民族革命。在解释民族主义时，孙中山阐发了下述思想。第一，清政府不仅对内奉行民族压迫政策，造成它同汉族及其他少数民族之间的矛盾，而且对外卖国求荣，完全成了帝国主义侵略中国的工具。因此，推翻清政府，既可解除国内的民族压迫，又可打击帝国主义。第二，反满不是笼统排满，不是种族复仇。“民族主义，并非是遇着不同族的人便排斥他”。如果认为“民族革命是要尽灭满洲民族，这话大错”。[①] 第三，反满不是为了兴汉，而是为了“五族共和”。民族主义对自己的民族来说是争自由，对别的民族来说是平等博爱。辛亥革命后他主张汉、满、蒙、回、藏“五族一家，立于平等地位”。[②]《中华民国临时约法》规定：“中国人民，一律平等，无种族、阶级、宗教之区别”。从“五族一家”到各民族“一律平等”，这是孙中山民族主义思想的重要发展。

---

① 《孙中山选集》，第81页。

② 《孙中山全集》第2卷，第438页，中华书局1986年7月版。

孙中山的民族主义有鲜明的特点。它同民族复仇主义划清了界限；它把反民族压迫同夺取政权结合起来。因此，它对动员资产阶级革命派和各族人民奔向革命起了积极作用。

孙中山的民族主义最明显的缺陷是没有明确提出反对帝国主义的主张，因而他也就无法揭示近代中国社会最主要的矛盾。民族主义首先应该反对帝国主义。但孙中山的民族主义却让反满掩盖了一切。以孙中山为代表的资产阶级革命派被社会达尔文主义蒙住了眼睛，看不清帝国主义的本性，认识不到帝国主义是中国人民的头号敌人。他们认为，只要推翻清政府，建立西方式民主政体，中国就会富强起来，帝国主义就会同中国讲平等。他们幻想帝国主义列强同情和援助中国革命。为此，凡涉及反帝问题，往往采取回避态度，甚至不惜承认帝国主义的在华既得利益。这不仅冲淡了孙中山民族主义的革命色彩，而且对革命的进程和结局造成致命的影响。这是辛亥革命遭受失败的一个根本原因。

孙中山的民权主义主要来自西方资产阶级的民主主义。他把西方的平等思想纳入民权主义，把"民治"思想同民权主义等同起来，把近代欧美的"代议政治"和"共和制度"奉为楷模。他以西方资产阶级民主主义思想为基础，吸收近代中国民主主义思潮的合理成分，确立了自己的民权主义思想。

民权主义的主要内容有三个方面。

第一，民权主义的中心目标是推翻君主专制制度，建立民主共和制。孙中山认为，"中国数千年来都是君主专制政体，这种政体，不是平等自由的国民所堪受的"[①]，必须推翻。孙中山这里所说的"政体"实际上是指"国体"。因为，建立民国不仅要改变政权的组织形式，而且要确定资产阶级在中国的统治地位。因此，孙中山主张实行政治革命，"建立民主立宪政体"。孙中山主张采取暴力手段实

① 《孙中山选集》，第 82 页。

现这一目标。他从亲身实践中认识到,民权革命不能和平地实现,暴力革命对于一切真正的社会改革都是难免的。孙中山的一生是武装斗争的一生。辛亥革命前,他发动过十次武装起义,百折不回,终于武装推翻了清王朝。辛亥革命流产后,他又发动过讨袁、护国和护法战争。对此,毛泽东曾给予高度评价,并称重视武装斗争的孙中山是中国共产党的先生。

第二,按“革命程序”实现主权在民。民权主义的目的是建立民主政治,实现主权在民。孙中山把从推翻君主专制制度到颁布宪法这一革命程序分为三个时期,即军政时期、训政时期、宪政时期。早在1905年同盟会的《革命方略》中,他就把革命程序划为渐次演进的三个阶段——“军法之治”、“约法之治”、“宪法之治”。“军法之治”即以军法为依据,“军政府督率国民扫除旧污之时代”,为期三年。“约法之治”即以约法为依据,“军政府授地方自治权于人民而自总揽国是之时代”,为期六年。经过这两个时期,地方自治趋于完备,人民学会行使民主权力,方能进入“宪法之治”。“宪法之治”,即以宪法为依据,“军政府解除权柄,宪法上国家机关分掌国是之时代”。辛亥革命后,孙中山又在中华革命党的总章中重申了“革命程序论”,指出:“本党 进行程序分作三个时期:一、军政时期。此时期为积极武力扫除一切障碍而奠定民国基础。二、训政时期。此期以文明法理督率国民建设地方自治。三、宪政时期。此期俟地方自治完备之后,乃由国民选举代表组织宪法委员会创制宪法。宪法颁布之日,即为革命成功之时期。”① 孙中山暮年在《国民政府建国大纲》中再次论述了革命程序问题。

孙中山的“革命程序论”一方面坚持必须从“军政”达到“宪政”,实现民主政治的美好理想,另一方面,在“军政”和“宪法”之间又插入一个“训政”时期。训政的理论基础是英雄史观。孙中山一

---

① 邹鲁:《中国国民党史稿》,第139页,上海商务印书馆1947年版。

贯把中国人民划分为“先知先觉”、“后知后觉”和“不知不觉”三类。三类又分为八等，即圣、贤、才、智、平、庸、愚、劣。他认为，中国人民根本不懂什么是民主政治，必须由他们这些“先知先觉”者“用些强迫手段”，“教他练习练习”。显然，他不是把争取民主当作人民群众自己的事业，而是把民主看成是圣贤者对人民群众的恩赐。这种观点对实际政治生活造成了严重后果。辛亥革命时期，它压抑了广大群众争取民主的积极性；后来被蒋介石利用，成为他无限期延长“训政时期”实行独裁统治的借口。

第三，新国家的政体——五权分立。孙中山关于国家政体的主张是实现“五权宪法”。它是民权主义的重要内容，也是民权主义的具体化。

五权宪法是孙中山在政体问题上的独创。他目睹了西方各国资产阶级民主共和制度日趋腐败的事实，认为孟德斯鸠的三权分立学说已经过时。“中华民国的宪法是要创一种新主义，叫做‘五权分立’”。这“不但是各国制度上所未有，便是学说上也不多见，可谓破天荒的政体”。五权分立的民国“便是民权的国家，国民的国家，社会的国家”，有了它，国家便得“完全无缺的治理”，成为“至完美的国家”①。

所谓五权，就是在行政、立法、司法三权之外，加上考试权和监察权。五权分立的实质是权力分散。根据资产阶级分权制，孙中山主张国家机构中除设立总统、议会外，还要设立行政院、立法院、司法院、考试院、监察院。五院彼此独立并相互制约，既可避免三权分立体制下权力畸轻畸重的流弊，又可防止选举作弊，任人唯亲。

孙中山的五权宪法思想是对西方三权分立国家政体的一种补充，与三权分立并无本质区别。同三权分立的阶级局限性一样，它不可能实现真正的民主政治。

---

① 《孙中山选集》，第 87～88 页。

民权主义是三民主义的核心，是孙中山政治思想的主要内容。它作为资产阶级革命派政治革命的旗帜，对传播革命民主主义思想和推进革命的进程，发挥了巨大作用。清王朝的覆灭和两千多年君主专制制度的终结，都是民权主义结出的硕果。

民权主义的缺陷在于，它的矛头所向主要是封建帝制，而未能同时铲除封建帝制的社会基础——地主阶级，反而对汉族地主抱有不切实际的幻想。因此，它不可能彻底完成反封建的任务。这又是辛亥革命失败的一个重要原因。

民生主义是三民主义政纲中的社会革命纲领。其主要内容是用"平均地权"的办法既发展资本主义，又防止资本主义制度下的贫富不均与对立，从而达到举政治革命、社会革命毕其功于一役的目的。孙中山看到，欧美资本主义国家贫富不均、阶级对立的状况势必引发新的革命，指出："欧美强矣，其民实困，观大同盟罢工与无政府党、社会党之日炽，社会革命其将不远"。孙中山认为，中国要学习欧美，必须解决这个问题，否则，"吾国纵能媲迹欧美，犹不能免于第二次之革命"。① 为了防"祸害于未萌"，孙中山主张"举政治革命、社会革命毕其功于一役"。社会革命即"平均地权"。方法是"核定天下地价，其现有之地价，仍属原主所有，其革命后社会改良进步之增价，则归国家，为国民所共享。"② 孙中山认为，"若能将平均地权做到，则社会革命已成七八分了"。③这样，私人永远不再纳税，仅收地租这一项，中国就会变为地球上最富有的国家，不仅在政治上成为国民的国家，而且在经济上成为社会的国家。

以"平均地权"为核心的民生主义，实际上是涂上小资产阶级空想主义色彩的国家资本主义，是一种土地国有政策。把革命后增

---

① 《孙中山选集》上卷，第 76 页。
② 《孙中山全集》第 1 卷，第 297 页。
③ 《孙中山选集》上卷，第 95 页。

加的土地价值收归国有，即把土地所有权和地租转交国家，并不能真正解决中国农民的土地问题。尽管孙中山自认为他的"平均地权"的民生主义就是社会主义，但这种土地国有政策只是限制了地主阶级对土地的垄断，有利于资本主义的发展。因此，尽管这一政策反映了孙中山渴望解除劳苦大众受剥削受压迫境遇的真诚愿望，但从本质讲，平均地权是典型的资产阶级土地政策。孙中山在主观上是一个社会主义者。他作为被压迫民族新兴阶级的代表，真诚地同情西方无产阶级和人民群众的斗争，同情指导这一斗争的社会主义学说。但是，他不可能真正理解科学社会主义，他接受的是小资产阶级的社会主义。这是他欣赏亨利·乔治的土地国有论的原因。

孙中山的民生主义具有积极的社会意义。首先，它是近代中国第一个把土地问题和发展资本主义联系起来的经济纲领，比较客观地反映了近代中国社会经济发展的趋势。其次，它虽然主要反映了资产阶级中下层摆脱封建束缚的愿望，但也在一定程度上反映了农民反封建剥削的要求。它作为中国近代空想社会主义的一种典型，在近代思想史上占有重要地位。

民生主义同样存在严重缺陷。第一，平均地权虽有一定的反封建意义，但它首先解决的是城市的地价税，而不是农村的封建剥削。在中国，不发动农民起来解决土地问题，民主革命不可能成功。第二，在中国资本主义尚未充分发展的情况下，孙中山"举政治革命、社会革命毕其功于一役"，只能是一种主观主义的空想，根本无法实现。

孙中山的三民主义是中国资产阶级的革命纲领。尽管由于时代和阶级的局限，它还存在着根本性的缺陷，但它的本质是进步的、革命的，是资产阶级革命派的战斗旗帜。列宁曾指出："孙中山纲领的每一行都渗透着战斗的、真诚的民主主义。它充分认识到'种族'革命的不足，丝毫没有对政治表示冷淡，甚至丝毫没有忽视政治自由或容许中国专制制度与中国‘社会改革’、中国立宪改革等等并存的思想。这是带有建立共和制度要求的完整的民主主义。”①

第三节　章太炎的政治思想

一、由改良到革命

章太炎(1869～1936年),名炳麟,字枚叔,号太炎。浙江省余杭县人。出身于世代书香门弟的地主阶级家庭。九岁起跟外祖父朱有虔(号佐卿)读经,从外祖父那里受到王船山、顾炎武等人反清民族主义思想的启发。十三四岁时,偶读《东华录》,看到戴名世、吕留良、曾静等人文字狱的材料,不禁“胸中发愤,觉得异种乱华,是我们心里第一恨事”,“革命思想伏根于此”。②17岁时,“一意治经,文必治古”。③23岁时,秉其亡父遗训,到杭州诂经精舍,从俞樾受业。他继承清代乾嘉学派的治学方法,以文字学为基点,以校订经书扩展到考究历史、地理、天文历法、音乐、典章制度,在学术上打下了坚实的基础。中日甲午战争前,他虽具有朦胧的民族主义思想,但走的基本上是封建学者的道路。

中日甲午战争后,面对严重的民族危机,章太炎脱离封建学者的道路,投身于正在兴起的维新运动。1895年,章太炎参加了康有为等人创办的“强学会”。1897年离开诂经精舍,到上海参加《时务报》的撰述。因与康有为在经学思想上尖锐对立,三个月后离沪返杭,另办了《经世报》,宣传改良救国的政治主张。戊戌变法失败后,逃亡台湾。1899年由台湾转赴日本。

---

①　《列宁选集》第2卷,第424页。

②③汤志钧编:《章太炎年谱长编》上册,第5页、第8页。

这一时期，章太炎改良主义的政治思想主要有以下几方面内容。

在政治上，主张变法。他认为“中国羸弱”，“外夷交迫”，“不能惟旧章之寸”，必须“发奋图自强”。主张以日本为师，“顺天革政，蔚为望国”；效法西方政治，实行三权分立；学习西方的联邦制，实行地方自治，使“外人不得挟政府以制九域”。

在经济上，主张发展资本主义工商业。他认为，“始也以贸易为一商之轻重，而终也至以为一国之轻重”。① 他认为，“侈靡者，工艺之所自出”，“泰西商务之所自出”，主张鼓励消费，以促进资本主义工商业发展。②

在文化教育上，主张改革中国的封建教育。他认为兴学堂是变革政治的前提。主张“废淫祠改书院”，培养人材；组织学会，团结维新人士；办报馆，广译外国书报，传播资产阶级思想文化，以“开民智”。

在外交 政策上，主张联日抗欧美。1898 年 1 月，他曾上书李鸿章，详细阐述了关于中日结盟的主张。

章太炎的改良主义思想同康、梁的思想本质上是一致的，但有自己的特点。第一，在变法维新的态度上，他比康、梁激进得多。他主张变法应以西方资产阶级政治学说为指导，反对康、梁以佛学为变法的思想武器。认为“娱乐于禅学”之中，必然是“士气愈委靡，民气愈涣散”，变法不可能成功。③ 他主张变法“非口说也，必躬自行之；躬自行之而不济，必赴汤火冒白刃以行之”。④第二，在对清王朝的感情上，他比康、梁淡薄得多。章太炎少年时就认为清朝统治是“异种乱华”。他并不认为光绪皇帝是“旷世圣主”。但是，他毕竟没跳出改良主义圈子。他曾提出，只要清廷悔过自新，取消对汉族

---

①②章太炎：《訄书·喻侈靡》。

③④汤志钧编：《章太炎政论选集》上册，第 18 页，中华书局 1977 年版。

的歧视和特权，可以承认其为“客帝”，与之共同御侮。

章太炎改良主义思想的特点，成为后来他同改良主义决裂的思想基础。《辛丑条约》的签订使他思想受到极大震动，从此抛弃维新的幻想，走上了革命道路。

1900 年 7 月，章太炎参加了唐才常等人在上海张园召开的“国会”。会上，他坚决反对唐才常提出的“一面排满”、“一面勤王”的主张，并当场剪掉自己的发辫，表示推翻清朝的决心。他还写了《解发辫》一文，痛斥清政府的罪行。这是他同改良派开始分野的标志。1901 年，他刊行了《訄书》，开始清算自己的改良主义思想。此后，他又写了《客帝匡谬》、《分镇匡谬》，批判自己对清朝统治者和汉族地方督抚所抱的幻想，阐明了反清革命的主张。这说明他已同改良主义彻底决裂。

1902 年，章太炎为了逃避清政府的追捕再次流亡日本。此间，他同孙中山正式订交，并就中国的土地、赋税问题以及革命成功后的政制、建都问题进行了广泛讨论。4 月 26 日(农历三月十九日)是南明最后一个皇帝(永历)的忌日，章太炎等人联络侨居日本的中国人和留学生，准备举行“支那亡国 242 年纪念会”，借以反对清朝的统治。纪念会虽未能开成，但在留日学生中激起了组织爱国团体和创办革命刊物的热潮。

1903 年，章太炎从日本回国。5 月，他为邹容的《革命军》作序，并写了《驳康有为论革命书》。这两篇文章论述了革命的必要性，驳斥了改良派反对革命的谬论，在《苏报》刊出后引起强烈反响，也招致中外反动势力的忌恨。6 月底，清政府勾结上海租界当局制造了轰动全国的“苏报案”，章太炎被捕入狱。在狱三年中，他不屈不挠，一方面从事佛学研究，一方面与革命派保持联系。1904 年冬，他在狱中参与了光复会的组织工作。

1906 年 5 月，章太炎获释出狱后，被孙中山派人接到东京，受到盛大欢迎。在日本，章太炎加入同盟会，并担任《民报》的主编。在同保皇派的论战中，他发挥了重要作用，成为颇有影响的革命宣传家、理论家。

二、民族民主革命思想

章太炎在与改良主义决裂后，在革命实践活动中，逐步形成了自己的革命民主主义思想体系。

(一)民族主义思想。章太炎民族主义思想的一个重要内容是对内反对民族压迫。他以激烈反满而著称，但与地主阶级反满派的种族主义有本质不同。

首先，章太炎把排满同挽救民族危亡紧密地联系在一起。他指出，之所以要反满，不仅因为满洲贵族的统治使“人人切齿于满洲，而思顺天以革命”，更主要的是清政府的所作所为“无一事不足以丧吾大陆”。[①]不推翻这个卖国政府，争取民族独立是不可能的。这样，章太炎正确分析了反满与救亡的关系，从而揭示了资产阶级民族革命的必要性和合理性。

其次，章太炎把排满与资产阶级革命的任务紧密地联系在一起。他认为，清政府是以满洲贵族为中心的封建专制政权。排满就是排“王权”，推翻君主专制制度。这样，他赋予排满以革命民主主义的内容。

再次，章太炎同笼统排满的种族主义划清了界限。他指出，排满“非排一切满人，所欲排者，为满人在汉之政府。即使政权“返于汉族”，如果仍是封建专制统治，“是亦革命而已”。[②] 可见，他的反满民族主义尽管披着“华夷之辨”的外衣，但实际上包含的却是民主主义的内核。

---

① 章太炎：《正仇满论》，《辛亥革命前十年间时论选集》第1卷上册，第94页，三联书店1960年6月版。

② 章太炎：《排满平议》，《辛亥革命前十年间时论选集》第3卷，第51页，三联书店1977年版。

章太炎民族主义思想的另一个重要内容是对外反对帝国主义侵略，主张民族独立。在资产阶级革命派中，他对帝国主义的认识比较深刻，反帝言论也比较激烈。

首先，他对帝国主义的侵略本性有较明确的认识。他指出："至于帝国主义，则寝食不忘者，常在劫杀，虽磨牙吮血，赤地千里，而以为义所当然。"他对帝国主义凌辱弱小民族极为愤怒，指出："始创自由平等于己国之人，即实施最不自由平等于他国之人。"[①]

其次，章太炎愤怒谴责帝国主义的侵华罪行。他指出，帝国主义侵略中国，不仅争地夺人，而且要灭绝种族。他坚决反对不平等条约，主张"复威海，归青岛，使上海不得为万国公地，使十八省不得为何国势力范围。"[②]他对帝国主义不抱幻想，认为指望"世界列国赞成中国之革命事业"，"列国政府必不赞成"。[③]倘若列强武装干涉中国革命，则应抱定"不自由勿宁死之主义"，同它们决一死战，决不"降心相从"。

再次，章太炎主张各被压迫民族联合起来反对帝国主义侵略。1907 年 3 月，他同张继、刘师培等人在东京发起组织了"亚洲和亲会"。该会的宗旨是"反对帝国主义，期使亚洲已失主权之民族，各得独立"。[④]章太炎为该会起草的《约章》规定：各国"互相扶助，使各得独立自由；互相协助，争取革命胜利；互相爱睦，增进各国友谊"[⑤]。该会实际上是亚洲的反帝统一战线。

然而章太炎民族主义思想却具有局限性。第一，虽然他的"华夷之辨"外衣里包含着民主主义的内核，但仍残留着狭隘的大汉族主义思想。他主张由汉族同化其他少数民族，少数民族在汉化前不得与汉族享有同样的政治权利。这冲淡了章太炎民族主义的革命

---

① 章太炎：《五无论》，《辛亥革命前十年间时论选集》第 2 卷下册，第 758 页，三联书店 1963 年版。

②③章太炎：《答祐氏》，《民报》第 22 号，第 130－131 页。

④⑤《章太炎年谱长编》上册，第 243 页。

内容，不利于中华民族的大团结。第二，他对帝国主义的认识虽然高于一般革命派人士，但他认为“言种族革命，则满人为巨敌，而欧美少轻”。[①] 这说明他看不清帝国主义是中国人民最凶恶的敌人，看不清反帝反封建是中国革命密不可分的两大任务。同其他革命派人士相比，虽然有高低之分，却无根本区别。

（二）反资本主义思想。信仰改良主义时期的章太炎曾经是学习西方的热心者之一。但是，当他 1906 年再度旅居日本，对资本主义社会有了较深入的了解后，他变成了对资本主义的猛烈抨击者。

第一，他坚决反对资产阶级代议制。认为资产阶级代议制的选举方法极不合理。“所为选举者，欲其伸民权、宣民志也。”[②] 但是，“选充议士者，大氐出于豪家，名为代表人民，其实依附政党，与官吏朋比，挟持门户之见，则所计不在民生利病，惟便于私党之为”。[④] “故选举法行，则上品无寒门，而下品无膏粱”。由这些新压迫者组成的议院，“名曰国会，实为奸府，徒为有力者傅其羽翼，使得膢腊齐民”。“民权不借代议以伸 ，而反因之扫地”。“故议院者，民之仇，非民之友”。[③]

第二，他坚决反对发展资本主义工商业。认为“文明不利于贫民”。资本主义发展后，“百金以下之民，必与牛驹同贱”。他对中国资本主义的发展表示了极大的不安，认为“不过十年，中人以下，不入工场被箠楚，乃转徙为乞丐，而富者愈与皙人相结，以陵同类”。[⑤]为避免资本主义的祸害，他主张制止“商人日横，工日益多，农日益减”的现象。认为资本主义物质文明只对富人有利，主张宁

---

① 《章太炎政论选集》上册，第 432 页，中华书局 1977 年版。

②③章太炎：《代议然否论》，《辛亥革命前十年间时论选集》第 3 卷，第 98 页、第 91 页、第 95 页，三联书店 1977 年版。

④ 章太炎：《五无论》，《辛亥革命前十年间时论选集》第 2 卷下册，第 755 页，三联书店 1963 年版。

⑤ 章太炎：《总同盟罢工论序》，《章太炎政论选集》上册，第 378 页，

过自然经济下的朴素生活，也不要近代世界物质文明。章太炎一方面积极鼓吹并投身于资产阶级革命，另一方面却力图避免这一革命的必然前途——资本主义。这既是他思想体系的一大矛盾，也是他思想的一大特色。

（三）治世方案。章太炎在抨击资本主义制度的基础上，提出了自己的治世方案。

第一，在政治上，主张“直接民权”，“以法治国”。他认为西方的议会已成为“民之仇”。为了“恢廓民权”，只好不设议院，而实行民选的总统制。总统为国家元首，集中掌握政治、军事、外交大权。遇有大事，临时“举代议士”，与政府商讨决定大计。一经商定，政府不得擅自更改。总统不得专权，由法官、学官分掌司法、监督之权，与总统并立分权。整个国家事务，“专以法律为治”。法律由法学者组成的专门机构制定。“法律既定，总统无得改，百官有司，勿得违越。对不守法的人，“人人得诉于法吏，法吏逮而治之”。总统犯法，“得逮治罢黜”。保障人民的集会、言论、出版、结社的自由。[①]

章太炎“直接民权”的主张并没有突破资产阶级虚伪民主制的框框。因为，不触动剥削制度，无论在政体上变化多少花样，也不可能真正实现直接民权。

第二，在经济上，主张“抑富强，振贫弱”。他主张“均配土田，使耕者不为佃奴。”[②]“凡露田，不亲耕者使鬻之”。[③]“田不自耕者不得有”。他主张限制资本主义工商业的发展。“盐田池井不自煮曝者不得有，旷土不建筑穿治者不得有，不使枭雄拥地以自殖”。他主张限制官吏的特权。“在官者，身及父子皆不得兼营工商，托名于他人者重其罪，藉其产；身及父子方营工商业不得入官，不与其借政治

①④章太炎：《代议然否论》，《辛亥革命前十年间时论选集》第3卷，第95页、第96页。

② 章太炎：《五无论》，《辛亥革命前十年间时论选集》第2卷下册，第755页。

③ 章太炎：《均田法》，《章太炎政论选集》上册，第189页。

以自利也。”④章太炎提出“均田法”的目的是反对地主与雇农的存在，一定程度上反映了农民的要求。但他未明确提出废除封建土地所有制问题，因此不可能从根本上解决农民的土地问题。他主张限制资本主义工商业发展，目的在于防止官僚利用政治特权发展官僚资本主义。他把经济与政治问题联系起来，这种认识是比较深刻的。

章太炎是中国近代政治思想史上颇有影响的资产阶级革命民主主义思想家。他一生走过了坎坷曲折的道路。

在辛亥革命的准备和进行时期，他是在孙中山的伟大旗帜下，“拉车前进的好身手”和“有学问的革命家”。他思想中虽有保守成分，但主流是进步的。他旗帜鲜明地批驳了改良派的种种谬论，为反清革命开通道路。他在宣传欧美资产阶级政治学说的同时，揭露了西方资本主义制度的弊病，提出了自己的治世方案，表现了独到的眼力和可贵的探索精神。在革命斗争实践中，他虽不无错误，但对敌斗争坚决，虽身陷囹圄、多方磨难，仍信守初衷，矢志不渝。鲁迅对章太炎的评价是中肯的，他说：“考其生平，以大勋章作扇坠，临总统府之门，大诟袁世凯的包藏祸心者，并世无第二人；七次追捕，三入牢狱，而革命之志，终不屈挠者，并世亦无第二人；这才是先哲的精神，后生的楷模。”①

1917年，孙中山在广州组成军政府，进行第二次护法斗争。章太炎任大元帅府秘书长，并随军参加了北伐。不久再次离开孙中山，回到上海从事学术研究。此后，他渐入颓唐，由趋时的革命派知名人士变为复古的名流。

章太炎晚年“退居于宁静的学者，用自己所手造的和别人所帮

①② 鲁迅：《关于太炎先生二三事》，南开大学中文系注解：《鲁迅杂文选》，第411页、第409页，天津人民出版社1976年7月版。

造的墙，和时代隔绝了。”[②]同时在学术研究上也失去了生气。但是，他一直未放弃反帝爱国立场。1931 年“九一八”事变发生后，他坚决反对日本帝国主义的侵略和蒋介石的不抵抗主义。临终前，他明确表示拥护中国共产党的《八一宣言》，赞成团结抗日的主张。

章太炎一生由进步转向倒退，由叱咤风云到消极颓唐，从根本上说，是中国民族资产阶级的软弱性和妥协性决定了其大部分人不可能把反帝反封建的革命斗争进行到底。章太炎只是一个典型代表。

第六章

中国无政府主义

第一节　中国无政府主义的由来

一、无政府主义在中国的早期流传

无政府主义是国际工人运动中一种小资产阶级的政治思潮。列宁指出:“马克思主义在理论上完全认定,并且欧洲一切革命运动的经验也充分证实:小私有者,由于在资本主义制度下经常受到压迫,生活往往急剧地、迅速地恶化以至于破产,所以容易转向极端的革命性,而不能表现出坚韧性、组织性、纪律性和坚定性。被资本主义摧残得‘发狂’的小资产者,也和无政府主义一样,都是一切资本主义国家所固有的一种社会现象。”①

无政府主义作为一种政治思潮,产生于19世纪上半叶,19世纪下半叶广泛流行于法国、意大利、西班牙。它的早期代表人物是德国的施蒂纳(1806～1856)和号称“无政府主义之父”的蒲鲁东(1809～1864)。60年代以后,则是俄国的巴枯宁(1814～1876)和克鲁泡特金(1842～1927)。这些代表人物的思想表现形式虽然各有其特点,但是他们都鼓吹个人绝对自由,反对一切权力和权威,

① 《列宁选集》第4卷,第188—189页。

反对无产阶级组织政党，认为国家是产生一切罪恶的根源，幻想在一天之内完全消灭任何形式的国家，建立一个无权力、无服从、绝对自由的“无政府状态”的社会。无政府主义是和马克思主义的科学社会主义格格不入的，它的传播和影响曾经给国际共产主义运动造成了严重的危害。

中国的无政府主义是一种舶来品。1840年鸦片战争打破了中国闭关自守的格局，接踵而来的是与中国传统文化不同的异域文化，即西方的科学技术、教育方式以及各种政治思潮，其中也包括无政府主义。1903年，在中国的小资产阶级知识分子中出现了第一个宣传无政府主义的浪头。它的重点是宣传俄国虚无党人的暗杀活动。1903年5月，留日学生出版的《湖北学生界》载文指出："既认定此目的矣，即事操拒刀，纵阔斧，斩种种障碍，""牺牲一身，以除巨蠹，此仁人君子大丈夫之所为。其风最盛于日本，而现今之俄罗斯尤神出鬼谋，毒人莫测，酝成大恐怖时代。"[①] 国内出版的主张革命的报刊，也同样对虚无党人大加赞扬。6月9日，《苏报》发表的《虚无党》一文满怀激情地写道："吾今日震惊于虚无党之事业，吾心动，吾血渍，吾胆壮，吾气豪，吾敢大声急呼以迎此潮流而祝曰：'杀吾专制者，非此潮流荡荡之声乎"。[②] 就在这一年，《政艺画报》第14至16号连载了马叙伦的"二十世纪之新主义"。该文把无政府主义誉为《二十世纪之新主义》，说无政府主义是以恢复人的天然自由为宗旨的，可以一举把污秽混浊的世界变为金光琉璃的乐土。《浙江潮》第8、9期连载大我的《新社会之理论》，此文把社会主义区分为"共产主义"和"极端民主主义"两大潮流。这里的"极端民主主义"即指无政府主义。文章还对两派的原理作了介绍。同年，张继还翻译出版了一本《无政府主义》的小册子。

---

① 《拒俄运动》，《湖北学生界》，第5期。

② 《辛亥革命前十年间时论选集》第1卷下册，第696页。

不难看出，由于反清革命的需要，一些资产阶级小资产阶级知识分子开始由注意于虚无党的暗杀活动而进一步转向对无政府主义内容的了解，从而掀起了一股宣传无政府主义的浪头。正是在这个浪头的冲击下，1904 年 2 月，蔡元培又开始发表白话小说《新年梦》，宣传无政府主义。小说通过“中国一民”的梦境，宣传一个废政府，废私财，废军备，废姓氏，废家庭，废婚姻，废法律，统一语言文字，最后废国家的理想社会。1905 年 11 月中国同盟会机关报《民报》创刊以后，仍然不断刊载介绍和赞扬无政府主义的译文、图片。如《民报》第三号刊登“无政府党首创者巴枯宁”的照片，《民报》第九号刊登了渊实（廖仲恺）译的《无政府主义与社会主义》，第十一号和第十七号刊登了渊实的《虚无党小史》。

但是，所有这一切对无政府主义的宣传，都是片断的和混乱的，而且他们介绍无政府主义并不就是信仰它。《民报》涉及无政府主义的文章，多是把它看作社会主义的一个流派加以介绍。真正把无政府主义作为一种信仰系统地进行研究和宣传，是在 1907 年资产阶级革命派内部出现无政府主义派别之后。1907 年春夏，侨居在东京和巴黎的中国资产阶级革命党人中，分别出现了以张继、刘师培、何震为代表的“天义派”，以李石曾、吴稚晖、张静江为代表的“新世纪派”。他们正式打出了无政府主义的旗号，成为中国早期无政府主义的代表。

二、早期无政府主义者的活动

“天义派”和“新世纪派”的出现和活动，是与 20 世纪初年东京和巴黎无政府主义的相当流行分不开的。

20 世纪初，恩格斯逝世后，国际共产主义运动中占优势地位的是第二国际的右倾机会主义和以“左”的形式出现的无政府主义。日本的情况也大致如此。1907 年，日本的社会主义者正式分裂为两派，以片山潜为代表的社会主义会，主张通过争取普选权和议会的多数来实现革命；以幸德秋水为代表的社会主义金曜(星期五)讲演会，则否认议会斗争，主张“直接行动”，用无政府主义的总同盟罢工和暗杀来实现革命。日本社会主义运动中的无政府主义思潮，极大地影响了一些原来就有无政府主义思想的中国革命党人。1903年就曾翻译过无政府主义著作的张继，很快成为无政府主义的信徒。张继、章太炎等人和幸德秋水过从甚密。1903年前后已接触到无政府主义的刘师培，1907年春同何震到日本后，也受到了克鲁泡特金和托尔斯泰观点的影响，成为狂热的无政府主义者。同年4月，幸德秋水发表文章，提议中日革命家携手。不久，何震创立“女子爱权会”，并创办《天义》半月刊作为女子爱权会的机关刊物，鼓吹要废尽天下帝王、官吏、警察、资本家，建立一个“不设政府”，“人人劳动”，“人人衣食居处均一律”的“新社会”。① 同年8月，刘师培和张继等人发起成立“社会主义讲习会”，出席成立大会者90多人。会上，刘师培明确宣布：“吾辈之宗旨，不仅以实行社会主义为止，乃以无政府为目的。”② 何震在大会上的演说中则宣扬：“无政府主义不仅恃空言也。”她号召中国无政府党，“今日欲行无政府革命，必以暗杀为首务也”。③幸德秋水应邀出席了成立大会，并发表了长篇演说，强调政府为万恶之源，号召中日两国人民共同行动，以促进无政府主义之实行。嗣后，“讲习会”经常举行演讲，中国方面经常在会上演讲的有张继、刘师培、何震、章太炎、汪公权、陶成章等。日本方面有幸德秋水、利彦等。自从“讲习会”成立后，《天义》实际上成为它和“女子爱权会”共同的机关刊物。1908年4月，《天义》出至19期，改出《衡报》，它实际上是《天义》报的继续，二者大部分文章的执笔人都是刘师培。1908年10月，《衡报》出至第十一号时被日本政府禁止。11月，刘师培、何震夫妇回国，投靠

① 去非子：《破坏社会论》，《天义报》第1期，1907年6月。
②③公权：《社会主义讲习会开会纪事》，《天义报》第6期，1907年9月。

两江总督端方。从此，“天义派”也就在中国的思想论坛上消失了。

在巴黎出现的《新世纪》派，也是受当地流行的无政府主义思潮影响的结果。20世纪初年，巴黎一地的无政府主义报刊就有数十种。张静江是上海“张园主人之子”，1902年，他和李石曾以驻法大使孙宝琦随员身份来到法国后，和不少无政府主义者相来往。冯自由曾记述，张静江“旅法数年，渐结识西欧无政府党诸学者，获聆蒲鲁东、巴枯宁、克鲁泡特金诸学说，因之思想锐进，立论怪特，隐以中国无政府义宣讲师自任。”① 李石曾亦为“无政府党所引诱，以浪漫派蒲鲁东、巴枯宁为神圣，尊崇其说。吴敬恒本不通欧洲文学亦从之”。②《新世纪》创刊后，每周一期，专门介绍克鲁泡特金、巴枯宁、蒲鲁东等人的学说，报道无政府党的活动情况，鼓吹“颠复一切强权”的“社会主义革命”。同时还出版了《新世纪丛刊》和《新纪纪杂刊》。《新世纪》于1910年5月21日停刊，共出121号。

“天义派”和“新世纪派”的形成，标志着无政府主义开始走上了中国的政治舞台。他们把无政府主义当作科学的真理狂热地加以宣传，同时在宣传中又加进了自己的一些观点，从而使这两个派别的主张各具特色，其中又以“天义派”较为突出。

以刘师培为主要代表的“天义派”的特点是，较多地反映了农村小生产者的思想倾向，同时对妇女问题给以特别的关注，主要表现在以下几个方面。

第一，设计了一幅没有阶级、消失了脑力劳动和体力劳动对立的农业社会主义的空想蓝图。

刘师培认为，人类有三大权，一是平等权，二是独立权，三是自由权。这三大权都属于天赋人权，其中尤以平等权最为重要。他说：“无政府主义虽为吾等所确认，然与个人无政府主义不同，于共产、

① 冯自由：《革命逸史》第2集，第219～220页，中华书局1981年版。

② 《辛亥革命回忆录》(六)，第17～18页，文史资料出版社1981年版。

社会二主义均有所采。惟彼等所言无政府，在于恢复人类完全之自由；而吾之言无政府，则兼重实行人类完全之平等”。所谓兼重实行人类完全之平等，就是为了“维持人类平等权，宁可限制个人自由权”。[①]这同历来的无政府主义者以个人的完全自由为最高原则，实有不同。正是从这种思想出发，刘师培认为，只实行共产和无政府，并不能消除人类社会的矛盾，因为同是作工，而难易不同，苦乐不均，争端必起。而消除这个矛盾的灵丹妙药是“人类均力”。因此，他给人们纷制了一幅“人人兼学众艺”，“苦乐均平”的“农工结合制”的方案。这就是所谓的“人类均力说”。

按照这个方案，人类社会要打破国界，重新划区。凡人口达千人以上，则区划为乡，乡是基本的自治单位。在这里，人人平等，人人劳动，各取所需，都在食堂吃大锅饭。每乡之中，设老幼栖息所。人初生即入栖息所，6 岁至 10 岁，学语言文字；10 岁至 20 岁，半日学科学，半日习制造器械；20 岁至 50 岁，或业农，或开矿，或烹饪。他们把各种劳动列了一个表，每个人必须依次参加，而使苦乐平均，“及若何之年，即服若何之工段，递次而迁，及年逾五十，则复入栖息所之中”。这样，“依此法而行，则苦乐适均，而用物不虞其缺乏。处于社会，则人人为平等之人；离于社会，则人人为独立之人。人人为工，人人为农，人人为士，权利相等，义务相均，非所谓大道为公之世纪？”[②]

刘师培“人类均力说”的实质是绝对平均，它是农民平均主义思想的发展。显然，这是一个空想的方案。

第二，把“运动农工”作为实现无政府主义的手段，提出了“运动农工为本位”的主张。

革命必须要依靠一定的力量，辛亥革命前夜的革命家对此认

---

① 申叔：《无政府主义之平等观》，《天义报》第 4 期，1907 年 5 月。
② 申叔：《人类均力说》，《天义报》第 3 期，1907 年 7 月。

识并不一致。有的主张依靠“国民”,有的认为要靠会党和新军。刘师培等人则明确地提出要依靠占人口大多数的“劳民”,即农民和工人。刘师培、何震指出,革命只有出于多数农工,才能叫“根本之革命”。① 张继说:“无论行何种革命,均当以劳民为基础。”②《衡报》说:“中国革命非由劳民为主动,则革命不成。”③ 因此,他们提出要以“运动农工为本位”,④同时还特别重视农民问题。《衡报》曾专门出版“农民号”,指出,中国人民仍以农民占多数,中国要实行无政府革命,必须从“农民革命”开始。1907 年 7 月,刘师培在《民报》发表《悲佃篇》提出:“没豪富之佃,以土地为国民所共有”的激烈口号。与当时中国资产阶级革命派对农民问题的主张相比,“天义派”无疑是前进了一步。当然,他们把农民革命与无政府主义联系在一起,而且又缺乏组织农民的具体办法,因而在实践中就很难有什么意义了。

第三,突出妇女解放问题,鼓吹“男女革命”论。

提出和重视妇女解放,这是“天义派”无政府主义独具的特色。《天义》报曾用大量篇幅揭露中国妇女在封建社会所受的种种压迫,矛头所向,直指儒家学说。何震指出:“儒家之学术,以重男轻女标其宗”。“前儒所言之礼,不啻残杀女子之具。”她大声疾呼:“儒家之学术,均杀人之学术也。”⑤为了使妇女“人人同享解放之幸乐”,何震呼吁人们实行“男女革命”。她的具体主张一部分是合理的,如,实行一夫一妻制;男女并重;教育同等;废娼等。但是,她又提倡所谓“女子复仇论”,声言要“革尽天下压制妇女之男子”,还要“革尽天下甘受压制之女子”,对女子“甘事多妻之夫”者,要“共起而诛

①④震、申叔:《论种族革命与无政府革命之得失》,《天义报》第 6、7 期,1907 年 9 月。
② 《张继由伦敦来函》,《衡报》第 4 号,1908 年 5 月 28 日。
③ 《汉口暴动论》,《衡报》第 4 号,1908 年 5 月。
⑤ 《女子爱权论》,《天义报》第 3 期,1907 年

之！”[1] 这种主张，只会在妇女革命问题上制造混乱。

与“天义派”比较，“新世纪派”主要是从事对外国无政府主义的介绍，其中主要是宣传克鲁泡特金的无政府共产主义，自己的“特色”不多。他们反对国粹主义，主张“尊今薄古”，“行孔丘之革命”。其主要表现在以下几个方面：

第一，鼓吹废强权，废私产，实行“大同革命”。

他们认为“无政府革命者，乃大同革命”。[2] 而要进行大同革命，就要排强权，废私产。“抱大同主义之人，凡遇强权者必排之”。[3] 为了反对强权，他们激烈地抨击清政府，“排满者因满人执中国之强权耳”。为此，他们大骂清政府的官僚是“娼后之昏秽，鼠帝之乳臭，袁世凯之谬妄，端方之狡鄙”。[4]在经济上，他们认为“一旦无政府的时代已到，私产制度自然一切废除。”[5] 起而代之的就是“共产”。“均产与均贫富，义皆不圆满，不若用废财产或共产等之名词为当”。[6]“‘各尽所能，各取所需’，乃为世界人与人相互之正义”。[7]吴稚晖还曾特地到法国无政府党人亨孚岱办的无政府主义试验地——“鹰山共产村”参观访问达三个月之久，回来后在《新世纪》上发表《游鹰山村殖民地记》一文，热烈地赞扬它“俨然成一世外之新桃源”。[8]

第二，提倡“以教育为革命”，主张通过“教育感化”实现无政府共产主义。

他们认为，革命效果的产生，自然需要革命思想的普及。但是，向来的政治革命，“往往革命一起，易生革命党之暴徒，始则夺权于少数强权者之手，继则互相争夺，肆为屠戮”。而“无政府之革命则不然，无政府主义者，其主要即唤起人民之公德心，注意于个人与

---

① 《女子宣言书》，《天义报》第 1 期，1907 年 6 月。

② 《吴稚晖先生选集》下册，第 228 页，上海医学书局 1925 年版。

③④《吴稚晖学术论著三编》，第 146 页，上海出版合作社 1927 年版。

⑤⑥⑦⑧《吴稚晖学术论著》，第 255 页、第 244 页、第 229 页、第 337 页。

社会之相互，而以舍弃一切权利，谋共同之幸乐。此实讲教育也，而非谈革命也。革命者，不过教育普及以后，人人抛弃其旧习惯，而改易一新生活，乃为必生之效果。”① 正是从这个意义上，他们认为，把教育称之谓革命，亦无不可。这就是所谓的“以教育为革命”说。他们的结论是：“无政府主义之革命，无所谓提倡革命，即教育而已”。“日日教育，亦即日日革命。教育之效果小著，略改社会之小习惯，即小革命”。“教育之效果大著，骤然全体争改易其旧习惯，即大革命”。②这样，通过“教育感化”，唤起人们的“公德心”，无政府主义就可以实现了。

第三，主张“尊今薄古”和“行孔丘之革命”。

无政府主义兴起之时，当时的资产阶级革命派中，有一小部分人存在着“复兴古学”以提高民族自尊心的国粹主义思想。“新世纪派”认为，这是几千年来儒家“尊古薄今”思想的表现，它阻碍着人们对西方“新理新学”的认识和传播。因此，他们针锋相对地提出“尊今薄古”的口号，他们认为“中国之所以不能随世运而进，好落人后者，以尊古薄今也；泰西之所以实事求是，精益求精，以尊今薄古也。惟尊今薄古，故能今胜于古而进化无极也。”③ 为了尊今薄古，他们还把批判的矛头直接指向孔子。“孔子做专制之基，以荼毒吾同胞者二千余年矣”。“擒贼先擒王”，“欲世界人进于幸福，必先破迷信，欲支那人之进于幸福，必先行孔丘革命”。④

在西方，无政府主义思潮是作为马克思主义的对立面出现的，因而它在国际工人运动中的作用是反动的。而在中国情况略有不同，由于半殖民地半封建社会的特殊国情，因此无政府主义思潮在中国的早期传播中曾起过一定的积极作用：

---

①②《无政府主义教育为革命说》，《新世纪》第65期，1908年9月。

③ 《好古》，《新世纪》24号，1907年11月。

④ 《排孔征言》，《新世纪》52号，1908年6月。

第一，中国无政府主义是作为封建专制制度的对立面出现的，它对封建政治起到了一定的冲击作用。半殖民地半封建的中国，是一个小生产者如汪洋大海般的国家，又是暴虐的封建专制统治十分严酷的国家。被封建政治压迫得近于窒息的广大小生产者，正是这股无政府主义思潮得以滋生的肥土沃壤。正因为如此，当这股无政府主义思潮泛起时，它的矛头所向，就直指封建政治。他们废国家、废强权的呼喊，在当时的中国，就是要废除和推翻反动的清王朝的统治。因此，无政府主义思潮对清王朝封建政治的冲击作用是无须赘言的。

第二，中国早期无政府主义思潮具有一定的反封建的启蒙意义。批判封建意识形态，这是近代中国启蒙运动的重要任务。中国早期无政府主义者喊出“尊今薄古”和“行孔丘革命”的口号，提出要把中国人民从迷信中解放出来。他们指出，科学重真理，而迷信尚妄证；科学重实验，而迷信尚虚伪。“科学者，进化之利器也；迷信者，思想之桎梏也”。[①] 他们号召中国人民应该重科学，求真理，重实验，求新学、新器之发明。这些思想，对长期置于封建蒙昧之中的人们来说，无疑是一种思想的启蒙。

此外，中国早期无政府主义者在他们的刊物上，也曾片断地介绍过马克思恩格斯的一些著作和巴黎公社的一些情况，这些活动在中国马克思主义传播史上也是应该记上一笔的。

第三，早期无政府主义者所极力鼓吹的暗杀活动，应给予恰当的历史评价。早期无政府主义大肆宣传的暗杀手段，在革命党人中的影响是很大的。在“发动武装起义的同时，组织了对清朝官员的暗杀，一时成为风气”。[②] 吴樾、刘师复、史坚如、徐锡麟、熊成基、黄负生、汪精卫等，都曾慷慨上阵，有的甚至壮烈捐躯。吴玉章曾对当

---

① 《排孔征言》，《新世纪》52号，1908年6月。

② 《吴玉章回忆录》，第51～52页，中国青年出版社1978年版。

时的暗杀活动作了这样的回忆:“我们怀着满腔的热忱,不惜牺牲个人的性命去惩罚那些昏庸残暴的清朝官吏,哪里知道暗杀了统治阶级中的个别人物并不能推翻反动阶级的政治统治,尤其是不能动摇它的社会基础呢?这些道理,是必须掌握马克思主义的唯物史观以后才能理解”。[①] 暗杀不能推翻反动阶级的统治,却是对反动阶级的打击,也是对人民革命精神的激发。“不特敌人为之胆落,亦足使天下顽夫廉,懦夫有立志矣”。[②]

无政府主义的目标是要废政府,但是当时的许多无政府主义者并不反对资产阶级革命,而是把它当作实现无政府主义的“过渡物”。他们从进化论的观点出发,认为人类社会是不断进步的,革命也应不断进化。而资产阶级共和国正是“实现无政府理想社会的桥梁”。因此,他们认为反对清朝反动统治的革命“正与无政府主义行事相合”。[③] 无政府革命与种族革命只是“稍有异同耳”,这种异同,“犹行程之有远近”。[④] 正因为如此,无政府主义者中许多人曾加入同盟会和孙中山领导的资产阶级革命。

当然,无政府主义决不能给中国人民找到一条摆脱封建统治的正确道路,他们对资产阶级革命派也曾作过一些无理的攻讦。正因如此,他们当时就曾受到资产阶级革命党人的抨击。

---

① 《吴玉章回忆录》,第 52 页。

② 孙中山:《中国革命史》,《中山文选》,第 33 页。

③ 《与友人书论新世纪》,《新世纪》3 号,1907 年 7 月。

④ 《伸论民族、民权、社会三主义之异同再答来书论〈新世纪〉发刊之趣意》,《新世纪》6 号,1907 年 7 月。

第二节 五四前后的中国无政府主义

一、五四前后无政府主义的传播

无政府主义虽然在辛亥革命前就已传到中国，但是它在中国得到广泛传播，却是辛亥革命以后的事。辛亥革命曾经给中国人民带来了极大的希望，人们满以为中国从此可以走上独立、民主和富强的新道路。可是，辛亥革命的果实却得而复失，代之而起的是北洋军阀的反动统治。国家的情况一天天坏下去，苦闷、失望、愤懑的情绪，在广大的小资产阶级知识分子中到处蔓延，人们更加痛恨军阀政权的独裁和专横。于是宣传要从根本上进行社会革命，破除一切强权的无政府主义，逐渐在国内的小资产阶级知识分子中产生了更大的反响。刘师复正是在这种情况下出现的宣传无政府主义的代表人物，“师复主义”被称为“中国的无政府主义”。

刘师复，字子麟，1884 年生于广东省香山县(今中山县)石岐镇。1904 年赴日留学时原名思复，后又改为师复。1912 年组织心社时废姓，通称师复。近代中国的民族危机使青少年时代的刘师复产生了变革现实的强烈愿望。1904 年赴日留学后不久，即加入同盟会，成为最早的一批同盟会会员。由于受到无政府党人的影响，曾在横滨学习制造炸弹。1907 年，同盟会准备在广东潮惠发动武装起义，刘师复被派回广州担任暗杀水师提督李准的任务，不幸事败被捕。狱中经受种种刺激和磨难，思想更加倾向无政府主义。两年后，经营救出狱，“在港息影三年，专心研究巴黎《新世纪》报倡导之无政府主义，极为精进”。[①] 武昌起义后，刘师复曾运动驻香山的新军响应，“后鉴于旧日同志之热中权利，乃发愤宣传无政府学说

---

① 《心社创作人刘思复》，《革命逸史》第 2 集，第 194 页，中华书局 1981 年版。

以为敝屣功名之倡。”[1]

1912 年 5 月，刘师复和彼岸、佩刚、扈离、天放、抱蜀、无为等人在广州发起成立晦鸣学社，“是为中国内地传播无政府主义之第一团体”。[2] 他们大量翻印在巴黎出版的无政府主义小册子，并先后辑印了《新世纪》丛书和《无政府主义粹言》等书，在国内广为散发。1913 年 8 月，刘师复又创办了晦鸣学社的机关刊物《晦鸣录》（后改为《民声》），刘师复任主编，其成员有区声白、黄凌霜、郑彼岸、梁冰弦和林君复等。在《晦鸣录》发刊词中，刘师复标榜：“实行世界革命，破除现社会一切强权”。并提出了几条政纲：“共产主义；反对军国主义；工团主义；反对宗教主义；反对家族主义；素食主义；语言统一；万国大同。”[3]不久，他又与郑彼岸、莫纪彭、林直勉等，于广州东园组织了心社，并规定戒约十二条，即“一不食肉；二不饮酒；三不吸烟；四不乘轿及人力车；五不用仆役；六不婚姻；七不称族姓；八不作官吏；九不作议员；十不入政党；十一不作海陆军人；十二不奉宗教。”[4]该社“取绝对自由主义，无章程，无规则，亦无一切组织，各凭一已良心以相集合”。[5]

晦鸣学社和心社是中国无政府主义者在国内成立的最早团体，它的成立，标志着无政府主义者在国内的活动已进入一个新的阶段。正当《晦鸣录》发行之际，以孙中山为首的革命党人发动了“二次革命”。尽管刘师复反对“二次革命”，但袁世凯在镇压“二次革命”后，仍派其爪牙龙济光查封了晦鸣学社和《晦鸣录》，心社亦被“立饬解散”。刘师复逃命澳门，并将《晦鸣录》移澳门出版，但不久又被查封。

1914 年 7 月，刘师复等在上海发起成立“无政府共产主义同

---

① 《心社创作人刘思复》，《革命逸史》第 2 集，第 194 页，中华书局 1981 年版。

②③④《师复文存》，第 259 页、第 58 页、第 144 页，革新书局 1927 年版。

⑤ 《师复启事》，《晦鸣录》第 2 期，1913 年 9 月。

志社”并发表宣言。宣言明确申明:“无政府共产主义者何?主张灭除资本制度,改造共产社会,且不用政府统治者也。质言之,即求经济上政治上之绝对自由也。”[①] 宣言还表示,创设同志社,是“为传播主义联络同志之机关,以为将来组织联合会之预备”。“务使散在各地之同志,精神上皆联为一体,实际上皆一致进行”。在这个组织的影响下,广州的刘石心等成立了“无政府共产主义同志社”,南京的杨志道等成立了“无政府主义讨论会”,江苏常熟的蒋爱真等成立了“无政府主义传播社”。“言论机关,除《民声》外,尚有《正声》出版于南洋,在中国工人中传播颇广”。[②]

以刘师复为代表的无政府主义者,还积极与国际上著名的无政府主义者克鲁泡特金、大杉荣、格拉佛等人联系,他们也纷纷来信表示支持。1914 年 8 月,刘师复代表“无政府共产主义同志社”致书在伦敦召开的无政府万国大会,报告中国无政府主义的历史和现状,并向大会提议:(一)组织万国机关;(二)注意东亚之传播;(三)与工团党联络一致进行;(四)万国总罢工;(五)采用世界语。同时,他们还在工人中积极进行活动,刊行《工人宝鉴》,在广州组织了“理发工会”和“茶居工会”。邓中夏曾说:“无政府党——首领刘师复,在中国南部宣传无政府主义,发行刊物多种”。“无政府党在南方工会中有很大影响”。[③]

刘师复是中国信仰无政府主义最坚决的一个人,他的最大特点是言行一致。“不单对于主义是鞠躬尽瘁,就是连带的对于素食主义等也能以死自矢”。[④] 当他“生病很重的时候,医生屡次劝先生(指刘师复)食肉,先生以死自矢,终不破戒”。[⑤] 他的殉道精神,赢得了许多同道者的尊敬和爱戴。1915 年 3 月,刘师复因病逝世,时

①②《师复文存》,第 56 页、第 57 页。

③ 邓中夏:《中国职工运动简史》,第 5～6 页,山东新华书店 1949 年版。

④ 《怀念师复先生》,《民钟》2 卷 3 号。

⑤ 《师复先生传》,《师复文存》,第 8 页。

年 31 岁。

刘师复虽然早逝，但是他的门徒却把无政府主义的宣传大为扩展开来，从而在广大青年中产生了极大的影响。尤其到了五四运动前后，无政府主义异常活跃，达到了它的鼎盛时期。据统计，全国无政府主义社团达到 90 多个。在北京有实社、进化社、奋斗社，互助社、学汇社、中华农村运动社；在上海有道社、民众社；在南京有群社、民锋社、安社；在长沙有安社、星社；在广州有民钟社、火焰社、民声社；在山西有平社；在江苏有微明学社；在四川有适社、人声社等等。分布在国外的有巴黎的工余社，加拿大温哥华的加拿大木瓦业华工联会，旧金山的平社。与此同时，宣传无政府主义的报刊书籍也大量涌现。报刊约有 70 种左右，较有影响的有《进化》、《学汇》、《工余》、《民钟》、《奋斗》、《自由录》等。《自由录》是北大实社的刊物，黄凌霜、区声白、李震瀛、华林等人都是《自由录》的主要撰稿人，书籍约有 35 种左右。

这个时期，无政府主义也在早期共产主义知识分子中产生了很大的影响。李大钊早在五四运动以前就接受了马克思主义，赞成阶级斗争学说，但是他在 1919 年 7 月发表的《阶级竞争与互助》一文中，仍然把克鲁泡特金的互助论看作是“确信不疑的道理”，主张“物心两面的改造，灵肉一致的改造”。[①] 陈独秀在他主编的《新青年》杂志上，仍然给无政府主义一席之地，经常刊登一些宣传无政府主义的文章。他自己则把“相爱互助”列为他所推崇的新社会的重要原则之一。毛泽东在回忆他 1918 年下半年到 1919 年上半年第一次到北京时的思想状况说，“我读了一些关于无政府主义的小册了，很受影响。我常常和来看我的一个名叫朱谦之的学生讨论无政府主义和它在中国的前景。在那个时候，我赞同许多无政府主义

① 《李大钊文集》下，第 17～19 页，人民出版社 1984 年版。

的主张。”[①] 周恩来和觉悟社社员们也是受到无政府主义影响的，正如邓颖超所回忆的：“‘觉悟社’受的思想影响，与其说接近共产主义，不如说更多地接近无政府主义”。[②] 恽代英是五四时期湖北学生运动的著名领导人，他在给友人的信中明确地宣布：“我自信懂得安那其的真理，而且曾经细心的研究”。[③] 1917 年 10 月 8 日，他和挚友黄负生等人成立了互助社，“定名互助社，取克鲁泡特金新进化论的意义”。[④] 五四运动后兴起的工读互助运动，之所以吸引了一大批热血青年，是因为它使许多青年感到，这种生活方式是“日出而作，日入而息，凿井而饮，耕田而食，帝力——政府——于我何有哉”。“我们的无政府、无强权、无法律、无宗教、无家庭、无婚姻的理想社会，在团里总算实现一部分了”。[⑤]

从客观条件来说，无政府主义在五四前后异常活跃，除了中国有着产生无政府主义的肥沃土壤等原因外，还与当时国际政治形势的影响有关，这就是第一次世界大战和巴黎和会对中国人民的刺激。第一次世界大战前，虽然无政府主义等思潮已传入中国，但进步思想界占主导地位的却是资产阶级民主主义。然而，第一次世界大战震动了全世界，也惊醒了中国人民。人们刚刚欢呼了“公理战胜强权”，直面而来的却是文明诸国赤裸裸的侵略。人们不能不发出这样的疑问：“公理何在？”原来，侵略压迫中国人民的帝国主义，就是曾经向往的现代工业国家的资本主义。“帝国主义压迫的切骨的痛苦，触醒了空泛的民主主义的噩梦”，于是，以反帝爱国为主旨的学生运动，“倏然一变而倾向社会主义”。[⑥] 资产阶级民主主

---

① 《五四运动回忆录》下，第 9 页，中国社会科学出版社 1979 年版。
② 《一大前后》(二)，第 234 页。
③ 《恽代英日记》，第 624 页，中共中央党校出版社 1981 年版。
④ 《五四时期的社团》(一)，第 118 页，三联书店 1979 年版。
⑤ 《五四时期的社团》(二)，第 380、434 页，三联书店 1979 年版。
⑥ 《瞿秋白文集》第 1 卷，第 23 页，人民文学出版社 1953 年版。

义破产了，社会主义成了进步思想界的主流。但是，在初期的社会主义潮流中，对科学社会主义有比较明确的认识者极少，大多数人对社会主义的认识，如同“隔着纱窗看晓云，社会主义流派，社会主义意义都是纷乱，不十分清晰的”。① 甚至由于小资产阶级的急性病和对封建专制制度的强烈憎恨，人们“简直声言无政府主义”。这种情形，诚如刘少奇在《1947 年 7 月 4 日在晋绥干部会议的讲话》中指出的：“在最初一个时候，无政府受到的欢迎，超过了马克思主义，很多人相信无政府主义，以为痛快得很，可以一下子解决问题。”

二、五四前后无政府主义的派别和基本观点

刘师复创立了近代中国独立的无政府主义党派和理论体系，因此，人们一般把他称作中国无政府主义政治纲领和理论的奠基人，“师复主义”也可称作中国无政府主义。

刘师复继承的是克鲁泡特金的无政府共产主义理论体系，他称“克鲁泡特金，吾党中泰斗”。② 黄凌霜在《师复主义》一文中说：“师复先生对于无政府主义的意见，与克鲁泡特金都是相同。”③ 刘师复死后，他的门徒也是所谓“抱道守真，生死不渝”。④ 其基本政治观点是：

第一，“实行共产，废除政府”，“实行无政府共产主义”。刘师复认为“阶级制度者，平等自由之大敌也”。⑤正是私有财产制度的存在，使社会出现“富人与平民之阶级”。“富人垄断生产机关（土地机器），坐享大利，工人则为之奴隶，仰给其工资以度活，不平莫甚于此”。因此，只有“剷灭私产制度，实行共产主义，人人各尽所能，各

---

① 《瞿秋白文集》第 1 卷，第 25 页，人民文学出版社 1953 年版。

②⑤《师复文存》，第 237 页、第 101 页。

③ 《师复主义》，《进化》1 卷 3 号。

④ 《五四时期的社团》（四），第 187 页。

取所需”，才能达到“贫富之阶级既平，金钱之竞争自绝，此时生活平等，工作自由，争夺之社会，一变而为协爱”。[①] 同时，他还认为，要使人民获得“自由”、“幸福”，必须反对任何政府和强权，“凡为统治制度之机关，悉废绝之”。因为政府是“剥夺自由扰乱和平之毒务”。[②]“政府者，名为治民，实则侵夺吾民之自由，吾平民之蠡贼也”。[③]他还把政府看成是和强权紧密相联的东西，“政府实为强权之巨擘，亦为强权之渊薮”。所以，“有政府一日即有强权，有强权一日即不能有真幸福”。[④]总之，他认为：“实行共产，废除政府，此诚为无政府党之根本要义”。[⑤]这样，废除了私产和政府，人民就可以“完全自由”、“绝对自由”了。“斯时也，社会上惟有自由，惟有互助之大义，惟有工作之幸乐”。[⑥]

第二，反对宗教、迷信，废除婚姻、家庭。他的这一思想是与反对强权紧密联系在一起的。因为“宗教为保护强权之利器，导人安贫守分，服从强权。所以，去迷信与去强权，二者皆革命之要点”。[⑦]同时，他们还认为，正是家族的产生，导致了人们产生了私有观念，进而导致“今日贫富悬绝黑暗悲惨之社会”，导致了“专制政体”的出现。而婚姻制度则是酿成“家族之根源”。[⑧]因此，他们把“家庭革命、圣贤革命、纲常革命”作为无政府党人思想革命的口号，指出未来的社会不但是无强权、无政府的社会，也是“无家长”、“无宗教”、“无婚姻制度”的社会。刘师复还特别撰写了《废婚姻主义》、《废家族主义》两文，系统地阐明自己反对婚姻、家庭的观点。

第三，以“传播”、“感化”和工团主义作为实现无政府共产主义的主要手段。

对于实现无政府共产主义的手段，刘师复也作了详尽的说明。在《无政府共产党之目的与手段》一文中，他设计的方案是：1. 用报

---

①②③④⑤⑥⑦⑧《师复文存》，第 3 页、第 1 页、第 54 页、第 166 页、第 40 页、第 54 页、第 255 页。

章、书册、演说、学校等，传播主义于一般平民，使多数人明了主义之光明，养成“劳动”、“互助”的“美德”；2.在传播过程中，根据形势的发展，用抗税、抗兵役、罢工、罢市、暗杀、暴动等手段，反抗强权，伸张公理，以此激动风潮，促进主义之迅速传播；3.俟传播成熟，众人起事，推翻政府及资本家，这就是平民大革命，而且，这种平民大革命也是世界大革命。这种世界大革命当以欧洲为起点，一旦起事，或数国合举，或一国先举，其余诸国闻风响应，接踵而起，无政府世界将迅速实现。因此，无政府革命应是“万国联合”。在这里，刘师复着重强调的是“传播主义”，通过“传播”、“感化”，使主义深入人心。他甚至说：“若无政府党以推倒强权为职志，除传播主义实行革命之外，皆非无政府党所有事。”① 但是，刘师复并不是把“传播”、“感化”作为“唯一”手段。《晦鸣录》发刊词中就把“工团主义”作为八大纲领之一。同期刊登的刘师复所写的《政治之战斗》一文，极力宣扬工团主义所主张的总同盟罢工，认为这是“社会革命唯一之利器，而无政府党所视为神圣之事业者也”。②1914 年 8 月的《致无政府党万国大会书》称：“无政府党其目的，工团主义其手段，明两者之不可须臾离也”。③ 同年，上海漆木业工人罢工失败，刘师复向工人提出，要“团团体，求智识”。④显然，他是要首先通过“传播”、“感化”，然后通过总同盟罢工等形式实现无政府共产社会，只不过是把“传播”、“感化”看作是当时压倒一切的急务罢了。

从以上几个方面可以看出，刘师复的无政府主义主要是继承了克鲁泡特金的无政府共产主义，同时也加进了一些无政府工团主义的内容。

刘师复死后，中国的无政府主义者内部形成了不同的派别，大体上是两派。一派是无政府共产主义派。这是当时影响最大的派

---

①②④《师复文存》，第 42 页、第 66 页、第 82 页。

③ 《民声》，第 16 页。

别，是中国无政府主义的主力。北京的“实社”和“进化社”是其主要代表。实社成立于1917年，出版不定期刊物《自由录》。1919年与“民声社”、“平社”和“群社”合并为“进化社”，出版刊物《进化》，主要成员为黄凌霜、区声白等。他们以“师复主义”继承人自居，说“先生（指刘师复）是我们的先觉，他的主义，就是我们的主义，我们如今想传播他的主义，来改变现代的思想”。① 他们还翻译了不少克鲁泡特金的著作，搬用克鲁泡特金的互助论来解释自然和社会，把互助看成是到达无政府共产主义的动力。在思想体系上，他们的确和刘师复是一脉相承的。

另一派是无政府个人主义派。该派以“奋斗社”为代表。“奋斗社”成立于1920年，主要成员有易家钺、郭梦良、朱谦之等。他们接受的主要是施蒂纳的无政府个人主义理论。施蒂纳是极端的个人主义者，把个人的自我奋斗看作是推动社会发展的根本动力，宣扬除了个人以外，什么也不存在。“我自己的事业就是我自己”。“奋斗社”接过施蒂纳的理论，极力鼓吹个人奋斗，把人类社会的发展和人生看成是个人主义和主观主义奋斗的过程。他们的个人奋斗，就是要打倒一切所谓不是我自己的东西，就是要对任何国家进行“殊死的战斗”，就是不顾一切的破坏。他们宣称：“真正的革命，只是抵抗，只是暴动，抗税哪！罢工哪！爆烈弹哪！武力威吓哪！这都是革命的福音，这都是革命家唯一的能事”。“破坏是何等痛快，何等进取！建设是何等造作，何等保守！”② 为了破坏，他们甚至主张“天翻地复，人类绝种”的“宇宙革命”和“虚无革命”。他们认为：“无政府革命还是半截的，不彻底的，而最彻底的革命，在把宇宙间的一切组织都推翻，几时革到无天无地、无人无物，这才是归宿。这

① 《师复主义》，《进化》第1卷3号，1919年3月。

② 朱谦之：《革命的目的与手段》，《奋斗》第4号，1920年2月。

就可见虚无革命比无政府革命更彻底。”①

第三节 中国无政府主义的瓦解

一、马克思主义者对无政府主义的批判

应该看到，刘师复的无政府共产主义是在辛亥革命失败以后，中国的先进分子向西方寻找新的救国方案的时候产生的。从理论体系上说，无政府共产主义否认资本主义私有制，否定资产阶级专政，企图建立一个各尽所能、各取所需的理想社会，因而是和资产阶级民主主义相对立的，本质上属于社会主义思想体系。当然，这是一种空想的、非科学的社会主义。历史已经证明，资产阶级共和国的道路在中国行不通，中国革命只能走马克思主义的社会主义道路。但是，人们的认识并不是一下子就能到达真理的彼岸，社会主义正是人们认识真理的一个阶梯，一个过渡环节。因此，在马克思主义尚未传入中国的情况下，无政府共产主义相对于资产阶级民主主义来说，仍然是一种历史的进步。历史也已经证明，当时中国的许多先进青年正是以这股社会主义思潮为阶梯，通过反复的比较实践后，才逐渐转向了马克思主义。恽代英、陈延年、陈乔年等人都是从开始信仰无政府主义，而后转向信仰马克思主义的。可以说，无政府共产主义对当时的先进分子接受马克思主义，起到了一定的启迪和引导的作用。

但是，无政府主义最根本一点是竭力反对一切国家政权，这样也就必然与马克思主义的无产阶级专政学说相对立，因此，当马克思主义在中国传播以后，它就成为一股反动的思潮了。事实正是如此，1919 年 2 月，黄凌霜在《进化》月刊第 1 卷第 2 号上发表《译

---

① 朱谦之：《革命与哲学》，《奋斗》第 7 号，1920 年 4 月。

“新潮杂志”所谓今日世界之新潮》一文中，歪曲和攻击马克思主义，宣称“马克斯的集产社会主义，现在已不为多数社会党所信仰。近来万国社会党所取决的，实为共产主义。”并声称：“我极端反对马克斯的集产社会主义。”1919 年 5 月，黄又在《新青年》6 卷 5 号上发表《马克思学说的批评》一文，对马克思主义进行系统的攻击。1920 年 2 月出版的《奋斗》第 2 号，公开发表《我们反对“布尔扎维克”》。此后，《奋斗》第 8、9 号合刊，发表了“反对布尔扎维克专号”，声称要“革他的命”。

为了坚持中国革命的正确道路和理论，早期马克思主义者不得不和无政府主义者进行了一场关于无政府主义的辩论。1920 年 9 月，陈独秀在《新青年》上发表《谈政治》一文，明确地以无产阶级专政思想批驳无政府主义。接着，开辟了《讨论无政府主义》专栏。1920 年 11 月出版的《共产党》月刊，同无政府主义进行了针锋相对的斗争。《少年中国》、《先驱》、《民国日报》副刊《觉悟》，也都展开了关于无政府主义的讨论。

在这场辩论中，马克思主义者和无政府主义者的争论焦点主要集中在以下几个问题上：

第一，关于无产阶级专政问题。

无政府主义者从反对一切强权，废除国家的观点出发，激烈地攻击马克思主义的无产阶级专政学说。他们称：“我们不承认资本家的强权，我们不承认政治家的强权，我们一样的不承认劳动者的强权。”① 认为在无产阶级专政制度下，无产阶级首领也会变成“拿破仑”、“袁世凯”。主张无产阶级专政的人，“不过想取现在执政者之权以自代，所谓无产阶级乃其饰词！”② 他们还诬蔑无产阶级的国家、法律是“抹杀个人”，是“专制独裁”。在苏维埃国家里，“除了

① 《我们反对“布尔扎维克”》，《奋斗》第 2 号，1920 年 2 月。

② 《克鲁泡特金的社会学说与未来》，《民钟》1 卷 3 期。

共产党人外，一切的出版、集会都不能自由，而俄国的工人、农人之痛苦，何尝减于资本主义制度之下”①。苏维埃政权是“小资本家——个人——没有完全打消，大资本家——国家——反而完全成立。”②

针对无政府主义者的错误观点，马克思主义者着重阐明了无产阶级专政和剥削阶级专政的区别；阐明了无产阶级进行阶级斗争，建立革命政权的必要性。他们提出：“强权何以可恶？我以为强权所以可恶，是因为有人拿他来拥护强者无道者，压迫弱者与正义。若是倒拿过来，拿他来救护弱者与正义，排除强者与无道，就不见得可恶了”。③ 剥削阶级正是“利用国家、政治、法律等机关，把多数勤苦的生产的劳动阶级压在资本势力底下，当作牛马机器还不如”。无产阶级和劳动人民要推翻资产阶级的压迫，就一定要建立无产阶级的政权，通过无产阶级达到废除一切阶级的目的。若是象无政府主义那样，不主张用强力，不要国家、政治、法律，天天空喊自由组织的实现，资产阶级仍旧站在国家的位置上，就是‘再过一万年’那被压迫的劳动阶级也没有翻身的机会”。④结论是：“我们共产主义者，主张推翻有产阶级的国家之后，一定要建设无产阶级的国家；否则，革命就不能完成，共产主义就不能实现”。“我们的最终目的，也是没有国家的。不过我们在阶级没有消灭以前，却极力主张要国家，而且是主张要强有力的无产阶级专政的国家。阶级一天一天趋于消灭，国家也就一天一天失其效用。我们的目的并不是要拿国家建树无产阶级的特权，是要拿国家撤废一切阶级的”。⑤

第二，关于纪律和自由问题。

鼓吹绝对自由，是无政府主义者的主要观点。黄凌霜公开宣

---

① 《“工人与政治”的商榷》，《工余》第16号，1923年4月。

② A.F：《为什么反对布尔雪维克》，《奋斗》第8、9号合刊，1920年4月。

③④陈独秀：《谈政治》，《新青年》8卷1号，1920年9月。

⑤ 《我们要怎么样干社会革命？》，《共产党》第5号，1921年6月。

称:“无政府主义以个人为万能,因而为极端自由主义,所以,无政府主义乃是个人主义的好朋友”。[①] 他还说:“无政府主义的社会,是自由组织的,人人都可自由加入,自由退出,所以每逢办一件事,都得要人人同意。如果在一个团体之内,有两派的意见,赞成的就可执行,反对的就可退出,赞成的既不能强迫反对的一定去做,反对的也不能阻止赞成的执行,这岂不是自由吗?”[②] 他们还危言耸听地说:“你想他人服从你,他人也想你服从他,相争之下,必至于杀戮”。[③]他们极力攻击无产阶级建立严格的组织纪律,说:“一有‘规则’,就没有自由。”[④]

马克思主义者则指出,在人类社会中,个人的绝对自由是不可能的。“我们的社会乃由许多生产团体结合而成,一团体内各人有各人的意见,人人同意已不易得;一社会内各团体有各团体的意见,人人同意更是绝对没有的事;一团体内意见不同的分子还可以说自由退出,我不知道一社会内意见不同的分子或一团体,有何方法可以自由退出?”显然,绝对自由是行不通的。如果象无政府主义者所鼓吹的凡事“九十九人赞成,一人反对,也不能执行,试问数千数万人的工厂,事事怎可以人人同意,如不同意岂不糟极了吗?”[⑤]“人人可以自由退出社会,这是何等极端的个人主义”。[⑥] 马克思主义者还进一步揭露了无政府主义绝对自由的主张对无产阶级革命的破坏作用,指出:“劳动团体的权力不集中,各团体自由自治起来,不但势力散漫不雄厚,而且要中资产阶级离间利用和各个击破的毒计。”[⑦]

---

① 《评“新潮杂志”所谓今日世界之新潮》,《进化》1卷2号,1921年。

②③《讨论无政府主义》,《新青年》9卷4号,1921年8月1日。

④ 《我不满意“法律”》,《国民》2卷3号,1921年。

⑤ 《社会主义批评》,《新青年》9卷3号,1921年7月15日。

⑥ 《讨论无政府主义》,《新青年》9卷4号。

⑦ 《讨论无政府主义》,《新青年》9卷4号。

第三，关于生产和分配问题。

无政府主义者从绝对自由观出发，在生产和分配问题上也摆出了错误的主张。在生产上，他们反对任何集中，主张将一切生产机关委诸自由人的自由联合管理，实现没有任何权力形式的“生产自由化”。[①] 在产品的分配上，他们不顾社会的发展阶段和生产力水平，主张立即实现“各尽所能，各取所需”。在产品的分配上，他们以小资产阶级的绝对平均主义攻击社会主义的按劳分配原则是“不彻底的革命”，是“和‘改良’相同”。他们认定，如果实行按劳分配，就会产生不平等和富有的特权阶级。黄凌霜说：“他们（指马克思主义者）主张按各人劳动的多寡来定酬给，那么强有力的将享最高的幸福，能力微弱的，将至不能生活。能力微弱的缘故，或关乎生理，非其人懒惰的罪，而结果如此，还说什么幸福呢？”[②]

马克思主义者反驳说，在社会化的大生产条件下，“无政府主义者用这种没有强制力的联合来应付最复杂的近代经济问题，试问怎么能够使中国的农业工业成为社会化？怎么能够调节生产使不至过剩或不足？怎么能够制裁各生产团体使不至互相冲突？怎么能够转变手工业为机器工业？怎么能够统一管理全国交通机关？”[③] 因此，“共产主义的原则主张把一切农业、手工业的生产机关都移归中央管理”。[④] 关于分配问题，马克思主义者阐明了人们的分配方式和生产力的关系。他们指出：“新社会都是继承旧社会的生产力继续发展的，这生产力是有一定的限制的，生产力既有限制，生产物当然也有限制了，以这有限制的生产，听各人消费的自由得其平等，是绝对办不到的。若果社会的生产力达到无限制的程度，生产物十分丰富，取之不尽，用之不竭，‘各取所需’的分配原则

---

① 《我们反对布尔扎维克》，《奋斗》第2号。

② 黄凌霜：《马克思学说批评》，《新青年》6卷5号，1919年7月。

③ 《社会主义批评》，《新青年》9卷3号。

④ 《社会革命的商榷》，《共产党》第2号。

是很可实行的。只是在生产力未发达的地方与生产力未发达的时期内，若用这种分配制度，社会的经济的秩序就要弄糟了”。①

这场马克思主义和无政府主义的辩论是相当广泛的。它不仅在报刊上公开进行，而且在许多社团内部以及国外留学生中也热烈地进行着。例如在留法勤工俭学的工学世界社以及新民学会会员内部，都发生过激烈的争论。在争论中，有人主张用马克思主义改造中国与世界，有人则主张用无政府主义来改造中国与世界。1920年8月，蔡和森在给毛泽东的信中曾谈到他在这场争论中的观点，说："我以为现世界不能行无政府主义，因为现世界显然有两个对抗的阶级存在，打倒有产阶级的迪克推多，非以无产阶级的迪克推多压不住反动，俄国就是个证明。所以我对于中国将来的改造，以为完全适用社会主义的原理和方法。"② 这个意见得到了毛泽东的完全赞同。稍后，一些无政府主义者在巴黎创办《工余》月刊，在勤工俭学生和华工中散布无政府主义。赵世炎、周恩来等则通过《少年》月刊，进行了反对无政府主义的斗争。周恩来接连发表了《宗教精神与共产主义》、《共产主义与中国》、《俄国革命是失败了么？——质工余社三泊君》等文章，坚持马克思主义的无产阶级专政学说，反击无政府主义者对苏维埃政权的污蔑。经过斗争，无政府主义的市场逐渐缩小，《工余》杂志也于1924年停刊。

由于五四前后无政府主义在社会主义思潮中占据着优势，在广大青年中异常活跃，因此，这场马克思主义者对无政府主义的批评，意义十分重大。它使越来越多的进步青年认清了无政府主义的空想性和反动性，从而坚定地走上了马克思主义的道路。从此，在社会主义思潮中，马克思主义确立了优势地位，无政府主义终于走向了破产。

---

① 《社会革命的商榷》，《共产党》第2号。

② 《新民学会会员通信集》，第3集。

二、无政府主义的破产

无政府主义的破产主要表现在广大青年对其信仰的崩溃，以至发生了无政府主义者的分化。这种分化，大体有几种情形。

一是许多曾经信仰无政府主义或是朦胧中聚集在无政府主义旗帜之下的进步青年，经过识别，逐步认识到无政府主义并非改造中国的灵丹妙药，于是毅然决然地抛弃了无政府主义，站到了马思克主义的大旗之下。比如中国共产党早期的著名活动家澎湃、恽代英、陈延年、陈乔年，施洋等，就是在这一过程中，由无政府主义转而信仰马克思主义的。

另一部分人，则由无政府主义的狂热转为颓唐，遁入空门。这些人当初大都从极端的个人主义出发，追求一种虚无的“个性解放”，于是大喊否定一切，破坏一切。当这种梦想在严酷的阶级斗争现实面前被击得粉碎的时候，他们转而悲观厌世，甚至隐居庙宇，削发为僧，以此逃避现实。朱谦之、鲁哀鸣就是其中的代表。

还有一些人则堕落为资产阶级政党和反动派的帮凶。这些人中有的本来就是投机政客，有的则是因为个人主义恶性发展，贪图仕途功利而走上了反动道路。吴稚晖是《新世纪》派的主要人物，是中国最早的无政府主义者。但是，在他主持华法教育会期间，就站到了反动政府一边，镇压学生运动。“四·一二”反革命政变后，他卖身投靠蒋介石，多次起草反共“呈文”、“通电”，成为反动阶级的帮凶。正是这个吴稚晖，向国民党淞沪警备司令杨虎密报了被捕的陈延年的真实身份，并促使杨虎将其杀害。昔日高喊“民主”、“自由”的吴稚晖，如今成了助纣为虐的刽子手。著名的无政府主义者黄凌霜，后来成了国民党 CC 派的无耻文人。区声白则到广州社会局做官，抗战时堕落为民族败类，当了汉奸，担任伪广州市社会局长兼伪广东大学校长。

这些事实说明，在阶级斗争严重存在的社会中，无政府主义只能是一种不切实际的空谈梦想。无政府主义者的分化是必然的。当然，还有一小部分人在大革命中以及大革命后仍抱着无政府主义的旗帜不放，继续出版刊物，宣传无政府主义，但已经是呼者无几，应者寥寥了。无政府主义作为一个思想流派，在中国已经不复存在了。

第七章

五四前后新旧思潮之激战

第一节　民初资产阶级革命派的思想分歧与封建复辟思潮

一、辛亥革命后革命派的思想分歧

1911 年辛亥革命，结束了中国两千多年的封建专制统治，建立了中华民国。指导辛亥革命的政治理论是孙中山的三民主义。体现中华民国国体、具有宪法性质的《中华民国临时约法》反映了三民主义的基本内容，它把资产阶级的“天赋人权”、“自由、平等、博爱”的理想法典化了，又是同盟会奋斗目标的具体体现，这是辛亥革命的一个重大成果。如果历史不是以后的那种走向，而是实行《临时约法》，中国将以资产阶级的“议会政治”、“三权分立”取代皇权专制，民主主义将代替封建主义而成为统治阶级的思想。

但是，软弱的中国资产阶级没有完成自己的历史使命。作为这场革命的主要领导者(包括孙中山)一开始就缺乏对于政权问题的深刻认识。胜利果实被封建军阀头子袁世凯篡夺，革命派思想混乱以致发生分裂。

袁世凯(1859～1916)有着浓厚的帝王观念，并已形成颇有实力的北洋军阀体系，曾出卖维新派，镇压义和团，得到清王朝的重用。此后一度被贬。武昌起义爆发后又被重新启用。袁世凯老奸巨滑，手握兵权，一面以“共和”逼清帝退位，一面以武力逼革命派让步。窃夺临时大总统职位后，他就抛弃《临时约法》，将民主共和国扼杀在摇篮里。而革命党人一开始对袁世凯就抱有很大的幻想。

孙中山让出总统位子给袁世凯后，以为清帝退位，专制即从此铲除，“帝制永不留于中国之内，民国目的亦已达到。”① 他轻信了袁世凯“拥护共和”的花言巧语，赞扬“此次清帝逊位，南北统一，袁君之力实多”，相信他“必能尽忠民国”。②孙中山还认为“中华民国成立，民族、民权两主义俱达到，惟有民生主义尚未着手，今后吾人所当致力的即在此事。”③ 他准备退出政界致力于经济建设，提出修筑几大港和二十万里铁路的宏伟计划，使中国迅速由贫穷落后变为繁荣富强。他的爱国主义热情是十分可敬的，然而，对于中国封建主义和帝国主义相结合的势力的低估和在国家政权问题上的幼稚病，使得孙中山所代表的革命派中大多数人的理想落空，迷失了前进的方向。

章太炎曾是民主革命的积极鼓吹者，武昌起义后却成了革命取消派的代表。他提出的“革命军起，革命党消”口号，起了瓦解革命斗志、分化同盟会的作用，他率先脱离同盟会与立宪派张謇等联合另起炉灶。他攻击孙中山，吹捧袁世凯。在国家政权问题上，章太炎抱有“专制非无良规，共和非无秕政”的调和主义态度，对旧制度的深恋不舍，是他思想倒退和政治妥协的根源。同盟会内主要上层人物中有不少人抱着“民国成立，大功告成”，自命清高、鄙弃官禄的思想，自愿将政权拱手送人。例如以孙、黄并称，有赫赫战功的黄兴，曾经告袁世凯说：“吾辈十余年兢兢业业以求者，真正之和平，圆满之幸福，今目的已达，掉臂村泉，所得多矣。”表示“事定之

①②《孙中山全集》第2卷，第84页、第85页。

③ 《孙中山年谱》，第142页。

后，解甲归农”[④]去过那种“苍茫独立无端感，时有清风捧我衣”[②]的田园生活。还有些人则抱着功成做官思想，追名逐利，或另拉山头分裂同盟会，或投靠袁世凯，谋取官位。

同盟会的另一主要领导人宋教仁则与章太炎一派不同，他积极主张实行政党政治。“政党政治”、“议会政治”、“责任内阁”等西方政治制度，早在辛亥革命前由先进知识分子们宣传倡导，为维新派和革命派所共同青睐。宋教仁在民国建立后，认为“欲建设良好政府，则舍政党内阁莫属”[③]。从而积极将同盟会改组为国民党，在他《代草国民党大政见书》中宣布：“中央政府由政党组织，内阁负实际责任；总统是国家元首，但处于无责任之地位”，“总统命令不特经阁员副署，并经由内阁起草”，[④]以及一系列中央责任内阁和地方自治的体制和政策。为组成一个大政党以实现政党内阁，宋教仁将革命性的“中国同盟会”改组为鱼龙混杂、良莠不分的“国民党”。对这次改组，孙中山原本不积极支持，他正专心致志于民生主义，无暇顾及党务。但由于袁世凯设下假共和骗局，加上黄兴等人的疏通，孙中山误以为袁有实行政党内阁的诚意，因而也就支持了宋教仁改组政党的计划和措施，并出席了国民党成立大会。1913年3月，在全国举行的第一次国会大选中，国民党获得了参众两院压倒多数的议席，大选的胜利使宋教仁、黄兴，包括孙中山都兴高采烈，更加沉醉在合法斗争的迷梦中，寄希望于袁世凯推行政党政治。当宋教仁游说东南，准备组织责任内阁，实现自己的政治理想的时候，袁氏设下毒局，暗杀了宋教仁。这位年轻的资产阶级政治家，为中国的议会政治而流了血。他反对专制，追求民主不畏权势，不为利诱，其精神可敬。然而，他也同革命党其他领导人一样，对于根深蒂固的中国封建专制主义缺乏认识，对袁世凯，总以为他会

---

④②《黄兴集》，第154页、第286页，中华书局1981年版。

③④《宋教仁集》下册，第463页、第489页，中华书局1981年版。

"开诚心，布公道"，"保障民权"至死也未意识到他就是扼杀民主共和、谋害自己的刽子手。

"宋案"将资产阶级革命派的政党政治理想打得粉碎，孙中山受到了极大刺激，他重举义旗武装反袁，发动了二次革命，但是由于国民党的涣散和脱离群众而失败了。孙中山为首的革命党人进入了重新组党和重新探索中国革命理论实践的艰苦时期。

二、封建复辟思潮

袁世凯篡夺辛亥革命胜利成果后，并不满足于大总统职位，他要取消中华民国的招牌，复辟帝制做皇帝。袁氏先废除《临时约法》代之以袁记约法，将总统集权制变成终身制、世袭制，而后依靠封建文人、立宪党人制造复辟舆论，以便黄袍加身。

在袁世凯推动的这场复辟封建帝制的逆流中，昔日的维新派首领康有为扮演了急先锋角色。1913 年 9 月，康有为及其弟子陈焕章成立"孔教会"，清王朝封建余孽、立宪派、军阀头子大都云集其中。出版《孔教杂志》，开办"孔教大学"，要求定孔教为国教。他们宣称，孔教是中国的"国魂"，"国魂"不保，中国必亡。欲不亡中国，"必自至诚至敬，尊孔子为教主始也"。[①] 通过尊孔复古的舆论为袁氏复辟帝制鸣锣开道。

1914 年 2 月，袁氏通令全国，一律举行祀孔典礼。9 月 28 日，袁世凯身穿古怪祭服，在孔庙举行了辛亥以后第一次大规模的祀孔典礼，各地也由地方长官主持祭礼。12 月 23 日，袁氏又登天坛顶礼膜拜，恢复了前清的祭天制度，重演了封建时代"君权神授"的把戏。与此同时，教育部则明令全国中小学校，恢复讲经、读经。《宪法草案》规定："国民教育以孔子之道为修身大本。"1915 年 8 月，袁世凯授意杨度、刘师培，严复等人组织筹安会，作为复辟帝制

① 汤志钧编：《康有为政论集》下册，第 800 页，中华书局 1981 年 2 月版。

的御用工具。一时间尊孔复辟的逆流滚滚，中国思想界被搅得乌烟瘴气。而帝国主义分子李佳白、庄士敦、盖沙令等也从中推波助澜，纷纷著文，鼓吹所谓中国只有“安于帝制”、“尊孔”、“尊皇”，才能实现“古道之复兴”，人民才能“善良”，人心才不致“为革命所颠倒”。正是在中外反动分子所掀起的这股逆流中，袁世凯、张勋先后演出了复辟帝制的丑剧。

复辟派的主要观点是：

1、鼓吹“共和亡国论”。复辟派认为辛亥革命后形成的共和政体是中国一切灾难的根源。康有为说：“号为共和，而实共争共乱；号为自由，而实自死自亡。”[①] 他们认为，“共和之政体，非由中国人民意思要求而来”，而是由外力“勉强而加之，摹仿而成之。”[②] 因此“与中国之历史、中国之风俗习惯、中国人民之特性，有判然不能相合者。”[③] 杨度则提出，中国之所以不能实行共和制度，是因为“共和政治，必须多数人民有普通之常德常识”，而“中国人民程度低下”，“多数人民不知共和为何物，亦不知所谓法律以及自由平等诸说为何义。”[④] 他们还把辛亥革命后中国的分裂，政局的混乱，归罪于共和制度。认为由于共和，中国才“强国无望，富国无望，终归于亡国矣！共和之弊也。”康有为预言，共和制度继续下去，“必将是浩劫连绵，以至亡国不止。”[⑤]

2、所谓“君宪救国论”。复辟派攻击共和制，目的是为了实行君主立宪制。他们虽然强调立宪的重要，但认为在中国，由于人民程度低下，不能象西方国家那样，在共和制度下实行立宪，只能在君主制度下立宪。他们的结论是“非立宪不足以救国家，非君主不足以成立宪，立宪则有一定之法制，君主则有一定之元首，皆所谓定

①⑤《康有为政论集》下册，第 703 页、第 815 页。
②③《安徽省公民代表段芝贵等请愿书》，《君宪纪实》第 1 册，北京法轮印字局 1915 年版。
④ 杨度：《君宪救国论》，《君宪纪实》第 1 册。

于一也。”[1] 即中国只能由君主“定于一”，立宪不过是为君主所用的。杨度讲得很明白：“唯有易大总统为君主，使一国元首立于绝对不可竞争之地位，庶几足以止乱”。因此“欲求立宪，先求君主。”[2]

3、抛出“孔教治国论。”复辟派抬出孔教作为普遍真理，对抗三民主义和资产阶级革命政党的治国方案。康有为认为：中国数千年来奉为国教者，孔子也。“大哉！孔子之道，配天地，本神明，育万物，四通六辟，其道无乎不在。”这当然是“普遍真理”！“今者共和政权大变，政府未定为国教，经传不立于学官，庙祀不奉于有司…则孔子之道，一旦扫地耗矣，哀哉！”“教亡而国从之”，不立孔教，必将亡国。因此，必须“以纲常名教为精神之宪法，以礼义廉耻收溃决之人心”，[3] 立孔教为国教，作为封建帝制的精神支柱。

中国思想文化领域内尊孔复辟逆流的猖獗，引起了当时大多数知识分子和青年学生的警觉、愤慨和不满。反民主、反科学、尊孔复古的封建专制主义的横行，使他们觉察到辛亥革命不但在政治方面失败了，而且在思想方面也失败了。他们深深感到要想反对封建主义的腐朽政治，还必须大张旗鼓地批判封建思想，宣传资产阶级民主主义思想。正是在这样的历史背景下，一场在中国近代思想史上规模空前的，以民主和科学为主要口号的反封建的思想解放运动——新文化运动兴起了。

---

①②杨度：《君宪救国论》。

③ 《孔教会杂志》第1卷第2号，1913年3月。

第二节　民主与科学新思潮

一、新文化运动的兴起

1915年9月，陈独秀在上海创办《青年》杂志（1916年9月第2卷第1号改名为《新青年》），标志着新文化运动的兴起。新文化运动"不是几个青年凭空造出来的"，而是以中国旧民主主义革命的整个历史发展为基础，"应经济的新状态，社会的新要求发生的。"①

从经济上看，第一次世界大战期间，由于西方帝国主义忙于战争，无暇东顾，相对地放松了对中国的侵略，使中国民族资本主义得到了进一步的发展。新的经济因素的生长要求与此相适应的新思想。政治上，辛亥革命后，以袁世凯为首的大小军阀专横跋扈，残酷统治人民，反对共和，恢复帝制甚嚣尘上，就连一点形式上的民主也扼杀殆尽。这种倒行逆施引起了人民的强烈愤慨。新成长的民族资产阶级政治力量，迫切要求改变现状，呼唤民主。思想上，辛亥革命在中国人民中散播了民主共和国思想的种子，大大促进了中国人民民主主义的觉醒，长期存在于人们心目中的朝代可换，皇帝不可无的传统观念动摇了，要做国家的主人，不愿当顺民和奴仆。

新文化运动的主要倡导者是陈独秀（1879～1942）。他早年曾多次留学日本，资产阶级的人权思想、社会达尔文思想等对他影响很大。回国后，同章士钊等人创办《国民日日报》，主张实行民主革命，反对君主专制，并参加了辛亥革命，做过安徽都督柏文蔚的秘书长，反袁斗争失败后，逃亡日本。1915年回到上海，创办《新青

---

① 李大钊：《由经济上解释中国近代思想变动的原因》，《新青年》第7卷第2号。

年》,从而成为新文化运动的主将。

新文化运动的另一名主要倡导者是李大钊(1889～1927)。他在1905年进入永平府中学时,就接触"新学",1907年考入天津北洋法政学堂,受到西方民主与法制思想教育。辛亥革命时参加京津同盟会,与白稚雨等一起策动了滦州起义。1913年留学日本,积极从事反袁斗争。1915年,日本帝国主义向袁世凯提出了灭亡中国的"二十一条"后,他立即编印了《国耻纪念录》,写了《国民之薪胆》、《警告全国父老书》等文章,揭露了日本帝国主义的侵略本质和袁世凯的卖国罪行。1916年他从日本回国,担任北京《晨钟报》(后改为《晨报》)的主编,并积极为《新青年》撰稿,成为新文化运动的主要代表人物。

鲁迅是稍后才参加新文化运动宣传的。但他一出现,便立即成了反封建主义斗争中最彻底和影响很大的思想家。他主要是用文学作品来反映和批判旧中国的现实,他的杂文、小说和论文使新文化运动的反封建主义精神达到了更深的层次。他的第一篇白话文小说《狂人日记》,无情地揭露了封建礼教的吃人本质,大胆地指出中国几千年来封建社会的历史实际上是封建统治者吃人的历史。

参加当时新文化运动的著名成员还有胡适、蔡元培、钱玄同等人。胡适早年留学美国,1917年回国后任北京大学教授,并参加《新青年》的编辑工作。他首先提倡白话文,主张文学改革,对新文化运动的传播起了促进作用。蔡元培是我国近代著名的思想家、教育家。辛亥革命后,担任过南京临时政府的教育总长。他对废除清朝的封建教育制度,建立我国资产阶级的教育体系作出了很大成绩。1917年初,他担任了北京大学校长,主张"思想自由,兼容并包",聘清了新思潮的代表人物陈独秀、李大钊、胡适等到北大任教,使北京大学成为五四运动时期新文化运动的发源地。于是,以这些著名的先进知识分子为代表,以北京大学和《新青年》为阵地,发起了大规模的反封建新文化运动。

二、民主与科学

新文化运动的主要内容是提倡民主和科学。这两个口号没有超出资产阶级革命民主主义的范畴，但重新提出，比较辛亥以前，其意义深远得多，激进得多。首先提出这个口号的是激进民主主义者的代表陈独秀。他说："国人而欲脱蒙昧时代，羞为浅化之民也，则急起直追，当以科学与人权并重。"[①] 民主当时被称为"人权平等说"。"自人权平等之说兴，奴隶之名非血气所能忍受。世称近代欧洲历史为'解放历史'——破坏君权，求政治解放也；否认教权，求宗教之解放也；女子参政运动，求男权之解放也。解放之者，脱离夫奴隶之羁绊，以完其自主自由之人格之谓也。"[②]陈独秀在此阐述了民主的两层意义，一是就个人而言，不仅要获得政治和经济上的民主，而且还要获得人格独立，个性解放，做一个自主自由的人。一是就国家而言，就是推翻君主专制统治，建立自由平等的资产阶级民主共和国。前者是法国《人权宣言》中"人人于法律之前一律平等"的应用。陈独秀在1915年2月《东西民族根本思想之差异》一文中，阐发这个思想时说："法律之前，个人平等也。个人之自由权利，载诸宪章，国法不得而剥夺之，所谓人权是也。"[③] 从后者来看，陈最向往的是法兰西、美利坚资产阶级民主共和国的模式，他热烈希望中国能学到做到。"美利坚力战八年而独立，法兰西流血数十载而成共和，此皆吾民之师资。"[④] 这正代表了当时一批激进民主主义者的政治要求。

要实现民主政治，就必须反对封建专制统治。专制和共和是不能并存的。李大钊说："盖民与君不两立，自由与专制不并存，是故

①②《敬告青年》，《青年》第1卷第1号。
③ 《青年》第1卷第4号。
④ 《抵抗力》，《青年》第1卷第2号。

君主生而国民死，专制活则自由亡。”[①] 他们尤其对现实生活中的专制政治深恶痛绝。李大钊在《民彝与政治》一文中，坚决反对袁世凯的帝制复辟，表明了与君主专制势不两立的鲜明的政治立场。他认为，那些“敢播专制之余烬，起君主之篝火”的“筹安之徒”与“复辟之徒”都是“国家之叛逆，国民之公敌”。[②]对于他们必须采取毫不妥协的态度。这说明，提倡民主，从思想上来说，是反封建的，从政治上来说，是反对君主专制的。虽然开始时陈独秀说过：“批评时政，非其旨也。”《新青年》也没有直接提出反袁的口号，但实际上它是反对袁世凯的帝制活动的。1916 年 2 月，陈独秀发表《吾人最后之觉悟》一文，针对袁世凯恢复帝制，明确提出了以国民政治反对独裁的帝制问题。

新文化运动提倡科学，主要还不是引导开展对自然科学的研究，而是提倡用科学的精神，来反对封建迷信和愚昧，“科学”与“民主”并重。陈独秀指出：“科学之兴，其功，不在人权说下，若舟车之有两轮焉。”[③] 他认为要根治“无常识之思惟，无理由之信仰”，其办法就只有科学。所谓科学的态度就是“综合客观之现象，诉之客观之理性，”[④] 使主观思想符合客观实际，这是一种唯物论的态度。提倡科学，首先要反对鬼神迷信和偶像崇拜。陈独秀否认无形无质的鬼神的存在，他称：“一切宗教，都是一种骗人的偶像；阿弥陀佛是骗人的；耶和华上帝也是骗人的；玉皇大帝也是骗人的；一切宗教家所尊重的崇拜的神佛仙鬼，都是无用的骗人的偶像，都应该破坏！”他还号召人们，凡是“宗教上、政治上、道德上，自古相传的虚荣、欺人不合理的信仰，”都应该破坏，以此达到“宇宙间实在的真理和吾人心坎里彻底的信仰”[⑤] 的统一。1918 年，《新青年》批判了

---

①②《李大钊文集》，第 56 页，人民出版社 1984 年版。

③ 《敬告青年》，《青年》第 1 卷第 1 号。

④ 《再论孔教问题》，《新青年》第 2 卷第 5 号。

⑤ 《偶像破坏论》，《新青年》第 5 卷第 2 号。

《灵学》杂志宣扬的鬼神迷信以及所谓“鬼神之说不张，国家之命遂促”的谬论。易白沙在《诸子无鬼论》中，针对上述谬论，指出：“鬼神之势大张，国家之运告终”。他介绍了历史上王充等人的无鬼论之说，批判鬼神迷信。陈独秀的《有鬼论质疑》一文，从八个方面向有鬼论者提出责问和批驳，表明了作者的无神论和朴素唯物主义的思想。

三、打倒孔家店

民主与科学新思潮的兴起，同辛亥后的尊孔复古逆流形成尖锐的对立。新文化运动的倡导者们把批判的矛头引向了封建制度的理论基础，提出“打倒孔家店”的口号，对孔子学说和尊孔思想进行无情的抨击。

首先，他们认为孔教是君主专制和帝制复辟的祸根和思想基础。陈独秀指出：“孔教与帝制有不可离散之因缘。”“别尊卑、重阶级、事天尊君”这些孔教思想是“制造专制帝王之根本恶因”，正为历代帝王所利用。袁世凯的帝制虽然失败了，可是“康先生”很怕人们去掉“帝制根本思想”，所以仍然“锐意提倡”。[①] 李大钊说孔子是“历代专制之护符”，“专制不能容于自由”，将孔教载入宪法，是“专制复活之先声也”。[②] 在当时，第一个点名批判孔子的是易白沙。他在 1916 年 2 月发表的《孔子评议》中说：“孔子尊君权，漫无限制，易演成独夫专制之弊”，“孔子讲学不许问难，易演成思想专制之弊”。这些弊害的存在，使孔子成了历代封建专制统治者乐于利用的“百世之魂”。[③] 孔教与民主政治势不两立，也同现代生活绝对不能相容，这二者“存其一必废其一”，绝不能和平共处。他们批判了

---

① 《驳康有为致总统总理书》，《新青年》第 2 卷第 4 号。

② 《李大钊文集》，第 77 页。

③ 《孔子评议》，《青年》第 1 卷第 6 号。

康有为要求定孔教为国教并列入宪法的荒谬主张。陈独秀认为，定孔教为国教不但违反思想自由之原则，而且违反宗教信仰自由之原则。主张民主国家祭祀孔子，正象主张专制国家祭祀华盛顿、卢梭一样的荒唐可笑。[①]

在深刻揭示孔教与君主专制制度之同时，他们还把封建伦理的三纲五常同社会组织中的宗法家族制度与政治上的君主专制制度联系起来，作为三位一体的东西加以批判。指出：三纲五常是君主专制统治的理论基础，宗法家族制度是君主专制统治的社会基础。吴虞说："儒家以孝、悌二字为二千年来专制政治与家族制度联结之根干"，[②]流毒天下，"不减洪水猛兽矣"。[③]因此他认为，不解除维系宗法社会的礼教对人们的精神奴役，专制制度和家族制度不改变，中国就谈不上更新富强。

总之，新文化运动的倡导者们高举"民主"和"科学"的旗帜，提倡个人独立自尊的新道德，打倒封建主义的旧道德；提倡尊重现实，尊重科学，反对鬼神迷信，打倒一切偶像崇拜。并且第一次全面地、猛烈地、直接地抨击了孔子和传统道德，这在中国数千年的思想文化历史上是划时代的。他们所使用的武器，一般说来是资产阶级民主主义、人文主义和个性主义，即资本主义上升时期的人权平等自由说。他们虽然有着不同程度的近代唯物论的观点，但在社会观上主要的还是进化论，而不是马克思主义的阶级论。尽管如此，在当时的具体历史条件下，他们对个性解放的理解和运用上，对民主自由的追求上，还是有很大革命意义的。在他们的影响下，整个思想界为之一震，独立自主之人格与自由平等之人权之声深入人心。广大青年掀起了争取民主自由和追求真理、追求新思潮的热潮，并从他们中间涌现出了一大批革命民主主义者。新文化运动对

---

① 《驳康有为致总统总理书》，《新青年》第2卷第2号。

②③《吴虞文录》卷上，第5页。

封建礼教和宗法制度的无情批判，在文化思想领域中，燃起了启蒙运动的火炬。可以说，如果不经过这一场伟大的思想革命，就不可能使中国人民接受十月社会主义革命的影响，也就不可能使中国的旧民主主义义革命转变为新民主主义革命。

第三节 东西文化问题论战

一、守旧派文人对新文化运动的反扑

新文化运动的发展，引起了反动军阀和整个封建势力的极大恐惧。配合着反动政府的迫害，顽固保守的旧文人开始对新文化运动进行反扑。这班封建文化卫道者大体上可分为三派，即国故派、学衡派和东方文化派。国故派主要的代表有林琴南、辜鸿铭、刘师培等人，他们在1919年初创办了专以“昌明中国古有之学术”为宗旨的《国故》月刊，与《新青年》、《新潮》等进步刊物对抗。因此被称为“国故派”。辜鸿铭(1857～1928)字汤生，生于马来亚的槟榔城，他的祖籍是福建厦门，母亲是西洋人。辜在艾登堡大学研究英、德古典哲学，后又就读于德国工程学院。1880年左右回国后担任张之洞的秘书和顾问达二十年。他能读英、法、德、意、拉丁文及古希腊文，是一个留着辫子和穿着长袍马褂的假洋人。他痛恨西人的殖民主义，也仇视民主共和制度，不时用古怪的言论为所有的传统中国伦理习俗而辩护。在“五四”时期，当“民主”在中国渐受重视之际，他把“德莫克拉西”谑称为“德魔克拉西”或“民疯”，提倡“尊孔”、“尊王”。他在北京大学讲授西洋文学，却是一个地道的封建复辟派。

国故派的另一个代表人物刘师培(1884～1919)生于一个今文学派的学者世家。1904年，他和章太炎、邓实、黄节以及其他同盟会作家创办了“国学保存会”，出版“国粹”学报，提倡“保存国粹”。

1906年与1907年间，刘与一些中国学生在日本创办了"天义报"，宣传无政府主义。其后又变为复辟派，成为"筹安会"的"六君子"之一。此时的刘师培把持了北京大学中国古代文学的讲席，专门推崇魏晋以上的古文，考据和宣扬古代的旧制度和旧的伦理思想，抵制新文化运动。他们所创办的《国故》杂志，因缺乏可读性并且有时很不合逻辑，对大部分的中国青年没有多大吸引力。他们的一些文章堆满了难解的古文辟字，就是一般古文基础较好的学者也不一定懂。结果，《国故》杂志只出了四期便早夭了。

林纾(1852～1924)，字琴南，曾考中秀才和举人，但在1883年到1898年的一连串京试中都落了榜。他在三十多岁已阅读了四万卷左右的古书，成为清末著名的古文家兼画家。他没有学过外文，却成了著名的翻译家。他在通晓西方语言的助手协助下，把西方小说译成文言文，成为当时中国多产的翻译家。林早年具有爱国思想。在戊戌政变前，他就主张学习西方，进行改革。但在辛亥革命以后，却以遗老自居，暴露了他的顽固的封建意识。"五四"前夕，林极力主张尊孔读经，攻击新文化运动，成为顽固的守旧派。1919年2月，他在上海《新申报》发表了文言小说《荆生》，对新文化运动肆行谩骂，他假托一个卫道的"伟丈夫"荆生，表示了想借军阀势力来镇压新文化运动的无耻企图。接着他于3月18日在北京《公言报》上发表了给蔡元培的信《致蔡鹤聊太史书》，露骨地为封建伦理和老八股辩护，说北京大学是"覆孔孟，铲伦常"，"尽废古书，行用土语文字"。咒骂新文化运动提倡者是"引车卖浆之徒"。

另一批复古主义者是所谓"学衡派"。这一派以南京东南大学的胡先骕、梅光迪、吴宓等几个封建文人为中心组成。1922年1月，他们创办了《学衡》杂志，标榜"国粹"，攻击新文化运动。这些人跟老牌守旧分子林纾相比，略有不同，他们大都从国外回来，所披的已不是旧中国封建文化的长袍子，而是一套由欧洲资产阶级文化与旧中国封建思想拼凑而成的"新"装。胡先骕自称"留学外国，而又寝馈于英国文学”，颇能引用西方的典籍来“卫圣护道”。《学衡》杂志标榜的“昌明国粹，融化新知”的宗旨，也正显示了这一特点。他们还以“学贯中西”自我标榜。梅光迪发表的《评提倡新文化者》一文就是自衒淹博，对新文化运动倡导者极尽笑骂之能事。他说：“杜威、罗素为有势力之思想家中之二人耳，而彼等奉为神明，一若欧洲数千年来之思想界只有此二者。马克斯之社会主义，久已为经济学家所批驳，而彼等犹尊若圣经。其言政治，则推俄国；言文学，则袭晚近之堕落派。”[①] 吴宓也把对西方进步思潮和社会主义学说的宣传诋毁为“专取外国吐弃的余屑”、“专取一家之邪说”。[②]

东方文化派主要是指五四以后以梁启超、梁漱溟、章士钊为代表的一批封建文化的鼓吹者。这些人在“保卫东方文化”的借口下，用腐朽的封建文化，反对西洋文明，反对马克思主义。19 世纪末至 20 世纪最初三、四年间，梁启超不愧为极有影响的倡导西学、鼓吹民主主义的卓越的思想家和政治家。但是，随着资产阶级民主革命的迅速高涨，他就由坚持改良主义的立场而迅速倒向维护旧的统治秩序一边了。五四运动和中国共产党成立后，他又成了反对马克思主义的挂帅人物。1919 年，他和张君劢以北洋政府半官方代表身份，在英、法、比、意等欧洲国家游历一年之久，听到了不少关于欧洲文明破产的说法。回国以后，于 1920 年 3 月在上海《时事新报》发表长文《欧游心影录》，鼓吹西方物质文明破产，东方文化优越的论调。

梁漱溟，1893 年生，祖籍广西桂林。1911 年毕业于顺天高等学堂。1912 年参加中国同盟会京津支部，曾任北京大学哲学系教授，创办过山东乡村建设研究院。1921 年，梁漱溟出版《东西文化及其哲学》，是东方文化优越论的代表作。

---

① 《学衡》第 1 卷第 1 期。

② 吴宓：《论新文化运动》，《学衡》第 1 卷第 2 期。

东方文化派的另一个重要成员杜亚泉是《东方杂志》的主编。《东方杂志》于1904年创刊。1913年，杜亚泉在《论社会主义运动之趋势与吾人处世之方针》一文中，也曾含糊表示：中国对西方的物质文明可以吸取，国体政体也可参考西方进行改革。但是，他认为中国的道德、文学、宗教，以及社会风习、家族制度，都不宜改变。《新青年》创刊后，他一变过去模棱两可的态度，成为新文化运动的重要论敌。他从1916年开始，以伧父为笔名，发表了一系列论述东西文化差异的文章，与陈独秀等人进行论战。由于社会思潮的变化，他同那些老的守旧派相比，并不是用排外主义的办法简单拒绝西方的资本主义文明，而是采取一种似乎学通东西，而且又公允持平的姿态，发表一些不可把两种文化比高下，只应"取长补短"之类的议论。实际上他是借此否认国有文明有实行根本改造的必要，并把传统封建文化中的一切糟粕，如"君道臣节、名教纲常"之类都作为国粹保存下来。

国故派、学衡派、东方文化派都是作为五四新文化运动的对立面出现的。在这些派别中，前者如林杼、辜鸿铭等老的守旧派由于论调过于谬误，手法、语言过于迂腐，在思想界已经没有多少市场，变成了人们嘲笑的对象；而后者如杜亚泉等东方文化派则是较高层次的论敌，他们不是直接攻击西方文化，而是从比较东西文化的优劣，来证明西方文化不如东方文化。这就使得东西文化问题之争不可避免地成为一场激烈的论争。

二、东西文化问题论争的展开

五四前后的东西文化问题论战，是指大约从1915年到1925年的十年间，以陈独秀、李大钊、胡适为代表的西化论者同以上述人物为代表的新旧复古守旧的封建思想文人之间关于东西文明比较的一场争论。这场争论的实质是中国封建旧文化和西方资产阶级新文化的斗争，也可以说是清末以来中学、西学之争的继续。鸦片战争以后，文化问题上的论战迭起，学校科举之争，中学西学之争，旧学新学之争，以及文言白话之争等等，环环相扣，从未间断。这些论战不仅反映着清末民初中国思想界的动向，而且反映着当时中国整个社会变化的趋势。随着欧洲资本主义对世界市场的开拓，西方文化也渗透到东方每一个国度。东方文化面临着西方文化的挑战。中西文化的接触虽古已有之，但呈现冲突却是鸦片战争以后的情形，近代中国遂成为东西文化之争的战场。"中体西用"是早期改良派和洋务派的共同主张，尽管这个口号的根本主张是在维护"中体"前提下吸取一些西方技艺，但在当时却不啻为一座"沟通东西"的历史桥梁，相比过去对西方文化的深闭固拒毕竟是一个进步。维新派和他的前辈们不同，不仅系统介绍了西学西政以及作为世界观的进化论，而且进行了维新运动的实践。冲突反映在政权问题上激化了，但在政治文化观上，维新派仍然没有离开"中学为体，西学为用"的束缚。

只有到了五四新文化运动时期，陈独秀、李大钊和胡适等人才接过康梁和严复的启蒙旗帜，指出两种文化的根本对立。他们举起了"民主"与"科学"两面大旗，竭力宣扬西洋近代资本主义文化，坚决反对中国封建传统文化，与维护"东方精神文明"的顽固派形成了显明的对立。其主张的彻底性和全面性以及激烈程度，为康梁严复之辈所不可比拟。这次长达十余年的大论战，由于论战内容的发展和争论重点的变化，又可大体分为两个阶段，(1)从 1915 年《新青年》创刊至 20 年代初，论战内容大体集中于比较东西文明的优劣和关于东西文化能否调和的争论。(2)20 年代初至 1925 年，论战内容主要是科学与玄学之争论。

第一阶段，1915 年，陈独秀和李大钊等人以《新青年》为主要阵地，展开了对西方文化的宣传和对"东方精神文明"、"国粹"的猛烈进攻。以《东方杂志》主编伧父(即杜亚泉)等为代表的封建思想文人，为了保存、捍卫"国粹"，反对西化，遂同陈独秀等人进行了激烈的交锋。从而拉开了东西文化论战之幕。

陈独秀的《敬告青年》一文，就指出了东西文化的差异。他的六义"自主的而非奴隶的"，"进步的而非保守的"，"进取的而非退隐的"，"世界的而非锁国的"，"实利的而非虚文的"，"科学的而非想像的"，[①] 就是这种差异的表现。他又进一步阐述了产生这一差别的原因，"东西洋民族不同，而根本思想亦各成一系，若南北之不相并，水火之不相容也"。中国"以安息为本位"，西方"以战争为本位"；中国"以感情为本位"，"以虚文为本位"，西方"以法治为本位"，"以实利为本位"。[②] 东西文化的差异是谁也不能否认的。这一对比将中西文化的差别提到了更深层次。在这一比较中，陈独秀把个人和家庭本位的差异放在了最突出的地位，激烈地主张"一定要以个人本位主义，易家族本位主义"。反映了这一时期陈在中西文化比较观上的指导思想。基于此，陈提出了精神意志权利的主体观，即突出强调人的权利。为此，他崇尚法兰西的人权说，并把人权作为发动新文化运动的纲领性口号之一。从此出发，他激烈地抨击了中国固有的封建宗法制度。他认为实行宗法制度带来了四大恶果：损坏个人独立自尊的人格，窒碍个人意志之自由，剥夺个人法律上平等之权利，养成依赖性，戕贼个人之生产力。应当承认，他正是通过封建宗法制度与资产阶级个人权利的强烈对比，一针见血地指出资本主义不同于封建主义的特点，深刻地揭露了封建宗法制度是推行资产阶级民主的最大障碍。

针对陈独秀东西文化之差异比较，伧父发表了一系列论述东西方文化优劣的文章，同陈等人论战。其目的是想证明西方文化不如东方文化。伧父的代表作是 1916 年 10 月发表的《静的文明与动的文明》。他说："西洋文明浓郁如酒，吾国文明淡泊如水，西洋文明

---

① 《敬告青年》，《青年》第 1 卷第 1 号。

② 《东西民族根本思想之差异》，《新青年》第 1 卷第 4 号。

腴美如肉，吾国文明粗粝如蔬，而中酒与肉之毒者则当以水及蔬疗之也。”他把西方社会和中国社会分别归类为“动的社会”与“静的社会”，并断言由“动的社会”发生“动的文明”，由“静的社会”产生“静的文明”。他说这两种文明可以互相补充、取长补短，但是“不可不以静为基础”。因为“吾国固有之文明，正足以救西洋文明之弊，济西洋文明之穷者。”① 伧父还主张以儒家思想为举国上下衡量是非的统一标准。他指责从西方输入的新思想、新文化，破坏了这种统一的标准，于是造成“人心之迷乱”，“国是之丧失”，“精神之破产”。② 他主张结束这种“混乱局面”，用儒家思想加以“统整”，以儒家思想为“国是”、“国基”，使中国固有文明发扬光大。伧父的观点是当时封建复古派在文化观念上的集中反映，他的文章发表在东方杂志上，在舆论界和知识界造成了颇大的影响。针对伧父的观点，陈独秀、李大钊等新文化运动的倡导者们进行了针锋相对的反驳。

1918 年 6 月，李大钊发表了论述东西文化差异的文章。从字面上看，也还是从地域上区分“动的文明”和“静的文明。”表现出他当时在理论上还不成熟。但是，他不象伧父那样颂扬“静的文明”，相反地认为中国人应当正视现实看到这种“静的文明”“已处于屈败之势”，而西方的“动的文明”，“虽就其自身之重累而言，无不趋于自杀之倾向”，但与我们的“静的文明”相比较，则“实居优越之域”。因而他针对伧父以东方“静的文明”济西方“动的文明”之“穷”的主张，力主“竭力以受西洋文明之特长，以济吾静止文明之穷。”他提倡青年人全力以赴研究西方文明，学习西方文明中的科学精神，对“从来之静止的观念怠惰的态度”实行“根本扫荡”。③

---

① 《静的文明与动的文明》，《东方杂志》第 13 卷第 10 号。

② 《迷乱之现代人心》，《东方杂志》第 25 卷第 4 号。

③ 《东西文明根本之异点》，《言治季刊》第 3 期。

陈独秀更是对伧父的挑战提出了一系列尖锐的质问，其间，他连续发表了《质问＜东方杂志＞记者》,《再质问＜东方杂志＞记者》和《新青年罪案之答辩书》等文章，批判了《东方杂志》维护君道臣节名教纲常等封建制度与封建伦理，反对西方文化的立场。这些批判基本阐明了新旧文化、东西文化的根本区别与优劣，给封建文化与封建势力以有力的打击。

在这场关于文化问题的辩论中，陈独秀断然主张："若是决计革新，一切都应该采用西洋的新法子，不必拿什么国粹，什么国情的鬼话来捣乱"。[①] 表现了陈与封建文化势不两立的革命精神，但同时也开了"全盘西化"说的先河。在这个时期，陈独秀、李大钊等人是作为激进民主主义者投入反封建思想文化的战斗的。因而，以西方资产阶级文明来反对中国的封建文化，这是历史的必然性，客观上具有进步的意义。当斗争极其尖锐之时，他们的言辞似乎显得过于偏激，但在当时却不失为唤醒梦人的清凉剂。模仿是创造的历史前提，矫枉过正对于中国这个传统包袱过于沉重的民族来说是跳出窠臼的必要动力。因而他们的功绩是不可否认的。

1919 年下半年，即在五四爱国运动刚刚过去以后，双方又展开了关于新旧思想能否调和的争论。争论是由东方文化派的伧父、章士钊挑起的。1919 年秋天起，章士钊先后在上海、广州、杭州等地发表讲话，鼓吹新旧调和之说。陈嘉异、伧父等人也纷纷发表文章互相唱和。于是，"折衷"、"调和"的意见一时蜂起。他们强调："不有旧，决不有新，不善于保旧，决不能迎新。"主张把东西文化"撷精取粹"、"熔铸一炉"，以成为"吾国新社会研治之基"。[②] 在五四新潮流的冲击之下，全然拒止新文化已为形势所不许。这些守旧派只好改头换面，提出新旧调和的议论。然而，实际上这些议论骨

---

① 《今日中国之政治问题》,《新青年》第 5 卷第 1 号。

② 章士钊:《新时代之青年》,《东方杂志》第 16 卷第 11 号。

子里仍然是坚持“中体西用”。伧父把这个意思说得最明白。他说，中国固有的文明虽然不能直接运用于未来，但是第一次世界大战也证明了西洋文明同样不能适应新形势。倒是中国的固有文明具有证明“西洋现代文明之错误”的能力，只要经过科学的办法加以刷新，就可以成为“未来世界文明之指导者”。所以他认为，中国固有文明不但不能“革除”，而且两种文明的调和折衷，也只是把西洋文明“融合于吾固有文明之中”。[①] 不难看出，这一调和折衷理论，最终目的仍然是要扼杀西方文化。

新文化运动的倡导者们面对这一貌似公允的新的理论的挑战，不得不起而应战。除《新青年》外，《新潮》、《民铎》、《每周评论》、《民国日报》副刊《觉悟》和《时事新报》，都积极参加了这场斗争。他们认为，旧文化和新文化是水火不相容的，只能“以新代旧”，而不能“以旧容新”。陈独秀坚决反对新旧文化、新旧道德调和之说。他在《新青年》七卷一号上发表的《调和论与旧道德》一文中指出：新旧调和在思想文化史上作为一种自然现象是存在的，但是不能作为我们的主张。他指责调和论正是以这种新旧杂糅的自然现象来淆乱对于新旧文化“实质上的是非”的比较和评论。在这篇文章里，陈不仅批判了中国的旧道德，而且指出西方一切不良社会现象不是“私有制度之下的旧道德”所造成的。因而反对那种“物质上应当开新，道德上应当复旧”的调和论调。这说明陈独秀已经试图对西洋的“私有制度”进行一些分析，并没有简单地为西方文明辩护。

在这个问题上，真正高出当时激进人物一筹的是李大钊。他在《新青年》上先后发表了《物质变动与道德变动》和《由经济上解释中国近代思想变动的原因》两文。第一次运用唯物史观对新旧调和论思潮进行了批判。李大钊针对“物质开新、道德复旧”的论调，指出：道德的性质和状况必然与经济的性质与发展程度相适应，经济

① 伧父：《新旧思想之折衷》，《东方杂志》第16卷第9号。

变动是道德变动的根本原因。因此，把西方的科学技术和东方的封建伦理纲常加以调和，只不过是守旧派的主观幻想。中国的经济变动是不可阻挡的，中国的大家族制度的“崩颓粉碎”，“君权”、“父权”、“夫权”的“崩溃粉碎”，孔子主义的“崩溃粉碎”，都是不可避免的，不可逃避的“运数。”而新思想则是“应经济的新状态社会的新要求发生的，不是几个青年凭空造出来的”，因此也是无法阻挡的，尽管李大钊的文章对中国经济的分析，对唯物主义的理解还有不少不够准确的地方，但却代表了当时理论上最高水平。

然而，从整体上来看，新文化运动倡导者们虽然驳斥了东方文化派关于新旧思想可以调和的论点，却并未科学地说明两者的继承关系。在他们的文章和言论中也常常出现全盘否定传统文化的倾向。这种对于祖国文化遗产的虚无主义态度，不仅无助于问题的解决，而且易授对方以口实，从而给复古势力留下可乘之机。

三、科学与玄学论战

第二阶段是五四以后，经新文化运动的冲击，露骨的复古主义叫嚣只是少数封建遗老遗少的孤鸿寡鸣。但是，第一次世界大战进一步暴露了西方资本主义的腐朽，给东方文化派的再起创造了天缘良机。1920 年，梁启超从欧洲游历回国后，发表的《欧游心影录》一书，是记述了他的耳闻目睹，证明西方物质文明“已经破产”，必须用东方的精神文明去拯救。他鼓动中国青年到大海对岸去“超拔”那里破产的物质文明。紧接梁启超之后向西洋“物质文明”开炮的是梁漱溟。1921 年，他出版了曾轰动一时的《东西文化及其哲学》一书。书中，梁提出生活的根本在“意欲”，“文化之所以不同由于‘意欲’之所向不同”。(一)西方文化是以意欲向前为其根本精神；(二)中国文化是以意欲自为调和持中，为其根本精神；(三)印度文化是以意欲反身向后要求，为其根本精神。作者认为现在世界文化已在开始变化，“即由西洋态度改变为中国态度”，并断言“世界未来文化就是中国文化的复兴”。梁漱溟的主张代表了五四以后的守旧派在文化问题上的基本态度。

由于这时的东方文化派已经不再在新旧调和上做文章，而是通过抨击西方文化的弊病，标榜东方文化的优越性，以达到彻底否定新文化的目的。因而对东方文化派持批评态度的人们中也已经发生了明显的分化。胡适、吴稚晖等人仍旧坚持全盘学习西方资产阶级文化的观点；以李大钊、陈独秀、瞿秋白为代表的马克思主义者在新的历史条件下，以马克思主义理论为武器，举起了社会主义大旗，确立了崭新的文化观。然而，这种分化在相当一段时间内，并未影响他们反对封建传统文化的一致性。陈独秀、瞿秋白等人都曾公开主张在思想文化战线上，与胡适等西方论者取适当联合的态度。胡适早先批评了梁漱溟的“意欲”论是“闭眼瞎说”。指出无论中国、印度，还是欧洲的哪个民族，都不会只有一种精神，只有一种人生哲学，孔子的人生哲学并不能代表中国的文化。任何文化都含有精神和物质这两种“因子”，“没有一种文明单是精神的”，或“单是物质的”，而且认定“精神的文明必须建筑在物质的基础之上”。并且肯定“物质享受的重要”，指摘“东方圣贤”鼓吹“知足”、“安贫”的伪善①。这些看法应该说基本上是正确的。但是，他在否定梁漱溟的上述观点时，又过分美化了西方资本主义文化。

紧接着论战的中心又转到“科学人生观”问题上（亦称“科学与玄学之争”）。实际上仍是这一阶段东西文化论战的继续。张君劢、梁启超是玄学派的主角，可以看作东方文化派；丁文江、胡适、吴稚晖等代表所谓科学派，可以看作西化论者。

张君劢、梁启超此时拥护封建文化的坚决态度比《欧游心影录》发表时更进了一步。他们是打着欧洲柏格森反理性主义的旗号

① 胡适：《读梁漱溟先生的〈东西文化及其哲学〉》，引自陈崧编：《五四前后东西文化问题论战文选》，中国社会科学出版社 1987 年版。

偷运宋明理学，这就使论战蒙上了一层浓厚的哲学色彩。然而，这一切不能不引起新文化卫士们的愤怒和反击。这场表面上看似乎是纯学术的论争，实际上是中西文化在20年代的大较量。

论争是由张君劢在清华大学的一次“人生观”的讲演（1923年2月14日）和丁文江在《努力》周报上的一篇文章《玄学与科学》（4月12日）而引发的。争论的焦点是由科学还是由玄学解决人生观问题。

张君劢反对“五四”新文化运动倡导的科学精神，强调科学不能解决人生观的问题；张君劢认为：科学为客观的，人生观为主观的，“科学是外在的物质文明，”人生观是“直觉的”，“自由意志的”，“出于良心之自动”的“惟有追求诸已”[①]的精神文明。因而，人生观不能由科学所决定，人生观与科学是不相容的。基于这一思想，张君劢公然提倡自孔孟至宋元明理学家侧重内心生活之修养的所谓中国精神文明，反对三百年来侧重以人力为支配自然的欧洲物质文明。他特别尊称孔孟为“我先圣”，以理学为“发聋振聩之药”，“其功不在禹下”。梁启超于同年出版《先秦政治思想史》（一名《中国圣哲的人生观及政治哲学》）一书，并拟译成英、法等国文字，以便作为挽救所谓“物质文明破产”的福音，去向西洋人传播。他自称“诵法孔子”，“我儒家之言”，以为儒家学说不论在中国各思想家中和在世界文化范围内，都是只有长处没有短处。他于同年8月间发表《评新文化运动》一文，认为向西方学习招致了严重的恶果：“因谋毁弃固有文明务尽，以求合于口耳四寸所得自西方者，使之毕肖”。然“所得者至为肤浅”，且时间空间“诸缘尽异，而求其得果之相同，其极非至尽变其种，无所归类不止”。以致不到几年就造成“精神界大乱”，“父无以教子，兄无以诏弟”。[②] 玄学派之所以反对科学的人

---

① 《科学与人生观》，第4－8页，亚东图书馆1923年版。

② 梁启超：《评新文化运动》，《新闻报》1923年8月21日～22日。

生观。照他们自己的说法，就是“我所欲言者非科学本身问题，乃科学的结果。西欧之物质文明是科学上最大的成绩。……物质有限，人欲无穷。谓如此而可为国家之安计、为人类幸福计，吾不信焉”。[①] 他们认为科学“以因果为本义……，学生脑中装满了此种学说，视己身为因果网所缠绕，几忘人生之宇宙间独往独来之价值。”因此“应将管子之言而颠倒之，曰：知礼节而后衣食足，知荣辱而后仓廪实，吾之所以欲提倡宋学者，其微意在此。”[②] 这就是他们鼓吹玄学的目的。

同年4月，丁文江在《努力周报》发表《玄学与科学》一文，说“玄学鬼附在张君劢的身上”，他同意胡适的意见：“……今日最大的责任与需要，是把科学方法应用到人生问题上去”。“科学不但无所谓向外，而且是教育和修养最好的工具。因为天天求真理，时时想破除成见，不但使学科学的人有求真理的能力，而且有爱真理的诚心。无论遇见什么事，都能平心静气去勇于研究，从复杂中求单简，从紊乱中求秩序，拿论理去训练他的意想……了然于宇宙生物心理种种的关系，才能够知道生活的乐趣……。”[③] 科学派指出“玄学鬼”骗人，尤其“一班的青年上了他的当，对于宗教、社会、政治、道德一切问题，真因为不受论理方法支配，真正没有是非真伪，只须拿他的所谓主观的、综合的、自由意志的人生观来解决他。果然如此，我们的社会是要变成一种什么社会？”[④] “君劢反对富强，说‘在寡均贫安之状态之下，当必另有他法可想’，中国现在寡到什么程度，贫到什么田地，君劢研究过没有？那一年北方旱灾没有饭吃的人有二千万人，卖儿女的也有，吃人肉的也有，这种贫安得了么？

---

① 张君劢：《科学之评价》，《科学与人生观》，第6～7页。

② 张君劢：《再论人生观与科学并答丁在君》，《科学与人生观》，第72、95页。

③ 《科学与人生观》，第4～8页。

④ 丁文江：《玄学与科学》，《科学与人生观》，第18页。

……这种寡均得了么?”[1] 可见,尽管双方似乎在科学与哲学的圈圈里争论不休,其真正的核心却在:现时代的中国人(特别是青年一代)应该有什么样的人生观才有助于国家富强和社会稳定。因此,这场论战从根本上则是两种社会思想的对立。应当说,科学派反对玄学,认为科学能解决人生观问题,这是对的。科学的、理性的人生观更符合当时变革中国社会的需要,更符合向往未来追求进步的人们的要求。对于当时中国年轻人来说,也更适合他们的选择。因为18、19世纪西方近代的科学及其精神和方法,对落后的中国还是新鲜的和先进的东西,人们接受它是很自然的。但是,科学家本身都是唯心主义者,在“科学”的解释上,也是非科学的。丁文江在《玄学与科学》中说:“我们之所谓物质,大多数是许多记存的觉官感触,加上一点直接觉官的感触。假如我们的觉官的组织是另外一个样子的,我们所谓物质一定也随之而变。”“我们所晓得的物质,本不过是心理上的觉官感触,由知觉而成概念。由概念而生推论。科学所研究的不外是这种概念和推论。”这就是说,物质并不是客观的存在,而是觉官感触的集合,科学所研究的,只不过是这种感觉所组成的概念和推论。这完全是马赫主义的主观唯心主义的变种。因此,有人把这场科学与人生观的论争,说成是唯心主义阵营中的一场混战也不无道理。由于科学派未能解释“科学何以能支配人生观”,陈独秀指出他们对玄学派的批评只能是“以五十步笑百步”。只说“科学的人生观”如何完满美好,并不能解决问题。更重要的是,只有科学地具体解释为玄学派强调的“良知”、“直觉”、“自由意志”,也仍有其具体的历史社会的根源,即这些反决定论的、非理性的东西也仍遵循着科学的因果规律,即“需客观上对于一切科学的人生观加以科学的解释”,才能“说明科学对于一切人生观之威权”。这样,才能真正树立起科学的权威和科学的人生观

① 丁文江:《玄学与科学答张君劢》,《科学与人生观》,第45页。

的权威,这样才能彻底战胜玄学派,“方能使玄学鬼无路可走。”[①]这个“科学”,在陈独秀看来,当然就不是自然科学,也不是一般的科学精神、态度、方法,而只能是马克思主义的唯物史观。胡适、丁文江鼓吹“科学的人生观”,陈独秀进一步要用“唯物的历史观”来作为基础建立科学的人生观。在论战中,马克思主义者是支持科学派反对玄学派的。邓中夏说:“东方文化派是假新的,非科学的;科学方法派和唯物史观是真新的、科学的。现在中国思想界的形势,后两派是结成联合战线,一致向前一派进攻、痛击。”[②]“劳资两阶级尚有携手联合向封建阶级进攻的必要,换过来说,就是代表劳资两阶级思想的科学方法派和唯物史观派尚有携手联合向代表封建思想的东方文化派进攻的必要。”[③]马克思主义者替代了胡适、丁文江,用历史唯物主义解释人生观,因而,科玄论战之后,马克思主义在青年中得到更广泛的传播,而五四时期“赛先生”(科学)从此也日益成了马克思主义唯物主义的代称,或者说,马克思主义日益作为科学为人们所理解,接受和信仰,并很快取代了上代人所崇奉信仰的进化论。

---

① 《科学与人生观》,第 36 页。

②③邓中夏:《中国现在的思想界》,1923 年 11 月 24 日《中国青年》第 6 期。

第八章

马克思主义在中国的传播

第一节 社会主义在中国的早期传播

一、十月革命前中国人对社会主义的认识

马克思主义产生在19世纪40年代的欧州。马克思主义在中国的真正传播开始于俄国十月革命之后。在此之前，中国一些资产阶级小资产阶级知识分子，也曾对马克思、恩格斯的生平及其学说作过一些片断的、不甚准确的介绍。

最早谈到社会主义的中文出版物是香港的《华字日报》，1873年，该报刊载了王韬翻译的关于巴黎公社的消息。同年，王韬与张宗良合译的《普法战纪》出版，记述了第一次无产阶级夺取政权和被镇压经过。1882年，江南制造局编译的《西国近事汇编》最早提到"康密尼党"(Communi Sion)主张"欧罗巴大同"及"均贫富之说"。1899年2月至4月，基督教会在上海出版的《万国公报》，刊载了李提摩太节译的《大同学》，说"百工领袖"著名者马克思"讲求安民新学"，还提到《资本论》和恩格斯(译作恩格思)的名字。

以上不过是一些翻译文字，最早在中国介绍马克思、恩格斯和社会主义学说的是资产阶级维新派。1902年，梁启超在《进化论革命者颉德之学说》一文中，尊称马克思为"社会主义之泰斗"。1903

年，梁氏又在《中国之社会主义》一文中说，社会主义“最要义”是“土地归公，资本归公，专以劳力为百物价值之源泉”。① 此期改良派主办的广智书局还出版了一批译著如《近世社会主义》、《社会主义》、《社会党》、《马克思主义及世界社会主义运动》等，大都是日本早期社会主义者幸德秋水、福井准造等人的著作，其中主要介绍了《共产党宣言》、《社会主义从空想到科学的发展》、《政治经济学批判》、《资本论》等马恩著作的部分内容，这些介绍在中国留日学生和同盟会员中产生过一定的影响。

资产阶级革命派对社会主义也很有兴趣。1903 年 2 月 16 日，马君武在他翻译的《社会主义与进化论比较》一文中说，“马克思者，以唯物解历史学之人也。马氏尝谓阶级竞争为历史之钥”。②1905 年，朱执信在《民报》2、3 号上发表《德意志革命家列传》，介绍了马、恩生平及其学说，并译出《共产党宣言》第一句话：“自草昧混沌而降，至于吾今有生所谓史者，何非阶级争斗之陈迹呼！”（到目前为止的一切社会历史，都是阶级斗争史）。朱执信表示同意马克思的阶级斗争学说，他说：历史上总是“取者与被取者相戕，而治者与被治者交争也”。“攘夺下去 ，压制不息，阶级斗争，不变犹昔”。③孙中山在辛亥革命前也多次谈到社会主义。1912 年 10 月，他应中国社会党之邀，作题为《社会主义派别及方法》的讲演。他认为“集产社会主义，实为今日唯一之要图，凡属生利之土地、铁路，收归国有，不为一二资本家所垄断渔利”，“各国社会主义者，鉴于将来社会革命之祸，岌口提倡麦克司（马克思）之学说，主张分配平均，求

---

① 《新民丛报》第 46、47、48 号合刊。

② 《译书汇编》第 1 卷 12 期。

③ 朱执信：《英国新总统选劳动党之进步》，《朱执信集》，第 40 页，中华书局 1979 版。

根本和平之解决，以免激烈派之实行均产主义，而肇攘夺之祸”。[①]主张持“和平态度”对待社会主义，这是资产阶级革命党人较普遍的认识。孙中山只是把社会主义当作一种“救经济上不平等”，“和平解决贫富之激战”的社会学说，或者说作为三民主义的民生主义的一种补充。革命派宣传三民主义，同情社会主义；改良派保皇，趋向于反对社会主义。“民报鉴于世界前途，知社会问题必须解决，故提倡社会主义；新民丛报以为社会主义不过煽动乞丐流民之具”。[②]尽管革命派和改良派对待社会主义的态度有别，但都不能正确理解社会主义。造成这种状况的原因，可以从下面几个方面作考察。

第一，中国思想界宣传的社会主义，最早是经过日本引进的。日本的社会主义热潮早于中国。当时大批留日的中国学生，流亡日本的改良派、革命派、无政府派等都受到日本社会主义的启蒙。在辛亥革命前后一段时间，除无政府主义者从巴黎翻译一些法文的有关社会主义内容的文字外，中国有关社会主义的宣传，几乎全部自日文翻译而来。他们既没有读过马恩的原著，又缺乏对资本主义制度的深刻了解，因而，也就不可能真正理解马克思的科学社会主义理论。他们尽管把唯物史观、剩余价值论、阶级斗争学说都翻译过来，介绍过来，但基本上是生吞活剥，囫囵吞枣，何况日本早期的社会主义运动本身就带有国家社会主义和社会改良主义的特色。

第二，资产阶级、小资产阶级知识分子大都把社会主义看成一种救治社会不平等、避免“资本祸害”的、人道的、和谐的理论与社会制度，但并不同意它的实行方法。梁启超一面说“社会主义为将来世界最高尚美妙之主义”，[③] 一面又说“麦喀士谓田主及资本家皆盗也，今以此手段取之，则国家其乃先盗矣乎！”他还攻击阶级斗

①②孙中山：《在上海中国社会党的演说》，《孙中山全集》第2卷，第506页、第515页。

③ 梁启超：《杂答某报》，《新民丛报》第4年第14号。

争说，断定中国无需实行社会主义。革命派谈社会主义是准备举政治革命与社会革命于一役，孙中山的“定地价法”，是和平解决土地问题的方法。对马克思的“从根本上主张推倒资本家，表示不同意。认为中国要发展产业，就“不能不提倡资本家”，“极端之大同主义，与吾国今日之时势不能相合也”。[①] 革命派强调社会主义的和平与人道性，但却要避免“攘夺变乱之祸”，强调“我国社会主义流行伊始，尤望党人持和平之态度，与政府联络，共图进行”。[②]

第三，这一时期有关社会主义的介绍是零散的、片面的，对空想的和科学的社会主义不加区别，而且往往把无政府主义与社会主义混同起来。总之，十月革命以前，中国的一些资产阶级、小资产阶级知识分子，虽然接触到了马克思主义理论的一些片言只语，但却不能正确理解它，也不可能真正地传播它。在十月革命前，社会主义之所以没有传播开来有两方面的原因。从国内来看，主要是缺乏必要的社会阶级基础和思想条件。19 世纪末，中国产业工人仅 10 余万，到 1913 年仍只有 60 万人，占全国人口总数的千分之一点四，工人罢工很少，没有形成独立的政治力量。思想方面是封建主义占统治地位，资产阶级改良主义和民主主义思潮虽已兴起，但还没有从意识形态领域进行一场批判封建主义的思想启蒙运动，还不具备形成真正的社会主义思想运动的条件。从国际方面看，1895 年恩格斯逝世后，第二国际机会主义者把民族问题局限于欧洲，殖民地半殖民地的民族解放和人民民主运动被排除于社会主义运动之外，机会主义者采取沙文主义立场支持本国反动统治集团侵略弱小民族。例如伯恩斯坦支持德国政府侵占我国山东半岛。1905 年春，孙中山到比利时的布鲁塞尔市第二国际总部访问时，声明自己相信社会主义，主张土地公有，要求接纳他的同盟会为第

① 孙中山：《中国之资本问题与劳动问题》，《孙中山选集》上卷，第 767 页。

② 孙中山：《在上海中国社会党的演说》，《孙中山全集》第 2 卷，第 508 页。

二国际成员，结果被拒绝。

二、马克思主义在中国传播的社会条件

马克思主义的科学社会主义是工人阶级的理论武器，她的传播，一要有产业工人队伍作为阶级基础，二要有信仰社会主义的知识分子作为传播者。这两个条件在辛亥革命以后逐步具备了。

由于第一次世界大战欧美列强暂时放松对中国的掠夺。从而使中国民族资本获得一定的发展。1913 年至 1918 年间，华商纱绽增加了 18.4%，织布机增长 31.4%，面粉由输入变成了输出国。同时，日本乘机加强对华经济入侵，商品对华输出在大战期间增加了三倍，投资额实增到占列强在华投资的一半。工业发展促使中国社会结构发生变化。最突出的是中国工人阶级队伍的壮大和成长，从 1913 年到 1919 年，产业工人人数由 60 余万猛增到 260 万人左右[①]。中国工人阶级身受帝国主义、封建主义和资产阶级的三重压迫。工时长，劳动强度大，工资低，生活极端贫困。以上海纺织工人为例，1919 年工人每日工作十二小时，工资最高银元三角，最低一角（童工），平均二角伍分。而当时物价是，米每石银元七元六角[②]，一个工人一月工钱不够一石米的支出，不足维持生活。何况物价飞涨，而工资增长缓慢。外国资本家还往往用女工童工代替男工，工厂安全设备条件恶劣，工人健康状况很差。由于中国工人阶级所受剥削和压迫之残酷和沉重是举世罕见的，因此他们的斗争也最坚决、最频繁，由经济斗争转为政治斗争也较其它国家要快。五四以前，全国有记载的工人罢工有 353 次，其中自 19 世纪 40 年代到辛亥革命前为 120 余次，辛亥后至五四前 230 余次。[③] 现代工业把他

---

① 木村郁二郎编：《中国劳动运动史年表》，第 39 页，（日）株勇进社 1978 年。

② 《星期评论》1920 年第 35 号。

③ 《中国现代史大事记事本末》上册，第 102 页，黑龙江人民出版社 1987 年版。

们的力量聚集起来,使其具有任何其它阶级不可比拟的斗争性、组织性和先进性。初期的工人运动就带有某些政治色彩。1916 年 11 月,天津 1800 余名工人为反对法国占领老西开举行罢工斗争,坚持约六个月,迫使法国侵略者放弃占领老西开。这次斗争带有明显的反帝政治性质,初步显示出中国工人阶级的力量和觉悟。中国工人阶级队伍的壮大和工人运动的发展,为十月革命后马克思主义在中国的传播准备了社会阶级基础。

辛亥革命后,特别是第一次世界大战期间,随着民族资本主义的发展和社会环境的变化,中国出现了一批新型的资产阶级和小资产阶级知识分子,这支队伍的出现为中国思想界注入了新的活力,使中国的文化思想发生了巨大的变化。据统计,到五四前,国立公立学校学生已达 450 万,私立教会学校学生 20 余万;此外,留学生人数也急剧增加,辛亥前后仅留日学生就已超过 10 万。1917 至 1918 年两年间,留日学生达 3000 余人,留美学生 1500 人,留法学生则逾万人。特别是留法勤工俭学运动的兴起,为一批穷苦子弟提供了出国机会。他们不仅学习自然科学和资本主义社会政治理论,而且受到社会主义思潮的影响。上述情况表明,中国知识分子的队伍从成分到思想都发生了新变化。这批新型知识分子,大都富于政治敏感性,有强烈的爱国心,对辛亥革命以来的社会危机和民族危机深感忧虑。1915 年 9 月,《青年杂志》创刊,标志着资产阶级激进民主派的出现。他们是当时知识分子中最先进的部分,把孙中山 1905 年树起的资产阶级民主主义旗帜继承下来,并深入到文化思想领域,提倡科学与民主,寄希望于“新鲜活泼之青年”,要求青年自觉自尊,“奋其智能,力排陈腐朽败者以去,视之若仇敌,若洪水猛兽,而不可与为邻”。[1]《新青年》成为黑暗中的一盏明灯,指引青年向封建意识形态猛烈开火。新文化运动不仅由资产阶级思想武

---

① 陈独秀:《敬告青年》,《青年》杂志创刊号,1915 年 9 月。

器启了封建主义之蒙，也为十月革命后马克思主义在中国的传播准备了思想条件。

第二节　十月革命与李大钊的马克思主义观

一、中国思想界对十月革命的最初反应

1917年俄国十月社会主义革命的胜利，给全世界被压迫阶级、被压迫民族指出了光明之路。但是，中国追求救国真理的人们一直眼向西方，对于落后的俄国发生的事件，一开始并未认识。中国先进分子接受马克思列宁主义，由民主主义者转变为马克思主义者，认定只有社会主义能够救中国，是一个充满思想斗争和理论斗争的过程。

十月革命发生后的第一年，即1917至1918年，从当时影响较大的《东方杂志》(代表改良派)、《民国日报》(代表民主派)、《新青年》(代表激进民主派)三种刊物对十月革命的反映看，较早报道消息的是《民国日报》与《东方杂志》。《东方杂志》主要是转载帝国主义通讯社的消息、评论以及翻译日本人写的评论文章。从1917年11月(第十四卷十一号)到五四，每期都有关于俄国革命的内容，起了很重要的宣传作用。如《俄国过激派李宁》一文介绍列宁的生平，这在中国是第一次，说“李宁之为人，生平抱定宗旨，始终不变其主义者也”。[①] 但他们完全是从改良派立场看待十月革命，认为俄国政权三易，最好的是最早的立宪派政权，其次是克伦斯基政府，政权“移于过激派之手而所谓李宁党”，乃是“下乔木而入幽谷”。[②] 孙中山是欢迎十月革命的，1918年他被西南军阀逼迫由粤

---

① 《东方杂志》第15卷第3号，1918年3月。

② 《续记俄国之近况》，《东方杂志》第15卷1号，1918年1月。

到沪，给苏俄拍了一份祝贺电。《民国日报》对十月革命的宣传也很积极，认为："俄国数千年之专制政府亦为列宁政府所推翻，行见大陆将为民治潮流所充沛，而侵併强霸之主义，决难实现于今日矣！俄国列宁政府之巩固，即由于和平之放任主义，中国似宜取以为法。"[①] 这当然是资产阶级民主派的观察方法，同当时封建统治阶级对十月革命的攻击、咒骂是迥然不同的。代表激进民主派的《新青年》，在1918年6月以前，对十月革命这样的世界大事，无一字反应。原因是，一则《新青年》从四卷一号(1918.1)起由陈独秀主编改为六人轮流"执政"，主要是胡适控制了版面。从这一期起，重要文章大都是关于文学改革、文字音韵学、哲学道德等方面的内容。二则这时陈独秀的思想还集中在以资产阶级民主反对封建礼教的热点上。他在1919年1月写的《本志罪案之答辩书》中，还只是大讲"德谟克拉西和赛因斯两位先生"有什么罪？十月革命的曙光还没有照到他的头上，这同《新青年》原来的"批评时政，非其旨也"的宗旨是有关的。

二、李大钊的马克思主义观

中国先进知识分子对十月革命的认识，从1918年下半年开始出现明显变化。当时国内有两件事反响强烈：一是1918年3月上海《时报》披露了1916年7月的"日俄密约"，此密约规定沙俄承认战后将德国在山东半岛的占领权移交日本。由此，中国舆论大哗。二是1918年5月，段祺瑞政府与日本秘密签订的《中日陆军共同防敌军事协定》，以"防俄"为名，出卖我东北领土和主权。此事引发了大批留日中国学生回国救亡，爆发了以北京为中心的学生爱国示威。处在严重忧患煎熬下的爱国知识分子，眼见俄国人民冲破了黑暗，于是要求了解和效法俄国革命的愿望便油然而生。

---

① 《俄国外交代表对外之表示》译稿按语，《民国日报》1918年5月27日。

最先认识到十月革命的价值的是李大钊。1918年7月1日他在《言志》季刊上发表了《法俄革命之比较观》一文，指出："俄罗斯之革命，非独俄罗斯人心变动之显兆，实二十世纪全世界人类普遍心理变动之显兆"。"吾人对于俄罗斯今日之事变，唯有翘首以迎其世界的新文明之曙光"，告诉人们不要以目前俄国一时之乱象而抱悲观态度。这是中国知识分子认识十月革命意义并对其表示成功信心的第一篇文章。在众多对十月革命的攻击谩骂和怀疑声中，李大钊独具慧眼，思想遥遥领先。紧接着他在《庶民的胜利》、《布尔什维主义的胜利》两篇文章中，热情地、乐观地评述和歌颂了十月革命。他坚信："人道的钟声响了，自由的曙光出现了，试看将来的环球，必是赤旗的世界"。他进一步指出：布尔什维克的主义"就是革命的社会主义；他们的党，就是革命的社会党；他们奉德国社会主义经济学家马客士(Marx)为宗主的；他们的目的，在把现在为社会主义的障碍的国家界限打破，把资本家独占利益的生产制度打破"，"他们的战争，是阶级战争，是全世界无产庶民对于世界资本家的战争"；"……这是Bokbeviki的主义，这是二十世纪世界革命的新信条"。从此要开创人类的"新世元"。①

五四运动后，李大钊的社会主义信念越来越坚定，宣传也更加积极。尽管资产阶级改良派不断在《东方杂志》上发表文章，攻击谈社会主义是所谓"偏激之文人"、"不顾国情之如何，欲强移植于吾国"；尽管胡适也利用他在《新青年》的地位，抵制社会主义宣传，但李大钊不为所动。从1919年1月起，《新青年》开始实行轮流主编。陈李各主编1号和5号。李大钊为引起人们对马克思主义学说的注意，借纪念马克思诞辰101周年之机，将《新青年》六卷五号编成马克思主义研究专号。与此同时，又帮助北京《晨报》开辟"马克思研究"专栏。在当时有关介绍马克思主义的中文资料十分缺乏的情

① 《李大钊选集》，第101～121页。

况下，李大钊借助日文和英文，搜集各国学者介绍和研究马克思主义的文献资料，写成了《我的马克思主义观》一文，连载于《新青年》六卷五、六号上，这是中国第一篇系统介绍马克思主义的论文，包括了马克思主义三个组成部分。

关于唯物史观，李大钊指出：唯物史观认为，观察社会现象，“以经济现象为最重要”，“经济的要件是历史上唯一的物质要件”。唯物史观有二个要点：一是人类社会生产关系的总和构成的经济构造，是社会的基础，“凡是精神上的构造，都是随着经济构造的变化而变化”。二是“生产力一有变动，社会组织必须随着他变动”。基础构造变化的最高动因是“物质生产力”。

关于阶级竞争学说。李大钊指出：马克思所说的“阶级”的分析，是以是否占有土地或资本等生产资料（手段）来划分的，占有土地、资本者可以剥削压迫不占有者，他们的利害是相反的。这两种阶级，历史上斗争不断，“阶级竞争是历史的终极法则，造成历史的就是阶级竞争”。阶级竞争是推翻旧制度，实行社会改造的“最后手段”。在马克思主义三个部分中，“阶级竞争说恰如一条金线，把这三部分理论从根本上联结起来”。①

关于政治经济学。李大钊指出：马克思的经济学说。一是“余工余值说”（即“剩余价值论”），“每个物品的价值，应该纯是物品中所含人类劳工结晶的全量；物品价值的分别，全依劳动份量而异。”②劳动力也是商品，工人劳动创造的价值要比他所获得的报酬多得多，这多余的价值就是“余工余值”，全部被资本家剥削去了。二是“资本集中说”，资本主义企业激烈竞争，互相吞并，以大吃小，这样资本越来越集中，无产阶级也越来越壮大，成为消灭资本主义的最后力量。李大钊的文章，令人耳目一新，给予拥护十月革命、渴望和追求马克思主义真理、向往社会主义社会的先进知识分

---

①②《李大钊选集》，第177页、第196页。

子以启蒙和鼓舞。尽管这篇文章有不足之处,然而它却是马克思主义在中国真正开始传播的标志。从此,在各种因素的推动下,有一大批先进分子转变成为马克思主义者,科学社会主义思潮成为时代的主流。

第三节　科学社会主义思潮与早期马克思主义者

一、五四后的社会主义热潮

五四运动后,中国出现了宣传社会主义的热潮,宣传阵地迅速扩大。五四前就宣传社会主义的《新青年》、《每周评论》、《星期评论》、《晨报》、《民国日报》等进步刊物继续大量刊登有关社会主义的文章。仅《新青年》在五四后的两年内就发表了一百余篇介绍社会主义、研究马克思主义的文章。此外,五四后新出版的四百余种报刊,也几乎无一不谈社会主义。同时,各地还成立了社会主义研究会、学社、书社等团体。翻译马列著作,发行小册子。《共产党宣言》、《科学社会主义》、《国家与革命》等相继出版,在进步知识分子中广为流传,社会主义大潮,猛烈地冲击着中国思想界。

宣传社会主义热潮在中国的出现,有两个客观因素。一是巴黎和会上帝国主义的丑恶表演,使中国思想界对帝国主义丧失了信心;二是十月革命的榜样特别是苏俄政府对华通告,使中国进步分子受到鼓舞。强烈的反差和对比,使他们自然倾向社会主义,欢迎十月革命。正是在这样的背景下,当时的进步刊物和报纸大量刊登有关俄国历史和现状的文章,译载列宁、托洛茨基等人的言论,生平事迹。一切可以找到的俄国游记、俄国宪法、土地法、劳动法、婚姻法以及各种消息报道,尽量翻译过来加以介绍,对一些非难十月革命的言论,加以反驳。戴季陶主办的《星期评论》认为,到1920

年，人们相信苏维埃政权根深蒂固，枝叶繁茂，人民悦服。[①]

中国知识分子一接触马克思主义学说，就把它同中国社会改造和中国出路问题联系起来。综观这一时期的刊物和团体议论的内容和组织活动，他们提出的主张大都认为中国社会黑暗，必须改造，并且不能小改，“任何改革，必须求根本的解决”。[②] 他们提出的社会改造方案中，几乎都带上社会主义色彩，把社会主义看成“人类的福星”。然而，当时的社会主义思潮是一个相当庞杂的概念，马克思的科学社会主义只是其中的一派，而且，起初并非是占主导地位的。此外，形形色色的无政府主义，空想社会主义、工团主义、社会民主主义等等，几乎都被当作社会主义来接受。瞿秋白描绘当时的情景说：“社会主义讨论，常常引起我们无限的兴味。然而究竟如俄国十九世纪四十年代的青年思想似的，模糊影响，隔着纱窗看晓雾，社会主义流派，社会主义意义都是纷乱，不十分清晰的”。[③] 封建的思想闸门一旦被五四新思潮冲决以后，思想界出现鱼龙混杂、泥沙俱下的局面是在所难免的。

用马克思主义的唯物史观和阶级分析方法，观察当时各种流派，大致如下：

资产阶级民主派。孙中山代表的左翼同情社会主义，但空想成分较多。认为三民主义更适合于中国，企图通过资产阶级共和国实行国家社会主义，不主张阶级斗争和无产阶级专政。以戴季陶为代表的右翼也宣传社会主义，但坚持阶级调合论，企图控制工人运动，其实质是反对社会主义。

资产阶级改良派。研究系梁启超、张东荪等推崇罗素贩卖的基尔特社会主义。胡适则鼓吹杜威的实用主义，也主张社会改良主

① 戴季陶：《联合国对俄政策的变动》，《星期评论》第17号。
② 仲九：《学生运动的过去和将来》，《星期评论》第46号。
③ 《饿乡纪程》，《瞿秋白文集》第1集，第23页。

义。

资产阶级、小资产阶级各种社会主义流派，主要有：

无政府主义。以互助论为基础，主张废绝一切私有财产，废除一切军队和政府权力。主张绝对自由。

新村主义。受欧洲早期空想社会主义和日本"新村运动"影响，主张脱离现实不合理社会，另立一个人人平等、个个幸福的新社会。

合作主义。通过组织合作社，用和平方法消除剥削和压迫，建立人人平等的新社会。

泛劳动主义。学习俄国托尔斯泰"身为贵族，躬耕田间"幻想通过教育手段，使人人劳动，改造旧社会，建立新社会。

工读主义。以互助论为理论基础，主张劳心劳力，工读结合，实行"小团体，大联合"，团体内"人人作工，人人读书，各尽其能，各取所需"。由小到大创造新社会

以上形形色色的社会主义，带有空想、改良色彩的居多，最激烈的是无政府主义派。不过，他们在五四后就公开反对"布尔什维克主义"，攻击无产阶级专政，很快暴露了少数骨干分子的反动面目，多数受无政府主义影响者接受了科学社会主义。少年中国学会负责人王光祈发起的城市"工读互助团"，是中国进步青年在1920年春所作的一次空想社会主义的实践，团内实行半工半读，一切归公，与世脱离。结果不到三个月，这个被当作"新社会的胎儿"的实验，完全失败。类似这种"新村式"的实验还有一些，如恽代英的互助社。他们正是在破灭了这种"未来之梦"以后走向了科学社会主义。更多的团体和报刊是以改良主义为宗旨或倾向于改良主义的，他们不能接受阶级斗争和无产阶级专政的理论，或者宣传了这种理论的正确性，但思想上却又不能接受它。戴季陶及其《星期评论》对劳工问题和阶级斗争作了很多宣传，他却不能接受阶级斗争学说，因为他觉得"一个人在感情上，往往总希望和平，不希望争

斗，明明晓得这个和平是得不到的，这个争斗是不能免的，也免不了要去希望他”。[①] 戴季陶反对阶级斗争是其资产阶级立场、世界观的反映，然而他所说的“希望和平，不希望争斗”，却是当时绝大多数知识分子的普遍心态。上述“工读互助团”的互助主义是这种心态的反映，毛泽东，周恩来、恽代英等在由民主主义向共产主义转变的过程中，在确立马克思主义世界观之前，也有类似的想法。毛泽东在五四后曾反对“用强权打倒强权”，主张用“温和”的方法，“忠告”运动，实行“呼声革命”，“无血革命”。[②]1920 年初，他还计划在岳麓山组织新村。最早接受马克思主义的李大钊也不例外，他在《我的马克思主义观》一文中，谈到“阶级竞争”时，提出以“互助”来“修正马氏的唯物论，而救其偏弊”。[③] 他认为社会根本改造的目的在于“使人间一切关系都脱去力的关系，而纯为爱的关系，使人间一切生活全不是争的生活，而纯是爱的生活”。[④]“一切社会主义的根萌，都纯粹是纯理的，协和与友谊就是人类社会生活的普遍法则”。[⑤]李大钊这样的认识，在早期追求社会主义的先进分子中具有普遍性。

因为中国落后的小农经济长期占统治地位，工人阶级的数量小，同资产阶级的矛盾不占主要地位。小生产经济关系使人们习惯于把个人命运同现实社会环境联系在一起，习惯于点滴的、渐进的改良，十分热衷于通过互助互爱建立和平的新社会。尤其五四运动之后，社会主义热浪翻滚却又真假难分，人们一时划不清空想和科学社会主义的界限。在这种情况下，人们处于既急于求中国社会现状的改变，又想避免激剧破坏，力求用温和稳妥的方法改造。这种矛盾心理状态，是造成改良的空想的社会主义一度在中国流行的

---

① 戴季陶：《新年告商界诸君》，《星期评论》第 32 号。

② 《浙江评论》创刊号，1919 年 7 月 14 日，人民出版社 1979 年版。

③④⑤《李大钊选集》，第 194 页、第 304 页、第 222 页。

重要原因。科学社会主义是无产阶级改造社会的武器，先进分子包括具有初步共产主义思想的知识分子在内，他们从思想上认同到实践上应用还有一段距离，必须经过同工人运动相结合，在革命实践中使自己的世界观有一个根本的转变，才能成为马克思主义者。

二、早期马克思主义者

五四以后，随着马克思主义的广泛传播，知识分子队伍发生了明显的分化。资产阶级改良派、无政府主义派、资产阶级民主派一部分右翼等，都相继站到了马克思主义的对立面，真正把马克思的科学共产主义引进中国，并逐步应用于中国革命实践的，只是少数树立了共产主义世界观的先进知识分子。

1919 至 1922 年间，中国已经形成了一支马克思主义队伍。他们在不同地区、不同的具体环境中，接受了马克思主义的普遍真理，在同反马克思主义思潮作斗争中，实现了自己世界观的转变，确定了只有社会主义能够救中国和“走俄国人的路”的共同结论。

十月革命后，社会主义学说从日本、法国、苏俄三条主要渠道传入中国。李大钊、李达、李汉俊等主要从日本接受社会主义学说。周恩来、蔡和森等五四前后赴法勤工俭学的学生，在欧洲有机会直接阅读马克思和列宁的原著，观察工人运动现状。瞿秋白、张太雷等则是通过赴俄考察，出席会议，最早亲自目睹了革命后苏俄的状况，从而确立了对共产主义的信仰。而毛泽东、恽代英、邓中夏等，则是在参加国内实际斗争的基础上，接受十月革命的影响成为马克思主义者的。陈独秀作为新文化运动和五四运动的著名领袖，对十月革命反应较迟，但到 1920 年夏，也接受了科学社会主义原理，成为一名马克思主义者。

在五四时期，有相当多的知识分子同情十月革命，宣传社会主义，然而其中只有一部分人成为真正的马克思主义者，有相当一部分站到了马克思主义的反面。造成这种状况的根本原因是其阶级立场和世界观的差别。这种差别具体表现在以下几方面。

第一,对待科学社会主义的根本态度不同,资产阶级、小资产阶级宣传的社会主义,实际上是社会改良主义。他们在"社会根本改造"问题上,主张"阶级调和","劳资合作",抽象地讲"平等"、"互助"和人性,一接触到实际斗争,就站到了社会主义的对立面,或者把马克思主义当作书斋里的"研究对象",根本不打算用于中国,更没有把它作为自己的世界观和方法论。李大钊、毛泽东等人则不同,他们一开始就把马克思主义真理作为挽救中国的武器,学习与应用并重,"革新"与"革心"并举,在改造社会的同时改造自己。李大钊把"阶级竞争"看作是改造中国经济制度的根本方法。他抛弃互助论的影响,率领群众投入火热的阶级斗争中,他说:"真正的解放,不是央求人家'网开三面',把我们解放出来,是要靠自己的力量,抗拒冲决,使他们不得不任我们自己解放自己,不是仰赖那权威的恩典,把我们头上的铁锁解开,是要靠自己的努力,把他打破,从那黑暗的牢狱中,打出一道光明来"。[①] 毛泽东回忆,他在1920年读了《共产党宣言》等著作后,"才知道人类有史以来的历史就是阶级斗争史"。"阶级斗争是社会发展的动力,初步得到了认识问题的方法。可是这些书本上没有中国的湖南湖北,也没有中国的蒋介石和陈独秀,但我只取它四个字:阶级斗争"。[②] 周恩来在1922年与友人的通讯中,表达了自己经历的思想斗争,"我从前所谓'谈主义',我便心跳,那是我方到欧洲后对于一切主义开始推求比较时的心理,而现在我已得有坚决的信心了。那便是我们当相信共产主义的原理和阶级革命与无产阶级专政两大原则,而实行的手段则当因时制宜"。[③] 李大钊、毛泽东、周恩来等接受马克思主义的思想

① 《李大钊选集》,第226页。
② 《毛泽东同志同延安妇女工作团的谈话》,《延安整风大事记》,1941年9月。
③ 《周恩来书信选集》,第41页,中央文献出版社1988年版。

过程说明，要把科学社会主义当作改造中国的武器，而不是玩赏的古董，就必须使自己站在无产阶级的立场上促使世界观有一个根本的转变。

第二，对待工人阶级和劳动人民的态度不同。五四时期，除了反动统治者和封建顽固派，知识分子普遍同情劳苦大众，同声呼喊“劳工神圣”。但真正关心工人阶级利益，站在工人阶级立场并且同工人运动结合在一起者，只是树立了对共产主义信仰的人。国民党的理论家和改良派也研究劳工问题，发表过不少议论，但他们却把自己当成救世主，把劳动群众看成是愚昧无知的群氓。戴季陶也研究和参与工人运动，其原因是唯恐工人运动被共产主义者领导而造成被动，其目的是把工人运动引导到资产阶级轨道上去。他们的资产阶级世界观决定了他们不可能真正站在工人阶级一边。早期马克思主义者尽管开始对工人运动也有过模糊认识，但当他们一旦懂得了科学社会主义原理，便从一般同情走向与工人运动相结合。李大钊率先深入长辛店机车厂和开滦煤矿工人中，毛泽东与湖南泥木工人、人力车夫建立友情，领导了湖南的工人运动，陈独秀在上海建立了机器工人工会，周恩来在欧洲经常到工人中了解情况，写出了许多报道。他们到工人和劳动群众中去是先当学生然后当先生，与工人阶级生活战斗在一起。正是这种共同战斗的经历，才使他们真正认识了无产阶级的地位和作用，才使他们的思想感情和世界观开始发生根本性的变化。同时，早期马克思主义者是在同形形色色的反马克思主义思潮作斗争中成长的。马克思主义者在同资产阶级和小资产阶级思潮的论争中，不断扩大了科学社会主义的阵地。

第四节 科学社会主义与社会改良主义的论争

一、“问题与主义”之争

五四运动后马克思主义的广泛传播和工人阶级威力的显示，促使新文化运动队伍内部发生了分化和政治观点的分歧。胡适最先以“多研究些问题，少谈些主义”为名，企图以实用主义抵制马克思主义，李大钊等立即予以反驳，于是发生了“问题与主义”之争。

胡适的论点主要有两个。一是以反对空谈主义为名，抵制马克思主义宣传。他认为“一切主义都是某时某地的有心人，对于那时那地的社会需要的救济方法”，不能适于彼时彼地的需要。说“空谈好听的主义，是极容易的事，是阿猫阿狗都能做的事”。[①] 攻击谈主义的人是“畏难求易”。二是打着“多研究些问题”的旗号，反对马克思主义的社会革命论。胡适说阶级斗争学说“演成许多本不须有的惨剧”。[②] 造成阶级之间的仇视心理，不如研究一个个具体问题，一点一滴地改良社会，如人力车夫的生计问题，卖淫问题，大总统权限问题，加入国联问题等。[③]

李大钊反驳胡适时指出：问题的解决离不开主义，“因为一个社会问题的解决，必须靠着社会上多数人共同的运动。那么，我们要想解决一个问题，应该设法使它成为社会上多数人共同的问题，应该使这社会上可以共同解决这个那个社会问题的多数人，先有一个共同趋向的理想、主义……”。李大钊强调了主义的理想与实用两面，主义指导问题。他公开表示自己是“喜欢谈谈布尔什维主

①③胡适：《多研究些问题，少谈些主义》，《每周评论》第31号，1919年7月20日。
② 胡适：《四论问题与主义》，《每周评论》第37号，1919年8月31日。

义的”，并说“布尔什维主义的流行，实在是世界文化上的一大变动”，应该大张旗鼓地研究。

李大钊以俄国革命为例，说明点滴改良不可能使社会问题得到根本解决。“就以俄国而论，罗曼诺夫家没有颠覆，经济组织没有改造以前，一切问题丝毫不能解决，今则全都解决了”。而要实现社会的根本改造，必须展开阶级斗争，这就需要马克思主义阶级斗争学说的指导。

“专取这唯物史观（又称历史的唯物主义）的第一说，只信这经济的变动是必然的，是不能免的，而于他的第二说，就是阶级竞争说，了不注意，丝毫不去用这个学理作工具，为工人联合的实际运动，那经济的革命恐怕永远不能实现”。①

1919 年 8 月底，《每周评论》被北洋政府查封，“问题与主义”之争的阵地移到了《新青年》杂志。12 月，胡适发表《新思潮的意义》一文，提出“研究问题，输入学理，整理国故，再造文明”的口号，企图把新文化运动限制在学术研究范围内。他继续攻击马克思主义的宣传，说什么“十篇赢余价值论，不如一点研究的兴趣。”接着，李大钊发表了《由经济上解释中国近代思想变动的原因》一文，以历史唯物主义的观点阐述了新文化运动产生的深刻的经济根源和马克思主义传播的必要性。

当时许多社团都进行了“问题与主义”的讨论，由此也导致了新文化社团的大分化。新潮社等明显地向右转，少年中国学会因内部分歧导致分裂，1925 年底停止活动。这说明新文化运动的统一战线开始瓦解。

二、社会主义论战

1920 年夏秋，各地马克思主义者酝酿成立共产主义小组，社

① 李大钊：《再论问题与主义》，《每周评论》第 35 号，1919 年 8 月 17 日。

会主义是他们的鲜明旗帜。然而，资产阶级改良派在时髦的社会主义热潮中，以假乱真，大量兜售社会改良主义，扰乱思想阵线。

1920年10月，张东荪陪罗素到湖南讲演，回到上海，在《时事新报》上发表《由内地旅行而得之又一教训》一文，向科学社会主义挑战，引起了关于社会主义的认战。

张东荪和梁启超等人的研究系，原是清末君主立宪派，五四后主办《时事新报》、《解放与改造》报刊，以研究社会主义为名，宣扬唯心主义和社会改良主义，张东荪的挑战书以及梁启超的《复张东荪论社会主义运动》等文章是这方面的代表作《新青年》及其它报刊发表了大量文章驳斥研究系，陈独秀还将双方言论集中起来，开辟"关于社会主义的讨论"专栏。论战主要围绕要不要社会主义，要不要阶级斗争，要不要建立无产阶级政党的问题展开。

第一，中国走资本主义道路还是走社会主义道路？

张东荪等人认为中国贫乏之极，大多数人过着不是人的生活，为了让中国人过上人的生活，谈社会主义，多数派主义都是没用的，只有依靠绅商阶级发展实业，"而开发实业方法之最能速成者莫若资本主义"。[①]

马克思主义者指出张东荪等将社会主义与解决中国贫穷问题分割开来的荒唐无理，又从实践和理论两方面揭穿了他们所设想的资本主义生活的美丽前景。就中国资本主义企业实际情况而言，工人过着牛马不如的悲惨生活。正是由于生产资料私有制，资本家剥削工人创造的"剩余价值"的结果。只有社会主义才能解决资本主义社会的根本问题，使人们过幸福的生活。"这就是我们所以要讲社会主义的动机"。[②]

研究系分子幻想依靠中国资产阶级反帝反军阀，建立资本主

---

① 《东荪先生〈由内地旅行而得之又一教训〉》，《新青年》第8卷第4号。

② 陈独秀：《社会主义底批评》，《新青年》第9卷第3号。

义社会。马克思主义者认为资产阶级和军阀比较起来，“简直就是前山老虎和后山老虎”。[1] 处在封建势力与殖民势力压迫下的中国资产阶级经济基础十分薄弱，这决定了它性格的软弱性。对内，它不得不与军阀勾结，对外，仰外国资本家的鼻息唯恐不及，“只能帮着外国资本家来掠夺中国人，指望他们发达起来能够抵制外国资本家，能够保全中国的独立，再过一两世纪也没有希望”。[2]

马克思主义者指出，社会主义代替资本主义已成为社会发展的必然趋势，中国只有顺应这一趋势，走社会主义道路。“中国人民在世界经济上的地位，已立在这劳工运动日盛一日的风潮中，想行保护资本家的制度，无论理所不可，抑且势所不能”。“所以今日在中国想发展实业，非由纯粹生产者组织政府，以铲除国内的掠夺阶级，抵抗此世界的资本主义，依社会主义的组织经营实业不可”。[3]“资本主义的生产分配方法不良，已到了自身不能救济自身底危机必然崩溃的命运，代他而起的自然是社会主义的生产分配方法”。[4]“将来社会的经济组织必归于社会主义”。[5]

第二，劳资协调还是阶级斗争？

在解决中国社会问题的方法上，研究系分子歪曲中国社会阶级关系，主张阶级调和。张东荪说：中国人的贫困不是由于地主、资本家的剥削及反动统治者的掠夺与压迫，“中国人的痛苦是找不到工作，找到工作后，工人所受的苦也是受自工头。在我耳闻目睹资本家的跋扈还是很少的，顾主的暴虐也是很少的。”“不能十二分苛责资本家”。[6] 工人与资本家的关系既然如此，象中国这样，“工业没有发达的国家，资本与劳动两阶级，是没有多少冲突的，因而阶

①④《自治运动与社会革命》，《共产党》第3号。

② 《独秀复东荪先生的信》，《新青年》第8卷第4号。

③ 《中国的社会主义与世界的资本主义》，《李大钊选集》，第356～357页。

⑤ 李达：《讨论社会主义并质梁任公》，《新青年》第9卷第1号。

⑥ 张东荪：《现在与将来》，《改造》第3卷第4号。

级斗争也不能在他们的两阶级行的。"[①] 他主张对资本家采取矫正态度，唤起他们的觉悟，让他们关心工人的利益，工会不能触动现行经济社会制度，不能排斥雇主阶级，工人罢工也是自杀。研究系分子也否认地主对农民的剥削，认为"中国向例地主与佃户是平分收入，甚至于佃户得六成，地主得四成……"。[②] 说农民贫困的原因是天灾人祸和农民的懒惰无知。因此，他们反对农民革命，主张在现有地主土地所有制基础上稍加改良。

早期马克思主义者用大量工人悲惨生活与农民冻饿至死的事实驳斥了张东荪等人的谬论，批判了他们为地主、资本家掩盖罪行的错误，揭示了资本家与工人、地主与农民之间剥削与被剥削、压迫与被压迫的势不两立的关系。主张通过阶级斗争，达到社会革命的目的。针对研究系分子关于无产阶级专政是以暴易暴的诬蔑，马克思主义者明确指出：无产阶级专政"乃是由完成阶级战争，消灭有产阶级，做到废除一切阶级所必经的道路"。[③]

第三，要不要建立无产阶级政党。

在社会主义辩论中，讨论了要不要在中国建立无产阶级政党问题。研究系分子梁启超、张东荪等人认为中国没有无产阶级，或人数很少，质量低，没有建立政党的条件。"党是代表那阶级的，若他背后没有阶级必不能成立。中国现在离劳动阶级的完成与自觉尚早"。[④]陈独秀反问张东荪："请问中国若无劳动者，先生吃的米，穿的衣，住的房屋，乘的车船，是何人做出来的？先生所办的报，是何人排印出来的"。[⑤]中国是"国际资本阶级和中国劳动阶级的对峙，中国是劳动过剩，不能说没有劳动阶级，只不过是没有组织罢了"。[⑥] 由于"没有组织，没有阶级觉悟，不能做阶级争斗来抵抗资

---

①③⑤《中国的阶级斗争》，《解放与改造》第1卷第7号。

②④张东荪：《现在与将来》，《改造》第3卷第4号。

⑥ 李达：《讨论社会主义并质梁任公》，《新青年》第9卷第1号，1921年5月。

本家，所以生活极苦而工价极贱，造成外国资本家群来掠夺的好机会，……这种状态，除了中国劳动者联合起来，组织革命团体，改变生产制度，是无法挽救的。”①

这次论战持续了一年多，规模和影响超过了“问题与主义”之争。使人们初步划清了真假社会主义，主要是科学社会主义和社会改良主义的界限，论证了中国必须走社会主义道路，必须采用阶级斗争和无产阶级专政的手段来改造中国。1921 年，中国共产党的诞生，标志着五四时期的社会主义争论，以马克思科学社会主义的胜利而结束，这是中国先进分子经过长期的探索和追求而作出的正确选择。

① 李达：《讨论社会主义并质梁任公》，《新青年》第 9 卷第 1 号，1921 年 5 月。

第九章

国家主义派、“联省自治”和“好政府”主义

第一节　国家主义派的政治思想

一、国家主义派的产生

国家主义派，是20年代由曾琦、李璜、左舜生、陈启天、余家菊等一些代表地主买办资产阶级的知识分子和政客组成的一个政治派别。他们接受了欧洲国家主义的观点，鼓吹“国家至上”、“民族至上”、“民族优胜”等法西斯主义观点，并以所谓维护“国家”、“民族”的利益为幌子，疯狂地进行反共，反苏活动。如果说戴季陶主义的反共反苏尚有一丝伪装的话，那么，国家主义派则是赤裸裸的反苏、反共主义。正因为如此，毛泽东把国家主义派和国民党右派，并列为代表大地主大买办阶级极端反革命派的政治代表。

国家主义派的骨干分子曾琦、李璜、余家菊等，原是五四时期“少年中国学会”中的右翼会员，当时就接受了国家主义观点，反对马克思主义。此后，这些人先后赴欧洲留学，进一步接受了国家主义。1923年初，曾琦等开始在巴黎酝酿建立反苏反共的国家主义政党。关于建党目的，曾琦在他后来手订的《年谱》中说：“时中国共产党已成立，得俄之援助，大肆活动于国内外，而国民党孙中山又有联俄容共之议。予深知大乱将至，国命或为之断，因决议另组新

革命党，……”。[①]1923年12月2日，由曾琦、李璜等发起，共52人在巴黎玫瑰城共和街餐厅中集会，正式建立了“中国青年党”，曾琦被推选为委员长，并以《先声》周刊作为该党的机关刊物。中国青年党的建立，标志着国家主义派正式形成。该党成立后，对外以“中国国家主义青年团”的名义出现，最初的活动主要在法国。当时孙中山正在共产国际和中共帮助下，积极准备改组国民党，国共合作即将实现。青年党以反对国共合作为己任，在《先声》周报发刊反对中国国民党收容共产党与共产党加入国民党专号，诬蔑共产党员以个人身份加入国民党是“不讲政党道德”，“是对国民党的打击”。他们还把在巴黎发现的一份共产国际关于共产党员加入国民党的决议转给谢持，由谢出面攻击孙中山的三大政策。对此，中共旅法支部的成员周恩来等曾以《赤光》为阵地与之进行针锋相对的斗争。1924年国共合作实现后，国内革命形势发展很快，周恩来等旅法共产党员相继回国。曾琦等国家主义派分子“预料国内共产党必日益加强，认为非跟踪进击不可”。1924年9月，曾琦、李璜回到上海，将青年党的活动中心转到国内，总部设在上海。此后，又创办了由曾琦任总编辑的《醒狮》周刊(故又被称为醒狮派)和一些地方刊物，积极吸收国内的国家主义派分子入党，发展地方组织，先后在十几个省市建立省市党部和三十多个国家主义派团体。1925年12月15日，又成立了全国国家主义团体联合会，以及北京、南京、武汉三个分会。这一时期是国家主义派活动的高峰期。他们在文教和出版界吸收了一批教授和知识分子入党，依附反动军阀，疯狂地进行反苏、反共、反对国共合作，反对北伐的反革命活动。他们攻击孙中山的联共政策，说这一政策使国民党失却了海外华侨、绅商阶级、爱国青年的同情和支持；称赞西山会议派分子的反共活动“是

① 转引自彭明：《中国现代政治思想史十讲》，第199～200页，河南人民出版社1986年3月版。

国民党的新觉悟”;他们为蒋介石制造中山舰事件、整理党务案喝彩,要他用“快刀斩乱麻”的手段“武力铲除共产党人”。国家主义派的主要成员都有一些著述,其中李璜的《释国家主义》是国家主义的代表作。

二、国家主义派的政治主张

第一、宣扬资产阶级国家观,鼓吹所谓“全民革命”,反对阶级斗争。

国家主义的理论基础就是抽掉“国家”阶级内容的,抽象的资产阶级“全民国家”观和“国家至上”论。他们认为:国家只是一个具有“一定的人民,占有一定的土地,保有一定的主权”,和既“有一种特殊文化的贻留”又“有一种相当感情的回顾”的,“不独有其实质,复有其灵魂”的群体。[①] 这个群体的成员——国民,其感情、利益是一致的,不分阶级的,因此国家也就是“全民”的,而且“一个国民自呱呱堕地以来,……无论穿衣、吃饭、说话、睡觉、读书,一举一动”,都“受着国家泽惠”,[②]因此,国家的利益是至高无上的,谁要是忘记国家的“泽惠”,谁就是“忘恩”。什么是国家主义呢?他们说:国家主义就“是对于其所属国家特有的一定的志愿”,是“疾视一切所有不以国家的旧信仰为根本的学说”,是“反乎国际主义”的。这样,国家主义派的政客们就抽掉了国家是阶级统治工具这一实质,为地主资产阶级的政权披上了”全民国家“的伪装,谁要是反对这个政权,谁就是“反国家”,“反民族”,谁就是“忘恩”。

正是从这种抽象的资产阶级国家观出发,国家主义派反对阶级斗争学说,鼓吹所谓的“全民革命”。他们“认为全中国民众士农工商各阶级皆同样有向压迫者要求革命的志愿和需要,故我们反对‘阶级斗争’,而主张‘全民革命’”。他们说:“中国旧式的封建阶

①②李璜:《释国家主义》,《醒狮》周报第1号,1924年10月10日。

级已因政治平民化而早已消灭，新的资产阶级因产业落后而无从发达”，“今日的中国人几乎全部都是小资产阶级，士人商人固不必说，农民多数拥有土地，……至于工人更不能算无产阶级。”[①] 因此，他们认为中国社会不存在阶级对立，阶级革命不合中国国情，阶级斗争学说是硬造的理论。他们攻击共产党“煽动工人，使为己用”，诬蔑办农民运动的人“多是些无赖地痞”。他们声称国家主义派的任务“不外下列二端：其在积极方面，则本国家主义之精神，以实行全民政治，凡有关全民福利之事，本会无不协力以图之，而一阶级专政之邪说，在所必屏；其在消极方面，则本国家主义精神，以实行‘全民革命’，凡有害于全民福利之人本会无不协力以除之，而一阶级革命（专政）之谬论，在所必斥，此则本会同人之所自励者也”。[②] 可见，国家主义派的“全民革命”、“全民政治”实则是反对阶级斗争，反对无产阶级专政，鼓吹阶级调和宣扬超阶级的“国家利益”的代名词。

第二，盗用五四时期“内除国贼、外抗强权”的口号，疯狂反共、反苏。

“内除国贼，外抗强权”是国家主义派最基本的政纲和口号。

国家主义派的“内除国贼”，就是反对中国共产党。曾琦说：“国贼者何？即其行为有背于国之公意，有害于国家之生存者也。”[③] 接着他列举了所谓“摧残民命之军阀”、“祸国殃民之官僚”、“争夺政权之政党”、“寡廉鲜耻之政客”等十大国贼。如果说曾琦的定义是含糊其词的话，左舜生对“国贼”的释义就更加直言不讳了。他说：“所谓‘国贼’，大概便以共产党为主体。”[④]

国家主义派不仅不反对真正的国贼——军阀，而且与军阀为

① 《国家主义浅说》，中国青年党中国国家主义青年团编印，1929 年 10 月。

②④李义彬：《中国青年党》，第 122～123 页、第 105 页，中国社会科学出版社 1982 年 2 月版。

③ 曾琦：《‘内除国贼外抗强权’释义》，《醒狮》周报第 2 号，1924 年 10 月 18 日。

伍,卖身投靠。他们认为“空言反共无效,非武力不可”;“凡反赤的军队都是爱国的军队”。在这种信条下,国家主义派的骨干分子纷纷投入军阀办的军官学校或讲武堂,或担任教官,宣讲国家主义,或直接接受军事训练。难怪孙传芳、吴佩孚等人都自称是“国家主义者”了。曾琦等国家主义派头子投靠军阀的行径,引起了该派内部一部分人的不满。为此,左舜生曾为之辩解说:青年党作为一个爱国而反共的党,简直弄得无法可以生存,“剩下可以接近的,就只有寥寥的几个军阀,他(指曾琦,作者注)不去和他们接近,还和谁去接近?”①

国家主义派的“外抗强权”,实则是反苏的代名词。他们诬蔑苏联是“赤色帝国主义”,把共产国际和苏联对中国革命的援助说成是侵略,把接受这种援助的中国共产党和国民党左派骂为“苏俄走狗”。然而对真正侵略中国的帝国主义,他们却为之辩护,说什么:“他国之以压力加于我者,非必即为资本主义国家也”。“所谓‘打倒国际资本帝国主义’一语,乃自实行共产主义之苏俄发生”,“而吾人信仰国家主义者则万万不能与之苟同。”② 他们甚至说:“‘打倒国际资本主义’一语,含有干涉他国内部组织之意,显然为一种世界革命。”③另一个国家主义派分子灵光则说得更加露骨,他说:“我们现在连帝国主义的爪牙的军阀,都没有力量剪除,我们还配反对其主人的帝国主义么?”既然中国人连反帝的资格都没有,那么出路何在呢?灵光的办法是:只要“对于外国一切之既成条约,均照旧遵守”,那么帝国主义“又何为必须与军阀结其死缘?”④ 换句话说,只要承认一切不平等条约,国家主义派就可以得到帝国主义的欢心,取封建军阀的地位而代之,与帝国主义结其死缘。至此,国

---

① 李义彬:《中国青年党》,第188页。

②③曾琦.《‘内除国贼外抗强权’释义》,《醒狮》周报第3号,1924年10月18日。

④ 灵光:《中国的国家抵抗及其步骤》,《醒狮》周报第18号,1925年2月7日。

家主义派的“内除国贼，外抗强权”到底是什么货色就昭然若揭了。

三、反对国家主义派的斗争

国家主义派的头面人物大多是“社会名流”、“教授”，他们又打着“民族”、“爱国”的旗号，因此，国家主义一度在知识界有一定影响。为了坚持中国共产党的反帝反封建纲领，教育上当受骗的青年，中国共产党和共产主义青年团，以《响导》和《中国青年》为主要阵地，开展了对国家主义的批判。

第一，用马克思主义的国家观，批判醒狮派的反动国家观。共产党人指出：国家是阶级统治的工具，从来就没有抽象的国家，全民的国家。“有产阶级专政，是用国家这个东西保持自己的地位，役使他人——使阶级存在。无产阶级专政，是使生产社会化，废除私有财产，将一切生产工具归之于社会公有——使阶级消灭”。[①]“我们心目中的国家，是抵御国际资本主义的压迫而存在的；我们心目中的政府是为保障无产阶级平民的利益存在的；我们要全民族自爱自保，是为要使全民族从帝国主义政治经济压迫之下解放出来；要求全民族解放，我们自然更要注意力求那些最受压迫而占人口最大多数的农工阶级的解放。”而国家主义派总是拿国家观念来压制阶级观念，实则是以“牺牲无产阶级利益，去博取那些反革命或怕革命危险的士商阶级的同情”。[②]

第二、共产党人还批判了国家主义派鼓吹“全民革命”，反对阶级斗争的观点。恽代英指出：“我们为打倒帝国主义，固然要联合各革命阶级的革命势力，但我们并不因此便放松无产阶级自身的利益；而且我们相信革命的实力究竟在更多的无产阶级之参加，我们

---

① 肖楚女：《显微镜下的醒狮派》，中国青年社 1925 年 10 月版。

② 代英：《答“醒狮”周刊三十二期的质难》，《恽代英文集》下卷，第 684 页，人民出版社 1984 年 5 月版。

为使更多的无产阶级之参加，尤其要注重无产阶级自己利益的争斗。”①

第二节 “联省自治”思潮

一、“联省自治”思潮的出现

“联省自治”是20年代初出现的一种资产阶级改良主义思潮。第一次世界大战后，美英与日本之间，特别是美日之间争夺中国的斗争加剧，在它们的支持和导演下，中国各派军阀不断争夺、混战；与此同时，随着马克思主义在中国的广泛传播和中国共产党的成立，人民革命运动蓬勃发展。在这种复杂的形势下，各式各样的改良主义社会思潮纷纷出现，其中一些地方军阀和以胡适、章太炎等为代表的资产阶级代表人物鼓吹的“省自治”、“联省自治”曾风行一时，并对中国政局产生过颇大的影响。

“联省自治”思潮的风行一时，直接和当时封建军阀在帝国主义支持下不断争夺、混战的政局相关。袁世凯死后，北洋军阀分化为直皖两大派系，此外还有奉系和西南各省的地方军阀。在日本帝国主义的支持下，皖系段祺瑞控制了北京政权，并企图凭借武力统一全国。1920年7月直皖战争爆发，皖系败北，北京政权落入直、奉两派军阀手中。1922年4月，直奉之战又起，结果英美支持的直系打败了日本支持的奉系，独揽了北京政权。此后，吴佩孚踌躇满志，不可一世，于是在英美的大力支持下，高揭“武力统一”的旗帜，妄图靠武力消灭其他军阀，形成直系的一统天下。正是在这种背景下，各省地方军阀纷纷打起“自治”旗号，鼓吹“联省自治”运动。各省军阀之所以利用这一口号，一是因为辛亥革命后，民国、民主政

① 代英：《与李琯卿君论新国家主义》，《恽代英文集》下卷，第656页。

治的意识已经深入人心，“省自治”、“地方自治”、“省宪”、“民选省长”等带有资产阶级民主色彩的口号，便于他们利用以欺骗人民，巩固自己的统治；二是因为它利于对抗直系军阀的“武力统一”政策，以求自保。

“联省自治”思潮，渊源于仿效美国的联邦制。近代以来，在反对清朝专制统治的斗争中，资产阶级改良派和革命派，都曾提出过学习美国的政体，在中国实行联邦制和地方自治的主张。辛亥革命后，民心思定，要求国家统一的思潮又占了上风。及到袁世凯窃国、独裁，主张联邦制的思潮又起。袁世凯死后，各派军阀不断争霸、混战，人民群众深受其害。在这种混乱的形势下，联邦制的主张逐渐演化为“联省自治”的改良主义思潮。其基本内容是：首先实行省自治，由各省自定宪法并依省宪组织省政府；由各自治省选派代表，组成联省会议，制定联省宪法以使中国成为统一的联邦制的资产阶级共和国。作为一种资产阶级改良主义思潮，它曾在反对封建专制方面起过一定的作用，但在 20 年代以后，“联省自治”就完全成了封建军阀和资产阶级学者为维护封建割据，反对人民革命而玩弄的一种骗人把戏了。

二、地方军阀的“联省自治”

最早提出以“省自治”的主张，对抗直系军阀的“武力统一”政策的是湖南军阀谭延闿。湖南地理位置重要，历来是南北军阀必争之地，当地人民深受兵灾之苦，特别是北洋军阀统治湖南期间，更给湖南人民带来了深重的灾难。因此，湖南人民历来对“北军”深恶痛绝。直系军阀控制北京政府后，吴佩孚竭力推行武力统一政策，这使湖南再次面临被北洋军阀统治的威胁。在这种情况下，湖南一般民众中要求湖南自治，“湘人治湘“的愿望相当强烈。1920 年 6 月，旅沪湖南人组成“湖南改造促成会”提出，在南北政争中湖南中立，“湘事湘人自决”的主张。1920 年 7 月，湖南军阀谭延闿利用湖南人民这种情绪，发表通电，打出“湘人治湘”旗号，主张“湖南自治”。通电说：“民国之际，纯在民治之实行；民治之实行，尤在各省人民组织地方政府，施行地方自治。”并表示要废除督军，实行民选省长。此后，谭延闿在本地及京津各地的湘绅支持下，煞有介事地搞起了所谓自治运动，又是召开“自治会议”，又是急急忙忙赶制所谓“省宪法”。1920 年 11 月，湘军将领赵恒惕将谭延闿赶下台，自任湘军总司令。赵上台后继续玩弄“省自治”把戏，并发表“联省自治”通电，主张在省自治的基础上实行“联省自治”。1920 年 12 月，四川军阀刘湘等人就已议决实行自治，并制定省自治法。1921 年 2 月刘湘发表通电，正式宣告四川自治。4 月贵州军阀卢焘宣布贵州自治。接着，东北的张作霖，浙江的卢永祥，广东的陈炯明也都打出“省自治”、“联省自治”的旗号。此后，广西、湖北、山东、河南、陕西等省的省议会也都纷纷响应，召开省宪会议，制定、公布省宪法，“联省自治”运动达到了高潮。

1921 年 7 月，湖北发生驱逐督军王占元的兵变。赵恒惕利用时机，联合川军组织援鄂军赶走了王占元，并于 8 月通电各省，建议在汉口召开国民大会，讨论“联省自治”并组织全国的“联省自治”政府。但吴佩孚调兵遣将，很快就打败了援鄂军，重新控制了湖北，并攻占了湖南岳阳。赵恒惕被迫向吴佩孚求和，“联省自治”政府之议只好作罢。1922 年吴佩孚打败奉系，单独控制北京政府后，实行软硬兼施的策略，一方面推行“武力统一”政策，另一方面则恢复了国会，由黎元洪复任总统，其目的是通过国会制定宪法，然后把“省自治”和“省宪法”纳入其中，借用“法统”的名义实现直系的一统天下。慑于吴佩孚的威势，以赵恒惕为代表的地方军阀，虽然不便立即放弃“联省自治”的旗号，但也只好表示拥护黎元洪，愿将省宪法纳于国宪之中了。至此，喧嚣一时的“省自治”、“联省自治”也就逐渐烟消云散了。

三、胡适、章太炎等人的“联省自治”

在20年代初期，胡适也是“联省自治”的鼓吹者。1922年9月，胡适发表《联省自治与军阀割据》一文，提出了“建设在省自治上面的联邦国家”的主张。他认为，中国实行“武力统一”，“大革命统一”都不行，只有采用“省自治的联邦制”的办法才行，因为它“是今日打倒军阀的一个重要武器”。胡适认为，军阀割据的原因是因为中国最不适宜采用集权政治组织形式，是因为在这种集权制之下“地方没有权，而无力制裁军阀”。因此，只有实行省自治的联邦制，提高地方权力，即提高省议会的权力使之有权制裁军阀，然后，在省自治的基础上，由各省承认中央政府“为不可少的总机关”，规定由其处理全国的事务。据说这样一来，国家的统一问题就解决了。胡适唯恐别人不相信他的主张，所以反复强调了议会斗争的意义，据他说，省自治实现后，“省议会就成了军阀和人民决斗的战场”，而决斗的结果一定是军阀失败，因为大部分军阀是只知中饱私囊的胸无大志之徒，少数有野心的也不敢公然冒大不韪与舆论为敌。众所周知，所谓的省议会不过是地方军阀手中的工具，省议员多数也是依附军阀的豪绅、买办和政客，想靠省议会限制和打倒军阀，纯属无稽之谈。说穿了，胡适的主张和地方军阀的“联省自治”并无二致，所不同的是地方军阀只要“联督割据”，不要统一；而胡适则在大军阀的“武力统一”和地方军阀的“联省自治”中间来一个折中罢了。其主张的实质，是要在“联督自治”的基础上，建立以直系军阀为中心的军阀联合统治。

除胡适而外，一部分中间派的资产阶级文人学者也主张“联省自治”。这部分人既不满封建军阀的割据和专制，又害怕人民革命运动。他们主张削弱中央政府的权限，加强地方政府的权力，由各省制定“省宪法”，民选督军和省长，实行“地方自治”，然后由各省代表组成联省会议，制定联省宪法，使中国成为统一的联邦制的资产阶级共和国。这种主张反映了民族资产阶级的愿望，是典型意义上的“联省自治”。1920年11月，章太炎发表《联省自治虚置政府议》一文，集中表明了这种主张。章太炎认为：“近世所以致乱者，皆由中央政府权藉过高，致总统总理二职，为夸者所争，而得此者，又率归于军阀，攘夺一生，内变旋作”。既然政乱的根源在于争夺中央政府的大权，那么制止政乱的办法就是“联省自治虚置政府”。具体讲就是“各省人民，宜自制省宪法，文武大吏，及地方军队，并以本省人充之；自县知事以至省长，悉由人民直选，督军则由营长以上各级军官会推”。对中央政府的权限则予以削弱，只赋于其“颁给勋章，授予军官之权；其余一切，勿得自擅”。而且各自治省还要选派参事一人监察中央政府。据说这样一来“则内乱庶其弭矣”。除了上述主张而外，还有相当一部分人主张“制宪救国”，他们认为造成军阀专制割据，人民无权的原因是由于中国没有制定宪法，因此，“惟促成宪法之制定，俾政治入轨，绝乱源，定国基，然后徐图兴国之道”。[①]与上述主张相呼应，1920年以后，各省市地区，纷纷成立自治运动团体和各省市区自治联合会，一些团体和学者文人也自动拟定“国宪大纲”。1921年11月《东方杂志》还出了《宪法研究专号》，一时间，“联省自治”、“制宪救国”的呼声颇为高涨。“联省自治”和制宪救国的主张，反映了资产阶级对中国政局混乱的不满和要求参政的愿望，同时也反映了这个阶级的软弱性。他们不懂造成中国内乱的根本原因在于封建军阀的存在，以及军阀赖以存在的社会制度。他们不敢支持人民群众推翻旧的社会制度，而是想在保存旧制度的前提下，依靠“地方自治”和“制宪”来搞所谓的“民主建设”和“统一”。事实上，想以“自治”和“制宪”的办法，迫使大小军阀交出权力的愿望，只能是“与虎谋皮”式的天真幻想，它只能起到愚弄中国人民的作用。

---

① 《我国宪法应明定国民之生有权》，《东方杂志》第19卷21号，1922年11月。

四、对“联省自治”思潮的批判

对于风行一时的“联省自治”思潮，中国共产党人一开始就持批判态度。当时，有一些人把联省自治当作解决时局的唯一办法，对此陈独秀指出：“联省制即联邦制的理想，固然是我们所不反对的，自治更是我们所赞成的”，但是，“建设在武人割据欲望上面之联省论，不过冒用联省自治的招牌，实行‘分省割据’、‘联督割据’罢了”。“其结果，上不能集权于政府，下不能分权于人民，徒使军阀横梗其间，统一与民权两受其害。”[①] 1922 年 6 月 15 日，中国共产党第一次对于时局的主张中，专门有一部分就此问题表明了自己的态度。其中指出：联省自治、地方分权作为第三阶级民主政治的理论，在反对袁世凯和北洋军阀的专制独裁统治中起过作用，对此我们不能加以非难。“但是我们所认为不违背民主主义的联省自治，是由民主派执政的自治省联合起来，组织联省政府，来讨平非民主的军阀政府，建设民主政治的全国统一政府，结果仍是一种民主主义对于封建制度战争的形式；决不是依照现状的各省联合为一联省自治的政府和北京政府脱离就算完事，因为这乃是联督自治不是联省自治；更不是联合卢永祥、张作霖几个封建式的军阀就可以冒称联省自治的，因为这种联省自治不但不能建设民主政治的国家，并算是明目张胆的提倡武人割据，替武人割据的现状加上一层宪法保障。总之，封建式的军阀不消灭，行中央集权制，便造成袁世凯式的皇帝总统；行地方分权制，便造成一班武人割据的诸侯，哪里能够解决时局？”接着，“对于时局的主张”列举了从民国元年到十一年发生的七次战争，其“共通病根就是军阀存在”。因此，解决中国政局的“唯一道路只有打倒军阀建设民主政治”。1922 年 9 月，蔡和森在《向导》第二期，发表了《武力统一与联省自治——

① 《联省自治与中国政象》，《响导》第 1 期，1922 年 9 月。

军阀专政与军阀割据》一文。该文指出，“武力统一”和“联省自治”不过是军阀们玩弄的不同手法，“力能进取的军阀，便倡武力统一，或主张强有力的中央政府（如曹吴）；仅能自保或希图自保的军阀，便倡联省自治或筹备制省宪，举省长（如川滇）；同一军阀，进攻时宣布武力统一，退守时宣布联省自治（如奉张），……凡此种种，无非是封建的残局之下，军阀专政军阀割据的必然现象和趋势。”针对章太炎等人认为中国的乱源是中央政府权力过大，地方政府无权，因此应联省自治虚置政府的主张，蔡文指出：中国真正的乱源是辛亥革命后形成的军阀专政和军阀割据，是大小军阀之间的不断争夺和混战，给国家和人民造成了无穷的灾难，“所以现在根本的问题……是推翻军阀，换过说就是怎样革命。”

对于“联省自治”的主张，孙中山也进行了批判。孙中山认为：一些文人志士“不根本上拿中美两国的国情来比较，只就美国富强的结果而论”，[①] 就要仿效美国的联邦制搞联省自治的见解和思想是谬误的，是莫名其妙！他指出：“美国当独立之后为什么要联邦呢？是因为那十三邦向来完全分裂，不相统属，所以不能不联合起来”。[②]“中国的各省在历史上向来都是统一的，不是分裂的，不是不能统属的；而且统一之时就是治，不统一之时就是乱的”。[③]他还指出：“美国的富强，是各邦统一的结果，不是各邦分裂的结果。中国原来既是统一的，便不应该把各省再分开。”[④]“提倡分裂中国的人一定是野心家，……象唐继尧割据云南、赵恒惕割据湖南、陆荣廷割据广西、陈炯明割据广东，这种割据式的联省，是军阀的联省，不是人民自治的联省。”[⑤]他强调，“中国眼前一时不能统一，是暂时的乱象，是由于武人的割据。这种割据，我们要铲除他，万不能再有联省的谬主张，为武人割据作护符。”[⑥]

①②③④⑤⑥《孙中山选集》，第745～746页、第747页、第746页。

第三节　胡适派的"好政府"主义

一、"好政府"主义的提出

如前所述,20年代初期是中国政局非常动荡混乱的时期,连年的军阀战乱造成了经济衰退,政治腐败,民不聊生。动荡的时局使人心思变,由此,各种所谓挽救时局的资产阶级改良主义主张便应运而生,胡适派提出的"好政府"主义便是其中颇具影响的一种。

1922年5月,胡适、蔡元培、王宠惠、罗文干、汤尔和等北京大学教授在《努力》周报第2期上联名发表了《我们的政治主张》一文,提出了"好政府"主义的主张。

胡适等人提出,国内的优秀分子,无论信仰什么主义,无论其理想的政治组织是什么,"现在都应该平心降格的公认'好政府'一个目标,作为现在改革中国政治的最低限度的要求。"所谓"好政府"的标准,一是"要有正当机关可以监督防止一切营私舞弊的不法官吏",二是要"充分运用政治的机关为社会全体谋充分的福利"。"好政府"还要实行政治改革的三个原则和六项具体主张。三个原则即一个"宪政的政府"、一个"公开的政府"和一种"有计划的政治"。六项具体主张是:早日召开南北和平会议;以恢复旧国会、制定宪法等项为南北议和的条件;裁兵;裁官;改良选举制度;公开财政。"好政府"的目标定了,自然需要由好人出来当政才能组成"好政府"。所谓"好人",胡适提出了两个条件:一是人格上可靠;二是才具上可以有为。胡适等人认为:中国所以败坏到这步田地,虽然有种种原因,但"好人自命清高"确是一个重要的原因。……因此,他们认为,今日政治改革的第一步在于好人须要有奋斗的精神。凡是社会上的优秀分子,应该为自卫计,为国家社会计,出来和恶势力奋斗。换言之,胡适等人认为,中国政局和社会败坏的原因,不是由于帝国主义的侵略也不是因为封建军阀的反动统治，而是由于好人自命清高不肯出来参政。由此，胡适等人提出：中国“政治改革的唯一下手功夫”是唤起好人的奋斗精神，由好人组成一个“宪政的、公开的、有计划”的“好人政府”。据说这样一来，中国的问题就可以解决。

“好政府”的主张，反映了资产阶级对军阀统治的不满和希冀改善自身经济政治地位的愿望。但是，胡适等人不敢触及帝国主义侵略和军阀专制，是造成中国败坏的根本原因这一实质问题，而是希图在维持军阀统治的前提下，依靠一些所谓的“好人”挺身出来参政解决中国的问题，这无疑是资产阶级的天真幻想。

“好政府”主张的出现，也反映了美国资产阶级希望中国出现一个稳定的投资环境的愿望。第一次世界大战以后，美国加紧了对中国的侵略，并准备通过组织新四国银行团向中国大量投资，为此，美国自然“关心”中国的政局。1920 年 9 月，美国驻华公使芮恩施发表了《对于中国时局的建议》，建议中国“制定宪法及国会选举法”，使国家“各部分皆能建设于法律之基础上”。建议中国强健“政府财政基础”，“公开财政”，以便利用外资“建设两万英里铁路与两万英里马路”。芮恩施的建议，表面上看似乎是关心中国的政治改革和经济发展，而实质上他关心的是美国投资环境的稳定。胡适等人的“好政府”主张，恰恰适应了美国的这种需要，因此，理所当然的受到美国政府的欢迎和支持。

二、“好人政府”的出台和破产

“好政府”的主张不仅得到了美国的支持，也受到了直系军阀吴佩孚的青睐。当时，吴佩孚急需几个名流学者加入政府以装璜门面，以进行政治欺骗。

1920 年 7 月直皖战争后，直奉两派控制了北京政权。但直奉两派貌合神离，矛盾重重，很快由联合走向分裂。奉系张作霖联合在南方护法的孙中山和皖系段祺瑞共同倒吴，并约定倒吴后，将广州的非常国会迁回北京。吴佩孚为争取主动，也提出请黎元洪复任总统职位，恢复国会的主张与之针锋相对。1922 年 4 月吴佩孚打败了奉系，独霸了北京政权。为了实现直系一统天下的美梦，吴佩孚双管齐下，一面加紧推行“武力统一”政策，一面紧紧抓住总统复位，恢复国会以维护法统的旗帜不放。恢复旧国会，一可以抵制地方军阀的“联省自治”，二可以使孙中山的护法斗争失去依据。这样一来，既可实现直系的“统一”又为“统一”披上了“法统”的合法外衣。吴佩孚的打算真可谓机关算尽。吴佩孚的花招，确实蒙蔽了一些人。一时间，总统复位，恢复国会以维法统似乎成了解决中国时局的关键。胡适等人的“好政府”主张，就是在这种“恢复国会”、“维护法统”的声浪甚嚣尘上的气氛中出台的。胡适等人需要吴佩孚这样的靠山实现其政治主张，吴佩孚则需要这些名流学者为其装璜门面，双方于是一拍即合。

1922 年 5 月 14 日出版的《努力》周报刊出了胡适等人的《我们的政治主张》；15 日，直系孙传芳通电全国，主张恢复法统，速制宪法请黎元洪复位；6 月初，旧国会议员在天津集会。与此同时，总统徐世昌辞职，曹锟、吴佩孚等联名请黎元洪“复职”。黎元洪任总统后，任命唐绍仪组阁，但遭到吴佩孚的坚决抵制。9 月中旬，由于吴佩孚的坚持，黎元洪被迫解散了名存实亡的唐内阁，正式委派王宠惠署理内阁，接着，罗文干、汤尔和、顾维钧等“好人”也加入了内阁，分别担任财政总长、教育总长和负责外交。至此，以王宠惠为内阁总理的“好人政府”正式粉墨登场。但是，该内阁的实权，完全操纵在掌管内务和交通的吴佩孚的亲信高恩洪、孙丹林手中。“好人”们有职无权，事事唯吴佩孚的马首是瞻，他们除了替军阀筹款、借外债，任免官吏而外，无任何对人民有利的政绩可言。但即使如此，“好人”们也还是做了军阀内争的替罪羊。直系内部原就分为以曹锟为首的保定派和以吴佩孚为首的洛阳派。曹锟早有问鼎总统的野心，吴派势力的增强早已使保派对吴佩孚存有戒心，“好人内阁”唯吴命是从更引起曹锟等人的不满。1922年11月18日，倾向曹锟一派的国会议长吴景濂首先发难，借口财政总长罗文干在签定奥国借款展期合同中使国家蒙受损失，并有受贿贪污行为为理由，迫使黎元洪下令逮捕了罗文干。接着，曹锟等人通电要求严惩罗文干、王宠惠等人。吴佩孚在内部压力下，只得屈从曹锟。这样，仅仅当了三个月军阀奴仆的“好人内阁”，不得不于11月25日宣布解散。

“好人内阁”的垮台，宣告了胡适等人的“好政府”主义的彻底垮台，也说明了资产阶级改良主义在中国行不通。王宠惠内阁垮台后，胡适还不承认是“好政府”主义的失败，反而认为是由于王宠惠等人，虽然人格可靠，但政治上才具不够所致，这当然是一种无力的辩解。正如《向导》第五期所载君宇的文章《王博士台上生活应给“好人努力”的教训》中所指出的：“现在做中国政治有力因子的是军阀和外国帝国主义，北京政府尤其是显然为他们操纵；在这种情势之下，就是较王博士强干而有棱角的来做‘好人努力’，也逃不脱为高压在当头的势力利用，何况庸弱的王博士，而他的上台已就是出于这些势力的捉弄呢！在一种自己做不得政治主动的情形之下，想以‘好人努力’的方法将政治整理向宰制势力利益的反面，这不是傻小子的梦想，便是骗子手的许诺。”

第十章

新三民主义、戴季陶主义

第一节　孙中山的新三民主义

一、从旧三民主义到新三民主义

辛亥革命结束了中国的帝制，但并没有完成反帝反封建的任务。清帝退位，中华民国建立后，孙中山认为："民族、民权两主义俱达到，唯有民生主义尚未着手，今后吾人所当致力的即在此事"。为此，他把大总统的职位让给了袁世凯，表示今后要以专心致志地修建20万公里铁路为己任。袁世凯刺杀宋教仁、复辟帝制的无情事实打破了他的幻想，促使他发动了"二次革命"和"护国战争"。袁世凯死后，段祺瑞执政，解散了孙中山视为民国象征的国会，并拒绝恢复"临时约法"。这使孙中山认识到段祺瑞"阳托共和、阴行帝制"与袁世凯"如出一辙"。于是他又到南方依靠西南军阀发动了护法斗争，但很快就被西南军阀排挤出卖，落得个"孑然无助，徒为亲厚所痛，仇雠所快，终至解职以去"[①]的结果。护法失败的惨痛教训使孙中山认识到："吾国之大患，莫大于武人之争雄。南与北如一丘

① 《民生主义与社会革命》，《孙中山选集》上卷，第84页。

之貉”。[①]“夫去一满洲之专制，转生出无数强盗之专制，其为毒之烈，较前尤甚”。[②]因此，“护法断断不能解决根本问题”，[③]根本的解决办法在于“把那些腐败官僚、跋扈武人，作恶政客完完全全扫干净他”，“重新创造一个国民所有的新国家。”[④]1919年10月10日，孙中山把中华革命党改组为中国国民党，在该党纲领中重新提出以巩固共和，实行三民主义为宗旨。1920年1月4日，孙中山在《修改章程之说明》中指出：“有人说‘清室推翻以后，民族主义可以不要’，这话实在错了。即如我们所住的租界，外国人就要把治外法权来压制中国人，这还是前清造的恶因。现在清廷虽然不能压制我们，但是各国还是在压制的，所以我们还要积极地抵制，……所以我们还是三民主义缺一不可”。[⑤]从辛亥革命后只提民生主义到重申三民主义缺一不可，这无疑是孙中山思想上的一大进步。但是，在三民主义的内涵上并没有实质性的突破。

然而，孙中山的伟大之处就在于，他的思想发展能够“顺乎世界潮流，合乎人群需要”。1917年俄国爆发了震撼世界的十月革命，孙中山以一个民主革命家的敏感，从苏俄的事变中看到了自己民族的新希望，他欢迎十月革命，接受共产国际和中国共产党的帮助，这成为他由旧三民主义向新三民主义发展的决定因素。1918年孙中山致电苏维埃政府和列宁，表示：“中国革命党对于贵国革命党所进行的艰苦斗争，表示十分钦佩；并愿中俄两党团结，共同斗争”。[⑥]在十月革命的影响下，1919年我国爆发了五四爱国运动。五四运动中人民群众表现出的巨大热情和力量推动了孙中山思想的发展，使他认识到“而于此甚短之期间收绝伦之巨果，可知结合者即强也”。在群众爱国运动的推动下，孙中山改变了以往对日本抱有幻想的态度，提出了废除二十一条的要求。他表示：“我们革命

①④魏宏运：《孙中山年谱》，第63页、第249～250页，天津人民出版社1979年版。
②③⑥《孙中山选集》上卷，第116页、第273页、第492页。
⑤ 《国父全集》第887页，转引自彭明：《中国现代政治思想史十讲》，第164页。

党，一定要打到一个人不剩，或者二十一条款废除了，才歇手。”①

1919年7月和1920年9月，苏联政府先后两次发表对华宣言，宣布废除沙俄时代与中国政府签定的一切不平等条约，这使孙中山深受鼓舞。1920年秋，孙中山会见来华的共产国际代表维经斯基，并向他表示了“与遥远的俄国斗争结合起来”的愿望。1921年12月孙中山在桂林会见了共产国际派来帮助中国建党的马林，向他表示愿“与苏俄公开建立联盟”。马林则向孙中山建议：一要建立一个联合各阶层，特别是工农群众的党；二要创办军官学校，培养革命军队骨干。孙中山赞赏这些建议。1922年1月4日，孙中山在桂林发表演说，指出：“法、美共和国皆旧式的，今日唯俄国是新式的；吾人今日当造成一最新式的共和国。”同年4月，孙中山在广州会见少共国际代表达林，并就国共合作问题进行了多次会谈。与此同时，中国共产党也对孙中山进行了真诚的帮助。1922年6月15日，中共发表《第一次对于时局的主张》，高度评价了孙中山领导的国民党，同时也指出了该党的错误。7月，中共二大为与孙中山合作，专门作出了《关于‘民主联合战线’的决议案》。同年8月马林与苏联政府特使越飞一同来华。根据共产国际的指示和马林的建议，中共中央在西湖召开特别会议，会议决定在根据民主原则改组国民党的条件下与国民党实行党内合作。孙中山欢迎中共这一决定，并亲自主盟介绍李大钊、陈独秀等人以个人身分加入国民党。9月，孙中山指定陈独秀为“国民党改组方案起草委员会”的成员。1923年元旦，孙中山发表《中国国民党宣言》，提出了依靠工农和反对帝国主义的思想，并明确表示“力图改正条约，恢复我国国际上自由平等地位”。同年1月26日《孙文越飞宣言》发表，标志着孙中山联俄政策的公开确立，也标志着孙中山丢掉了对帝国主义的幻想，转而向苏联寻求国际援助。6月，中共三大正式确定国共

① 《孙中山选集》上卷，第260页。

合作的方针，更多的共产党员和共青团员以个人身分加入国民党，帮助国民党重建和发展地方组织，从内部推动国民党的改组工作。8月，孙中山派“孙逸仙博士代表团”赴苏考察，接着苏联派鲍罗廷来华。10月18日孙中山委任他为国民党组织教练员。此后，孙中山委派包括共产党人谭平山在内的九人组成国民党临时中央执委会，李大钊为候补委员，并正式聘请鲍罗廷为国民党临时中央执委会顾问，全面负责国民党改组的各项准备工作。11月，国民党临时中央执委会发表《中国国民党改组宣言》，并决定1924年1月在广州召开国民党一大，正式改组国民党。孙中山在这一时期的思想发展不仅受到共产国际和中国共产党帮助的巨大影响，而且也受到中共领导的工农运动的启示。蓬勃发展的工农运动使他认识到“国民革命之运动，必持全国农夫工人之参加，然后可以决胜，盖无可疑者”。[①]“盖惟国民党与民众深切结合之后，中国民族之真正自由与独立始有可望也”。[②]

总之，孙中山从辛亥之后的屡次挫折中不断吸取教训，又从十月革命、五四运动和工农运动的发展中得到启示。他欢迎共产国际和中国共产党对他的帮助，这一切使孙中山在他的晚年作出了顺应历史潮流，合乎人民意愿的伟大抉择，从而使其思想从旧三民主义的框框中挣脱出来，发展为联俄、联共、扶助农工的新三民主义。

二、新三民主义的基本内容

1924年1月，孙中山在广州主持召开了国民党第一次全国代表大会，改组了国民党，重新解释了三民主义，把旧三民主义发展为与联俄、联共、扶助农工三大政策相联系的新三民主义。新三民主义思想主要反映在由鲍罗廷起草、孙中山亲自审定的国民党一大宣言和孙中山在此时期所作的三民主义演讲中。

---

①②《孙中山选集》下卷，第527、525页。

关于民族主义。主要是明确提出了反帝内容。旧三民主义的民族主义主要是反对清王朝的统治，而国民党一大宣言则指出："国民党之民族主义，有两方面之意义：一则中国民族自求解放；二则中国境内各民族一律平等"。关于第一方面，宣言指出：辛亥以后，清王朝虽被推翻，"而列强之帝国主义则包围如故，瓜分之说，变为共管，……其结果足使中国民族失其独立与自由"，因此，"民族解放之斗争，对于多数之民众，其目标皆不外反帝国主义而已"。而且"欲证实民族主义实为健全之反帝国主义，则当努力赞助国内各种平民阶级之组织，以发扬国民之能力。盖为国民党与民众深切结合之后，中国民族之真正自由与独立，始有可望也"。关于第二方面，"国民党敢郑重宣言，承认中国以内各民族之自决权，于反对帝国主义及军阀之革命获得胜利以后，当组织自由统一的（各民族自由联合的）中华民国。"

国民党一大以后，孙中山就民族主义问题进行了多次演讲，其中主要是阐述了反对帝国主义争取民族解放的思想。他指出：帝国主义"就是用政治力去侵略别国的主义"。"欧洲各民族都染了这种主义，所以常常发生战争……，其中最大的战争，就是前几年的欧战"。"这次大战争所以发生，一是英国和德国争夺海上霸权。二是各国争领土"。[①] 中国受欧美帝国主义的压迫，将及百年，"这百年以来，中国便失去许多领土"。[②]"自中国革命以后，列强见得用政治力来瓜分中国是很不容易的，……所以他们现在稍缓其政治力来征服我们，便改用经济力来压迫我们。"[③]帝国主义控制我国的海关，在我国开办银行，倾销商品，操纵运输和投机事业，每年从中国掠取大量的财富。正是帝国主义的侵略，"弄到中国各地都变成

①②③《孙中山选集》，第657页、第632页、第634页。

了列强的殖民地”。[1] 弄到中国人的地位连高丽人、安南人都不如。孙中山强调，为挽救中华民族的危亡，就必须恢复民族主义精神和我国固有的道德。其方法就是“能知与合群”。[2]能知就是“到处宣传，使人人都知道亡国惨祸”，然后“发奋起来和敌人拼一死命”。[3]合群就是善用中国固有的团体(指家族和宗教)，大家联合起来，成一个大国族团体。“结成了国族团体，有了四万万人的大力量，共同去奋斗，无论我们民族是处于什么地位，都可以恢复起来”。[4]对于中国的固有道德，孙中山作了某些新解释，强调了道德问题对恢复民族精神的作用。此外，孙中山还高度评价了俄国十月革命的意义，说它是人类的大希望，强调中俄两国及被压迫民族联合起来进行反帝斗争的必要。

关于民权主义。旧的民权主义主要是提出了一些平等、自由、博爱的空洞口号，现在则主张于间接民权之外，复行直接民权。强调民权“为一般平民所共有”。国民党一大宣言指出：“国民党之民权主义，于间接民权之外，复行直接民权，即为国民者，不但有选举权，且兼有创制、复决、罢官诸权也”。[5]“近世各国所谓民权制度，往往为资产阶级所专有，适成为压迫平民之工具 。若国民党之民权主义，则为一般平民所共有，非少数人所得而私也。”宣言还提出，民国之民权与所谓“天赋人权”不同，“唯民国之国民乃能享之，必不轻授此权于反对民国之人，使得借以破坏民国。”

国民党一大之后，孙中山以“民权主义”为题发表多次演讲，进一步阐述了他的民权主义思想，批评了西方议会政治的弊病。孙中山认为，“管理众人的事便是政治。有管理众人之事的力量，便是政权。今以人民管理政事 ，便叫民权”。[6]“简单地说，民权便是人民去

---

①②③④⑤⑥《孙中山选集》，第 634 页、第 679 页、第 674 页、第 679 页、第 995 页、第 692～693 页。

管理政治”。[①]“把政权放在人民掌握之中”。[②]对西方的“代议政体”，孙中山也表示了他的怀疑。他说：“欧美先进国家把民权实行了一百多年，至今只得到一种代议政体。我们拿这种制度到中国来实行，发生了许多流弊。”“现在的代议士都变成了‘猪仔议员’，有钱就卖身，分赃贪利，为全国人民所不齿。”[③]孙中山认为，国民党主张的民权和欧美的民权不同。“我们拿欧美已往的历史来做材料，不是要学欧美，步他们的后尘；是用我们的民权主义，把中国改造成一个‘全民政治’的民国，要驾乎欧美之上。”[④]孙中山设想的“全民政治”的民国，即“权与能分开”的国家。一个是政权，即民权。要把政权完全交给人民，使人民拥有选举、罢免、创制、复决四权，以便直接管理政府；一个是治权，即政府权。政府应拥有行政、立法、司法、考试、监察五权，以便很好地工作。孙中山认为，“用人民的四个政权，来管理政府的五个治权，才算是一个完全的民权的政治机关。有了这样的政治机关，人民和政府的力量，才可以彼此平衡”。“有了这九个权，彼此保持平衡，民权问题才算是真解决，政治才算是有轨道。”[⑤]

与旧民权主义相比，新民权主义有了很大的进步。但从根本上说，孙中山的民权主义思想并没有彻底摆脱资产阶级民主政治的影响。孙中山一方面强调民权，另一方面却认为“中国人民都是不知不觉的多，就是再过几千年，恐怕全体人民还不晓得要争民权”。[⑥]他甚至认为“四万万人都是象阿斗”，[⑦]因此只好把治国之权交给先知先觉的诸葛亮。孙中山也不懂得政治的阶级含义和国家是阶级压迫工具这些道理，因此他的“全民政治”也只能是无法实现的幻想。尽管孙中山的民权主义有其阶级和历史的局限性，但它毕竟接近了人民民主主义。正因为如此，毛泽东高度评价了新的民

①②③④⑤⑥⑦《孙中山选集》，第769页、第769页、第757页、第757页、第798～799页、第768页、第770页。

权主义。他指出："民权主义，是和我们所说的人民民主义或新民主主义相符合的。只许为一般平民所共有，不许为资产阶级所私有的国家制度，如果加上工人阶级的领导，就是人民民主专政的国家制度了。"①

关于民生主义。旧民生主义只提出了没有实行措施的"平均地权"的空泛口号，新民生主义则提出了"平均地权"和"节制资本"两大口号和实施办法。国民党一大宣言指出："国民党之民生主义，其最要之原则不外二者：一曰平均地权；二曰节制资本。盖酿成经济之不平均者，莫大于土地之为少数人所操纵。""中国以农立国，而全国各阶级所受痛苦，以农民为尤甚。"平均地权的办法是"由国家规定土地法、土地使用法、土地征收法及地价税法。私人所有土地，由地主估价呈报政府，国家就价征税，并于必要时依报价收买之"。1924 年 8 月，孙中山在《民生主义》演讲中又提出了"耕者有其田"的口号。他说："至于将来民生主义真是达到目的，农民问题真是完全解决，是要'耕者有其田'，那才算是我们对于农民问题的最终结果"。② 在另外一篇演说中他还说："我们现在革命，要仿效俄国这种公平办法，也要耕者有其田，才算是彻底的革命；如果耕者没有田地，每年还是要〈纳〉田租，那还是不彻底的革命。"③但是在如何实现耕者有其田的问题上，孙中山又表现了他的阶级局限性。他认为，"如果马上就要耕者有其田，把地主的田都拿来交到农民，受地的农民固然是可以得利益，失地的田主便受损失。"而受损失的地主又"都是稍为明白事体的人，对于国家大事都很有觉悟，而一般农民全无觉悟；如果地主和农民发生冲突，农民便不能抵抗"。④因此，要"慢慢商量来解决农民同地主的办法。让农民可以得利益，地

---

① 《论人民民主专政》，《毛泽东选集》（一卷本），第 1482 页，人民出版社 1964 年 4 月版。

②③④《孙中山选集》，第 850 页、第 937 页、第 937～938 页。

主不受损失，这种方法可以说是和平解决。”而事实上这种阶级调和的办法是无法实现的。关于节制资本的内容，国民党一大宣言指出：“凡本国人及外国人之企业，或有独占的性质，或规模过大为私人之力所不能办者，如银行、铁道、航空之属，由国家经营管理之；使私有资本制度不能操纵国民之生计，此节制资本之要旨也。”在民生主义的演讲中，孙中山还提出了制造国家资本的主张。他认为单是节制资本不足解决民生问题，“必要加以制造国家资本，才可解决之。何谓制造国家资本呢？就是发展国家实业是也。”① 为此他主张用美国的办法发展铁路、工业、矿产三大实业。他说，只要三大实业发达了，并把三大实业的收益归大家共享，“那么全国人民便得享资本的利，不致受资本的害。”②

在民生主义的演讲中，孙中山还谈到了其他一些问题，择其要者，其一便是对马克思及其学说给予了高度评价，但同时又否定马克思主义学说的指导作用；其二便是提出了共产主义是民生主义的好朋友，主张国共合作，但同时又把民生主义和科学共产主义，科学社会主义与原始共产主义混为一谈。关于其一，孙中山说：“马克思所著的书和所发明的学说，可说是集几千年来人类思想的大成。”马克思之前的社会主义只是一种玄想，而马克思则是靠事实，靠科学方法去研究，“故马克思所求出解决社会问题的方法，就是科学的社会主义”。“所以他的学说一出来之后，便举世风从，各国学者都是信仰他，都是跟着他走；好象卢骚发明了民权主义之后，凡是研究民权的人都信仰卢骚一样。”③孙中山一方面赞扬马克思主义，另一方面则从他的“民生史观”出发否认阶级战争是社会进化的原因，认为“社会之所以有进化，是由于社会上大多数的经济（利益）相调和，不是由于社会上大多数的经济利益有冲突”。“人类求生存，才是社会进化的原因。阶级战争不是社会进化的原因，阶

①②③《孙中山选集》，第 842 页、第 843 页、第 816 页。

级战争是社会当进化的时候所生的一种病症”。[1] 所以他认为“我们今日师马克思之意则可，用马克思之法则不可”。[2]关于其二，孙中山极力提倡国共合作，批评了一些国民党员和共产党员对相互信仰的主义的误解，他说，其实“民生主义就是共产主义，就是社会主义。所以我们对于共产主义，不但不能说是和民生主义相冲突，并且是一个好朋友，主张民生主义的人应该要细心去研究的”。[3]孙中山把民生主义等同于社会主义、共产主义是错误的，但其和共产党合作的愿望是可敬可嘉的。

从上述孙中山民生主义主要思想来看，尽管其指导思想还是民生史观，带有明显的阶级调和、空想等诸多局限性，但就“平均地权”、“耕者有其田”、“节制资本”这些根本点来说，其大方向和中国共产党的新民主主义经济政策是一致的，是应该肯定的。

总之，孙中山在十月革命后的国际国内新形势下，总结了以往的经验教训，在共产国际和中国共产党的帮助下，重新解释了三民主义。新三民主义与旧三民主义相比，除了上述内容上的差别而外，最根本的特点是与联俄、联共、扶助农工三大政策相联系。没有三大政策的确立，也就不会有新三民主义，不实行三大政策，新三民主义也就失去了灵魂。正因为如此，毛泽东说：“新三民主义或真三民主义，是联俄、联共、扶助农工三大政策的三民主义。没有三大政策，或三大政策缺一，在新时期中，就都是伪三民主义，或半三民主义。”[4] 实行新三民主义，在国际上就要联俄，否则就是联帝政策。如果舍联俄而联帝，那就必将取消革命，变成反动的三民主义；在国内就要联共，就要扶助农工，“唤起民众”，否则就要反共，就要导致革命失败。

孙中山把旧三民主义发展为新三民主义，是他晚年对中国革

---

①②③《孙中山选集》，第816～817页、第842页、第836页。

④ 毛泽东：《新民主主义论》，《毛泽东选集》(一卷本)，第683页。

命作出的伟大贡献。尽管新三民主义和共产主义有着原则的不同，但它和中国共产党在民主革命阶段的纲领在基本原则上是一致的，因此新三民主义也就成为了第一次国共合作的政治基础。

第二节　戴季陶主义

一、戴季陶主义的出现

戴季陶主义是第一次国共合作期间，在统一战线内部出现的代表资产阶级右翼和国民党右派要求，与无产阶级争夺革命领导权的一种反动政治思想。其特点是打着建立所谓“纯正三民主义”的旗号，反对孙中山的三大政策和新三民主义，阉割其革命内容，为右派的反共分裂活动制造舆论。

戴季陶(1890～1949)，又名传贤、天仇，字选堂，祖籍浙江吴兴，生于四川广汉。戴季陶早年留学日本，1910年任上海《天锋报》总编辑，1911年因在该报发表反满文章被捕，后流亡日本、南洋槟榔屿并参加同盟会。武昌起义后，戴季陶回到上海追随孙中山。“五四”运动后，一度宣传过社会主义。20年代初戴和蒋介石、张静江、陈果夫等在上海经营证卷交易所，从事投机活动。1924年1月，在国民党一大上，戴季陶被选为中央执行季员。孙中山在世时，戴季陶不敢公开反对三大政策和新三民主义，孙中山逝世后，戴成为反对新三民主义的头目。

1925年5月，国民党在广州召开一届三中全会，会上发表了戴季陶起草的《接受总理遗嘱宣言》，提出了所谓建立以“纯正三民主义”为中心思想的国民党“最高原则”，强调总理遗教任何人“不得有所独创”，俨然以孙中山思想的唯一正确解释者自居。

1925年6至7月，戴季陶在蒋介石的支持和资助下，先后写成并发表了《孙文主义的哲学基础》、《国民革命与中国国民党》两本小册子，形成了戴季陶主义。戴季陶主义成为国民党右派，特别是以蒋介石为首的新右派进行反共活动的主要思想武器。

二、戴季陶主义的主要观点

第一，打着恢复"纯正三民主义"的幌子，鼓吹封建道统说，阉割新三民主义的革命精神。戴季陶认为，孙中山三民主义的哲学基础是"继承尧舜以至孔孟而中绝的仁义道德思想"，"完全渊源于中国正统思想的中庸之道。"只有以儒家伦理思想为基础的三民主义才是"纯正的三民主义"，才是"指导国民革命的最高原则"。毋庸讳言，孙中山思想中确有肯定封建伦理道德的历史局限性，戴季陶抓住这一点，大加发挥，把孙中山立足革命的三民主义思想，曲解为儒家的伦理思想，从根本上阉割了三民主义的革命精神。从这种所谓国民革命的最高原则出发，戴季陶反对"用唯物史观做最高原则。"

第二，反对马克思主义的阶级斗争学说，宣扬阶级调和。这是戴季陶主义的中心思想。戴季陶利用孙中山说过的，中国只有大贫小贫的话，否认中国社会存在阶级和阶级对立。认为"中国的革命与反革命势力的对立，是觉悟与不觉悟的对立，不是阶级的对立"。没有阶级的对立，也就无所谓阶级斗争。他认为"仁爱是人类的生性"，"爱人利他的仁心，更不是一定要同阶级才能够具备"，革命就是行"仁"，革命"是从仁爱的道德律产生出来，并不是从阶级的道德律产生出来的"。因此，"拥护工农群众的利益，不需要取阶级斗争的形式，因为人类是具有仁爱性能的，可以仁爱之心感动资本家，使之尊重工农群众的利益"。"要治者阶级的觉悟了，为被统治阶级的利益来革命；要资本阶级的人觉悟了，为劳动阶级的利益来革命；要地主阶级的人觉悟了，为农民阶级的利益来革命"。戴季陶还把民族斗争和阶级斗争对立起来，反对在国民革命中提阶级斗争、攻击中国共产党"不把中国国家和民族的真实需要认清楚"，

“争得一个唯物史观，打破了一个国民革命。”

第三，反对国共合作，反对共产党员加入国民党。戴季陶认为国共两党合作是国民党内产生混乱和纠纷的根源，因为团体都有排拒性，国共两党没有“共信”（即没有共同信仰），因此就不可能“互信”，也不可能团结。即所谓“共信不立，互信不生；互信不生，团结不固，团结不固，不能生存”。他据此提出：国民党要生存就必须独立，共产党员就必须退出国民党，或者放弃共产主义信仰，去作一个单纯的国民党员。

三、对戴季陶主义的批判

戴季陶主义的出现不是偶然的，它集中反映了在革命高潮形势下，资产阶级右翼和以蒋介石为代表的国民党新右派，妄图打击共产党，篡夺革命领导权的愿望。因此，它一出现，就博得国民党右派的喝彩，成为他们反共的理论武器，同时也理所当然地受到中国共产党人的批判。为此，陈独秀、恽代英、瞿秋白、肖楚女、毛泽东等都写了批判戴季陶主义的文章。中共北方区委还专门作了《关于反对戴季陶主义的决议》。其中，瞿秋白1925年9月发表的《中国国民革命与戴季陶主义》一文，系统地批判了戴季陶主义的谬论。

第一、批判了戴季陶的“道统说”。

瞿秋白的文章指出：戴季陶把孙中山三民主义的哲学基础说成是“继承尧舜禹汤周孔的道统”，把“国民党三民主义的责任”说成“只在‘发扬光大这种中国文化’”，“这完全是想把革命当做慈善事业，当做孙中山、戴季陶等一些‘君子’爱民的仁政”。其实三民主义是中国一般民众要求民族独立、民权政治及解决民生问题的共同政治要求。中共北方区委在《关于反对戴季陶主义的决议》中指出：“中山主义的立足点是站在中国民族解放革命运动观点之上，而不是继孔孟之道发挥中国固有文明”；“中山主义是革命观，而不是和平的道德学说”。

第二，共产党人还列举大量事实，说明中国共产党和工人阶级不但不否认民族斗争，而且历来站在反帝斗争的最前列，而地主资产阶级却总是破坏爱国运动。因此，承认民族斗争，并不能抹煞阶级斗争，而且有进行阶级斗争之必要。陈独秀指出：戴季陶“乃是只看见民族争斗的需要而不看见阶级争斗的需要”。“这种错误观念，不但抹杀了阶级的利益，并且使民族争斗之进行要受极大的损失”。因为“殖民地半殖民地的国民革命之成功，当以工农群众的力量之发展与集中为正比例；而工农群众的力量，又只有由其切身利害而从事阶级的组织与争斗，才能够发展与集中。因此，在殖民地半殖民地主张停止阶级斗争，便是破坏民族争斗之主要的力量。”[①] 瞿秋白也指出了阶级斗争与民族斗争的一致性。他说：“中国的工人阶级本来是因为受外国资本家的侵略剥削而参加国民革命的，当然同时必要反抗本国资本家的剥削。中国的资本家因为要反对外国的经济压迫（如关税等）而参加国民革命，真实些说，是利用所谓民众的爱国运动达到自己的目的；可是民众的团结和运动扩大起来，真要改善自己的生活地位的时候，本国资本家为他们的阶级利益起见，又要压迫工农民众了。所以国民革命的本身既是一世界的阶级斗争，中国的各被压迫阶级反对国际的资产阶级的斗争；这所谓对外的阶级斗争里，亦不能不包含着内部的阶级斗争。”[②] 瞿秋白还列举了海员罢工、五卅运动等工农运动的发展促进国民革命的事实批驳所谓阶级斗争会“打破国民革命”的谬论，指出：“工农的阶级斗争的力量愈增高，国民革命运动也愈扩大。国民革命中有阶级斗争是一个事实，工农阶级的斗争是以发展国民革命也是事实。”[③]

关于所谓“以仁爱之心感动资本家”的问题，瞿秋白指出：这

---

① 《给戴季陶的一封信》，《向导》129、130期，1925年9月。

②③《瞿秋白文集》，第187页、第190～191页。

“不但是纯粹的空想主义，而且是想要农工民众停止自己的斗争，听凭上等阶级的恩令和指使，简单些说，便是上等阶级要利用农工群众的力量来达到他们的目的，却不准农工群众自己有阶级的觉悟。”瞿秋白还指出：“戴季陶虽然在理论上反对阶级斗争，主张资本家的仁慈主义，然而他在实践方面——发行那《国民革命与中国国民党》的小册子，自己就实行思想上的阶级斗争，不过是资产阶级压迫无产阶级的一种斗争罢了。戴季陶反对阶级斗争，其结果是为买办阶级的力量所利用，完全滚到右派及帝国主义方面去了。

第三，共产党人还批判了戴季陶反对国共合作，反对共产党的谬论。关于国共两党有否“共信”的问题，陈独秀指出：国共两党合作是有其理想共同点和利害共同点为之维系的，这个“共信”就是：“对外谋民族解放，对内谋政治自由，换句话说，就是打倒帝国主义打倒军阀。”但是，国民党是各个阶级联合的党，因此，“于共信（即个别阶级利害所产生的政治理想共同点）之外，便应该有别信（即个别阶级利害所产生的政治理想个别点）存在”。“无产阶级的阶级斗争说若不能做国民党的共信，资产阶级的劳资协调说也不能做国民党的共信，因为国民党不是一阶级的党”。① 瞿秋白也指出：共产党员之所以加入国民党，“是因为国民党的政纲，三民主义的政治经济要求，能一部分的代表工农阶级的利益”，戴季陶“要在这各阶级合作的国民党内，建立所谓绝对的‘中心思想’，那就只有一条路：不准工人农民在国民党中主张阶级利益，就是使国民党完全变成资产阶级的政党。”他还指出：“国民党的中心思想，只有代表中国民众——各阶级的共同利益的政治经济要求；而在各阶级利益冲突的地方，这种中心思想，应当以最大多数、最受压迫的阶级的

① 《给戴季陶的一封信》，《向导》129、130期，1925年9月。

利益为标准”。[1] 关于戴季陶提出的所谓团体排拒性问题，瞿秋白指出：“试问这是什么排拒性呢？事实上是资产阶级排拒无产阶级。”“根本上还是要C、P完全退出国民党，根本上要消灭C、P，消灭无产阶级的政党。”[2]

除了上述批判文章而外，毛泽东还在他主编的国民党中央机关刊物《政治周报》上开辟了《反攻》专栏，组织对右派的批判。他还撰写了《国民党右派分离的原因及其对革命前途的影响》一文，批判戴季陶反对三大政策的谬论，并指出：在新的历史条件下，资产阶级想在革命成功后建立一个资产阶级独裁国家的企图完全是一种幻想。国民党右派基于其反动阶级本性，必然要从统一战线中分离出去，但这并不能阻止中国革命的发展。只要坚持反帝反封建的革命斗争，坚决反击国民党右派的进攻，就能促进革命派的更大团结，巩固和扩大统一战线。

中国共产党人对戴季陶主义的批判，坚持了马克思主义的阶级斗争学说，坚持了国共合作，从理论上击中了戴季陶主义的要害。戴季陶自己也承认，他的小册子一出版，立即受到“很大的攻击”，其同伙“一半是忍泪吞声，一半是委曲求全”，以致其“勇气”消失大半。但是蒋介石为首的新右派则把戴季陶视为“杰出的理论家”、“圣贤”，把戴季陶主义当作他们反苏反共，反对革命的主要精神武器。戴季陶也一直死心塌地地追随蒋介石，并历任国民党中央宣传部长、考试院院长等要职。1949年2月21日，全国大陆解放前夕，戴季陶服安眠药自杀身亡。

---

① 《中国国民革命与戴季陶主义》，解放军政治学院：《中共党史参考资料》第3册，第353页。

② 《瞿秋白选集》，第190页。

第十一章

第三党及其它资产阶级派别的政治主张

第一节　第三党的政治主张

一、第三党的出现及其活动

第三党是1927年国民革命失败后，在国共两党之间逐渐形成的一个代表小资产阶级的政治集团。它主要由两部分人组合而成，一部分是以邓演达为代表的国民党左派；另一部分是以谭平山为代表的、因不同意当时中共路线而从共产党内游离出去的原共产党人。他们既坚决反对蒋介石的南京政府，坚持反帝反封建的民主革命立场，同时也反对中国共产党的革命主张，企图在国民党的反革命道路与共产党的革命道路之间，为中国寻求一条新的出路，即第三条道路。因此，被称之为第三党。其主要代表人物是邓演达和谭平山。

邓演达(1895～1931)字择生，广东惠阳人。他是个出身于贫寒农家的知识分子，1919年保定军官学校毕业。1920年参加孙中山组织的粤军，历任营长、团长，成为孙中山的忠实信徒。1924年国民党改组时，邓演达坚决拥护孙中山的联俄、联共、扶助农工的三大政策和新三民主义，成为著名的国民党左派领袖之一。此后，他积极协助孙中山创办黄埔军校，担任军校训练部主任、教育长，并兼任学生总队长。孙中山去世后，他和国民党左派、共产党人一起与反对孙中山三大政策的西山会议派，戴季陶主义进行了坚决的斗争。在北伐战争中，邓演达担任国民革命军政治部主任，并在攻克武昌的战役中立下了卓越的战功。武汉政府时期，他出任湖北省政府主席，国民党中央农民部部长。蒋介石叛变革命后，邓演达积极主张东征讨蒋，并领导了武汉地区的反蒋斗争。汪蒋合流之后，邓演达愤怒谴责汪精卫背叛革命、屠杀工农的行径，并被迫秘密离开武汉，前往苏联。

1927 年 11 月 1 日，邓演达、宋庆龄、陈友仁等国民党左派在莫斯科发起组织“中国国民党临时行动委员会”，并发表了《对中国及世界革命民众宣言》。宣言声讨了蒋、汪叛背革命的罪行，揭露了国民党政权的反动实质，并庄严宣告，决心坚持反帝反封建的革命斗争，以达到孙中山三民主义革命纲领的完全实现。

邓演达等人的号召，得到了国内谭平山等人的积极响应。谭平山(1886～1956)是老同盟会会员，又是中国共产党广东早期组织的发起者之一，中共“三大”被选为中央委员。国共合作期间，他是重要的参与者之一，并在国民党和国民政府中历任要职。1927 年他参加了南昌起义，起义失败后谭平山被不适当地开除了党籍。1927 年底，谭平山在上海发起组织“国民党左派联合办事处”。1928 年春，谭平山在上海主持召开了中华革命党成立大会，宣告了第三党的前身中华革命党的正式成立。该党推举尚在国外的邓演达为总负责人，并由谭平山暂代其职。该党还创办了《突击》、《灯塔》周刊，开展宣传工作，并在一些地区建立了地方组织。

1930 年 5 月，邓演达从德国回到上海。他主张将中华革命党改组为中国国民党临时行动委员会，并重新拟定了政治纲领。这与反对沿用国民党名称的谭平山发生了分歧，为此，谭平山离开了第三党。1930 年 8 月 9 日邓演达在上海主持召开了有十省区代表参加的第三党干部会议，正式将第三党定名为中国国民党临时行动委员会，并通过了邓演达起草的政治纲领《中国国民党临时行动委员会政治主张》。会议选举了中央领导机构——中央干部会，邓演达任总干事。

中国国民党临时行动委员会成立以后，主要开展了以下活动：出版刊物，扩大影响。1930 年 9 月 1 日，邓演达任主编的《革命行动》半月刊正式出版，1931 年 4 月又在上海创办《革命行动日报》，这些报刊宣传了该党的政治主张，并积极揭露和批判了国民党的反动统治，此外还发行《絜茜》杂志，以文学、艺术形式宣传该党的政纲，扩大其影响；进行组织建设，中央干部会派员到各地开展工作，先后在十四个省市建立了组织，并在上海、北平、香港建了直属中央的区干部会；进行军事倒蒋活动。邓演达利用他和黄埔系军人深厚的历史关系，于 1930 年夏秋之间在上海组织了“黄埔革命同学会”，积极在国民党军队中开展策反和军事倒蒋活动。据统计，参加同学会及与第三党有联系的黄埔系军人达 5000 人之多。蒋介石嫡系陈诚的十八军中，陈铭枢、蒋光鼐、蔡廷锴的十九路军中以及杨虎城，冯玉祥、程潜、刘湘等地方实力派军队中，都有第三党人的积极活动。1931 年 7 月，第三党成立了以邓演达为首的军事委员会，该委员会决定利用宁粤对立的局势，制定了发动在江西“剿共”的十八军和奉命进攻广东的十九路军实行军事哗变，同时策动地方实力派在武汉、西北、华北进行响应的武装反蒋计划。

第三党的活动，特别是其军事倒蒋活动，引起了蒋介石的恐慌和忌恨。蒋介石派出大批特务、警探，侦查、监视邓演达等人的行踪，必欲除之而后快。1931 年 8 月 17 日，第三党在上海愚园路 30 号举办军事干部训练班结业式。由于叛徒出卖，当邓演达出席会议时，被国民党上海警备司令部的特务和帝国主义巡捕逮捕。随即第三党的武装起义计划被迫取消。11 月 19 日，蒋介石下令将邓演达秘密杀害于南京。

邓演达的被害和第三党其他一些领导人的被捕，使第三党的活动和组织遭到很大的挫折和破坏,但其多数成员仍坚持斗争,并在实际斗争中放弃了反共立场,逐步走上了与中共合作的道路。1935 年 11 月,第三党在香港召开干部会议,决定更名为"中华民族解放行动委员会",推举黄琪翔为书记。1947 年 2 月,第三党在上海召开了第四次全国干部会议,决定再次易名为"农工民主党",推举章伯钧为主席。

二、第三党的政治主张

(一) 关于中国社会和中国革命性质的认识。第三党认为:在经历了 1924 至 1927 年国民革命后的中国,虽然已经产生了"微弱的本国资本主义的经济组织",但是,"从主要点说,实在还是农业手工业生产"。中国社会不仅继续受封建势力的支配,而且还受帝国主义势力支配。"主要的国民经济机关都在帝国主义手上",帝国主义势力不仅"破坏中国的农业手工业经济,同时压抑中国的资本主义经济,使之不能成长"。因此,封建主义、帝国主义"这两重支配,都是中国社会不能向前进展的大障碍"①;"中国的政治组织是封建官僚主义"机构,它犹如"一座很高的而专以压迫剥削人民、包办军民财政为务的金字塔。塔底是农民及其他平民群众,塔尖为皇帝、总统或主席、总司令。"②而帝国主义者则挟其政治、经济上的支配地位制造中国的内战和分裂,延长半封建势力的命运,阻遏中国经济文化的发展,以维持其在华的统治地位。

所以,第三党认为:现时的中国社会是"半殖民地的"、"半独立的,"既受"封建势力支配"、又受"帝国主义势力支配"的"复杂的社会";要彻底解决其社会结构所反映的政治问题,就必须进行"具有民族、民权、民生三种革命性而以社会主义为归宿的革命";革命的

①②《中国国民党临时行动委员会的政治主张》,《中国现代政治思想史资料选辑》上册,第 756、749 页,四川人民出版社 1984 年。

对象是“帝国主义者，封建军阀地主以及依附前两者为生的、高利盘剥的、反动的资本阶级”[1]；革命的任务是“推翻帝国主义者在中国一切政治、经济、军事的势力”、“铲除封建及一切反动势力”[2]；建立以工农为重心的平民政权。而现存的蒋介石南京反动独裁政权“是封建的集团，是帝国主义的工具，是新旧军阀、豪绅买办、官僚政客、贪官污吏、卖国贼等一切反动势力的结晶”[3]，是帝国主义、封建势力的总代表。因此必须加以推翻。

第三党对中国社会性质、革命性质和任务的分析基本上是正确的，但在中国革命领导阶级的认识上却走入了歧途。他们一方面认为中国资产阶级“能力薄弱而性格反动”、“始终有勾结帝国主义新旧军阀建设附属式的资产阶级政权的企图，”因此，“没有推翻封建阶级统治取而代之的可能。”同时又认为中国还没有广大的产业工人，无论就数量和质量而言，无产阶级都“不能单独的自树一帜的领导中国革命，而克奏肤功”。因此中国革命只有由受帝国主义、封建势力压迫最厉害、数量最多、斗争也最勇敢的“劳动平民阶级”来领导。他们所说的“劳动平民”阶级是指包括“工业的劳动者——产业工人与手工业工人；农业的劳动者——雇农与佃农；商业的劳动者——店员与小贩”在内的，以小资产阶级为主体的阶级联盟。这“是中国革命唯一主要的力量”[4]。

关于中国革命的前途，第三党认为：“社会主义是人类社会的历史前程，中国不能独在例外。”因此，“中国革命终究的目的，不是在乎发展资本主义，而在乎达到社会主义建设。”当然，这种通过建

---

① 《中国国民党临时行动委员会政治主张》，《中国现代政治思想史资料选辑》上册，第 754 页。

② 《中华革命党对时局宣言》，《中国现代政治思想史资料选辑》上册，第 744～745 页。

③ 《中华革命党宣言草案》，《中国现代政治思想史资料选辑》上册，第 736 页。

④ 《中华革命党宣言草案》，《中国农工民主党历史参考资料》第 1 辑，第 72 页，中国农工民主党党史资料研究委员会 1981 年版。

立“平民政权”而达到的“社会主义”的设想只能是带有空想色彩的小资产阶级社会主义。

（二）第三党的建国方案——建立“平民政权”。第三党认为：“政治制度是政治争斗的结晶。”[①] 所以领导中国革命的“劳动平民阶级“建立”平民政权”的道路，首先是要致力于召开国民会议来接收政权的和平方式，同时也要重视建立平民革命军、消灭反革命武装的暴力革命方式。

第三党认为：现时的中国社会是“以劳动平民阶级为中心”的，所以，“国民会议是在目前复兴中国革命的最急迫的工作”。只有它才能发动革命、保护革命、完成革命、建立平民政权。“我们现时最主要的工作，是要联合中国的被压迫人民，在各种职业（农、工、商业）及准职业（如学生、妇女、兵士、警察等）团体的组织上面团结起来，自动去开国民会议。”[②] 由国民会议解决一切政治问题和经济问题，从而形成人民自己的政权。

第三党的成员多是军人并参加过北伐战争。他们深知武装斗争的重要性，所以都把建立“革命的农工平民本身的组织和武装”——平民革命军，“使用武力的斗争”方式，“推翻军阀官僚的统治”，作为“复兴中国革命的必备的条件”。[③] 之所以如此，是因为以蒋介石为代表的军阀、豪绅、买办阶级都是依靠“由头到脚都被长枪，迫击炮包裸着”的“奴隶式的军队”来维持其反动独裁政权的。“如果革命的人民不能形成自己的坚强革命武装，则一切的想望都必然的要成为幻想，而结果与想望相反。”[④] 但是，第三党在实践上

① 《中国国民党临时行动委员会的政治主张》，《中国现代政治思想史资料选辑》上册，第 757 页。

② 《中国国民党临时行动委员会对时局宣言》，《中国现代政治思想史资料选辑》上册，第 792 页。

③ 邓演达：《怎样去复兴中国革命——平民革命》，《邓演达文集》，第 302 页，人民出版社 1981 年 11 月版。

④ 邓演达：《怎样去复兴中国革命——平民革命》，《邓演达文集》，第 293 页。

却把组织平民革命军的希望，仅仅局限于争取旧军队投身平民革命运动的狭隘范围之内，不能广泛地发动无产阶级和广大人民群众参加平民革命军。所以，他们只是幻想凭借邓演达等人在军界的影响，将“潜伏在国民革命军里面，而忠于农工贫民大众的分子”发动并组织起来，从事革命的武装斗争。这显然不可能达到他们预期的目的。

第三党认为：平民政权应该是由“人民自己组织政权、行使政权”，“由生产者所构成而进行社会、经济、文化的解放，并使之平民化的一种权力机关。”[①] 在平民政权的国家里，“一切直接、间接从事于非资本主义的生产，社会主义建设的劳动者和半劳动者皆得有民权”；而对于“帝国主义侵略中国之工具军阀余孽买办阶级”和“一切与封建势力有关之豪绅地主等，均不给以民权”。[②] 因此，平民政权必须由有组织的职业团体选派代表，“组成全国的最高权力机关的国民大会。”其中，应该使“直接参加生产的农民、工人占60%，其他各职业团体及准职业团体占 40%”。此外，还必须实行“立法机关不与执行机关分离，一切权力属于国民大会”[③] 的原则。总之，农工大众是平民政权的核心，是国家的主人；小私有者和知识分子是农工大众的同盟者；工商业者既然在反抗官僚军阀的斗争中可以附随在农工大众周围，那么在农工大众是主人的平民政权中，工商业者则应该辅助农工大众“管理及组织一部分生产机关”[④]。从而使中国建成真正统一、独立、自由、平等的新国家。

第三党本着镇压反动阶级和保护劳动者根本利益的原则，确

---

①④ 邓演达：《怎样去复兴中国革命——平民革命》，《邓演达文集》，第 317 页、第 300 页。

② 《中华革命党宣言草案》，《中国农工民主党历史参考资料》第 1 辑，第 80 页，中国农工民主党党史资料研究委员会 1981 年版。

③ 《中国国民党临时行动委员会政治主张》，《中国现代政治思想史资料选辑》上册，第 759 页。

定平民政权的对内政策为：实行“国家资本主义”和“耕者有其田”的政策；“运用政权去发展生产、统制生产，使生产组织化及社会化”，[①] 向着社会主义前进；金融机关和关键产业一律实行国营；促进合作社组织的发展；允许小规模私人企业存在；逐步向土地国有化过渡。平民政权中的官员，生活待遇要“大众平民化”，防止出现“新的特别阶级”。平民政权对外政策的基本点是：联合“我们真实的朋友，真实的政治联盟者”，[②]“抵抗帝国主义经济、政治的侵略，完成民族独立的国家”。[③] 废除帝国主义强加给中国的一切不平等条约；实行关税绝对自主；收回由外资经营的银行、铁路、航运、通信、矿山及其他一切重要企业；设置国家特许的租营制度；与苏联本着双方完全平等及不干涉中国革命的原则恢复邦交；与各弱小民族结成亲密的关系、建立反帝国主义的联盟。

总之，第三党以“平民政权”为核心的建国方案就是要“完成孙中山主义革命的使命，使中国民族完全解放，人民直接掌握政权”，[④] 然后“应用现时的生产技术以建设国营及公营的大规模的产业，并能运用政权，防止私人资本主义的弊害。使资本逐步的社会化”。[⑤]

三、第三党政治思想评析

第三党的政治主张基本上反映了小资产阶级和一般劳动群众的利益和参政愿望，对促进中国社会的发展进步有一定的积极作用。这表明中国的小资产阶级及其知识分子具有相当大的革命性，第三党的确是具有反帝反封建政治要求的小资产阶级革命民主政

---

①②⑤《中国国民党临时行动委员会政治主张》，《中国现代政治思想史资料选辑》上册，第 757 页、第 764 页、第 752 页。

③ 《中华革命党宣言草案》，《中国农工民主党历史参考资料》第 1 辑，第 80 页。

④ 《中国国民党临时行动委员会·通告第一号》，《中国农工民主党历史参考资料》第 2 辑，第 2 页。

党。

但是中国的小资产阶级毕竟不是一支独立的政治力量，加上当时具体的历史条件的局限，使第三党不可能以高屋建瓴的政治远见来审时度势，从而使其对中国的共产主义运动和中国共产党及其所从事的伟大革命事业抱有政治偏见和误解，以致于曾一度与之站到了敌对立场上去。

第三党片面地认为：共产主义运动只能在发达的资本主义国家进行，而“中国目前还是一个前资本主义的社会，绝不能立即实行共产主义的革命”。这是“不对症的药方”，“徒然是牺牲了无数的中国青年民众，破坏了中国现存的物质设备，而使中国更加落后，更加沉沦。”[1] 要改变中国的现状，从根本上解决中国革命的问题，只能依靠革命的孙中山主义。

第三党极端错误地认为：中国共产党的产生完全是“盲目的不合客观要求的”。而且现在“已经脱离了中国革命的阵线。她的客观任务是阻碍中国人民的解放”[2]。她所领导的农村武装斗争是“无计划无系统的游击式的农民暴动”，她所建立的苏维埃政权只是“一部分工人的独裁政权”。所以，“我们必须防止它、消除它”，“必须明白坚决的对中国共产党抗争。”[3]

第三党基于上述错误的认识便“断言”：中国共产党由于“政策的错误，行动的荒谬，决不能重新负担完成中国革命之使命”。因此，只有作为“中国共产党的政敌”的第三党，才是适应中国革命新发展的“新党”，“才能领导中国革命和完成中国革命。”[4] 第三党“自信”地宣称：“我们的环境虽是困难，而历史的前途是我们

①③邓演达：《中国到哪里去》，《邓演达文集》，第 165 页。

② 《中国国民党临时行动委员会·通告第一号》，《中国农工民主党历史参考资料》第 2 辑，第 2 页。

④ 《星》第 6 期，1929 年 12 月 31 日。

的。”①

列宁指出：“小资产阶级所处的经济地位及其生活条件使她不能不欺骗自己，并且必然不自觉地时而倾向资产阶级，时而倾向无产阶级”。② 首先，第三党没有也不可能认识到孙中山所领导的旧民主主义革命已彻底地失败了，小资产阶级也不能使其起死回生；其次，第三党也没有认识到由于小资产阶级“在经济上是不可能有独立的‘路线’的”，所以其政治主张也必然是动摇的。这就决定了她们易于倾向资产阶级一方，因而不能肩负起领导中国革命的历史使命；再次，她们根本不愿承认：在半殖民地半封建的中国，必须坚持无产阶级及其先锋队——中国共产党的领导；必须坚持农村包围城市，武装夺取政权的道路，才能完成反帝反封建的革命任务并完成向社会主义的过度。第三党企图在国共两党之外开辟“第三条道路”；幻想发动平民群众“自动去召开国民会议”，“以推翻军阀官僚的统治，形成人民自己的政权”，是根本行不通的。

第二节 国民党改组派

一、改组派的形成

改组派全称为“中国国民党改组同志会”，形成于 1928 年冬。它是一个成分复杂的国民党内部的反对派。骨干成员是汪精卫、陈公博等失意官僚政客，也有一些具有民主思想的资产阶级、小资产阶级代表人物。他们不满蒋介石的军事独裁，既反共又反蒋。“在沿海沿江各地发展着颇大的改良主义运动。”

汪精卫(1883～1944)，广东番禺人，因早年参加同盟会，主编

① 邓演达：《中国到哪里去》，《邓演达文集》，第 167 页。

② 《列宁全集》第 25 卷，第 190 页。

反清刊物《民报》，并曾为孙中山起草《总理遗嘱》，而以“左”派自居。孙中山逝世后，当选为广东国民政府和国民党中央委员会主席，引起蒋介石的嫉妒与不满。从此，蒋介石与汪精卫的矛盾日益尖锐。汪精卫发动“七一五”反革命政变后，曾与桂系新军阀和西山会议派联合起来同蒋介石集团展开激烈的权力之争。先是蒋介石被逼辞职下野、东渡日本，不久，汪精卫又遭冷落，愤然西去武汉、南下广州，与桂系新军阀和西山会议派相抗争。1928 年初，汪精卫为能在国民党内的派系之争中夺得权力，又支持蒋介石恢复了国民革命军总司令之职。汪精卫未曾料及，蒋介石刚刚东山再起，便以共产党曾领导了广州起义为借口，向南京政府弹劾汪精卫，建议将汪“通缉归案，依律从严处办”。汪精卫无奈，被迫“引退”，出走。而蒋介石却在 1928 年 2 月的国民党二届四中全会上被选为军事委员会主席，开始建立军事独裁专制统治。

但是，陈公博等拥护汪精卫的失意政客不甘心政治上的失败。自 1928 年 5 月起，他们便写文章、办刊物，在猛烈抨击蒋介石集团的反动统治和各项政策的同时，向国民党内的其他各派系和基层党员呼吁：“现在党内除充满了地方主义和个人主义外，找不到三民主义，党纲政策。中国国民党今日只有一条出路，就是‘党的改组’。”[①] 他们的主张立即得到了国民党内各在野派系和感到“沉闷悲惨”却不明真相的青年党员的拥护支持。于是陈公博、顾孟余等人于 1928 年 11 月在上海集会成立了“中国国民党改组同志会”，并推举陈公博具体负责总部的工作，尊奉汪精卫为改组派的实际领袖。至此，国民党改组派在同蒋介石集团在争权夺利的斗争中形成。

---

① 《贡献》，1928 年 5 月号。

二、改组派的政治活动

(一)反对蒋介石“指派”、“圈定”三全大会代表的独裁行径。蒋介石为了通过控制定于1929年3月召开的国民党三全大会,来强化其在党内的独裁统治,便作出规定:为“防范共产党混入”,参加三全大会的代表仅“由省市选出全额之半”,其余皆由中央“指派”、“圈定”;凡曾有“违反本党言论或行为者”,一律不能当选。蒋介石要擅自“指派”“圈定”代表的独裁行径,激起了国民党内尚有些民主意识,决心维护“党统党治”的党员的强烈不满与反对。改组派深知,如果听凭蒋介石集团包办三全大会,就会完全断送自己的政治生命。于是借机掀起反对“指派”、“圈定”代表,反对蒋介石集团包办三全大会的独裁行径的运动。

改组派联合其它反蒋派成员采取著文演说、通电抗议等方式,痛斥蒋介石集团“指派”“圈定”代表的独裁行径是“蔑弃党纲”、“毁法乱党”、“蹂躏党权、摧残同志”、“叛党窃国”。① 1929年3月14日,改组派主持召开了“中国国民党南京市第一次全市代表大会”,会议的主旨口号是“反独裁、反指派圈定代表”。大会通过的《抗议中央指派圈定三代会代表案》,谴责蒋介石新军阀的反动统治“表面上青天白日的旗帜普悬了全国,在实际上,封建势力的反动布满于各地”的“换汤不换药,换人不换制度,换北京为南京的极少数人统治的以暴易暴的局面”。强烈“抗议现在中央非法的第三次全国代表大会之召集”;要求“依据本党民主的精神,另外召集合法的第三次全国代表大会。”②这次大会使改组派掀起的反“指派”、“圈定”运动达到了高潮。

蒋介石先是派大批特务与宪兵破坏、镇压了大会,并逮捕了部分与会代表,并毫不理睬汪精卫、陈公博等人“暂不承认违反本党

---

①②《中国现代政治史资料汇编》第2辑第6册。

的民主原则”的三全大会的抗议宣言，强行“指派”、“圈定”了366个名额中的279名三全大会代表。接着就如期召开三全大会，并给予汪精卫、陈公博等人以党内警告、开除党籍等严厉处分。至此，改组派在与蒋介石集团的第一次政治交锋中失败了。

（二）联合地方军阀进行军事倒蒋的武装暴动。蒋介石为实现其军事独裁，于1928年先后两次召开“编遣会议”来削弱非嫡系的军事力量，引起各地方军阀的强烈不满。于是阎锡山、李宗仁等结成反蒋军事联盟来反抗蒋介石的军事独裁。改组派在自己既无政权又无军权的困境下，为继续坚持反蒋，就走上了联合地方军阀举行军事暴动的军事倒蒋的投机道路。

1929年9月，汪精卫等人在香港公开发表讨蒋宣言，斥责蒋介石“施行专制，图求私利”，内启国民党的纷争的罪行，并声称要用军事力量来讨伐蒋介石。与此同时，改组派一方面策动地方军阀张发奎和冯玉祥先后在湖北、河南起兵反蒋，另一方面自己也筹集力量在江苏溧阳、南京举行军事暴动。但由于张发奎因寡不敌众而改变计划，致使改组派策划的第一次军事倒蒋行动失败了。

同年12月，改组派又策动李宗仁和张发奎进攻广东，唐生智和石友三进攻武汉与南京，韩复榘和高桂滋在冀鲁交界起兵响应。这样，改组派又发动起“一时声势浩大，俨有气若河岳之势”的军事倒蒋运动。但蒋介石却利用各地方军阀间的矛盾，软硬兼施，很快就瓦解了他们的暂时联盟，而且还趁机挑动他们自相残杀。改组派的第二次军事倒蒋运动又告失败。

1930年3月，改组派向再次结成反蒋军事联盟的阎锡山、冯玉祥、李宗仁表示愿与他们“精诚合作、誓共始终”。不久，他们便在北京成立了由汪精卫主党、阎锡山主政、冯玉祥主军的国民政府与蒋介石的南京政府分庭抗礼。5月，他们凑集了近百万军队与蒋介石展开了中原大战。正当蒋介石的军队力不堪支、大有溃败之势的时刻，由于反蒋派内部阎、冯的矛盾冲突和石友三的倒戈，致使反蒋派的军队在战场上很快就变处处主动为节节败退。加之值此一发千钧之际，张学良的东北军又通电拥蒋，直逼平津，使得反蒋派的形势一溃千里，冯、阎被迫下台，汪精卫无奈逃往德国。至此，改组派的军事倒蒋活动宣告彻底破产。

(三)召开广州非常会议。1932年2月，蒋介石因扣押胡汉民和擅自主持召开国民会议，激起粤籍中央监委古应棻等人的强烈不满。于是古应棻便策动广东军阀陈济棠兴兵讨蒋。汪精卫见有机可乘，就与李宗仁、孙科、胡汉民和沪派等反蒋势力联合起来，在广州召开国民党中央非常会议。会议提出了“护党救国，反对独裁”的口号，宣告成立国民党中央非常委员会和广州国民政府，并选举汪精卫为国民政府主席。会议还决定筹备召开国民党四全大会；建立粤桂联军、北伐蒋介石。

正当双方剑拨弩张之际，“九一八”事变爆发了，民族危机日益深重，举国上下纷纷要求停止内战、一致抗日。国民党内的各在野派纷纷要求蒋介石辞职下野。可是这时的改组派却禁不住蒋介石答应分配给改组派十个中央委员名额的引诱，单独退出了广州非常会议，再度与蒋介石合作。1932年1月，汪精卫携同改组派的骨干成员赴南京就职，成了蒋家王朝中的“新贵”。

至此，汪精卫及其领导下的改组派进行反蒋活动的目的完全是为了争权夺利的本来面目统统地暴露无遗了。那些上当受骗的改组派一般成员纷纷愤然散去、国民党改组派彻底地土崩瓦解了。

三、改组派的政治主张

国民党改组派没有正式成文的纳领，其基本政治主张则集中体现在陈公博撰写的《今后的国民党》、《党的改组原则》和《中国国民党改组同志会第一次全国代表大会宣言》等文章中。他们最主要的政治口号是“恢复十三年改组精神，改组国民党”、改组派还以这个口号为核心，提出了一些具体的政治原则和政治主张。

第一，“恢复十三年国民党改组的精神”。

改组派认为：“今日党的破碎”使得国民党完全失掉了“指导的功能”。“中国革命已经到了非常危险的时期了”。“要渡过这样的难关”，只有“恢复十三年国民党改组的精神”。因为，蒋介石集团已经把“当年总理苦心孤诣改组国民党的精神”，“差不多丢得干干净净了。”①

改组派自称：“我们应该承继总理十三年改组的精神，复活统一的国民党”。但同时却完全背叛了孙中山先生在国民党“一大”上提出的以“联俄、联共、扶助农工”为核心内容的，把国民党改组为工人、农民、小资产阶级和民族资产阶级的革命联盟的“国民党改组精神”。

改组派基本的政治态度是主张坚决“反共”的。他们认为：国民党从来就没有实行过“联共”政策，“民国十三年改组时，只有‘容共’，并没听见‘联共’”② 而且“容共”政策仅属一时“容纳共产分子加入我们国民党”，“照我们三民主义做我们的国民革命工作”③“决不能谓容共为本党改组精神所在。”④ 因为，归根结底共产党是“第三国际领导着的游氓和土匪”，与帝国主义、军阀封建势力共同成为中国社会的“三个反动势力。”⑤ 改组派声称：“恢复十三年国民党改组的精神”，首先必须“改变其组织形式”，不应再采取当年那种国共两党实行党内合作的组织形式。因为“国共两党底一切纠纷底总源是由十三年国民党改组时起的”。“假使当时取消混合组织的形式，解散共产党的组织，采取化合组织的形式，使共产党化合于国民党，则国民党决不至于弄到这步田地。”“过去不能做到这

---

① 存统：《恢复十三年国民党改组精神》，《革命评论》第5期。
② 陈公博：《再论第三党》，《革命评论》第8期。
③ 陈公博：《本党的危险期》，《革命评论》第16期。
④ 汪精卫：《一个根本观念》，《汪精卫全集》之四。
⑤ 陈公博：《今后的国民党》，《革命评论》第1期。

点，实在是中国革命的一大损失。”①

改组派对苏联共产党和共产国际给于中国革命的支持与援助视而不见，却恶毒地加以污蔑与攻击。改组派虽然认为：“联俄的确是当日的一种精神。”但又强调：如今“若无条件的说联俄，这是废话”。而实现联俄的首要条件，就是苏联共产党必须放弃以前的“障碍中国革命”之“错误”。因为苏联共产党和第三国际当年政策的最大谬论，就在于只想扩大共产党的势力，“采取旧俄皇的帝国政策”，“企图覆没中国的国民革命。”② 改组派指出：要恢复国民党的改组精神，就要充分揭露苏联共产党“指使中国共产党破坏中国国民革命之罪恶”；狠狠“指摘其东方政策之错误。”③ 须知，“中国革命不能受第三国际的支配。”④

改组派对于孙中山的三大政策唯一“承继”的，就是承认：“扶助农工是十三年国民党改组的第一个精神”，并且表示要继续“深入农工群众”去“唤起民众。”但是，改组派同时却又认为，工农群众未必“都能站在革命的最前线”，也未必就是革命的主力军。至于改组派声称要“扶助农工”，“深入农工群众，”则是因为看到自 1924 年以来，共产党作了大量的“唤起民众”的工作，从而赢得了工农群众的拥护。感到“好象农工是共产党专有的，国民党革命是用不着农工的！好象国民党对于农工的态度只有‘压迫’”⑤ 似的。一方面改组派要同共产党争夺民众，另一方面改组派也感到，国民党实行镇压工农运动的政策人心丧尽，已经出现了难以克服的危机局面。“为了党的生存，非急速重新恢复民众，领导民众不可。”只有这样，才能有效地“防止民众的心理腐倾和恶倾，”⑥ 防止农工民众对国民党的失望、不满、厌恶情绪的日益增长，以至最终走上追随共产

---

① 施存统：《中国革命底理论问题》，《现代中国》第 2 卷第 1 期。

②④⑥陈公博：《今后的国民党》，《革命评论》第 1 期。

③ 陈公博：《党的改组原则》，《革命评论》第 10 期。

⑤ 《恢复十三年国民党改组的精神》，《革命评论》第 1 期。

党的道路。改组派公开表示，对于农民、工人和小资产阶级说来，我们的使命就是："第一步谋三个阶级的协调，第二步是团结三个阶级的革命力，第三步是泯除三个阶级的特性。"① 最终实现控制与压迫农工、避免出现民众运动爆发，危及国民党生存的政治企图。

第二，"改组国民党"。

改组派之所以提出"改组国民党"的主张，其最根本的目的就是要取代蒋介石集团在国民党中的领导地位。所谓要求清除国民党内部的"腐化分子"的口号，只不过是笼络人心的陪衬。

改组派认为国民党"一大"对党的组织原则的重大贡献，就是废除了"凡入党的人，须完全服从我个人"的总理独裁制，确立了党的所有重大问题"在决议方面必须多数人的意志来决定，在行动方面必须大家一致行动"的民主集权制原则。从而使国民党产生了民主精神和团结奋斗的精神。但是，蒋介石集团却在国民党内随心所欲地"以个人私意蹂躏党员与民主之公意"，于是独裁代替了民主，委派代替了选举。广大党员和各级党部"只有机械地服从，不许有自己的意思"，故而使国民党处于"今日这种垂死的状态"。正是由于蒋介石集团成为垄断国民党各级权力的"党皇帝，党诸侯，党大夫"，而蒋介石本人则成了"挂了国民党的招牌，冒国民革命的名义"，时刻"企图满足他迪克维多宰割全国的迷梦"的"蒋独裁"，"蒋天子"、"蒋皇帝"，才使"本党陷于死亡，革命濒于失败。"因而，改组派提出：改组国民党的首要任务就是必须"恢复党的民主精神"，"打倒盗窃党权、政权的蒋介石"。以此来"挽救没落的国民党"。

改组派的这一政治主张恰好迎合了国民党内的一些资产阶级民主主义者的政治要求，因而具有相当的政治欺骗性。但是，无论是蒋介石集团，还是汪精卫集团都已成为彻底背叛了孙中山新三民主义的国民党反动派，都已成为镇压革命民众的法西斯，是一丘

① 陈公博：《今后的国民党》，《革命评论》第1期。

之貉。实行独裁与专制是他们共同的必然发展趋势。而改组派所极力鼓吹的“改组国民党“、“恢复国民党的民主精神”,只不过是其妄图实现以汪精卫集团的独裁专制取代蒋介石集团的独裁专制的政治企图的遮羞布而已。

第三,“严密党的组织,森严党的纪律”。

改组派认为:国民党欲以三民主义来统一中国,就必须具备相当的力量。而“党之力量,在有严密之组织与整齐之纪律”。否则,党就会成为“一盘散沙,各行其是,根本不成为一个党”。改组派指出:如今“几乎溃散”的国民党已经“充满了个人主义和地方主义,充满了左倾右倾、腐倾恶倾”.呈现出一派“动摇而破碎不全”,几乎“陷于飘摇的局面”。之所以如此凄惨,就是由于“党中腐化分子及投机分子”“抛弃本党主义,违反民众要求,吸引党外反动势力”所致。由于国民党“已被军阀、官僚政客、买办、劣绅土豪所侵蚀盘踞,盗窃把持”,“今日南京的中央,已成为一切反动势力的大本营”。[①]导致许多基层的国民党员纷纷效法行事,“堕落的堕落、失望的失望,组织小团体的组织小团体”,“各寻各的门路去了。”[②] 于是,“党的组织由散漫而解体,党的威信由低落而丧失,党的纪律由豆腐化水浆,党的生命由病态转剧而呈奄奄一息。”[③]

改组派针对国民党腐败的现实提出必须尽全力来“巩固党之组织,森严党之纪律,使党员之行动,趋于一鹄。”[④] 只有这样,才能使汪精卫集团成为国民党内的“支配政治之中心势力,此乃本党今日最切要之任务。”否则,我党“一切政治军事计划皆属空谈”。[⑤] 由

---

① 《中国国民党改组同志会第一次全国代表大会宣言》,《中国现代政治思想史资料选辑》上册,第 712 页。

② 《恢复十三年国民党改组的精神》,《革命评论》第 5 期。

③ 《统一小组织问题》,《革命评论》第 9 期。

④ 《一个根本的观念》,《汪精卫全集》之四。

⑤ 《关于五中全会的一个重要党务提案》,《革命评论》第 14 期。

此可见，改组派的意图是借口“严密党的组织，森严党的纪律”，来极力抬高汪精卫政治集团在国民党内部的政治影响和政治地位。幻想着大多数国民党员支持由改组派来“重新改组中国国民党”，从而使汪精卫集团由在野派成为掌权派，至少也能和蒋介石集团共同分享权力。

第四，“提高党的权威”、“实行党的专政”。

改组派认为：国民党当前最大的隐患就是“党外有党，党内有派”。从国民党内部来看，其之所以“腐倾极度”，虚弱无力，重要的原因就是党内派别林立，内耗极大。诸如蒋介石新军阀，桂系新军阀和西山会议派、国家主义派和第三党等“几个互相矛盾的封建军事集团”和政治派别。他们个个都以正统自居，自以为是，毫无党纪可言，致使国民党内“意见纷歧至于不可名状”，“冲突竟无法使之统一。”对于这些派别则“任何权威也没有方法维持”，“中央党部简直不能过问”，而“只有随地方军事行动为转移。”[1] 根本无法实现“军政统一”，“以党治国”的目标。所以，要“复活”国民党就必须“提高党的权威”，消除党内派别林立的现象。尤其是对以邓演达为首的“第三党”，不仅要“批评其与本党不相容之主张”，更要“根本反对第三党之存在”。[2] 否则，“我们再不必谈三民主义，就是党的生存也缺乏了必要条件。”[3] 从外部来看，要巩固国民党的统治，就必须“实行党的专政”，必须坚持非国民党者，绝对“不能充任政务官”的原则。尤其是“要继续肃清中国共产党。”国民党“最重要的任务就是防共和剿共。”[4] 决不允许共产党采取“利用民众”、“鼓吹派别”等“手腕”来“捣乱”。

---

① 《今后的国民党》，《革命评论》第1期。

② 《党的改组原则》，《革命评论》第10期。

③ 《一个根本的观念》，《汪精卫全集》之四。

④ 《共产党的暴力问题》，《革命评论》第1期。

第三节 人 权 派

一、人权派的产生

1929年3月，蒋介石通过召开国民党“三全大会”，加强了一党专政和个人独裁。但却在4月20日发布所谓“保障人权命令”，以掩饰其种种侵犯人权的罪行。于是胡适立即发表《人权与约法》一文反驳，从而掀起了一场“人权运动”。以胡适、罗隆基为代表的资产阶级知识分子，被人们称为“人权派”。人权派既不满蒋介石的独裁统治，又反对共产党反帝反封建的革命运动，幻想依靠国民党在中国建立英美式的“民主政治”，代表了自由资产阶级的政治主张。

人权派又称“新月派”。1927年春，胡适、徐志摩、梁实秋等人在上海创办“新月书店”，1928年3月又创办了文艺刊物——《新月》杂志，形成了以胡适、徐志摩、梁实秋、罗隆基、潘光旦、叶公超为主要成员的新月派。随着他们对蒋介石独裁统治的不满情绪的日益增长，《新月》杂志逐渐成为人权派宣传其政治主张的阵地。人权派的主要成员多是留学欧美归国的学者名流，十分崇尚英美式的思想自由、政治民主。他们认为，“批评和讨论政治是国家个个国民的责任。”在他们的发动下，一场以“争人权，争约法”为目标，以“中国现状问题”和“怎样解决中国问题”为总题目，以是实行“一党专政”，还是“走英美的路”为内容的政治大讨论开始了。他们的政治目的是企图在中国建立资产阶级共和国。但是蒋介石的南京政权“依然是城市买办阶级和乡村豪绅阶级的统治……全国工农平民以至资产阶级，依然在反革命统治底下，丝毫没有得到政治上经济上的解放”。[1]更不容有思想、言论的自由和批评国家政治的权利。所以，人权派宣传“民主政治”招致的却是蒋介石集团通过舆论和行政手段进行的弹压，或是训斥威胁，或是拘留警告。胡适被迫辞去了上海中国公学校长之职而北上，罗隆基则被拘留。

“九一八”事变后，“人权运动”结束。人权派走向分化，有的投入国民党反动营垒，有的则走上了民族民主革命的道路。昙花一现的人权派政治活动表明：中国的资产阶级是两面性的阶段，政治上没有他们独立的余地，

二、人权派的政治主张

第一，反对一党专政，要求制定约法。

人权派认为，“人权是做人的那些必须的条件。人权是衣，食，住的权利，是身体安全的保障。”是“达到最大多数享受最大幸福的目的上的必须的条件。”国家的根本职能“就在保障人权；就在保障国民做人上那些必要的条件。”同时，这也是人民服从国家的前提条件，如果“什么时候，国家这个功用失掉了，人民对国家服从的义务就告终了。”[2]

从这一基本观点出发，人权派认为在国民党统治下，“最感痛苦”的是“人权被剥夺几乎没有丝毫余剩”。“言论出版自由之受干涉”，“私人财产之被没收”。“无论什么人，只须贴上‘反动分子’、‘土豪劣绅’、‘反革命’、‘共党嫌疑’等等招牌，便都没有人权的保障。身体可以受侮辱，自由可以完全被剥夺，财产可以任意宰割，都不是‘非法行为’”[3]。中国之所以能够纵容践踏、毁灭人权等一切罪恶现象存在的“一切责任都在政府和党魁”，其罪恶的根源就在

---

① 毛泽东：《中国的红色政权为什么能够存在？》《毛泽东选集》第2卷，第47页，人民出版社1991年版。

② 罗隆基：《论人权》，《中国现代政治思想史资料选辑》上册，第822页。

③ 胡适：《人权与约法》，《中国现代政治思想史资料选辑》上册，第801页。

于国民党的“一党专制”。在“以党治国”的状况下，“反动罪名，任意诬陷，‘嫌疑’字眼，到处网罗。得罪党员，即犯‘党怒’，一动党怒，即为‘反动’。于是逮捕，于是拘押，于是监禁。于是暗地枪杀。”总之，“人权破坏，是中国目前不可掩盖的事实。”因此，我们必须“努力起来争回人权”，这应该成为“中国立志做人的人的决心。”①

人权派认为，要争得人权，必先争得法治；要争得法治，必先争得宪法。“我们须要明白，宪法的大功用，不但在于规定人民的权利，更重要的是规定政府各机关的权限，立一个根本大法，使政府的各机关，不得逾越他们的法定权限，使他们不得侵犯人民的权利。”② 所以说，在一切法治的国家里，法律应该居于最高的地位。政府与人民都应平等地同处于既要严格守法，又可依法制约对方的地位。“没有任何个人或团体处于超法律的地位”。③但是，在国民党政府的独裁统治下，“现在中国的政治行为根本上从没有法律规定的权限，人民的权利自由也从没有法律规定的保障。在这种状态下，说什么保障人权！说什么确立法治基础。”④ 而蒋介石却借口推行“训政”而拒绝实行“宪政”。对此，人权派质向国民党政府，“我们实在不懂”，“宪法与训练有什么不能相容之点？为什么训政时期不可以有宪法？ 为什么宪法之下不能训政？”“程度幼稚的民族，人民固然需要训练，政府也需要训练。”⑤因为，人民需要的训练是受法律保护的公民生活，政府需要的训练是受法律制约的法治生活，如果国民党当局和南京政府可以不受宪法的制约，“那就是一国之中仍有特殊阶级超出法律的制裁的权利。”而他们对民众所实施的训政就无异于专制，根本不可能训练人民走上民主的路。“我们深

①③ 罗隆基：《论人权》，《中国现代政治思想史资料选辑》上册，第 818 页、第 827 页。

②⑤ 胡适：《我们什么时候才可有宪法》，《中国现代政治思想史资料选辑》上册，第 811 页、第 811 页。

④ 胡适：《人权与约法》，《中国现代政治思想史资料选辑》上册，第 804 页。

信只有实行宪政的政府才配训政。”[①] 人权派呼吁：“在今日如果真要保障人权，如果真要确立法治基础，第一件应该制定一个中华民国的宪法。至少，至少，也应该制定所谓训政时期的约法。”[②] 只有在宪法或约法的制约下，才能使“政府的一举一动以法为准则，不凭执政者意气上的成见为准则。”即使是“国民政府的主席……同样的不得逾越法律规定的权限”，[③]才能根除侵犯人权的恶劣行为。所以，他们提出了“快快制定约法以确定法治基础！快快制定约法以保障人权”的口号。

除此之外，人权派还具体地提出了 34 条“必争的人权”的具体内容。主要是：(一)法律面前人人平等，对于国家的政治权利，国民应享有平等的机会；(二)国民的私有财产不受侵犯；(三)国家在任何情况下，不得以军事法庭代替普通法庭；(四)国家与法律是为保障人权服务的，人权的首要原则就是保障人的生命；(五)国民应有思想、言论、出版、集会等自由。[④]

第二，仿效英美、实行“民治”下的“专家政治”。

人权派认为，国家是全体国民互相制约、彼此合作，实现其共同目的的工具。因此，必须由全体国民来掌握和行使国家最高统治权的“民治”。否则，就会形成社会上极少数人的特殊地位，就会引起国民的不满情绪，甚至会导致革命。人权派指出：要使国家政权做到真正代表国民的根本利益，来稳妥、恰当地处理国家事务，就必须建立起以“平民政治为原则”为基础的政治制度。这种政治制度的最低限度是：既有人民委托的治权，又有专家知识的行政。就是说，一要具备代表民意的立法机关——议会；二要具备由一批

---

① 胡适：《我们什么时候才可有宪法》，《中国现代政治思想史资料选辑》上册，第 813 页。

②③胡适：《人权与约法》，《中国现代政治思想史资料选辑》，上册，第 804 页、第 804 页。

④ 参见罗隆重基：《论人权》，《中国现代政治思想史资料选辑》上册，第 833 页。

“只问行政，不管主义”的专家组成的执行机关——政府。

人权派认为，中国现时的政治状况是：一方面鼓吹民主、民权，另一方面却实行一党独裁。究其根本则是国民党的独裁专制剥夺了人民的主权，再就是由一班没有经过现代学术训练的军人政客把持着政府。如果不对这种十分紊乱的政治局面进行调整，中国就不可能建立起合乎时代潮流的政治制度，中国的政治、经济、文化诸项事业就不可能发展。但是要把中国的政治局面引上“常轨”，就必须“仿效英美式的政治，切切实实拥护民主，倡导民权，实行民治。”① 而当务之急则是要迅速地在国民享有集会、结社、言论自由和毫无党派限制的前提下，由全体国民选举产生代表，“召集国民大会制定宪法”，从而使得中国的政治制度建立在平民政治的原则基础上。除此之外，国家还必须通过科目考试制度来选拔那些经过现代学术训练的“专门人才”，组成政府机构，运用科学知识来管理国家政务。绝不应该让那些“不懂行政的人包办国家的行政”。② 人权派还具体地提出了许多实施“专家政治”的具体措施。归根到底就是要争取使他们这些自由资产阶级知识分子能够参与国家政权的领导。

第三，反对共产党及其领导的反帝反封建的革命运动。

人权派公开地反对把封建主义和帝国主义作为中国革命运动的对象。胡适指出：“我们的真正敌人是贫穷，是疾病，是愚昧，是贪污，是扰乱。这五大恶魔是我们革命的真正对象”。③ 在我们所要打倒铲除的这五大仇敌中，“封建势力也不在内，因为封建制度早已在二千年前崩坏了。帝国主义也不在内，因为帝国主义不能侵害那五鬼不入之国。”④ 他攻击中国共产党领导的反帝反封建的革命是

---

① 罗隆基：《我们对党务上的尽情批评》，《新月》第2卷第8期，1930年。

② 罗隆基：《专家政治》，《人权论集》，新月书店1930年1月。

③④ 胡适：《我们走那条路》，《新月》第2卷第10期。

“悬空捏造革命对象”，用以鼓吹进行暴力斗争，而对于中国人民的真正敌人——“贫穷”、“疾病”、“愚昧”、“贪污”、“扰乱”，却置若罔闻，姑息纵容。如按共产党的主张从事斗争，那距离我们所应建立的理想国家，反越走越远。人权派的政治主张的目的在于要瓦解中国人民反帝反封建革命斗争的力量，诱使人民群众背离中国共产党所领导的新民主主义革命，使共产党陷于孤立。他们诬蔑共产党人是“谋共产革命”的“市井的流氓，乡村的土匪”；共产党的革命斗争无非是“攻城略地、杀人放火”[①]式的盲目的暴力革命。其结果只能是浪费精力，煽动残忍的劣根性，扰乱社会与国家的安宁、种下相互残害、屠杀的根苗。于国家、于人民有百害而无一利。因此，中国的革命绝不能是那种用暴力推翻暴力的革命。人权派认为，真正的革命只有在认清我们的敌人、我们的问题——铲除“五大仇敌”的基础上，集中全国的人力智力，全面采用世界的科学知识与方法，一步一步地作“自觉的改革”。用“自觉的改革”代替“盲目的所谓革命”。这就十分清楚地表明了人权派所宣扬的仍然是一条早已为中国革命实践所证明了的根本行不通的资产阶级改良主义道路。

人权派还为国民党“剿共”出谋划策。他们认为，今日“共祸”蔓延的原因，是由于“中国经济政治的环境，给共产党革命运动上种种的便利。”经济上的“民穷财尽”和政治上的专制独裁，使中国社会呈现出“民不聊生”和“民不安命”的状况。“到了人民的生命关头，革命总是要爆发的。”加之在过去的几年里，国民党自身也曾“宣传共产党的主义”、“采用共产党的制度”，甚至还“协助共产党的实际工作。”结果使共产党在策略上既有了“很可利用的民众心理”，还可以“利用国民党的弱点乘机以进”。以至造成中国“共产主义的发展，共产势力的蔓延”的恶劣局面。既然要遏制这种恶劣局

---

① 罗隆基：《论中国的共产》，《中国现代政治思想史资料选辑》上册，第843页。

面继续发展，“自然只有希望国民党‘剿共’及早成功。”人权派还煞有介事地郑重声明：只要国民党能够“承认前此错误，改弦易辙，而后在对付共产问题上”，实行切实有效的“新策略”，那么，“无论我们私人在政治上的信仰如何，立场如何”，我们都会坚决支持“如今已成事实的政府。”使政府能够全力地“恢复和平，安定秩序，保障私产，维持民生。”

人权派认为，蒋介石亲自率领数十万精兵良将对共产党进行大规模的军事“围剿”，固然是有“功”于国、有“功”于民的行动。但“剿共”如不实行新的策略，“尽管讨共军着着胜利，湘鄂赣彻底肃清，然而，余毒未尽，病根犹存。共产党在中国，总是‘野火烧不尽，春风吹又生’”。他们指出，要彻底消灭共产党及其领导的革命运动，就必须改变那种“头痛医头，脚痛医脚的剿共办法”，实行从根本上彻底解决的策略。具体说来就是：第一，实行“思想的解放”，采取“以思想代替思想的方法”来消除共产主义的影响。因为“三民主义是官家的‘五经’、‘四书’，共产刊物是禁品的‘西厢’、‘红楼’。愈要青年必修的，愈是干枯无味；愈防青年偷看的，愈是秘中求宝”。“压迫对方的思想，其实是代对方作宣传”，“思想愈是求统一，愈不统一”。而且“青年思想的左倾”，更是“飞机炸弹手枪快炮所不能动摇其毫末的”潜在危险。要真正“防止共产主义思想蔓延”就要“解放思想，重自由不重‘统一’。”这才是最根本、最敏捷、最聪明的方法。第二，实行“政制的改革”，“以民治代替‘党治’”。人权派指出，国民党实行的“一党专制”实在是“铲共上极大的障碍。”本来，“我们与共产党分歧的，就是‘民治’与‘党治’。”但由于“国民党实行党治”，就既“增加了共产党的口实”，又使那些“在共产问题上固亦有深忧国事，畏惧共祸的”“一班党外反共人民”无法施展他们的反共本领。这是当前“解决共产问题上，极大的危险”。他们认为，只要国民党能够取消党治，实行民治，就会使“共产学说根本在中国站足不住了。共产党不剿自灭了。”①

人权派提出的争取人权，争取民治的政治主张，在当时对国民党的独裁专制有一定的冲击作用。但在马克思主义指导下的无产阶级革命已经蓬勃兴起的形势下，则这种寄希望于政治改良的资产阶级人权武器就越发显得软弱而消极了。人权派在恶毒攻击马克思主义、反对共产党及其领导的革命运动的同时，还在不推翻国民党反动政权的基础上，对国民党也提出些“批评”、“建议”、“改良”和“希望”的谏言。而人权派在政治上既反对共产党，又批评国民党的做法的根本目的，就是幻想在半殖民地半封建的社会条件下，在国共两党尖锐对抗中成为第三势力。其实这只不过是人权派的一种幻想。

① 罗隆基:《论中国的共产》,《中国现代政治思想史资料选辑》上册，第839～854页。

第十二章

中国托派与三十年代社会性质论战

第一节　中国托派的政治观点

一、中国托派的由来和覆灭

托派即托洛茨基派，是苏联共产党内的一个反列宁主义派别。托洛茨基(1879～1940)早年参加俄国社会民主党，十月革命中领导武装起义，担任过联共中央政治局委员、军事委员会主席。1923年之后开始进行派别活动，列宁逝世后，反对和破坏列宁关于在苏联建设社会主义的理论与实践。1929年11月被开除出党，同年被驱逐出苏联。以后在土耳其、法国、挪威、墨西哥等地继续进行反苏活动，1940年8月死于墨西哥。

中国托派是受苏联托派理论和组织活动直接影响下的产物。1927年，托洛茨基在同斯大林关于中国革命问题的争论中，提出这样的论点，认为中国社会已进入资本主义，封建主义已成为“残余的残余”；帝国主义侵略只表现在海关制度上的“关税不自主”，反对斯大林的中国仍然是半殖民地半封建社会的论断。当时，莫斯科中山大学校长拉狄克是托派，一部分中国留学生参加了托派活动。1928年初，被苏联遣送回国的原中山大学托派学生区芳、梁干乔、陈亦谋、史唐等人，在上海成立了中国第一个托派小组织，名

“我们的话”派，出版刊物《我们的话》，自称“中国布尔什维克——列宁主义者反对派”，设“全国总干事会”为领导机构，其成员不过百余人，活动于北平、香港、广州等地。

大革命失败后，陈独秀由右倾机会主义逐渐走向取消主义。中共“六大”后，陈独秀、彭述之、马玉夫、汪泽楷等人形成了一个反对“六大”路线的小派别。1929 年春，他们看到了托洛茨基的《中国革命的回顾与前瞻》和《共产国际第六次大会后的中国革命问题》两文，表示“完全同意托氏的基本观点。”① 他们从此积极在上海和外地发展组织，进行反对党的活动。中共中央发觉后曾向他们提出警告，但未奏效。同年 9 月，他们成立了名为“中国共产党左派反对派”的秘密托派小组织，以陈独秀为书记，彭述之、尹宽、马玉夫、何资深等为“临时委员”。其时，正值中东路事件发生，陈独秀向中央写了三封信，拥护托洛茨基的观点，攻击“六大”路线，并要求在党报上公开讨论。10 月和 11 月，中共江苏省委和中共中央分别决定开除彭述之等人和陈独秀的党籍。为此，陈独秀发表了《告全党同志书》，声称他“毫不隐讳的站在托洛茨基同志所领导的国际反对派即真正的马克思列宁主义旗帜之下，坚决的、不调和的、不中途妥协的和国际的及中共中央的机会主义奋斗到底。”1930 年初，该托派小组织正式建立了以陈独秀为首的领导机关，出版机关刊物《无产者》，被称为“无产者派”。

刘仁静在苏联参加了托派。1929 年刘仁静绕道欧州经土耳其时会见了托洛茨基，托氏交刘带回他起草的《中国布尔什维克(列宁派)纲领草案》。1930 年 1 月，刘仁静以“老托代表”资格纠合王文元、宋逢春、罗汉等人成立”中国共产党左派共产主义同盟”出版刑物《十月》，称“十月派”。

1930 年 9 月，从莫斯科东方大学回国的托派分子赵济、刘胤、

---

① 陈独秀:《告全党同志书》，1929 年 12 月 10 日。

王平一、徐乃达等成立“战斗社”，出版刊物《战斗》称“战斗派”。

以上四派虽都奉托洛茨基为祖师，但却各自为政，互相攻讦，互不服气。在托洛茨基的直接干预和命令下，1931年5月1日，各派共推出18名代表（按20人一名代表）在上海召开了统一大会。通过了陈独秀起草的《中国共产党左派反对派纲领》、《国民会议提纲》等文件，选出“中央执行委员会”，陈独秀为总书记，陈亦谋、郑超麟、王文元等为常委，罗汉为秘书，下设上海、华南、华北三个区委，出版刊物《火花》。

统一后的托派内部仍然矛盾重重，争权夺利。因权力分配不均，梁干乔跑到南京当了特务，马玉夫则向国民党当局告密，陈独秀、彭述之、尹宽等因而被捕入狱。“九·一八”事变后，托派中央一度瘫痪。1934年托洛茨基派人来华，支持刘仁静重整旗鼓，但刘与陈独秀派不和，其组织再也统一不起来。“七七”事变后，陈独秀出狱，声明自己”已不隶属于任何党派。”[①] 他主张抗日，对托派分子写的辱骂中国共产党和国民党的文章表示不满。认为这样做“不但无法获得群众，简直无法和群众见面”，说“这样一个关门主义的极左派小集团，断然没有发展的希望。”[②]

抗日战争时期，中国托派分裂为两派。以彭述之、刘家良为首主张支持国民党抗战；以郑超麟、王文元、陈其昌为代表则主张在抗战中使政府失败，并进行无产阶级革命夺取政权。前者得到托洛茨基的“第四国际”支持而成为“多数派”，后者为“少数派”，两派始终未统一。1948年，多数派宣布成立“中国革命共产党”隶“第四国际”。不久，少数派成立“中国国际主义工人党”。全国解放前夕，彭述之、刘家良、王文元等逃往香港，继续进行托派活动，留在大陆的

① 陈独秀：《给陈其昌的信》，1937年11月21日，唐宝林、林茂生：《陈独秀年谱》，第488页，上海人民出版社1988年版。

② 陈独秀：《给托洛茨基的信》。

托派组织已经瓦解。

二、中国托派的理论及其政治主张

中国托派的政治主张主要表现在托陈取消派的八十一人《政治意见书》和1929年以后陈独秀的一些文章中。

托洛茨基的“不断革命论”是中国托派的理论基础。

托洛茨基的“不断革命论”主要有三点:第一,否认革命发展的阶段性,强调从民主革命到社会主义革命的“不断性。”托洛茨基认为“无产阶级专政将不可避免的不仅把民主革命任务提到议事日程上”。[①]“落后资产阶级的民主革命可以直接导致无产阶级专致,而无产阶级专政可以把社会主义提上日程”[②] 第二,否认工农联盟的必要性,认为“农民愚昧幼稚,常常使他们对无产阶级采取敌对态度。”[③]第三,否认社会主义革命首先在一国胜利的可能性,认为“唯有西方无产阶级的胜利,才能保障免除资本主义复辟和完成社会主义建设。”[④]总之,反对马克思主义的不断革命与革命发展阶段相结合的理论,否认和超越民主革命阶段,是托氏“不断革命论”的核心。据此,托洛茨基在1928年写的《中国革命的回顾与前瞻》、《共产国际六次大会后的中国问题》等文中,对中国革命提出了“左得离奇”的纲领。他把中国革命分为“辛亥革命”,“1925－1927大革命”,“未来革命”三个阶段,他提出未来第三次革命“战略上基本路线”是无产阶级专政,与此对峙的‘工农民主专政’的口号,只是一种反动主张。”[⑤]其经济纲领是“推翻城市及乡村中资产阶级的私有财产。”[⑥]托氏污蔑和攻击中国共产党的反帝反封建的民主革命纲领是“机会主义。”

---

①④托洛茨基:《三种俄国革命论》。

②③托洛茨基:《不断革命论》。

⑤⑥托洛茨基:《中国革命的回顾与前瞻》

陈独秀摭拾了托洛茨基"不断革命论"观点，并据此总结大革命的历史，他认为中山舰事件之后，中共就应退出国民党，并在北伐军所到之处组织苏维埃，"由无产阶级专政，一面完成民主革命的任务，一面走向社会主义道路"[①] 他指责共产国际和斯大林，始终拘泥民主革命阶段，"以机械的阶段论代替了不断革命论。"[②]陈独秀还指责中共"六大"，关于中国革命"仍旧是资产阶级的民主革命，而不是无产阶级的社会主义革命，将来的政权应该是工农民主政府，而不是无产阶级专政"[③]的规定是机会主义路线。他主张在经济上应立即消灭城乡资本主义，"打破私有财产"，"领导贫民反对富农。"

陈独秀由右倾跳到极左，是他的消极的"取消主义"得到了托洛茨基主义的精神支持，"二次革命论"和"不断革命论 "在一定历史条件下结合的结果。托氏不仅有超越民主革命阶段"左"的理论，而且有大革命失败后"中国并无革命局势"的右倾观点。陈独秀认为国民党代表的资产阶级夺取了政权，标志中国资产阶级民权革命已经完结。下一次革命高潮尚未到来，只有等待将来去进行社会主义革命。他们主张以"召集国民会议"为目前 "总的政治口号"，搞合法斗争，反对建立苏维埃政权。托陈的结合，从右到"左"从"左"到右，从理论到实际都是错误的是脱离中国社会实际的。

中国托派的政治纲领是反资产阶级的"社会主义革命。"

托派认为"中国社会是资本主义占优势的社会"，因此，"中国革命性质是社会主义革命。"中共"六大"的《政治决议案》提出，大革命失败后，中国仍然是半封建半殖民地社会，中国社会基本矛盾一个也没有解决，现阶段的中国革命依然是"资产阶级民主革命"。当前的中心任务是"驱逐帝国主义者，达到中国的真正统一"，"推

①②③陈独秀等：《我们的政治意见书》。

翻地主阶级私有土地制度，实行土地革命。”[①] 托陈派反对这一正确纲领。他们接受了托洛茨基关于中国封建主义已是“残余的残余”，中国已进入资本主义社会的观点，认为“自国际资本主义侵入中国以后，资本主义的矛盾形态伸入农村，整个的农民社会之经济构造，都为商品经济所支配……‘大革命’主要的是资产阶级得了胜利，连政治上对各阶级取得了优越地位，取得了帝国主义的让步和帮助，增加了它的阶级力量之比重……‘封建’变成了残余势力之‘残余’”。[②] 根据上述错误的分析和判断，认为国民党南京政府的建立，标志着资产阶级已经建立了自己的中心统治。托洛茨基还认为：“中国已进入资本主义稳定发展时期”，“中国并无革命形势”，“革命是被搁置到不确定的未来”，[③] 因而他主张通过普选，参加国民党的“国民会议”，进行合法斗争。托氏的这种主张，正好同陈独秀的取消主义相吻合，陈在《致中共中央的信》、《告全党同志书》中，一再强调目前没有革命形势，在行动上“应采取最民主主义的口号，如为召集国民会议而奋斗。”托陈派实质上是以这种根本不能实现的所谓合法斗争口号，来抵制和取消正在发展的工农苏维埃运动。

中国托派还学着托洛茨基的腔调，攻击中国红军和苏维埃。托洛茨基认为，中国共产党在农村开展武装斗争和建立政权是失去了无产阶级的核心，“是要可悲的陷于腐化与堕落，”[④]“应该攻击这种政策。”[⑤] 1930 年 3 月 14 日，陈独秀写的《关于所谓‘红军’问题》一文中，硬说红军即使有共产党员来领导，也会“日久因生活方式及环境关系，跟着游民无产阶级化和流寇化。”“由这班红军来领

---

① 《中国共产党第六次全国代表大会决议案》，1928 年 7 月 9 日，《中共党史参考资料》(一)，第 151 页。

② 陈独秀：《致中共中央的信》，1929 年 8 月 5 日。

③④托洛茨基：《共产国际第六次大会后的中国问题》。

⑤ 托洛茨基：《论国民会议口号——致中国反对派》。

导农民游击战争，来影响大城市，这种由‘中国式特点’所推演出来的理论，不但屈服于农民原始情绪，而且很明显的是，‘以乡村领导城市，以游民无产阶级领导工人’的政策”，其结果前途不外是“一，统治阶级内部战争一停止，红军便要被击溃，或为其收买；二，因自己内哄而溃败；三，逐步与农村资产阶级（商人与富农）妥协，变成他们的白军或他们的经济手段所压迫而溃散，此外不能有别的前途。”事实早已击破了托派这种谬论。

第二节　中国社会性质问题论战

一、社会性质论战的发生

中国社会性质问题的争论由中国革命性质问题而引起。共产国际斯大林与托洛茨基之间，关于中国革命性质的争论，影响到中国共产党内。大革命失败后，托陈取消派接受了托派的有关观点，反对中共“六大”关于中国仍然是半封建半殖民地社会，中国革命仍然是资产阶级民权革命的论断。在社会性质、革命性质问题上，提出一系列与中共“六大”对立的、似是而非的论点，从而首先挑起了这次论战。同时，国民党反动派为维护其反动统治，反对革命，也在中国社会性质问题上制造混乱。以陶希圣为代表的“新生命派”和汪精卫为代表的“国民党改组派”，纷纷在刊物上发表文章，歪曲中国社会性质，否定反帝、反封建的民主革命。

为了批驳托陈取消派制造的错误理论，回击反动派的理论进攻，1929 年 12 月，中共中央负责人李立三写了《中国革命的根本问题》一文，发表在 1930 年 3 月《布尔什维克》杂志上。文章阐述了“六大”对中国社会性质的分析及所规定的政治路线，并针对托派的有关观点进行了第一次系统批判。同时中共中央文化工作委员会通过由“创造社”出版的刊物《新思潮》，组织社会科学工作者就中国社会性质问题发表论文，宣传党的正确主张，批判托陈派和新生命派的错误观点。1930 年 4 月 15 日《新思潮》出刊《中国经济研究专号》，刊登了潘东周的《中国经济的性质》、吴黎平的《中国土地问题》，向省吾的《帝国主义与中国经济》、《中国的商业资本》，王学文的《中国资本主义在中国经济中的地位其发展及其前途》，李一氓的《中国劳动问题》等文章。1930 年 5 月中国社会科学家联盟成立，团结了一批社会科学工作者，研究中国社会性质，他们被称为“新思潮派。”

1930 年 7 月，严灵峰、任曙、刘仁静等托派创办《动力》杂志，以对抗《新思潮》。严灵峰发表的《中国是资本主义的经济，还是封建制度的经济？》、《再论中国经济问题》，任曙则出版了《中国经济研究绪论》的小册子，反驳“新思潮派”。刘仁静也以刘镜园的笔名在《读书杂志》上发表了《评两本论中国经济的著作》和《中国经济的分析及其前途之预测》两篇文章，他们的观点虽略有不同，但基本上都是托派的理论。这批人被称为“动力派”。

二、社会性质论战的主要问题

论战双方以新思潮派和动力派为主，新生命派参与其中。争论的中心点是中国的社会性质问题，此外还涉及经济成份、经济状况、阶级关系等广泛内容，特别围绕帝国主义、封建主义、资本主义三者关系的争论最为激烈。

第一，关于帝国主义与中国社会经济的关系。

动力派片面夸大帝国主义促进中国资本主义发展的一面，而忽视帝国主义与封建势力互相依存的一面。他们认为：建立在自然经济基础上的封建制度同建立在商品经济基础上的资本帝国主义“完全处于不可调和的矛盾地位。”[①] 帝国主义的商品大量输入中

① 严灵峰：《再论中国经济问题》，《动力》第 1 卷第 2 期，1930 年 9 月 30 日。

国，破坏了自然经济，“促进”了资本主义发展。认为帝国主义扶植中国封建势力“是无稽之谈。”

新思潮派指出帝国主义对中国经济起了两个方面的作用，一方面一定程度破坏了自然经济，刺激了资本主义的发展；另一方面“把中国变成帝国主义的附庸”，不再帮助中国资本主义独立发展，“不但不消灭乡村中间的封建式的剥削，而且加紧了这种剥削”。[①]事实证明，中国经济破产，农民流离失所、工人失业、土匪蜂起，无不是帝国主义侵略、军阀混战、封建剥削所致。任何一派军阀不得不依靠帝国主义而出卖中国的利权。至于商品经济，中国早有，这并不等于资本主义经济。相反，帝国主义和封建势力相勾结，经过地主、高利贷者推销它的商品，搜括农民财富，千方百计阻碍中国民族资本主义的成长。

第二，关于封建势力在中国经济中的地位

动力派不承认中国还存在严重的封建剥削制度。严灵峰说：“商品侵入农村，农民出卖自己的田地，即使旧式的贵族宗室也要将自己的土地整批出卖的，于是商人乘机购买土地，新式地主占了“绝对优势”。这种“新式”地主不同于旧地主，地租形式不是由农民交必需的消费品，而是近代资本主义社会最流行而时髦的商品——生产物或货币。”[②]这就是说，乡村地主已资产阶级化了。任曙也提出了要“把握着资本主义关系去理解农村土地问题”[③]的论点，用一些数字说明农村封建关系已经破坏，资本主义生产关系已经形成。新思潮派在批驳上述谬论时，首先指出判断中国地主是资本主义化还是封建化的，不在于他们的出身，而在于他们的剥削方式。中国农村情况是：“集中到地主阶级手中的土地，实际上并不由

---

① 刘梦云：《中国经济之性质问题的研究》，《读书杂志》第1卷4、5合期，1931年8月1日。

② 严灵峰：《再论中国经济问题》，《动力》第1卷2期，1930年9月30日。

③ 任曙：《中国经济研究绪论》，中国问题研究会1931年1月15日出版。

地主拿来利用新式的机器，雇佣劳动者来耕种，而把它割成一小块、一小块的租佃给无地少地的农民。所以在中国农村里，土地所有权虽是集中到地主阶级手里，但是土地使用权却是分散给千百万农民的。这难道是资本主义地主所做的勾当？难道这同过去封建时代地主与农民的关系有什么根本区别？利用新式生产技术，雇佣工资劳动者经营自己的土地，这是资本主义化的地主的唯一的记号。然而，正是这种记号是中国地主所没有的。"①至于有些商业资本家投资土地，也照样是旧的封建剥削方式，他们走的是"资本家封建地主化"的道路。刘梦云（张闻天）指出：农村封建剥削主要是高额地租，"这些耕种地主土地的农民，每年要把由地上生产出来的 50%到 70%奉给地主，如若届时不能交纳时，地主就能用武力强迫佃户交纳。"②近代中国有些地方出现了货币地租，数量极少，基本上还是实物地租。并且，"在中国农村中，很多的地主，同时就是商人与高利贷者。正因为这样，所以中国地主对于农民的剥削，真是无孔不入。农民如果今年交不出田租，那就当作农民对于地主的借款，拿高利贷利息来计算，"③这又加重了剥削。地主兼商人兼高利贷者三位一体往往是买办阶级或封建军阀在农村的代表，因此，"现在中国农村租佃制度下的剥削关系，是封建剥削关系。"农村土地问题一日不解决，生产不能发展"土地革命，是数万万农民群众的切身的急迫的要求，是中国革命目前阶段上的中心问题，是中国资产阶级民主革命的关键。"④

第三，关于中国民族资本主义发展程度。

动力派认为帝国主义破坏了中国封建势力，资本主义必然会按一般社会经济发展公律发展，并且是在"突飞猛进"的发展。他们

①②③刘梦云：《中国经济之性质问题的研究》，《读书杂志》第 1 卷 4、5 合期，1931 年 8 月。

④ 吴黎平：《中国土地问题》，《新思潮》第 5 期，1930 年 4 月 15 日。

的论据一是玩弄数字，任曙用轮船与帆船，银行与钱庄，生丝出口比例数增长，证明资本主义生产方式在中国已占优势。二是所谓华洋两种资本"应一视同仁"，资本主义不应分"洋货"、"国货"，要把它们当作一个整体。"帝国主义在华的银行、工厂、矿山、轮船、铁道及资本等，再加上土著资本主义的银行、工厂、矿山、轮船、铁道等，就是已压倒封建经济而支配全国生活。"① 他们甚至还把帝国主义经济侵略性的"农业的中国、工业的外国"的方针，说成是世界统一经济中的"有机构成"，"自然的社会分工。"②

新思潮派着重批评了"华洋资本一视同仁论"。在破坏旧的封建生产关系上，不可否认华洋资本起着同样的作用。但是，不能否认，它们有着"本质上和地位上的差异，站在科学的见地上应将中外资本主义分为统治的（帝国主义在华经济）与附庸的（中国民族资本主义经济）两种经济形态来考察。"③ 他们指出任曙列举交通工具、银行之类的比例数字以证明中国是资本主义社会，是只见量不见质的机械论。同一类交通工具和银行在独立国家和半殖民地国家代表不同的社会经济意义，中国的轮船铁路往往成为帝国主义吸取养分的唧筒，"因为只有这样，才能输出中国的原料，出卖他们的商品，在经济上政治上以及军事上更能统治中国"。新式银行更是帝国主义控制中国产业和对外贸易的手段，他们通过经纪人以高利贷给中国商人，以低价收购产品，一切外贸又控制在他们之手，这对中国的生产力只能起破坏作用，动力派只看到华洋资本的"共性"，而抛开宗主国与半殖民地之间的不平等地位，掩盖外国资本对中国资本的垄断性、侵略性，无异于帝国主义辩护士。新思潮派还指出："中国民族资本主义在第一次世界大战后有相当发展，

① 任曙：《中国经济研究绪论》，中国问题研究会 1931 年版。

② 严灵峰：《再论中国经济问题》，《动力》第 1 卷第 2 期，1930 年 9 月。

③ 刘苏华：《中国资本主义经济的发展》，《中国经济》第 1 卷第 6 期，1933 年 9 月。

但好景不长。由于帝国主义卷土重来，中国资本主义经济一直处在停滞不前、恐慌恶化的境况之中。在目前的形势之下，中国资本主义独立发展的前途，是没有的。”①

第三节　中国社会史论战和农村社会性质论战

一、中国社会史论战

中国的今天是昨天和前天的发展。在讨论社会性质问题时，已涉及到一些历史，只有弄清历史上的问题，才能更好地认清今天的中国社会性质。并且新生命派陶希圣等人也以研究中国社会史名义，抛出了“马克思主义不合中国国情”论，于是在进行社会性质论战的同时，社会史论战也开始了。

参加这次论战的有马克思主义史学和理论工作者郭沫若、吕振羽、翦伯赞、潘东周、王学文、刘梦云等，有托派分子任曙、严灵峰、李季、杜畏之等；有新生命派陶希圣、梅思平等；还有中间派王礼锡、胡秋原等。1928 年郭沫若避居日本，开始潜心研究中国古代社会，写成《中国古代社会研究》一书（1936 年出版），以马克思主义社会形态学说为指导，第一次描绘了中国从原始社会到奴隶社会再到封建社会的演变历程。1929 年前后，陶希圣在《新生命》杂志上连续发表文章，把中国说成一个无法确定性质的“X 社会”，新思潮派批评了这种观点，论战展开。王礼锡主编的《读书杂志》于 1931 年 5 月开辟中国史论战专栏，至 1933 年共出版四次专辑，论战进入高潮。《读书杂志》停刊后，1934 至 1936 年论战在《中国经济》、《食货》、《中山文化教育馆季刊》、《中国农村》等刊物上继续进行。抗日战争爆发后，论战冷了下来，但并未结束。

---

① 刘梦云：《中国经济之性质问题研究》。

社会史论战争论的主要问题是：

第一，中国是否经历过奴隶社会？对此，有否定和肯定两种意见。否定者有有李季、杜畏之、王伯平、胡秋原等。他们强调中国与欧州地理环境不同，因而不能产生奴隶社会。有的断言，奴隶社会根本不能构成人类历史的一个发展阶段。肯定者有郭沫若、吕振羽、翦伯赞等，他们认为奴隶制是生产力发展中必然表现出的一个古典社会形态。在中国历史上不仅有家奴，而且在生产中奴隶扮演过主要角色。郭沫若论证西周是奴隶社会，吕、翦则认为殷代是奴隶制。

第二，秦以后至鸦片战争前的社会性质问题。在此问题上，有封建社会论、非封建社会论、历史循环论等几种。郭、吕、翦三人虽然对中国封建社会起始时间看法不同，但他们都肯定自秦至鸦片战争前，中国一直处于封建社会阶段。非封建社会论者一致认为中国封建制已在春秋时期瓦解。但对自秦以后的社会性质却各持一说。梅思平认为是“商业资本主义社会”；李季认为是“前资本主义社会”；王礼锡、胡秋原认为是“专制主义社会”；梁东园则认为是“半封建社会”。其中具有代表性的是商业资本主义社会论。马克思主义史学工作者批驳了这种观点，指出商业资本主义社会不能成为一种独立的社会形态。历史循环论者王伯平认为，自秦以后中国历史完全处于土地集中——生产破坏——农民暴动的循环圈中，封建制度在西周崩溃后到元代又“一度复归”。马克思主义史学工作者指出了上述观点的错误，他们不了解“秦统一了天下以后，在名目上虽然是废封建而为郡，其实中国的封建制度一直到最近百年都是岿然的存在着的。只根据某些文字说中国封建社会在秦时就崩溃了，那简直是不可救药的错误。”[①]

第三，中国未能进入资本主义社会的原因。陶希圣、王礼锡等

① 郭沫若：《中国古代社会研究》。

人认为，其原因是，士大夫阶级对资本主义发展起了"桎梏"作用，农民暴动、蛮族入侵对社会经济起"消极"、"破坏"作用。中国地理条件限制了海外交通，阻止了市场扩大等等。他们仍然在"历史循环论"、"地理环境决定论"等形而上学方面做文章，离开了封建生产方式本身，对资本主义发展所起的阻碍作用这一决定性因素。1935 至 1936 年，邓拓（云特）连续发表论中国封建制长期停滞的原因的文章，依马克思主义观点，着重分析了封建地主剥削下的小农经济与家庭手工业相结合的生产方式，使得生产与再生产一直在单纯不变的基础上进行，生活自给，交易规模极小，加上封建主的分疆割据，限制了市场的发展，助长了独立性和落后性。由此，本来有利于商业资本的土地自由买卖，"转而吸收了商业资本的全部精髓，削弱了商业资本向上发展的能力，把它笼囚于封建经济系统之内，阻遏其独自向产业资本顺利的转变。"① 邓拓还指出所谓"停滞状态，"并非"静止不动"或"辗转不进的循环和反复"，"只是说它的发展是极度的迂缓罢了。"② 事实上，到 19 世纪初，中国内部已经萌芽的资本主义因素，正在破坏着封建社会的因子。如果没有外国帝国主义的侵入"中国这一封建社会，也可能由其自体内所孕育否定因素的发展而崩溃，蜕化为资本主义社会的。"③ 这些论断，代表了这次论战的论文的最高水平。

二、农村社会性质论战

中国以农立国，社会性质和社会史论战的深入，必然引导理论界将视线投向农村。加之当时农村问题严重，水利不修，洪水为害，灾民数千万，赤地千里 ，哀鸿遍野。国民党当局于 1935 年 5 月成立"农村复兴委员会"，各方人士下乡调查，开出种种救济农村的药

---

①②③邓云特：《中国社会经济"长期停滞"的考察》，《中山文化教育馆季刊》第 1 卷 4 期，1935 年。

方。诸如：

“大农场经济论”。以金陵大学教授卜凯(BUCK)为代表，他认为中国农村破产的原因在小农经济，主张在不触及生产关系前提下，设置大农场，采用机器就可改善农村状况。

“农村合作论”。“农复会”一些人主张通过金融下乡，分途救济，改良技术，调刘粮食，并建立农村合作等措施解决农村问题。

“乡村建设论”。晏阳初、梁漱溟等人提出，并在一些地区进行试验的一种改良主义主张。1931年6月，梁漱溟在山东邹平县成立乡村建设学院，主张以中国的“伦理本位”建立“政教合一”实验区。即以家庭为基础，以村为单位，制定规约，实行禁烟，禁赌，放足，引入科技，振兴农业，引发工业等措施，避免发生“阶级革命”。晏阳初则设立平民教育实验区于河北定县，旨在通过发展教育，改良农业，提高人的素质，进而改良农村社会。他认为“愚、穷、弱、私为中国社会的基本缺憾”，以“愚”为首，目不识丁，故从教育入手。梁、晏二先生的实践精神是可贵的，也取得了一定成绩，可惜没有抓到要害，不能从根本上解决农村问题。

农村社会性质论战，主要是在下面两派之间展开的。

“中国经济派”：1933年南京中国经济研究会创刊《中国经济》杂志，主要发表代表托派观点的文章，撰稿者有王宜昌、邓飞黄、王景波、张志澄等。特别是王宜昌(北大教授)的《中国农村经济研究方法》、《从农民看中国农村经济》、《从土地看中国农村经济》等文具有代表性，他从几方面力图证明中国农村已经资本主义化。

“中国农村派”：以1934年10月出版的《中国农村》得名。创办人陈翰笙利用中央研究院名义和经费，曾组织一批青年社会科学工作者下农村调查，获得大量第一手材料。1933年中研院总干事杨杏佛被害，陈翰笙辞职到上海，以参加农村调查的钱俊瑞、薛暮桥、孙冶方、张稼夫、王寅生、孙晓村等为骨干，组成中国农村经济研究会，出版了《中国农村》杂志，目的是“研究农村生产关系”，“寻找那些压迫中国农民的主要因子”，“争取民族翻身独立的一日”（发刊词）。并且对《中国经济》派所宣扬的关于农村社会性质问题的观点，进行有说服力的批评。

两派争论的主要问题是，第一，依据什么标准判断社会性质？中国经济派认为，研究社会性质首先应研究人对自然的关系，即生产技术，生产力。既然生产力决定着生产关系，也就决定了社会性质。“社会的进步和发展……以技术或生产力表现出来。”[①] 依这个逻辑，导出了社会性质由生产工具决定的论点。中国农村派指出：马克思主义不排斥对生产力的研究。但生产力总是在一定的生产关系中发展的。“如果离开了生产关系而来研究生产力，或把生产力当作某种技术上的东西，而同生产关系分割开来研究”[②] 是违反马克思主义的。生产工具本身不能判断某个社会的性质，“决定社会性质或是阶级关系的直接因素不是生产技术而是生产关系。”[③] 第二，关于中国农村社会性质问题。中国经济派认为：帝国主义促使中国农村“步入了资本主义道路”，并和外国工业资本相结合“而直接网入世界市场”。[④] 农村土地问题，已不再是中心，而以资本问题为中心，货币地租已替代实物地租等等。中国农村派进一步驳斥了他们关于帝国主义与农村关系上的托派观点，特别在土地问题上，引用调查资料和数字证明土地所有制、租佃关系、地租形式、雇工、农民生活、阶级关系等等基本上都是封建性质，资本主义因素是微不足道的。例如10%的地主占有农村80%的土地，说明不研究土地问题根本不可能认清中国农村社会。第三，关于中国农村出路问题。托派否认农村有进行土地革命的必要。王宜昌说：“大革命中，土地问题已由改良政策而达到了某种程度的解决……资本

① 王宜昌：《关于中国农村生产力与生产关系》，《中国农村社会性质论战》。
②③薛暮桥：《答王宜昌先生》，《中国农村》第1卷第6期。
④⑤王宜昌：《中国农村经济研究答客问》，《中国经济》第3卷第12期。

主义土地关系已经确立……以后再不足于言农村政治经济革命，更不足于言全国革命了。”[5]中国农村派明确指出，现阶段中国革命是无产阶级领导的民族民主革命，中枢是土地革命。中国经济派是农村封建势力的辩护士，帮助了国民党统治阶级欺骗群众。农村社会性质的争论，不是“学院式的争辩，而在根据具体的事实跟经验，决定目前中国农业改造运动或农民运动的任务与性质。”[①]

以上三场大论战，以中国现实社会性质问题为中心，上溯古代、近代，引申农村，从国民党官方学者到一般社会科学工作者，从托派到青年马克思主义者，参战者广泛，人数众多。是近代中国历史上一次颇具规模的国情探讨。论战最大成果是，在理论上第一次比较充分地阐明了中国现阶段“半殖民地半封建社会”的这个概念。这一科学规定性的结论，不仅有鸦片战争以来历史证明，而且有中国古代社会发展史证明，更有农村调查的第一手资料所证实。社会性质决定革命性质，论战赋予中国民主革命理论以丰富的内容，何干之在总结中指出中国目前的革命“不是普通的民主主义，也不是社会主义，而是转到未来社会的过渡形式。”“即是过渡到社会主义的新的民主革命”。论战为毛泽东在40年代初提出完整的新民主主义革命理论奠定了基础。论战本身是一个课堂，它培育了一批马克思主义社会科学工作者。他们之所以能战胜论敌，辨明真理，就在于学会了辨证唯物论和历史唯物论，在于深入社会实际，调查与研究结合，了解了中国国情，以严肃的科学态度分析国情，认识国情。托派高唱“革命”，以极“左”词句搬用教条，下笔千言，离题万里，其理论观点总是一击即破，这些经验教训，于后世之人亦很有教益。

---

① 陶直夫：《中国农村社会性质与农业改造问题》，《中国农村社会性质论战》。

第十三章

中国共产党的
新民主主义理论

第一节　新民主主义革命基本思想的提出

一、反帝反封建的民主革命纲领

新民主主义理论是中国共产党在运用马克思列宁主义原理指导中国革命的实践中，不断探索、总结而逐步形成的。中国共产党在它成立后的第一个纲领中就明确规定了党的奋斗目标是：组织工、农、兵，用社会革命的办法推翻资产阶级专政，建立无产阶级专政，废除私有制，直至消灭阶级差别。但这只是一个无产阶级政党最终的、也是最基本的奋斗目标。在中国半殖民地半封建的社会条件下，无产阶级应如何进行革命？中国现阶段革命的主要任务是什么？这是需要根据中国的具体情况，进一步加以解决的问题。1922年1月15日，中国社会主义青年团机关报《先驱》发刊词中提出："努力研究中国的客观的实际情形，而求得一最合宜的实际的解决中国问题的方案。"同时该刊还全文刊载了列宁的《民族和殖民地问题提纲(初稿)》。同年1月，中国共产党派代表参加了远东各国共产党和民族革命团体第一次代表大会。通过这次会议，中国共产党人学习和接受了列宁关于殖民地半殖民地革命理论，认识到中国无产阶级必须首先进行反对帝国主义与封建主义的民族民主革命，否则，国家的独立，民族的解放以及任何社会主义目标都不可能达到。翌年6月15日，中国共产党发表了《对于时局的主张》，在比较详尽地分析近代中国政治、经济的基础上，指明了中国社会的半殖民地半封建性质，并明确宣布国际帝国主义和国内封建军阀是革命的敌人。党的第二次全国代表大会进一步运用列宁关于民族和殖民地问题的理论，分析了国际形势和中国的国情，制定了反帝反封建的民主革命纲领。大会发表的《宣言》集中反映了这一时期党对新民主主义革命基本问题的认识。

第一，《宣言》阐明了中国革命所处的时代特点：（一）是帝国主义列强企图协同宰割全世界的无产阶级和被压迫民族；（二）是世界被压迫民族推翻帝国主义列强的民族革命运动正在兴起，中国革命已经属于世界"反资本帝国主义的革命势力"的范畴，成为社会主义世界革命的一部分"。"中国的反帝国主义的运动也一定要并入全世界被压迫的民族革命潮流中，再与世界无产阶级革命运动联合起来，才能迅速的打倒共同的压迫者——国际资本帝国主义。"

第二，《宣言》分析了中国社会的性质、中国革命的任务和动力，指出：由于近代以来帝国主义的侵略，中国已沦为了殖民地。同时由于各帝国主义国家支持的军阀连年混战，给国家和人民造成巨大的灾难。尽管中国民族资本在第一次世界大战期间有所发展，但中国社会经济仍停留在半原始的家庭农业和手工业的基础之上。因此"加给中国人民（无论是资产阶级、工人或农民）最大的痛苦是资本帝国主义和军阀官僚的封建势力"。现阶段的中国革命要想"真正的统一民族主义国家和国内和平，非打倒军阀和国际帝国主义的压迫是永远建设不成功"的。《宣言》明确指出了反对帝国主义和封建军阀的革命动力是工人、农民和小资产阶级，民族资产阶级也是动力之一。《宣言》还提出了工农联盟的初步设想，提出"大量的贫苦农民和工人握手革命，那时可以保证中国革命的成功。"

第三,《宣言》提出了中国革命分两步走的思想。首先要改变中国的半殖民地半封建状态,完成民主革命的任务,然后再进行社会主义革命。无产阶级在现阶段的任务是“去帮助民主主义革命,不是无产阶级降服资产阶级的意义,这是不使封建制度延长生命和养成无产阶级真正力量的必要步骤”。“我们无产阶级有我们自己阶级的利益,民主革命成功了,无产阶级不过得着一些自由和权利,还是不能完全解放。……因此无产阶级便须对付资产阶级,实行‘与贫苦农民联合的无产阶级专政’的第二步奋斗。”

第四、《宣言》初步明确了和资产阶级建立联合战线的策略。指出:“我们无产阶级和贫苦的农民都应该援助民主主义革命运动。而且我们无产阶级相信在现今的奋斗进行中间,只有无产阶级的革命势力和民主主义的革命势力合同动作,才能使真正民主主义革命格外迅速成功。”

第五,《宣言》规定了中国共产党的民主革命纲领。即:“消除内乱,打倒军阀,建设国内和平”;“推翻国际帝国主义的压迫,达到中华民族完全独立”;“统一中国本部(东三省在内)为真正的民主共和国”。这一纲领清楚地表明了中国共产党反帝、反封建的民族、民主革命的严正立场。

关于反帝、反封建的斗争手段,“二大”根据中国的基本国情,断然否定了当时在西欧流行的改良主义和议会斗争的可行性,明确规定要将“合法的行动完全隶属于违法的革命行动之下”① 要建立真正的民主共和国,必须依靠革命手段,彻底打倒帝国主义和封建主义统治。

中共“二大”不仅制定了民主革命纲领,而且重申了中国共产党的最高纲领。这两个纲领既互相区别,又互相衔接,是一个完整

① 《关于议会行动的决议》,中央档案馆:《中共中央文件选集》第1册,第46页,中共中央党校出版社1982年1月版。

的统一体。民主革命只是无产阶级领导的共产主义运动的一个阶段，实现共产主义才是中国共产党人的最终目标。由于中国共产党把完成反帝反封建的任务作为社会主义革命的“第一步奋斗”，不完成第一步的任务就不可能实行社会主义革命，因此，这就从根本上保证了中国共产党的民主革命纲领的彻底性。

中国共产党的民主革命纲领是在正确认识中国基本国情的基础上制定的。打倒帝国主义，打倒军阀，是中国人民的迫切愿望，也是解决中国问题的根本出路。从鸦片战争到五四运动，中国人民曾进行了无数次可歌可泣的斗争，然而，没有任何一个阶级和政党能够认清中国的社会性质和革命的敌人，因此，这些斗争无不以失败而告终。中国共产党在成立后不久，就提出了彻底的反帝反封建的民主革命纲领，这说明只有以马克思主义为指导思想的中国共产党才能担负起领导中国革命的责任。民主革命纲领的提出，解决了革命对象这一根本问题，为新民主主义理论的形成奠定了基础。

二、无产阶级领导权思想的提出

既然中国现阶段是资产阶级性质的民主革命，谁是这个革命的领导者就成为需要解决的首要问题，中国共产党人对此作了认真的探索。1923 年 6 月，中共“三大”通过的《党纲草案》提出：在整个资产阶级民主革命过程中，无产阶级都是一种现实的最彻底的有力部分，中国的无产阶级应当最先竭全力参加促进此国民革命。但同时又在“三大”《宣言》中说“中国国民党是国民革命的中心势力”，“应居领袖地位”。这是因为中国共产党内在这一问题的认识上并不一致。“三大”《宣言》中的观点，主要反映了中共领导人陈独秀的思想。“三大”前后，陈独秀发表了《资产阶级的革命与革命的资产阶级》、《中国国民革命和社会各阶级》等文章，轻视工人阶级的力量，认为民主革命的胜利应该是资产阶级的胜利，宣扬放弃无产阶级在民主革命中的领导权的右倾理论。同时，陈独秀还在瞿秋白起草的“三大”党纲草稿中，将有关无产阶级领导权的词句删去。中共党内这种不同观点，当时虽然还没有引起公开争论，但许多人陆续撰写文章，探讨无产阶级领导权问题，实际上也批评了陈独秀的右倾观点。

瞿秋白在《中国革命中之争论问题》等文章中详尽地分析了中国无产阶级能够领导革命的原因。第一，中国无产阶级“完全是‘民族’的”。中国境内的工厂主之中有许多是外国资本家及其走狗，而这些工厂里的中国工人，却都是“最革命的阶级”；第二，中国无产阶级“有大多数的同盟军”；第三，中国无产阶级“有伟大的国际无产阶级的援助”。由于这些优点，“中国无产阶级必定能够力争而取得革命的领袖权”①。邓中夏在《论工人运动》一文中，针对陈独秀的一些错误见解，不指名地作了尖锐的批评，提出了“工人的群众不论在民主革命或社会革命中都占在主力的地位”的观点②。翌年11月，他又发表了《我们的力量》一文，着重分析了半殖民地半封建中国社会的工人阶级成长的特点，在大量事实的基础上得出结论：“只有无产阶级有伟大集中的群众，有革命到底的精神，只有它配作国民革命的领袖。”③

1925年1月，中国共产党召开了第四次全国代表大会，对无产阶级在中国民主革命中的地位和作用，作了比较明确的理论概括，其主要内容是：

第一，由资产阶级的经济地位所决定，它不能领导民主革命取得胜利，所以无产阶级应当在民主革命中取得领导地位。“中国民族革命运动，必须最革命的无产阶级有力的参加，并且取得领导地位，才能够得到胜利”④。

---

① 中共中央书记处：《六大以前》，第690页，人民出版社1980年9月版。

② 《中国青年》第7期，1923年12月。

③ 《中国工人》第2期，1924年11月。

④ 《关于民族革命运动之议决案》，《中共中央文件选集》第1册，第274页。

第二，充分肯定了农民在中国民族革命中的重要地位，强调了无产阶级革命同盟军的重要性。会议认识到要取得民族革命的彻底胜利，“务必在反帝国主义反军阀的民族革命时代努力获得最大多数农民为工人阶级之革命的同盟”。“没有这种努力，我们希望中国革命成功以及在民族运动中取得领导地位，都是不可能的”①。

第三，明确了加强中国共产党对各种群众运动领导的必要性和迫切性。会议认为加强中国共产党对群众运动的领导是实现无产阶级领导权的根基，因此将无产阶级领导权的思想同党的各项具体工作联系起来，对工人、农民、青年、妇女运动都作了认真的总结，并规定了今后的工作方针和政策。

中共“四大”提出无产阶级在民主革命中的领导权问题不是偶然的，它是中国共产党人在领导民主革命的实践中，不断总结经验教训，并且日益将马克思主义的普遍原理与中国革命实践相结合的结果。此外，这一重要问题的解决和共产国际的指导也是分不开的。1923 年 5 月，共产国际在《对中国共产党第三次代表大会的指示》中也提出：“领导权必须属于工人阶级的政党”。这个指示精神，在中共“四大”决议中得到了充分的体现。

无产阶级领导权思想的提出，对中国革命的发展具有重大的意义，它标志着中国共产党人在探索新民主主义理论的进程中又有了新的突破。这一问题的解决，不仅为即将到来的革命新高潮作了准备，而且使中国的民主革命具有了无产阶级领导下的反帝反封建的人民革命的内涵。

然而另一方面，中共“四大”虽然明确提出了无产阶级领导权问题，但没有看到资产阶级与资产阶级争夺领导权的严重性，也没有把领导权问题与政权问题联系起来，这是它的不足之处。

---

① 《关于农民运动之议决案》，《中共中央文件选集》第 1 册，第 292 页。

三、新民主主义理论的初步形成

中共“四大”以后，特别是五卅运动爆发后，革命形势迅猛发展，与此同时，统一战线内部国民党右派与无产阶级争夺革命领导权的斗争也日趋激烈。在这种形势下，中国共产党人对中国革命的一系列基本问题，如无产阶级领导权问题；武装夺取政权问题；农民在民主革命中的地位和作用问题；民族资产阶级的两面性和无产阶级对待民族资产阶级的策略问题，以及中国民主革命的前途等都有了进一步的认识，从而奠定了中国共产党关于新民主主义理论的基础。1925年3月，邓中夏发表了《劳动运动复兴期中的几个重要问题》。文章除指出无产阶级在国民革命中的领导地位要力争而外，特别强调了无产阶级必须与资产阶级争夺政权和必须防范资产阶级的“妥协软化”。在此期间，瞿秋白撰写了《五卅运动中之国民革命与阶级斗争》、《国民会议与五卅运动》、《中国国民革命与戴季陶主义》等许多文章，根据五卅运动中的大量事实，论证了资产阶级妥协性对于革命的极大危害，无产阶级必须在国民革命中取得领导权，以及工农联盟和在各地直接组织武装力量的重要性等诸问题。省港罢工发生后，周恩来认识到：工人是国民革命的领袖，要领导农人兵士而为工农兵的大联合，共同来打倒帝国主义”①。

毛泽东在这个问题上有突出的贡献，从1925年冬到1926年之间，他先后写成了《中国社会各阶级的分析》、《国民党右派分离的原因及其对于革命前途的影响》、《国民革命与农民运动》等文章，集中了当时党内的正确意见，对新民主主义革命的基本思想作了初步的论述。其主要内容是：

第一，在科学分析中国社会各阶级的地位及其在革命中作用

① 金冲及：《周恩来传》，第96页，人民出版社、中央文献出版社1989年2月版。

的基础上，论证了无产阶级在民主革命中的领导地位。明确指出：中国无产阶级是中国新生产力的代表者，是近代中国最进步的阶级。他们身受帝国主义、封建主义和资产阶级的三重压迫，因此特别能够战斗，是民族革命中最富于革命彻底性的阶级，是革命运动的领导力量。

第二，高度评价了农民、特别是贫农在中国革命中的伟大作用。指出：农民、特别是贫农，是农村中极艰苦者，极易接受革命的宣传，是无产阶级最接近的朋友、最可靠的同盟军。工农联盟思想的提出，解决了无产阶级领导权的基本力量问题。

第三，根据中国半殖民地半封建社会的特点，科学地将中国资产阶级区分为买办资产阶级和民族资产阶级两部分。指出：买办阶级代表中国最落后最反动的生产关系，是国际资产阶级的附庸、中国革命的敌人；民族资产阶级代表中国资本主义的生产关系，对于革命具有矛盾的态度。他们在受外资打击、军阀压迫感觉痛苦时需要革命，赞成反帝国主义反军阀的革命运动。但是当革命在国内有本国无产阶级的勇猛参加，在国外有国际无产阶级的积极援助，对于其欲达到大资产阶级地位的发展感到威胁时，他们又怀疑革命。根据民族资产阶级这种两面性的特点，毛泽东又指出：动摇不定的中产阶级，其右翼可能是我们的敌人，其左翼可能是我们的朋友——但我们要时常提防他们，不要让他们扰乱了我们的阵线。这样，毛泽东就从理论上解决了无产阶级在统一战线中如何与资产阶级争夺领导权的策略问题，即又联合又斗争的策略。

第四，根据中国革命所处的时代和中国民族资产阶级的两面性的特点，指出：民族资产阶级不能领导中国革命取得胜利，这个阶级以其阶级为主体的“独立”革命思想，企图实现民族资产阶级统治国家的愿望，仅仅是一个幻想，是完全行不通的。中国革命所要建立的国家，只能是“无产阶级、小资产阶级及中产阶级的左翼的联合统治，即革命民众的统治”。

中共“四大”及“四大”以后，以毛泽东为代表的中国共产党人对民主革命一系列基本问题的论述，标志着中国共产党新民主主义革命基本思想的初步形成。

第二节　中国革命道路的理论

一、中国共产党对中国革命新道路的探索

中国革命的道路问题，是新民主主义理论的重要组成部分。大革命失败后，共产党人开辟农村包围城市、武装夺取政权这条具有中国特色的革命道路，经历了艰难的探索过程。

1927年5月下旬，蔡和森等人就提出了中国共产党再也不能把联络国民党“左派”作为自己政策的中心，而应该“积极准备武力对付，以暴动对付暴动”①。他还在中央政治局会议上提出依靠两湖的广大工农群众，组织工农武装，实行土地革命，镇压反革命势力，联合国民党左派党员，推翻已经背叛革命的国民党中央，在湖北发动武装起义。尔后，获得若干胜利的部队可以迅速移师湖南，与湖南的部队会师，再以湖南为根据地开创革命大业的“两湖议案”，使“以暴动对付暴动”的思想进一步具体化。

“以暴动对付暴动”的方针，第一次明确表述了在资产阶级分裂统一战线、发动反革命战争时，无产阶级必须同他们进行武装斗争的思想。但这一方针并没有解决中国革命道路问题，仍然是沿袭俄国革命经验，以城市为中心的路线。

“八七会议”讨论了大革命失败后中共政策转变问题。会议认真总结了大革命失败的经验教训，结束了陈独秀右倾投降主义错误，认识到坚持无产阶级领导权，掌握革命武装，实行土地革命的

---

① 《蔡和森的十二篇文章》，第74页，人民出版社1980年3月出版。

重要性，确定了土地革命和武装反抗国民党反动派的总方针，并决定在湘、鄂、赣、粤等省区发动农民秋收暴动。这就为中共全党和革命群众指明了前进的方向，使中国革命转入了以土地革命为中心的新的发展阶段，“使党大进了一步”。

根据会议确定的方针，各地党组织为恢复和发展革命事业，寻找新的革命道路，组织和发动了一系列武装起义。在“八七会议”以前，根据中共中央临时政治局的决定，周恩来等领导了南昌起义，打响了武装反抗国民党反动派的第一枪，标志着中共独立领导武装斗争的开端。此后，在“八七会议”精神的指导下，先后发动了秋收起义、广州起义等上百次武装暴动。虽然这些起义还没有摆脱“城市中心论”的影响，但对于各地武装起义的经验都曾进行了认真的研究，并且在要求“乡村配合城市”的前提下，提出过某些带有新道路因素的意见。如1927年底，中共中央总结广东海陆丰农民起义、并建立工农兵政府的经验时指出：“游击战争必须进于革命地域之建立”。“海陆丰农民暴动的发展，便是超过游击战争的斗争之范围，而进行建立革命地域的实例”①。翌年6月4日，中共中央在给红四军前委的信中明确指出，在井冈山地区建立根据地“为适宜”，要求红四军在根据地要发动群众，深入土地革命，建立深厚的革命基础，建立以工人贫农为中心的革命政权；除正式的红军外，还必须组织赤卫队，武装群众；必须注意向四周发展，逐步扩大割据区域等。毛泽东称这些指示“全部原则及政策都切合实际，应依照执行”②。中共“六大”决议进一步明确了“建立工农革命军，在现时游击战争发动的区域，是可能而且必要的”，是“新的革命高潮生长底一个动力”；农村革命根据地的巩固和发展，是革命“更大发展底基础”；党在农民中应特别注意的中心问题，是最大限度地发展正式的工农革命军——红军。

---

①②解放军政治学院：《中共党史参考资料》第5册，第287页、第461页。

中共“六大”以后，周恩来根据会议决议和中国革命的经验，又进一步阐述了农村革命根据地思想。1929年3月17日，他在为中共中央起草的给贺龙及湘鄂西前委的指示信中强调指出：“目前所应注意者，还不是什么占领大的城市，而是在乡村中发动群众，深入土地革命。故你们此时主要的任务，还在游击区域之扩大，群众发动之广大，决不应超越了主观的力量（主要的还是群众的力量，不应只看见武装的力量），而企图立刻占领中心工商业的城市。”他还指出，“游击战争的发展，应该是向农村阶级矛盾与斗争到了更激烈的地方，党与群众的组织有相当基础的地方，以及给养丰富、地势险峻的地方为最宜”①。1929年9月28日，由周恩来审定的《中共中央给红军第四军前委的指示信》进一步明确：“先有农村红军，后有城市政权，这是中国革命的特征，这是中国经济基础的产物。如有人怀疑红军的存在，他就是不懂得中国革命的实际，就是一种取消观念。”“九月来信”还规定了红军在当时的主要任务是：“一、发动群众斗争，实行土地革命，建立苏维埃政权；二、实行游击战争，武装农民，并扩大本身组织；三、扩大游击区域及政治影响于全国”。②

上述情况表明，从大革命失败到中共党的“六大”前后，中国共产党虽然未能产生以农村为其工作重心的战略思想，但却已经认识到武装斗争和土地革命的重要性，并提出了“创造革命地域”的目标，从而为“工农武装割据”思想奠定了重要基础，对于中国共产党创立农村包围城市道路的理论起到了积极的作用。但是，有了“工农武装割据”的思想还不等于有了对农村包围城市的革命道路的认识。农村包围城市这一“中国式”的革命道路，其内涵指的是夺取全国民主革命胜利要走什么道路的问题。根据大革命失败后的形势和中国国情的特点，中共的工作重心必须放在农村，在农村实

①②《周恩来选集》上卷，第17～18页、第32～33页，人民出版社1980年12月版。

行“工农武装割据”，不断扩大革命根据地，形成对城市的包围，最后夺取城市。因此，“工农武装割据”和农村包围城市是两个概念，二者既有区别又有联系，区别在于把党的工作重心放在农村还是放在城市；联系在于有了工农武装割据的思想和不断实践，为农村包围城市理论的形成提供了前提条件。

二、农村包围城市、武装夺取政权

1927 年 9 月，毛泽东领导了湘赣边界的秋收起义。在敌强我弱、起义失利的形势下，他毅然放弃攻打长沙的计划，力主向罗霄山脉的中部地区转移。进军途中，他在三湾成功地领导了对部队的改编，确立了党对军队的绝对领导和建立人民军队的根本方向，以后又进一步发展为一整套在农村建党、使无产阶级政党能够在小资产阶级的汪洋大海中生存、发展和保持本质，从而科学地解决了农村包围城市道路的核心领导问题。10 月，毛泽东率领部队到达井冈山，在敌人统治薄弱的农村山区，建立起第一块农村革命根据地，开始了中国革命历史上具有战略意义的转变。

1928 年 10 月，毛泽东为中共湘赣边界第二次代表大会起草了《政治问题和边界党的任务》的决议，11 月，又总结湘赣的斗争经验，给中央写了《井冈山的斗争》的报告，1930 年 1 月，撰写了《星星之火，可以燎原》的党内通信。这些著作系统地总结了井冈山及各地革命斗争的经验，科学地论证了在白色政权的包围中、红色政权能够发生发展的原因和条件，提出了农村包围城市、武装夺取政权的革命道路理论。

首先，完整地论述了“工农武装割据”的基本思想，指出：这一思想“是共产党和割据地方的工农群众必须充分具备的一个重要的思想”，它包括无产阶级领导下的武装斗争、土地革命和根据地建设三者的紧密结合。其中武装斗争是中国民主革命的主要形式，离开武装斗争，就不能进行土地革命和根据地建设；土地革命是中国民主革命的基本内容，没有土地革命，就不能充分发动和组织群众，武装斗争就得不到广大的人力物力的支援，根据地就不能巩固；根据地是夺取中国民主革命胜利的基地，没有根据地，武装斗争就会失去依托，土地革命也无法进行。因此，这三者是互为前提，互相促进的完整的统一体。毛泽东强调，中国共产党的领导机关和割据地方的工农群众只有充分具备了这一思想，并且在实践中将武装斗争、土地革命、根据地建设三者正确的结合起来，中国的红色政权才能够长期存在和发展。

其次，阐述了在白色政权的包围中，红色政权能够长期存在和发展的条件。

第一，中国是一个被许多帝国主义国家间接统治的、政治经济发展不平衡的半殖民地半封建大国。由于中国没有统一的资本主义经济，而是微弱的资本主义经济与严重的封建经济同时存在，使农村可以相对地脱离城市、不依赖城市而存在。因此，红色政权就可以利用农村经济的相对独立性得以长期存在和发展。政治是经济的集中表现，中国既然没有统一的资本主义经济，所以也没有真正统一的政权，在地方性经济的基础上，大小军阀各据一方。而帝国主义划分势力范围的分裂剥削政策，又造成中国政治生活中各派军阀的分裂和不统一，相互间进行长期不断的战争，使白色政权长期分裂，同时也削弱了他们的力量，为红色政权的存在和发展提供了条件。同时，经济与政治的发展不平衡互相影响，军阀割据阻碍了全国经济的统一，从而使革命根据地能够长期坚持下去，这是红色政权得以存在和发展的最基本的社会条件。

第二，红色政权首先发生和能够存在的地方，大都是第一次大革命时期工农运动比较发展的地方。因为这些地方曾经有过党的组织，建立过工会和农会，有过工农阶级对地方豪绅和资产阶级的许多经济和政治的斗争，群众有革命的经验，拥护红色政权。

第三，全国革命形势的继续向前发展。由于中国革命的形势是随着国内豪绅阶级和国际资产阶级的分裂和战争而继续向前发展的，导致革命的基本矛盾不但没有解决，而且随着帝国主义侵略的加紧和国民党反革命统治的加强而日益激化。因此，不但小块红色区域的长期存在没有疑义，并且还会继续发展，日益接近于全国政权的取得。

第四，相当力量的正式红军的存在，是红色政权存在的武装支柱。

第五，共产党组织的有力量和它的政策的不错误，是红色政权能够存在和发展的根本保证。

再次，论证了中国革命必须走农村包围城市、武装夺取政权的道路。

第一，中国是一个许多帝国主义互相争夺的半殖民地国家，内部没有民主制度，受封建主义的压迫；外部没有民族独立，受帝国主义的压迫。因此，无议会可利用，没有组织工人举行罢工的合法权利，"加入共产党是最大的犯罪"。在这种情况下，无产阶级只能用武装的革命反对武装的反革命。在中国，主要的斗争形式是战争，而主要的组织形式是军队。"以农业为主要经济的中国的革命，以军事发展暴动，是一种特征"。

第二，半殖民地半封建的中国经济以农业经济为主，占全国人口百分之八十以上的农民是中国革命的主力军。反帝反封建的资产阶级民主革命实质上就是无产阶级领导下的农民革命；武装斗争实质上就是无产阶级领导下的农民战争。因此，无产阶级要领导革命走向胜利，就必须派遣自己的先锋队深入农村，发动农民，武装农民，深入开展土地革命，建立革命根据地。所以"红军、游击队和红色区域的建立和发展，是半殖地中国在无产阶级领导下的农民斗争的最高形式和半殖民地农民斗争发展的必然结果"。

第三，中国革命的敌人是强大的，他们长期统治着中心城市，而广大农村则是他们统治的薄弱环节。无产阶级要准备积蓄和锻炼自己的力量，并避免在力量不够的时候和强大的敌人作决定胜负的战斗，就必须首先占领农村并把落后的农村改造成先进巩固的革命阵地，使之成为"树立全国革命群众的信仰"、动摇反动阶级的统治、促进革命潮流高涨的主要条件，成为夺取全国革命胜利必不可少的出发点。

1936年以后，毛泽东在《中国革命战争的战略问题》、《战争和战略问题》、《中国革命和中国共产党》等文章中，对中国革命道路的理论作了进一步的完善，对不顾中国的基本国情，"不承认、不知道、或不愿意知道中国革命战争有其特点"，只知照抄照搬北伐战争夺取大城市和苏联革命经验的教条主义进行了严肃的批评，并得出结论，中国"共产党的任务，基本地不是经过长期合法斗争以进入起义和战争，也不是先占城市后取农村，而是走相反的道路"。这一结论的得出，标志着以毛泽东为主要代表的中国共产党人提出的农村包围城市、武装夺取政权这一"中国式"的革命道路和思想，已经形成为内容完整的科学理论。

毛泽东对中国革命道路理论形成的杰出贡献在于：他注重中国的基本国情，善于总结党内正反两方面的经验教训，正确地集中了党内众多同志关于中国革命道路的宝贵经验，加以完整的概括、发展和深化，并在集体智慧的基础上，找出了中国革命发展的客观规律性，从而在理论上更具体和更完满地给了中国革命方向以马克思列宁主义的科学根据。值得注意的是，在开辟中国革命道路的过程中，共产国际的某些领导人曾低估毛泽东的实践和理论，认为"山沟里不能有马列主义"，更不相信中国共产党在脱离城市的情况下去农村领导游击战争能够坚持无产阶级先锋队的性质、将自己建设和锻炼成为坚强的无产阶级政党。同时，俄国十月革命的胜利，为世界无产阶级革命提供了武装夺取政权的成功经验，这对于全世界被压迫民族来说，具有普遍的指导意义。然而，由于各国的具体条件不同，夺取政权的形式自然也会有所不同。而中国共产党内的教条主义者却把共产国际的指示和苏联的经验、以及马列主义的某些词句视为包医百病的万灵药方，不加分析、不论条件地在中国革命中生搬硬套。能否克服这些思想障碍，是开辟“中国式”革命道路的关键。毛泽东历来反对将马列主义看成僵化不变的教条，而是将其视为发展的、活生生的行动指南。在革命实践中，他始终从中国的实际出发，运用马克思主义的普遍原理深入分析中国的具体问题，并且结合中国的实际情况，从理论的高度上对马列主义再发展。针对共产国际某些领导人的错误作法和党内的教条主义，他严肃地指出：“中国革命斗争的胜利要靠中国同志了解中国国情”。他特别强调，“马克思主义的‘本本’是要学习的，但是必须同我国的实际情况相结合，我们需要‘本本’，但是一定要纠正脱离实际情况的本本主义”。这些论述，是辩证唯物主义的认识论和方法论在实际工作中的具体运用和生动体现，也是毛泽东能够解决中国革命道路问题的重要原因。

中国革命道路的理论，是中国革命战争和根据地斗争经验的科学总结，它揭示了中国革命的客观规律和发展方向，为夺取革命在全国的最后胜利提供了正确的理论依据；它成功地开辟了殖民地、半殖民地国家无产阶级领导农民武装夺取政权的新道路，是以毛泽东为主要代表的中国共产党人将马克思列宁主义关于武装夺取政权的原理与中国革命具体实践相结合的光辉典范；这一理论的提出，丰富和发展了马克思列宁主义关于暴力革命的学说，是对马克思列宁主义关于武装夺取政权理论的重大发展，也是毛泽东思想形成的重要标志。

第三节　新民主主义理论的成熟

一、毛泽东对新民主主义革命理论的总结

毛泽东说过："在抗日时期，我们才制定了合乎情况的党的总路线和一整套具体政策。这时候中国民主革命这个必然王国才被我们认识，我们才有了自由"。① 抗日战争时期提供了总结革命经验、研究革命理论，把马克思列宁主义的基本观点和中国革命具体实践结合起来，使新民主主义理论达到完整成熟的条件。

首先，中国共产党有了两次国内革命战争的经历和正反两个方面的经验。遵义会议以来，中国共产党不断清算了"左"倾机会主义的思想影响。毛泽东写的《实践论》、《矛盾论》、《中国革命战争的战略问题》等著作，用马克思主义的主场、观点、方法，阐述了中国革命的特点和规律。而后，党制定了抗日民族统一战线的方针政策，国共两党团结抗日、实行了中国历史上空前伟大的抗日民族战争。抗战实践又丰富了新民主主义革命经验，诸如抗日战争的规律与前途；民族斗争与阶级斗争的关系；民族统一战线的政策与策略；中国共产党的地位作用及其自身的建设，人民军队的建设和作战原则等等。党和毛泽东等同志对这许许多多新鲜的实践经验的总结，都极大地丰富了新民主主义理论宝库，使这一理论臻于成熟。

其次，在思想理论战线，国共合作抗战以来，国民党在抗战初期对日作战是比较积极的，政治上也有某些进步。如召开国防会议；建立国民参政会；允许中共在国统区办报纸、发行一些书刊；修改一些反动法令等等。但是，另一方面，国民党仍然坚持一党专政

① 毛泽东：《在扩大的中央工作会议上的讲话》，人民出版社 1962 年 1 月版。

制度，拒绝实行人民民主，束缚人民起来抗日，不给抗日党派以平等地位。特别是抗日相持阶段到来后，国民党蒋介石集团当局，一改初期积极抗日的政策，实行消极抗日、积极反共。在军事上制造反共磨擦，在思想战线上发动对中国共产党和马克思列宁主义的猖狂进攻。他们指使一些反动文人，打着三民主义的幌子，贩卖法西斯主义的货色，重新掀起"一个主义，一个政党、一个领袖"的恶浪，攻击中国共产党创建的抗日根据地是"封建割据"，叫喊"收起共产主义"，"放下武器"，"取消边区"。这些甚嚣尘上的反共声浪，在全国人民中造成了思想上的混乱和不安，又把全国人民打入闷葫芦里去了。"于是怎么办，中国向何处去，又成为问题了"。[①]这是不能不回答的关系中国前途命运的问题。

再次，在建设新民主主义社会实践上，中国共产党领导的八路军、新四军以及其它抗日武装，开展敌后游击战争、创建了一片又一片抗日根据地。根据地先后实行了普遍的、平等的、直接的民主选举，建立了参议会和边区各级政府。在政治、经济、军事、文化等各方面已经积累了新经验，为总结新民主义理论提供了宝贵资料。

在这样一些历史条件下，毛泽东于1939年冬至1940年初，先后发表了《〈共产党人〉发刊词》、《中国革命和中国共产党》、《新民主主义论》等著作，其中《新民主主义论》是中国共产党关于新民主主义理论的主要代表作。这些著作的发表，标志着新民主主义理论已经形成了完整的体系。

二、新民主主义理论的基本内容

第一，阐明了中国革命的新民主主义性质。革命的性质取决于社会的性质。鸦片战争后，中国逐渐变成了半殖民地半封建社会。在这样的社会里，帝国主义和中华民族的矛盾、封建主义和人民大

① 《毛泽东选集》第二卷，第662页。

众的矛盾构成了中国社会的主要矛盾，而帝国主义与中华民族的矛盾乃是各种矛盾中最主要的矛盾。这些矛盾的尖锐及其斗争，造成了近现代中国的民主主义革命运动。它以五四运动为界碑，划分为新旧民主主义革命。其原因首先是由于世界革命的时代发生了根本的变化。第一次世界大战的发生和十月革命的胜利，“改变了整个世界历史的方向，划分了整个历史时代”。在这个时代，任何殖民地半殖民地的国家，如果发生了反对帝国主义的革命，它就不再是属于旧的世界资产阶级民主主义革命的范畴，而属于新的范畴；它就不再是旧的资产阶级和资本主义的世界革命的一部分，而是新的世界革命的一部分，即无产阶级社会主义世界革命的一部分。这种殖民地半殖民地的革命，已经不能当作世界资产阶级反革命战线的同盟军，而改变为世界社会主义革命战线的同盟军。因此，五四运动以后，在中国共产党领导下的资产阶级民主主义革命虽然仍属于资产阶级革命的范畴，但因处在了新的时代，反对帝国主义、为世界社会主义国家和社会主义的国际无产阶级所援助，便具有了新的意义和新的前途。其次是从阶级关系来分析，无产阶级的领导是区分新旧民主革命的根本标志。中国革命在五四运动后，虽然还是资产阶级民主主义性质的革命，但革命的领导权已不属于资产阶级，而是属于无产阶级。这是因为中国资产阶级包括买办资产阶级和民族资产阶级两部分，前者历来是革命的对象而不是革命的动力，后者作为革命动力之一，却是一个“带两重性的阶级”，这就决定了它不可能领导中国资产阶级民主主义革命所要完成的彻底推翻帝国主义和封建势力的两大革命任务。它只能在一定条件下成为革命的同盟军，但不是革命的主要力量，更不能够充当革命的领导者。而在中国的社会各阶级和各种政治集团中，只有无产阶级及其政党，最有远大的政治抱负和组织纪律性；最能虚心地接受世界先进的无产阶级及其政党的经验而用之于自己的事业；最没有狭隘性和自私性。因此，只有无产阶级及其政党能够领导农民、城市小资产阶级和资产阶级，克服农民和小资产阶级的狭隘性，克服失业者群的破坏性，克服资产阶级的动摇性和革命的不彻底性，从而使革命取得胜利。

第二，论证了中国革命必须分为民主革命和社会主义革命两个发展阶段，前途只能是社会主义和共产主义。半殖民地半封建的社会性质决定了中国革命必须分为两步走。第一步，推翻国际帝国主义的压迫和国内封建主义统治，改变半殖民地半封建的社会形态，使之变成一个独立的民主的社会，即新民主主义社会；第二步，使革命继续向前发展，逐步消灭资本主义，建立起一个社会主义的社会。经过新民主主义达到社会主义，这就是中国革命的两个阶段。两个革命阶段既互相区别又紧密衔接，是无产阶级领导的统一的革命过程，其中，前者是后者的必要准备，后者是前者发展的必然趋势。而一切共产主义者的最后目的，则是在于力争社会主义社会和共产主义社会的最后完成。“只有认清新民主主义革命和社会主义革命的区别，同时又认清二者的关系，才能正确地领导中国革命”。在中国革命的过程中，共产党内的“左”倾机会主义者混淆了性质不同的两个革命阶段，只看到两者的联系，没有看到两者的区别；右倾机会主义者又将两个革命阶段截然分开，只看到两者的区别，没有看到两者的联系。这正是他们不懂得不断革命论和革命发展阶段论的道理。

毛泽东批判了“毕其功于一役”的观点，指出新民主主义革命和社会主义革命是性质不同的两个革命阶段，各有其一定的时间和任务，不能混为一谈。只有民族得到解放，无产阶级和劳动人民才有得到解放的可能。在反帝反封建的任务没有完成以前，社会主义是谈不到的。同时他还驳斥了要在中国建立资产阶级专政的错误论调，指出这是欧美资产阶级走过的老路，在现实的国际国内条件下行不通。新民主主义革命虽然为资本主义的发展扫清了道路，但由于无产阶级及其政党的领导，新民主主义的政治、经济和文化都具有社会主义的因素，它又为社会主义的发展扫清了更广阔的道路。中国共产党领导中国革命的两重任务就在于完成了新民主主义革命的目标，并在具备一切必要条件的时候，把它转变到社会主义革命的阶段。中国革命的终极前途不是资本主义，而是社会主义和共产主义，这是毫无疑义的。因此，两个革命阶段之间决不允许横插一个资产阶级专政的阶段。

第三，正确地规定了新民主主义革命的政治、经济和文化纲领。

政治纲领：建立无产阶级领导的、以工农联盟为基础的、几个革命阶级联合专政的新民主主义国家。采取人民代表大会制的民主集中制，作为新民主主义政权的构成形式。经济纲领：没收属于帝国主义和官僚买办的大银行、大工业、大商业归新民主主义国家所有，建立社会主义性质的国营经济，并使之居于领导地位；没收地主阶级的土地，分配给无地和少地的农民，实行"耕者有其田"，在此基础上发展具有社会主义因素的合作经济；允许不能操纵国计民生的民族资本的存在和发展，实行"节制资本"。文化纲领：发展以共产主义思想为指导的反帝反封建的文化。即民族的、科学的、大众的文化。毛泽东强调说，"新民主主义的政治，新民主主义的经济和新民主主义的文化相结合，这就是新民主主义共和国，这就是名符其实的中华民国，这就是我们要造成的新中国"。中国共产党的新民主主义革命的基本纲领，就是使中国"从殖民地、半殖民地和半封建的国家和社会状况，推进到新民主主义国家和社会"，然后再"将中国推进到社会主义社会和共产主义社会去的"。

第四，总结了中国共产党领导全国人民战胜敌人的三大法宝。统一战线、武装斗争、党的建设，是中国共产党在中国革命中战胜敌人的三大法宝。正确地理解这三个基本问题及其相互关系，就等于正确地领导了全部中国革命。

统一战线是无产阶级战胜敌人的主要武器，因为中国无产阶级虽然是一个最有觉悟和最有组织的阶级，但是如果单凭一个阶级的力量是不能取得革命胜利的。而要胜利，他们就必须在各种不同的情形下团结一切可能团结的阶级和阶层，组织革命的统一战线。工农联盟是统一战线的基础，是中国革命必须依靠的基本力量，是民主革命的主力军。无产阶级尤其要学会善于同中国资产阶级结成统一战线，善于处理同资产阶级的关系。中国的大资产阶级历来都是革命的对象，但由于它们的各个集团是以不同的帝国主义为背景的，在各个帝国主义间的矛盾尖锐化的时候，在革命的锋芒主要是反对某一个帝国主义的时候，属于别的帝国主义系统的大资产阶级集团也可能在一定程度上和一定时期内参加这一斗争。因此，无产阶级必须努力与之联合，以最大限度地孤立最主要的敌人。但是资产阶级加入统一战线是为着他们自己的利益和要求参加进来的，他们仍然坚持限制、反对和破坏无产阶级的政策。因此，无产阶级必须坚持对资产阶级实行又联合又斗争的政治路线。民族资产阶级是革命的力量之一，也是无产阶级联合的对象，但对他们的动摇性则必须予以适当的说服或批评，当他们离开统一战线时，既要敢于同他们斗争，又要继续争取他们的同情或中立。

武装斗争是中国革命的主要斗争形式。由于中国没有资产阶级民主，反革命统治阶级凭借暴力对人民实行独裁恐怖统治，革命只能以长期的武装斗争为主要形式。在中国，如果“离开了武装斗争，就没有无产阶级的地位，就没有人民的地位，就没有共产党的地位，就没有革命的胜利”。中国的武装斗争，是以无产阶级为领导、以农民为主体，以农村根据地为依托的人民战争。经过农村人民游击战争发展到人民正规战争，这是我们最后战胜敌人，夺取全国政权的正确途径。

中国共产党的领导和建设是革命取得胜利的重要保证，是三个法宝的中心环节。历史证明，离开了中国共产党的领导，任何真正的人民革命都不会成功。党的建设是与统一战线、武装斗争紧密相联的，党的正确的政治路线，就是善于同资产阶级联合又善于同它斗争的政治路线，就是善于进行武装斗争与游击战争的政治路线，这是党的建设的重要内容之一。共产党领导下的统一战线和武装斗争，是战胜敌人的两个基本武器。统一战线，是实行武装斗争的统一战线；而共产党的组织，则是掌握统一战线和武装斗争这两个武器的实行对敌冲锋陷阵的英勇战士，这就是三者之间的相互关系。

第五，强调了中国新民主主义革命必须以共产主义思想为指导。毛泽东指出："共产主义是无产阶级的整个思想体系，同时又是一种新的社会制度"。"中国的民主革命，没有共产主义去指导是决不能成功的"。他精辟地阐明，共产主义有两个含义，一是指共产主义的社会制度，一是指共产主义的思想体系。只有坚持以科学共产主义思想为指导，才能使民主革命和社会主义革命既区别又联系起来，保证中国的民主革命走上社会主义的前途。因此，中国共产党在领导新民主主义革命中，必须高举共产主义的旗帜，不断扩大共产主义思想的宣传，教育广大干部和党员，养成用共产主义的理论和方法观察问题，研究学问，处理工作和训练干部的作风。同时，要注意把宣传共产主义思想与直接实现共产主义社会制度区别开来，不能把二者混为一谈，超越革命发展的阶段。

中国共产党关于新民主主义革命理论的成熟有着重大的历史意义。它以辩证唯物论和历史唯物论的世界观，正确地概括了中国自周秦以来的全部历史，特别是五四运动以来的重大变化，系统地总结了中国近百年来资产阶级民主革命的历史经验，特别是中国共产党所领导的新民主主义革命的基本经验；它以不断革命论和革命发展阶段论相统一的思想，划分了资产阶级民主革命的新、旧两个历史范畴，论证了中国革命由新民主主义到社会主义的历史进程，阐明了中国这样一个半殖民地半封建大国革命的根本途径；

它以完备的理论形态，科学地分析了中国新民主主义革命的性质、任务、对象、动力，前途和转变，正确地规定了新民主主义革命的基本路线和纲领，澄清了党内外在这些重要问题上的各种错误认识；它极大地提高了中国共产党的马克思列宁主义水平，统一了全党的思想，从而能在抗日战争的复杂形势下，迅速开创革命的新局面，使中国共产党和中国革命的力量得到了很大的发展，为抗日战争和全国解放战争的胜利奠定了坚实的理论基础；它深刻地揭示了无产阶级领导的殖民地、半殖民地民族、民主革命的基本规律，极大地丰富和发展了马克思列宁主义关于殖民地半殖民地国家革命的理论。

第十四章

中国法西斯主义

第一节 国民党内法西斯主义的泛起

一、法西斯主义的产生和泛滥

法西斯主义是一种最反动、最残暴的国际性社会政治思潮。什么是法西斯主义？可以用希特勒的“暴行、攻击、残酷、喝血、恐怖，灭绝、偏狭、憎恨、疯狂、歇斯底里、暗杀、霸权、霸术、盲从”十四项“福音”① 作为注释。聚集在法西斯黑旗下的一伙最腐朽、最残忍的流氓赌棍政客，用“铁”与“血”的手段实行专制独裁，奴役国内人民，对外发动侵略战争，这就是法西斯主义的实质。

法西斯主义产生于意大利。法西斯蒂(Fassist)一词，原义为罗马官吏出巡时所持的一种权力和暴力的象征，即一捆木棒中央夹着一把斧头。法西斯党和法西斯主义借用成为专有名词。

第一次世界大战后，欧洲资本主义国家陷入严重经济危机。意大利社会矛盾尖税化，一时社会党人数剧增，资产阶级政权受到威胁。为摆脱危机，垄断资产阶级代表、野心家墨索里尼利用社会党

---

① 转引自董必武：《联合起来扑灭法西斯蒂》，《群众》第 6 卷 8、9 期合刊，1941 年 7 月。

政策过“左”的失误，收买社会党叛徒，煽动人民对《凡尔赛和约》的不满情绪，挑起民族复仇和反共产主义恶浪，组织了“国家法西斯党”。其成员主要是游民、流氓、退伍军人、警察、失业者。他们手持棍棒，身着黑衫（又名黑衫党）以恐吓，逮捕、打杀等暴力行动为业。1922 年 10 月，墨索里尼率领六万名党徒夺取了罗马政权、自任首相，并兼任外交、陆海空军、内政、合作、殖民等八个大臣职务，集权一身，开始了意大利的法西斯统治。

20 年代，法西斯运动只在欧洲少数国家有影响，尚未形成一种威胁人类的国际反动势力。当时共产国际也只把它看成是一种“小资产阶级运动”。[1]

1933 年 1 月，希特勒(1889～1945)的“纳粹党”（国家社会党）夺取了德国政权，疯狂镇压德国工人运动，将百万人打入集中营。希特勒称这种暴戾行动为“法西斯革命”，并叫嚣以此征服全世界。

在 1935 年 7 月共产国际第七次代表大会上，季米特洛夫指出：“法西斯是金融资本的极端反动，极端沙文主义，极端帝国主义分子的公开独裁”，“是工人阶级和劳动人民最凶恶的敌人”。他号召建立国际反法西斯统一战线。

法西斯的鼻祖墨索里尼说过：“法西斯蒂并未渊源什么特定的理论（思想和主义）”，“行动即理论”。[2] 后来法西斯宣传家们，把他们实行的一些主张，拼凑成如下一些基本观点：

（一）国家至上。宣扬“国家是至高无上的权威”，是有生命和意志的有机体。反对任何民主自由，国民必需对国家作彻底的牺牲。要求国民“把斗争当作生活的骨髓”，把“牺牲当作建设的工具”。[3]

（二）领袖独裁。国家至上由领袖独裁体现。“意大利只有唯一

① 《季米特洛夫选集》，第 46 页，人民出版社 1953 年版。

② 《法西斯蒂与法西斯主义》，《社会主义月刊》第 2 卷第 2 期。

③ 陈立夫、叶楚伧：《墨索里尼传》，第 116 页。

的头脑，这就是墨索里尼”。“无论是谁，要想用自己的头脑来思考一切，这是愚妄的空想”。戈培尔说：“我们的领袖希特勒，凡是他说的，没有错的。就是错了，我们也要绝对服从。我们的口号是一切权力属于希特勒。”①

（三）铁血政策。“铁”和“血”即暴力是法西斯内外政策的基石，其议会、内阁、法律等统统服从暴力的需要。墨索里尼说：“私刑比任何刑罚都好”。希特勒说：“世界只能由恐怖来统治，恐怖是最最有效的工具。必须使用迫害、驱逐、监禁和强迫失业等手段，将“一切反对者扫除干净”②。

（四）战争政策。墨索里尼鼓吹“以战争为面包”，“法西斯主义始终看自己是在一种战争状态中，这是和意大利民族精神的重振和战胜意志相称的”。希特勒狂叫“德意志民族是奉命来给全世界建立贵族政体的”，③ 用“血统论”煽动民族复仇，歇斯底里，加紧军备扩张。

德意法西斯的疯狂喧嚣，刺激并推动着欧洲一些国家垄断资产阶级统治集团和日本帝国主义迅速走向法西斯化，构成对人类的极大威胁。

二、国际法西斯对中国的影响

就中国来说，法西斯主义是“帕来品”。20 年代，国家主义派就宣传过法西斯的一些观点。但系统宣扬德意法西斯主义是国民党蒋介石集团在“九一八”特别是在 1933 年希特勒上台之后。当日本帝国主义侵占东北，构成对中国的主要威胁，而蒋介石国民党政权内部派别纷争，外与苏联绝交，英美对日的纵容政策与“孤立主义”

---

① 《复兴中国民族的几个主要条件》，《社会主义月刊》第 1 卷第 8 期。

② 傅东华译：《希特勒语录》，《国际间社》，1941 年版。

③ 刘奚叔：《法西斯统治下的意大利》，民智书局 1941 年版。

又无助于南京政府，因而，德意遂成为蒋介石寻找盟友的重要对象。

1932年12月，蒋授意以徐道邻名义发表的《德意志与中日两国之外交关系》一文中，提出了联德之必要。文章认为："德国是非帝国主义国家，与我地位平等，无压迫他国之势；德国战后受条约的束缚，赔款负重，对中国表同情，且在德俄关系中，德国需要中国"。[①] 从此，国民党内开始制造"联德制日"的舆论，如"希特勒运动代表人类大多数"，"德国是世界中心"等等。随之，中德中意之间开始了频繁的外交活动，签订了一系列条约。

1933年春，孔祥熙夫妇出访德国和意大利，会见墨索里尼，墨氏答应帮助中国在洛阳、南昌开办飞行员训练班，并提出中国应发展空军以抵制日本海军之长。同年7月，宋子文作为蒋介石的特使密访意大利，宋对墨索里尼说："意大利再生之经验，当可供中国之参考者"。[②]

德意在推动国民党法西斯运动方面的作用主要有以下几方面。

政治方面：通过人员互访交流，从思想、组织、制度等方面学习仿效德意。蒋介石派出多批骨干到德国接受法西斯训练，德意也派人来华。如意大利官员史丹法尼被聘为南京政府高等顾问，他的办公室有电话与罗马直通。他出巡华北，中南几十个城市，一路宣扬墨索里尼的"信仰、服从、奋斗"六字纲领，"以服从求统一，以统一求建设，中国应服从蒋"。[③]

军事方面：蒋以训练国防军名义，聘请德国军事顾问百余人，如德作战局长弗采尔，国防部长塞克特等都曾先后来华。蒋称赞塞克特是对法西斯主义有精湛研究的人。德国军官还采用法西斯训

---

①③《中国现代政治史资料汇编》第2辑第31册(油印本)。

② 《申报》1933年7月17日。

练方法帮助蒋介石举办“庐山军官训练团”。1935年由德国军事参谋团和技术经济团联合起草的“实力中心点”计划,准备在中国建立包括行政管理、国防经济、国防军力、交通、工农业等中心点,训练十万人,全部由德国人负责。[①] 这一计划由于日本进攻未能实施。

经济方面:希特勒上台后,驻德大使徐道邻提出:“德为工业国,我为农业国,我富原料,彼余机械,以此有余,济彼不足,故皆有利无害”。根据这一原则,1934年孔祥熙与希特勒代表克兰在庐山签订了秘密的《中德贸易互换合同》,即以中国的农矿产品换德国的枪炮子弹。蒋介石在给德国国防部长龙柏格的信中表示:“赖中德两国亲切友好提携合作之力,促使敝国易达自强目的……。”[②] 1933年国民党开始实行“统制经济”(加强官僚资本垄断),其机构制度方案也是德国模式的。

在国际法西斯泛滥的情况下,蒋介石早在1931年5月5日“国民会议开幕词”中,就闪灼其词地倡导在中国推行法西斯主义。他说,当今世界除君主专制外,有三种政治理论:即“共产主义之政治理论”,它“不适于中国产业落后情形及中国固有道德”;“自由主义之政治理论”,即英美式民主主义,它“高唱自由,各据议席,群疑满腹,众难塞胸”,造成“今岁不征,明年不战,使共产党坐大”,也不可取;“法西斯蒂之政治理论”,“依国家机体学说为依据,以工团组织为运用,认定国家为至高无上之实体。国家要求国民之任何牺牲,为民族生命之绵延,非以目前国家福利为准则。统治者与社会并存而无后先,操之者即系进化阶段中统治最有效能者。国家主义既为神圣,纵横发展,遑恤其它。国际上之影响,是否符合大同原则,不待智者而知”。[③] 据此,蒋介石赞赏法西斯主义的态度是显而

---

①② 中国第二历史档案馆资料。

③ 蒋介石:《国民会议开幕词》,《国民会议实录》正篇,1931年版。

易见的。

1932年以后，国民党的一些报刊明目张胆鼓吹法西斯主义，可谓“气焰熏天”。这股浪潮，由两个骨干组织掀起。一是“复兴社”及其“中国文化学会”，二是中央俱乐部(C C)及其“中国文化建设学会”。由于官方的保护和经济支持，他们的报刊、出版社、书局、学会遍及各大中城市。如专门出版墨索里尼、希特勒、蒋介石言论集、传记的有“拔提书局”、“前途书局”、“正中书局”。此外还发行《中国革命》、《社会主义月刊》、《社会新闻》、《前途》、《中国日报》等几十种专门宣传法西斯主义的刊物。全国几百种报刊反映、转载、讨论法西斯主义，许多知识分子卷入这一浪潮。

之所以形成这种局面，从当时形势看，“九一八”以后，蒋介石的“攘外必先安内”政策受到人民的谴责。国民党反蒋派也以各种“抗日御侮”的旗号加以抵制。蒋认为中国现时无力抵抗，所谓“人必自侮，然后人侮之；国必自伐，然后人伐之”，以“未有国不能统一而能取胜于外者”，[1] 于是，他以先“复兴民族”(“剿共”)后抗日为由，扼杀抗日舆论，压制抗日要求。法西斯主义鼓吹者则以德意作为佐证，说什么“铁血政策”使“古罗马文明”和“日耳曼精神”重现。“力的团结，铁的组织，烈火一样的领袖权威”，是使“德国和意大利鼓动起来，凝集起来造成伟大力量的关键”。[2] 因而，他们要借助法西斯主义“扫荡国内动荡不安”，并以此“更生国家的灵魂”，“发扬我们中国的固有道统”，[3]，以达到“复兴民族”的目的。这样，法西斯理论一时成为中国统治阶级的“救国”武器。

民族危机、国民党分裂、军阀割据、混战，以及封建专制主义的浑厚影响等等，无疑都是法西斯主义滋长的土壤。

---

① 蒋介石：《外交为无形之战争》，1931年11月30日。

② 《法西斯蒂与法西斯主义》，《社会主义月刊》第2卷第3期。

③ 蒋介石：《中国魂》，1934年7月16日。

第二节　法西斯特务组织和主要活动

一、特务组织是法西斯的生命

中国法西斯分子从墨索里尼、希特勒的"黑衫党"、"棒喝团"用暴力打杀手段夺取政权的"成功经验"中得到启示，因此特别宣扬他们的"组织主义"、"行动主义"、"唯力主义"。[①]"组织严格的集团等于一架机器，领袖的命令相仿于机器的引擎"，引擎一动，全部机器才能发生作用。"行动即理论"原则下的"行动主义"与其它一切政党"言多于行"不同，法西斯党是"行多于言"的，党徒个人不得有自己的思想言论，一切照"领袖意志行动"。这样，才能产生"足以镇压一切，慑服一切、超越一切，控制一切的力"。[②]

蒋介石早年混迹上海青帮，沾染了浓厚的宗派思想。初掌军权于黄埔，即培植亲信，建立嫡系。其时虽不了解法西斯的一套组织体系，由于置身派系林立的国民党上层统治集团中，纷纭的"党争"政治生涯加深了他对嫡系组织的重视。蒋介石两次下台均为党内反对派所逼，而两次复职上台，又得助于嫡系之"力"。1932年春，蒋令其亲信成立秘密的法西斯式的国民党内之党——"复兴社"，并将附有亲笔题词的全身披挂的照片送给"复兴社"的党羽。题词曰"我希望塑造一个政治组织，穷我所有的能力，所有的精力，不要停止，不要中断，以建造我的事业，我的堡垒，就是我们的党。我信赖青年人，我不拒绝任何忠告，甚至来自敌方的。我对党员是严厉的，对于群众是亲近的，我要与不良风俗奋斗，并且打倒它。最后，

---

①②徐渊：《法西斯蒂与三民主义》，《社会主义月刊》第1卷第8期。

我要用这个新的政治组织和新的党，塑造新的中国”。[①] 这里的思想语言都很象墨索里尼的自传，显然也受到希特勒《我的奋斗》的感染和启发。蒋介石的誓言如动员令，使国民党内特务体系迅速发展起来。

法西斯分子公开宣传国民党的出路、国民党的生命在于“法西斯化”，在于法西斯组织的“力”。国民党“迄奠都南京，专政七年，毫无成绩，主义未实行，而国家倒几乎亡了。原因虽然是极多，但国民党本身缺乏力量，对内不能控制，对外无从抵抗，却也是一个无可否认的事实”。要救治这“病入膏肓”，“奄奄一息的国民党”，必须“立即注射法西斯的急救针，俾国民党的生命能够继续”。[②] 他们认为，国民党的“病”不在理论上，三民主义是“适合中国的”，而在组织上，国民党改组后，“改总理制为委员制”，这样一来“组织”与“主义”不相容了，“党外要专政，党内却要民主，这是何等可笑的矛盾，难道革命是打劫，向外抢了财物，向内还要平均分赃吗？”他们骂“民主是个臭东西”，[③] 民主集权是欺人之谈，使组织松懈，国民党的法西斯化“势在必行”。于是CC和复兴社两个特务体系势力迅速澎涨，成为蒋介石独裁的工具。

二、CC与“中统”

CC是“中央俱乐部”(Centre Club)的简称，1927年底由陈果夫、陈立夫在“浙江革命同志会”基础上建立。1929年3月国民党“三全大会”后，二陈把持党务工作，CC势力开始向下层伸展，形成“蒋家天下陈家党”的局面。1933年在法西斯影响下，先后建立“青天白日团(青白团)”和“中国国民党忠实同志会(同志会)”，拥

---

① 原载1932年8月16日上海《新大陆报》，转引自《法西斯蒂与中国》，《斗争》第27期。

② 《法西斯蒂与三民主义》，《社会主义月刊》第1卷第8期。

③ 《与胡汉民先生论法西斯蒂》，《社会主义月刊》第1卷第7期。

蒋介石为唯一领袖，二陈分任干事长。不久这两个秘密组织同国民党中央组织部党务调查科结合，设立“特工总部”，由陈立夫、叶秀峰、徐恩曾负责，统揽特务工作。广罗党羽，收买中共叛徒，摧残中共地下组织。1937年，为统一特务机构，将“特工总部”与“复兴社特务处”合并成立“国民政府军事委员会调查统计局”。由于两个不同体系的矛盾，1938年蒋介石又将CC系的特工组织分立出来，另组“中国国民党中央执行委员会调查统计局”（中统），以“秘书长”朱家骅为局长，徐恩曾为副局长实际负责。国民党“临全大会”上宣布取消小组织，但CC为基础的“中统”特务体系却更加庞大了。

“中统”以党政文教机关为重点活动对象。在对付共产党和民主党派方面，并未因国共合作抗日而有所收敛。它采取“渗透和招抚”，“站在共产党立场，用共产党的思想观点来说话行事”的策略，瓦解中共，破坏抗战。“中统”在各省市县党部设立“调查统计室”，在机关、团体、学校、工厂建立反共“监视网”，在解放区周围设特务站点；在沦陷区配合日本特务，出卖情报，袭击八路军新四军。解放战争时期中统局由重庆迁到南京，特务人数大增，着重破坏国统区的第二条战线。“沧白堂事件”，“较场口事件”，“下关惨案”等都是“中统”制造的。

1947年4月，蒋介石将臭名昭著的中统局改名“党员通讯局”，其活动照旧。1949年3月，又改名“内政部调查局”，隶属内政部。随着国民党统治在大陆的崩溃，CC部分头目逃往台湾，其体系基本瓦解。

三、复兴社与“军统”

复兴社全称为“中华复兴社”，成立于1932年3月，由蒋介石的黄埔嫡系政工人员邓文仪、贺衷寒、酆悌，滕杰、潘佑强、康泽、郑介民等为骨干组成。蒋介石为社长，设中央干事会，采取书记负责制，分组织、宣传、训练、特务四处。外围有“革命青年同志会”（青会)和“革命军人同志会”(军会)、省设分社。誓词规定“遵守社章”、“服从社长”、“保守秘密”、“违者愿受极刑”等。复兴社以德国纳粹党为样板,成立后曾派酆悌和潘佑强为首的两批人员赴德意考察,并陆续派人去受训。康泽 的“别动总队”就是仿效希特勒的“党卫队”建立的。1932 年 4 月 1 日建立的复兴社特务处,以戴笠为头子,成员逐步扩大,后与CC的调查科一度合并又分开。至1938 年 8 月,扩大戴笠的特务系统,建立“军事委员会调查统计局”,由贺耀祖挂名局长,戴笠任副局长,掌实权。

“军统”是一个法西斯职业特务组织,其骨干必须遵守严酷的纪律,要面对蒋介石像、手枪和《三民主义》小册子宣誓,唱“我们是领袖的耳目,我们是革命的灵魂;秉承领袖旨意,体会领袖苦心……”的军歌。军统局内设情报、行动,总务和电讯四个处,后发展到十几个处室,约 5 万人。下层机构分秘密和公开两部分,秘密组织分“区”、“站”、“特别组”三级,另有直接情报员。“区”的公开掩护名称,在抗战前为军政长官公署“第二处”,战后为战区长官公署“调查室”。“站”和“组”一般自找掩护职业。外勤公开组织是指“军统”特务控制的各种公开机关,如陆海空三军部队、全国警察部门、交通部门和行政院各部的谍报网。在国外设有九个情报站,并同美国情报机关共同设立重庆“中美特种技术合作所”等。

“军统”特务工作主要是“情报”与“行动”两大类。行动有跟踪,绑票、逮捕、解送、看守,刑讯、暗杀等等。蒋介石“围剿”红军时大批特务潜入根据地刺探情报,进行破坏恐怖活动。在蒋管区内,军统的主要任务是侦破中共地下组织,逮捕杀害共产党员和民主人士,如暗杀杨杏佛、史量才,威吓宋庆龄、鲁迅,看守张学良,杀害杨虎诚,逮捕、关押、屠杀车耀先、罗世文等都是军统所为。在军统设立的“集中营”、“白公馆”、“渣滓洞”等秘密监狱里,特务们对政治犯进行惨无人道的非刑拷打,严刑逼供,甚至活埋,其罪行令人发指。“军统”特务还在国民党军内以控制、收买、瓦解、消灭等手段,打击异已，摧垮反蒋势力。

1946年3月，戴笠因飞机失事摔死后，军统内部混乱，改名为“国防部保密局”，毛人凤任局长，特务工作依旧维持。解放战争后期，“保密局”更加疯狂地实行暗杀和公开大屠杀。重庆解放前夕，毛人凤指挥的歌乐山大屠杀一次就杀害共产党员和革命者600余人。“保密局”逃往台湾前夕，还秘密刺杀了国民党将领杨杰、陈仪等。

第三节　中国法西斯主义的基本特征

一、封建性

封建性和买办性结合是蒋介石法西斯主义的主要特征。“买办的封建的法西斯主义，具体说来，就是官僚资本（资本、土地、工具集中在极少数军阀官僚手里）与特务制度的结合。在蒋介石身上，便是军阀、交易所老板和流氓头子的结合，他是集古今中外反动之大成”。[①]

法西斯公开鼓吹赤裸裸的血腥暴行，而蒋介石自己则借用中国传统思想中的封建专制主义，倡“体用学说”，做“三民主义为体，法西斯主义为用”的文章。蒋认为：“从前张之洞提倡‘中学为体，西学为用’的主张，后来引起学术界很多批评，我以为其措词确有语病，但其融合中西文化为一体，建立新中国制度之本意，实是无可厚非。”[②]所谓三民主义为体，并非孙中山三民主义之“体”。孙中山三民主义体系本质上是西方政治思想，即资产阶级民主主义。虽然孙中山也用了许多中国传统语言，那只是用以服从本质的，如讲民

① 《周恩来选集》上卷，第150页。

② 张其昀：《党史概要》第2册，第617页，（台）中央文物社出版。

权主义，他说“现在世界潮流到了民权时代，……象卢梭的民约论，……将来无论怎样挫折怎样失败，民权在世界上总是可以维持长久的”。卢梭“政治上有千古大功劳”，他认为他的民权主义来自“民约论”和林肯的“民有民治民享”。

孙中山“适乎世界之潮流，合乎人群之需要”，他的三民主义要解决中国独立、民主、富强三大问题，也是法国革命口号“自由，平等，博爱”在中国的应用。三民主义作为一个整体，最根本的是民主，即资产阶级民主主义。孙中山晚年重新解释了三民主义，提出了建立资产阶级领导的包括农工小资产阶级参加的“新共和国”方案，又把他的民主主义提高了一步。同时，孙中山也讲过他的思想理论与传统文化有源流关系。如讲“大学之道”，“中庸精微”；“格物致知，正心诚意，修身齐家，治国平天下”；“忠孝仁爱信义和平”等，与五四时代很多思想家以反传统形式出现不同，孙中山主张继承传统，改造传统，中西调和，中西融合。他主张发扬固有道德以调和人际关系，使社会进化，实现近代化。这自然不免流于空想。孙中山在运用传统文化方面的价值与局限，我们不在这里讨论。而将介石确实把孙中山的“中学为用”变成了“中学为体”，将氏的“三民主义为体”，是抽掉了三民主义的基本内涵——民主，变成了封建专制主义为体。变成了“新专制主义”——中国法西斯主义。

蒋介石说他自己是孙中山的“唯一忠实信徒”，然而，却恰恰背叛了孙中山的民主主义。他反对“自由民治主义”，认为欧洲 18 至 19 世纪的平等自由学说，天赋人权论“破坏了我们国家民族的传统观念，中国人民要自由就是要“做吉蒲寨人”。[①]那么，蒋介石的三民主义的“体”是什么呢?他不过是重新拾起戴季陶主义的“道统论”。蒋介石说“三民主义的基本思想渊源于中国正统的政治思想”，即“以孔子为中心的儒家学说”，这个“学说自尧舜至孔孟创

① 蒋介石:《中国之命运》，正中书局 1934 年版。

立”，以后“中绝”，到孙中山继承。蒋介石的《科学的学庸》、《国父遗教概要》、《三民主义体系及其实行程序》、《中国之命运》几篇文章和讲话，集中阐发了三民主义“道统论”。强调“总理的主义，是渊源于中国固有的政治伦理、哲学的正统思想”，“民生哲学是这个主义的基础”，“仁爱是救世的基本”，以“诚”为原动力，通过“行仁”(革命)达到“天下为公”。因而他大讲“礼、义、廉、耻”(四维)，“忠孝仁爱信义和平”(八德)，使三民主义儒学化道统化。事实上，蒋介石的“民族主义”是对帝国主义妥协，对内实行大汉族主义，推行种族主义“血统论”和民族同化政策。“民权主义”则完全被抛弃了“主权在民”与“非少数人所得而私”的核心，实行家族主义和专制主义，取消民主原则，无限期“训政”。“民生主义”则将“平均地权”，“耕者有其田”、“均贫富”等内容抛在一边，或纸上谈兵，实行维护封建地主剥削制度的“唯生主义”。

蒋介石把自己打扮成道貌岸然的君子，他不赞成”三民主义法西斯化”的口号，而是将法西斯精神注入道统化的三民主义之内，因而也就更具有欺骗性。法西斯刊物《政治评论》对中国法西斯主义特征的概括是：中国独裁政治并不是意大利式法西斯主义，也不是德意志式法西斯主义，“乃是根据中国历史特性而成立的武力与知识分子相结合的法西斯主义”。概括地说就是：“三民主义十法西斯蒂十固有文化”。[①] 将法西斯精神纳入中国固有文化之内，并使之顺理成章，比较直接相通的是古代的皇权主义与法西斯独裁政治，在“朕即国家”的威权下，提倡循规蹈矩，忠君守道等传统“美德”。蒋介石自己主要是在这方面做文章，他不是什么理论家，却也要建立自己的一个体系。主要有下列几点：

(一)提倡盲从的“力行哲学”。30年代，蒋介石有几篇关于哲学的讲话，还自称有个哲学体系。这个体系是王阳明——孙中山

① 《法西斯蒂与中国出路》，《社会主义月刊》第1卷第7期。

——蒋介石，“知行合一”——“知难行易”——“力行哲学”。他说：浙东明代以来有三大哲人，王阳明，朱舜水，黄梨洲（宗羲），他和他们“俨有薪火相传之概”。[①] 蒋介石崇拜王阳明，是因为王阳明曾在江西镇压农民起义，其成功秘决在于“一面用兵，一面用学”。王氏提出“破心中贼难”，但认为以“致良知”的“道学精神”正人心可以达到目的。蒋介石还认为日本之强大不在于“欧洲的科学”，而在于“中国的哲学”，日本众多豪杰推崇“阳明学说”，如东乡元帅“一生低首拜阳明”，日本的“武士道”即王学的“即知而行”。[②]蒋介石讲哲学的目的很明确，就是为所谓“消灭不忠不孝，不仁不义的禽兽”。[③]

“力行哲学”又称“行的哲学”或“诚的哲学”，它是用主观唯心论讲“知”和“行”的关系的。认为“知”是一种精神，一个从心到物的过程。“一个人生于宇宙之间，自然有一种向上的，为他的活动。这种活动起于心意，而著于事物，一天二十四点钟，我们的心意没有一时一刻不与事物接触，我们要认识事物，就不能离开心意……这就是精神”。[④] 就是“知”。他说“知”有两种：一是“良知”——固有的知是人人知，先天的知；二是“学知”——学问的知识。“学知”不必人人具有，后知后觉和不知不觉者，跟着先知先觉去行，可以节省时间。[⑤]由此引申出求知是少数人的事，力行是多数人的事，“革命”不在人们不知，“即在我们不能力行”。“一般国民和青年无所信仰、无所适从”在于他们不去“力行”，而去“求知”。蒋介石讲“行”就是“快干、硬干、实干”，“人生自少至老，在行字中成长”，“行与生俱来”，“人之生也，是为行而生”，“古往今来宇宙之间，只有行字才能创造一切……唯有行的哲学，为唯一人生哲学”。[⑥] 这又是露骨的

①②张其昀：《党史概要》第 2 册，第 626 页、第 623 页。

③ 蒋介石：《剿匪的意义和做人的道理》，1932 年 5 月 17 日。

④⑤蒋介石：《自述研究革命哲学的经过和阶段》，1932 年 5 月 16 日。

⑥ 蒋介石：《行的道理》，1939 年 3 月 15 日。

提倡盲从，宣扬奴隶主义了。“行”既然发自精神，作为精神的原动力又是什么呢？蒋介石说是“诚”。“诚是一切事物的原动力”。“诚”是什么？“诚者，信也！”即对于“主义”的信仰不动摇，要达到迷信程度，这叫做“定”。如同庙堂内泥塑木雕神像前的虔诚信徒一样，要老百姓相信“诚则灵”。“诚者，成也”！“不诚无物”，“不诚则天下无能成的事，至诚则天下无不成之事”。这也是提倡只有迷信才能成功事业，例如他责骂部下“围剿”红军失败就是“不诚”。因此，“诚”是“行”的灵魂，“行”是“诚”的表现，失去“诚”就无所谓“力行”，这完全是一种主观唯心论。“力行哲学”为法西斯的“行动即理论”作了注释。

（二）维护封建社会机体的国家观，蒋介石说：“国家是一个有生命的超乎一切的集体组织。他的全部机构，就是一个完整的生命体，每个国民就是构成这个生命体的细胞”。[①]这是封建社会“朕即国家”和法西斯“绝对国家”论的混合。

蒋介石描写的中国这个“生命体”是这样的。“中国固有的社会组织，在血统方面：由身而家而族；在地域方面，由家族而保甲而乡社。两 方面系统都很分明，两方面的教育和训练，亦最为古来贤哲所致力。由个人生活的箴规；推而致于家，则有家礼、有家法；推而至于族，则有族谱，有族规；在保甲则有保约，在乡社则有乡约和社规。这些构成国家严肃整齐施政立教的基础”。[②]这样一种社会制度所以万世不变，是因为“我们中国古来的伦理哲学，对于人类社会相维系之道，有详密精湛的研究。社会的组织虽有不断的演进，而父子、夫妇、兄弟、朋友之道，上下尊卑，男女长幼之序，与邻里相恤，疾病相助，实为社会生活不变之常理”。[③]维系这种社会制度的理论是中国特有的“历史文化精神”，蒋介石称之为“国魂”，即“四

---

① 蒋介石：《中国魂》，1934 年 7 月 16 日。

②③蒋介石：《中国之命运》

维”(礼义廉耻)”八德“(忠孝仁爱信义和平)。蒋介石认为,由于“五四以后,自由主义与共产主义的思想流行国内……违反了中国固有的文化精神,而且根本忘记他是一个中国人”。[①] 因此,必须借法西斯之力,在国民中“昭甦国魂”,以便使他们成为半封建国家有机体内的一个“细胞”,为蒋介石驱使。

(三)人治主义政治观。(1) 关于人治与法治:蒋介石强调以人治为主。“政治的要旨以人 为本”,“政治就是人对人的关系”,“为政之道,在乎由内而外,由亲及疏”。建立在小农经济基础上的封建制,“亲亲”是基本政治价值观,所谓“以人为本”即以家族为本旁及亲属,“亲亲”把夫权、父权、族权、政权统一集中在皇权之下,这就是封建伦理政治的基本特征。从此出发,蒋介石认为法治是强制的,伦理是自觉的。“人治善于应变”,“人事无穷,法律有限”,“以生人而用死法,危险孰甚!”[②] 因而,蒋介石国民党政权的法律,完全是维护其独裁统治,不是用以保护人民基本权利的。

(2) 关于政党和领袖:中国法西斯主义者宣扬“一个主义”、“一个政党”、“一个领袖”。蒋介石早就提出“我们中国要在二十世纪的世界谋生存,没有第二个适合的主义”,要确立三民主义“为中国唯一的思想,再不许有第二个思想来扰乱中国”。第二个主义就是“敌人”。至于政党,“以党治国,就是国民党治国”,“各种党派出来,国民党就要失败”。[③] 一个主义一个政党的核心在于“一个领袖”,蒋介石垄断三民主义的解释权,目的在于树自己为唯一领袖。

1925 年孙中山逝世后,国民党章程上的“总理”已为虚设。蒋介石、汪精卫、胡汉民争夺中央权力,反蒋派不承认蒋介石这个“领袖”。复兴社成立后,法西斯的“领袖独裁”论甚嚣尘上,极力树蒋为

---

① 蒋介石:《中国之命运》。

② 蒋介石:《政治的道理》,1939 年 3 月 21 日。

③ 蒋介石:《三民主义为中国唯一思想》,1928 年 7 月 18 日。

"中国的墨索里尼"。他们攻击民主,说"一个国家的政治,与其由民主的虚名而陷于腐败没落,当然不如由一个才干和道德高超的领袖去执行独裁……","英美民主政治百余年","已成桎梏"[①]。他们反对委员制,"委员制最大弊端是互相推诿,互相牵制,使内部力互相抵消"。"每个中央委员都可以利用一部分民众,或据某省地盘,摇旗呐喊"。[②]蒋介石甚至说:"党员只有义务,没有权利",[③]要取消党内民主。1938 年 3 月,蒋介石成为国民党的"总裁",实现了法西斯分子叫嚷多年的"恢复总理制",蒋认为这是国民党十五年来由"动摇"走向了"稳定","是不幸中之万幸"。[④]他成了"合法领袖"就要求"党员的一切属于领袖","党员的精神,党员的信仰要集中,党的权力及党的责任也要集中,党员所有一切都要交给党的领袖"。[⑤]"蒋总裁"成了"党皇帝",法西斯分子掀起了一个"忠君"运动。"中国铁和血的领袖和组织出现的时候,就是中华民族复兴的晨光"。[⑥]1936 年"西安事变"前夕,为蒋介石五十祝寿形成崇蒋高潮。蒋介石的"英雄气概"如"墨索里尼的法西斯疾风雷雨,摧枯拉朽……"如"德国救星"希特勒一样,"肃清了国内之不安"。而成为"疾风暴雨中的灯塔"[⑦]。陈诚曾宣布:中国"一切关于主义理论的解释权应该完全属于领袖"蒋介石。[⑧]这个崇蒋运动,以及由"亲亲"原则组成的蒋家王朝加上特务体系,保障了蒋介石的"最高"地位和"新专制主义"的推行。

---

① 《中国政治之前途》,《前途》第 1 卷 8 期。

② 《我们需要领袖》,《社会主义月刊》第 1 卷第 2 期。

③ 蒋介石:《中国建设之途径》,1928 年 7 月 18 日。

④⑤张其昀:《党史概要》第 3 册,第 891 页。

⑥ 《法西斯在中国的社会基础》,《社会主义月刊》第 1 卷第 3 期。

⑦ 《蒋介石全集》附录·第 12 页,1936 年版。

⑧ 《领袖的认识》,1945 年 11 月北平版。

二、买办性

“1917年至1920年，蒋介石、戴季陶、陈果夫结帮卷入交易所的投机浪潮中。后来这种传统，更为孔祥熙、宋子文及其他人物发展。于是这一买办集团，遂成为统治后二十年中国的核心”。[①]虽然蒋介石也在广东反对过英国买办阶级，但当他取得政权后，就成为帝国主义在中国的最大代理人。

蒋介石法西斯主义的买办性表现为以下方面。

(一)“农业的中国，工业的外国”。蒋介石在“民主主义的幌子下，存在着最落后最反动的封建经济买办经济的思想，也就是农业中国、工业外国的思想”[②]。本来帝国主义已经控制了中国主要近代企业，煤、铁、钢、机械制造、铁路交通、内河航运等也大都为外国资本，洋人的银行支配着中国金融财政。联德以后，又与德国签订“货物互换”合同，以原料和农产品换德国之枪炮 。1933年以后，又仿效德国实行“统制经济”，对粮食、棉花、蚕丝、煤炭等工农产品实行“计划性”的生产和收购，禁止民间储藏金银，发行公债，举借外债，逐步形成了以金融独占为核心的工、农、商统制，使官僚资本不断膨涨起来，垄断了中国经济命脉。

(二)“攘外必先安内”。“安内攘外”是清末统治者对内镇压人民反抗、对外妥协投降的政策。“九一八”事变发生，蒋介石拾起这个口号以抵制人民抗日要求，他说：“攘外必先安内，统一方能御侮，未有国不能统一而能取胜于外者”。[③] 随后，这个口号作为“基本国策”，法西斯报刊以此为题大作文章。一是所谓“忍辱负重”论，蒋介石引证义和团“盲目灭洋”，招来“割地赔款”，今天“日本一脚踢进我东三省”，“世界事理不容”，“人类自有公道”，“我们要以和

---

①②《周恩来选集》上卷，第151页、第150页。

③　蒋介石：《外交为无形之战争》，1931年11月7日。

平心理去捍御国难”[①]。然而这种“忍辱”招来的是日本更疯狂的侵略，东北、华北以至全中国都面临被灭亡的危机。公理战胜强权在事实面前完全破产。而法西斯宣传说这是一种了不起的“容忍”，正是由于蒋介石的“非常人所及”的“容忍”，才使中国没有发生义和团的重演。至于大片国土沦亡，大批抗日民众死于法西斯的屠刀之下，蒋介石辈是可以不闻不问的。二是“长期准备”论，蒋说他不是不抗日，是中国现在无能抗日，“日本的军事装备比世界上任何一个国家都强，三天之内就可以占领我们沿海任何地方”，“我们国家生死存亡完全操在日本人手里，他要我们那一天死，我们就不得不那一天死”[②]。因此，要有长期准备”，还要“掩护准备”，不能让日本人知道他的政府在准备抗日。这种论调使他能够在“加强国防”名义下的军事准备主要用来“剿共”，而对日则依重于“外交谈判”达成妥协。三是所谓“统一”论；蒋的“统一”论有二，一是要内部消灭共产党和反蒋势力；二是“内外统一”即蒋氏政权与外国法西斯势力的统一。蒋介石说：“外交问题就是内政问题”。[③] 在中日关系上，他曾规劝日本军国主义头子“彻底觉悟”，停止进攻中国。“日本必能明悉，窥伺于中国国民党之后者为何种势力？”此势力抬头，中日两国将“同归于尽”。[④] 在面对日本灭亡中国的危急关头，蒋介石竟提出这种适应日本侵略者需求的主张，如果不是欧美牵制和人民的抗日要求，蒋介石难以走向抗日的。蒋介石政权很大程度上受外国势力左右，倒向“东帝”或倒向“西帝”都是“内外统一”。鲁迅当年就揭露了它的本质，指出，一个题目，叫“安内攘外”，由国民党来做，它做来做去，只有三种办法：(1)“安内而不必攘外”；(2)“不如迎外以安内”；(3)“外就是内，本无可攘”。[⑤]

① 蒋介石：《拥护公理与抵御强权》，1931年10月12日。
② 《蒋介石对庐山军官训练团的讲话》，1933年10月2日
③ 蒋介石：《统一与救亡》，1931年10月。
④ 徐道鄰：《敌乎，友乎？——中日关系之检讨》，《外季刊》1934年。
⑤ 鲁迅：《文章与题目》，见《伪自由书》。

第十五章

日本帝国主义的侵华理论和汉奸的卖国主义

第一节　日本帝国主义的侵华理论

一、"侵略战争有理"论

1937年7月7日，日本军队制造了卢沟桥事变，发动了全面侵华战争。为了替侵华战争寻找理论根据，日本帝国主义者极力宣扬种种"侵略战争有理"的谬论。

一曰，为复兴东洋文化而战。日本帝国主义者说："中日事变实属创造新文化的战争。"因为，欧战以来，"民本主义文明"渐次丧失其进展，使世界陷入"对立和混乱之涡中"，而共产主义则"举世界达到秩序丧失之状态"。欲救治此等无秩序之世界，必须求助于"东洋之家族主义"。日本人的"精神主义"就是以这种家族主义为基础的。因此，"应付此次事变之日本帝国，即是救治中国，兼救世界者，而同时为东洋文化复兴之战争，更推言之，称为世界文化复兴之战争，又何不可之有"。[1]

二曰，为求日本之发展。他们说："日本所以不能不向亚细亚大陆发展，其动因乃在日本之民族的发展。至其原因，则不待言，乃在

① 《为创造新文化而战争》，《华文大阪每日》，1938年11月15日。

国土之狭隘。日本复杂多歧的国家生活，在这岛国几有动弹不得之势，所以无论如何非向大陆找出路不可。而且最近的统制经济和生产力扩充的形势已经明示我们，日本的经济力将来无论如何不向大陆发展，就没有办法”。[1]“日本新领土的获得，不单止于阶级的要求，而宁为国家的要求”。[2]“日本民族之大陆发展，为宿命的事实”。[3]

三曰，为了从欧美压迫下“解放”中国民众。日本帝国主义者为了证明其侵略有理，极力为侵华战争蒙上一层黄种人反对白种人的种族主义面纱。他们说：“中日交战，兄弟阋墙”[4]。日本发动侵华战争，是为了“驱逐苏联的共产主义和击退欧美资本的支配势力”，“防止共产党的侵入，并从欧美资本和军阀的压迫中解放中国民众”。[5]然而，种族主义的面纱掩盖不了侵略的实质。正如日本著名历史学家井上清所说：“不管反对白种人帝国主义的呼声多么逼真，也只不过是日本帝国主义与欧美帝国主义矛盾的表现，既不是亚洲的解放，也不是反对帝国主义。”[6]

四曰，为了促使中国“反省”，放弃排日方针。日本侵略者说，中日战争的爆发是由于国民党受英、美、苏嗾使，采取“容共抗日政策”造成的。“多年以来，中国囿于自我独善及依存欧美的观念，予与日本许多暴戾的行为。不但如此，最近数年更与共产党联络，促起排日的运动。因为上述种种错综的事情，日积月累，以致日本忍

---

① (日)蜡山政道：《事变处理与新中央政府》，见汪伪宣传部编：《和平反共建国文献》。

② (日)河相达夫：《日本民族之发展》，《新民周刊》第16期，1939年1月。

③ (日)河相达夫：《中日提携之原理》，《新民周刊》第15期，1938年12月。

④ 日本派遣军报导部长：《论目下中日间之根本问题》，见汪伪宣传部编：《和平反共建国文献》。

⑤ 《日本对东亚再建的使命》，《华文大阪每日》第2卷第3期第6号。

⑥ (日)井上清：《日本帝国主义的形成》，第134页，人民出版社1984年6月版。

无可忍，没奈何才诉诸武力，求中国的反省。”[①] 他们称日本的侵华战争是“本道德、循正义、履正道”的“圣战”，其目的不过是“为东洋之和平、道义之显现，与促进抗日中国反省，使协力从事建设而已”。[②] 这样一来，日本帝国主义强盗变成了“圣人”，而受侵略的中国则成了“罪人”。

二、“王道主义”

在占领武汉、广州之前，日本侵略者为了达到“剿共灭党”的目的，曾大肆宣扬“王道主义”。

他们说，共产主义和三民主义都不适合中国，而“王道”“最适合于中国民族之生活”。“王道”理论之大要是：“生育万物之天地主宰者，名之为天帝，居人类社会而代表天地者，乃为天子。天子负有抚育万民之责，故对于人民必具父母之德，因具此德，故作天下之王，其王体贴天意，奉行天命，以治天下之万物，名此原理为王道”。“王道以天帝、君主、人民为其最重要因素”。天帝授天命予万民中最聪明而仁德宏大者为天子；天子奉行天意，“临其国土，统治万民”；万民“仰天子为民之父母，听从王命，服其指导统制”。如有“冥顽之徒”不服王命，天子则应“依天帝之命，对之加以刑戮，或征讨镇定”。[③]

他们又说，日本“发大军于中国”，是为了“促使汉民族猛然觉醒归复于其本来之王道文化，享受乐业安居之幸福，期使王道满洲、王道中国与皇道日本，亲如一家，以便永远确立东亚之永远之和平”。中国实行“王道”的“最好的标本”是“满洲国”。因为它“以王道为建国之理想”，人民“安居乐业”，已成“王道乐土”。[④]

---

① （日）出渊胜次：《日本国势民情之简述》，《新民周刊》第 14 期，1938 年 12 月。

② 日本在华派遣军司令部：《告派遣军将士书》，1940 年 4 月 29 日。

③④（日）田崎仁义：《中国之王道与霸道》，《新民周刊》第 20 期，1939 年 4 月。

他们还竭力鼓吹把中国的"王道"转化为日本的"皇道"。说中国"王道"思想的"最遗憾之点"是对"实行易世革命"不出否认之态度,容易给"野心家以篡夺的机会"。[①]日本的"皇道"思想认为,由神"产生万物"。天皇是"神的直接代表者"。日本的国体是"天道的实践"。[②]日本的"王道"是"不承认革命的王道主义",比中国的"王道"优越。因此,"最紧要的一点",是"把儒教的'王道',转变为日本式的'王道'——即'皇道'"。[③]

日本侵略者鼓吹的"王道"、"皇道",是中国封建主义神权思想的翻版,所不同的是赋予它帝国主义的内容。其目的是妄图用儒家的"天命论"思想来麻痹中国人民,用帝国主义的殖民思想毒害中国人民。他们到中国烧杀掳掠,根本不是什么"王道",而是赤裸裸的霸道。

另外,日本侵略者还竭力鼓吹"德治主义",反对"法制主义"。他们说,东洋的政治哲学是"政教一致",其政为"德治主义",其教为"礼治主义"。[④]这同法制主义完全不同。在法制主义下,政治不过单以机械的事物的法律实施为目的,其结果是使人民的"道德麻痹",容易发生"经济万能的功利主义"。[⑤]实行法制主义,只坚守"多数即善"的观念,所以发生了社会主义和共产主义,而以阶级斗争为事,遂陷于深刻的社会不安的状态。中国社会的弊病,就是丧失了东方固有的精神,受了西洋唯物思想的影响,使道义观念完全为之扫地。要革除这一弊病,必须放弃"个人主义及利己主义的国民党的三民主义立场"和"阶级主义的马克思主义的第三国际共产

---

①③(日)井上哲次郎:《儒化中国运动与日本精神》,《新民周刊》第9期,1938年7月。

② (日)川村宗嗣:《东方精神》,《新民周刊》第12期,1938年11月。

④ (日)藤泽亲雄:《新民主义与中日关系之更新(续)》,《新民周刊》第7期,1938年5月

⑤ (日)藤泽亲雄:《新民主义与中日关系之更新》,《新民周刊》第6期,1938年5月。

主义的立场”，使“孔子教化的高远呈上的精神”再“显现于现代”。

日本侵略者鼓吹“德治主义”并非“以德服人”，而是暗藏着杀机。他们说，“政者正也”。改正“有两种方法，第一为以教育方法而德化之”，第二“对恶逆无道之徒”，“应用武力以使彼等之反省，而归于正道。于此故须有文武两途的政治”。[①]可见，所谓“德治”包括“德化”与“武力”两手。“德化”者，奴化是也。谁不甘心受其“德化”充当亡国奴，就是“恶逆无道之徒”，就要用武力镇压。因此，所谓“德治主义”实际上是军事封建法西斯主义的代名词。对此，他们供认不讳地说：“东洋政治哲学，最奇的是于德意志和意大利的指导者主义之名义下，以新的形式呈现于今日的法西斯，尤其是那其斯”。“依我国的理念以指导法西斯及那其斯，乃为日本的任务”。[②]这是对“王道主义”的最好注脚。

三、“建设东亚新秩序”论

1938年10月，抗日战争进入相持阶段。为适应侵华策略的转变，实现“以华制华”的目的，日本侵略者大肆兜售“建设东亚新秩序”论。

1938年11月3日，日本发表第二次《近卫声明》，宣称：“帝国所期求者即建设确保东亚永久和平的新秩序”。“此种新秩序的建设，应以日满华三国合作，在政治、经济、文化等方面建立连环互相的关系为根本”。“帝国所希望于中国的，就是分担这种建设东亚新秩序的责任”。“如果国民政府抛弃以前的一贯政策，更换人事组

① (日)藤译亲雄:《新民主义与中日关系之更新(续)》,《新民周刊》第7期,1938年5月。

② (日)藤译亲雄:《新民主义与中日关系之更新》,《新民周刊》第6期,1938年5月。

织，取得新生的成果，参加新秩序的建设，我方并不予以拒绝”。[①]“建设东亚新秩序”论的提出，实际上是向全世界宣布了日本吞并中国并称霸东亚的计划。

为了实现吞并中国的目的，1938年11月30日的御前会议决定了“调整日华新关系的方针”，声称：“日满华三国应在建设东亚新秩序的理想之下，作为友好邻邦互相结合，并以形成东亚和平的轴心为共同目标。”[②]12月22日，日本发表第三次《近卫声明》，提出了“近卫三原则”，要求“中国方面首先必须清除以往的偏狭观念，放弃抗日的愚蠢举动和对满洲国的成见”，“同满洲国建立完全正常的外交关系”，以便“日满华三国”“以建设东亚新秩序为共同目标而联合起来”。其次，“根据日德意防共协定的精神，签订日华防共协定”，“在特定地点驻扎日军进行防共，并以内蒙地方为特殊防共地区”。第三，“中国承认帝国臣民在中国内地有居住、营业的自由”，“特别在华北和内蒙地区在资源的开发利用上积极地向日本提供便利”。[③]“近卫三原则”的出笼进一步证明，“建设东亚新秩序”的真实目的是让中国同伪满洲国一样，成为日本的殖民地附属国和对外扩张的鹰犬。

为了给“建设东亚新秩序”制造根据，日本侵略者捏造了一个所谓“统合”论。他们说：“现在世界的情势，无论在文化部门、政治部门或经济部门，都有由分散进于统合的倾向。”[④] 日本则是亚洲“统合”的“指导力及推进力”。“新亚洲体制的树立”，“是普遍地表现人类向上的大理想”，“如果有人要加以抗拒或妨害，则当认为人类共同的敌人，须受历史法庭最严厉的审判”。[⑤]“统合”论的实质是要把中国和亚洲各国“统合”于日本，建立“八纮一宇”的大日本

①②③复旦大学历史系日本史组编译：《日本帝国主义对外侵略史料选编》，第276～277页、第279页、第287页，上海人民出版社1975年版。

④ 《华文大阪每日》第1卷第5期，1939年1月1日。

⑤ 《华文大阪每日》第1卷第3期，1938年12月1日。

帝国。这就是“建设东亚新秩序”的真谛。

四、“大东亚共荣圈”论

1939年9月，第二次世界大战爆发。日本帝国主义欲乘英、美忙于欧战之机，实施“南进”计划，夺取英、美等国在东南亚的殖民地。与此相适应，它抛出了“大东亚共荣圈”论。

1940年4月29日，日本外相有田八郎在广播讲话中宣称，要把“东亚诸国及南洋各地”，“统一为共荣圈”。同年8月1日，第二次上台的近卫内阁抛出《基本国策要纲》，宣布日本政府的目标是建立“大东亚新秩序”。同日，日本外相松冈洋右发表声明，正式把日本的侵略目标称之为“大东亚共荣圈”。

“大东亚共荣圈”的范围，包括西起东经90度，东至东经180度的广大地域。其面积占世界陆地的1/4，人口占世界人口的1/3。“大东亚共荣圈”内除了中国、朝鲜外，“直接目标是：香港、印度支那、泰国、马来亚、菲律宾 、新几内亚（伊里安）、荷属东印度（印度尼西亚），其次是缅甸、印度、澳大利亚和新西兰”。[①] 显然，日本帝国主义的目的是要建立一个横跨太平洋、印度洋的“大日本帝国”。“大东亚共荣圈”内的国家分为“指导者及被指导者”。根据经济、文化及武力的优劣，“以比较价值高的国家，为指导国家，价值较低的国家，为心服国家”。指导国家对被指导国家“可掌握其经济、政治、文化及武力的指导权”，并担负共荣圈内的“秩序维持”。[②] 被指导国“以指导国为家长”，并“衷心地信赖家长的能力，服从其指导”，“不得要求基于从来国家平等的原则的平等地位”。[③] 很显然，所谓“大东亚共荣圈”实质上是由日本做亚洲各国的“家长”，奴役各国

① 《东京审判判决》(日文版)，第126页，转引自万峰：《日本军国主义》，第118页，三联书店1962年5月版。

② 《东亚共荣圈之法律的构成》，《东亚联盟月刊》第2卷第3期，1941年3月。

③ 《东亚共荣圈之法的性格》，《华文大阪每日》第9卷第4期，1942年6月15日。

人民。

为了掩饰“大东亚共荣圈”的侵略本质，日本侵略者竭力为之寻找根据。

首先，他们把自己打扮成亚洲各国人民的“救世主”，宣扬建设“大东亚共荣圈”是为了“打破英、美的旧秩序，求得大亚细亚民族解放”。[①] 日本发动“大东亚战争，一面具有打倒英美利已、榨取、侵略、制霸的性格，一面具有全东亚解放进而建设世界新秩序的性格”。[②] 这是过去的所谓从欧美压迫下“解救中国民众”论调在新形势下的翻版。

其次，日本侵略者大讲建设“大东亚新秩序”的必然性。他们说，世界历史经历了“三个文化时代”。就国家形态而言，第一文化时代是“封建国家时代”，即“地中海时代”；第二文化时代是“民主国家时代即近代国家时代”，亦即“大西洋时代”；第三文化时代是“新国家的时代”，以德国发动欧洲大战和日本发动“大东亚战争”为标志。现在的世界已“由第二文化时代的小国并立时代，走进了第三时代的国家群体时代”。日本“对第三文化时代负有重要的任务”。[③] 这样一来，逆历史潮流而动的日本帝国主义，简直成了站在时代前列的“英雄”。然而，无论编造多少根据或理由，要想掩盖”大东亚共荣圈”论的侵略实质，都是枉费心机。

---

① 《亚洲民族的解放》，《中国公论》第6卷第5期。

② 《大东亚战争与世界史的转变》，《中国公论》第7卷第3期，1942年6月1日。

③ 《大东亚战争与世界史的转变》，《中国公论》第7卷，第2、3期。

第二节 汉奸卖国主义

一、华北汉奸的"新民主义"

日本帝国主义在侵华过程中，大力推行"以华制华"的政策，其主要手段之一是扶植汉奸作为侵略的帮凶。汉奸是中华民族的败类，为了替日本侵华效力，他们炮制和宣传各种卖国理论。华北汉奸的"新民主义"就是汉奸卖国主义之一种。

第一，鼓吹以"王道"为灵魂的"新民精神"。

华北汉奸说，孔子所说"吾道一以贯之"，就是"人与天地同流"。"新民精神的人格就是与天地同流，与天地同其利，与天地同其名"。只有这样，"方能消除斗争，这就是王道"。[①]"优者善者，适于道也，顺应自然之法则者也。劣者恶者，不适于道也，违反自然法则者也"。人类要生存，必须"向善以适其生，去恶以保其善"。[②]"善的力量大，社会就进化；违反万物并育的天道的，而从事斗争的，这就是恶"。要想使"社会进化，就应使善的力量胜过恶的力量，这才是社会进化的原动力"。[③]新民主义把人类社会的发展解释为"善"与"恶"的消长，是彻头彻尾的唯心主义。

华北汉奸的"新民精神"，说穿了是"奴隶精神"。在日本帝国主义侵略中国的情况下，讲逆来顺受者为"善"，从事斗争者为"恶"，并要人们去"恶"扬"善"，其实质是让中国人民放弃同日本帝国主义的斗争，甘心充当"顺民"。日本侵略者要中国人民放弃"阶级主

---

① 缪斌：《新民主义与东方文化》，《新民会讲演集》第1集，第147页。

② 缪斌：《新民主义》，《新民丛书》第6辑，第1、2页，中华民国新民会出版部出版。

③ 缪斌：《由新民主义批判三民主义》，第6、9页，《新民丛编》之一，中华民国新民会出版部北京新民印书馆1938年版。

义的马克思主义”，华北汉奸就宣扬放弃斗争的“新民精神”，主唱奴和，配合可谓默契。

第二，伪造新民主义的“三民主义”。

华北汉奸阉割孙中山的革命的三民主义，伪造了新民主义的“三民主义”。

新民主义的民族主义以“克己复礼”为宗旨。克己包括格物、致知、诚心、正心、修身；复礼包括齐家、亲乡、治国、平天下。他们宣称：新民主义的民族主义“绝不想在人家身上打算。打倒列强，固然是一种梦呓，以夷制夷，也是一种饮鸩止渴的办法”。“只有克己反省，这才是我们治国的要道”。[①] 在日本帝国主义大举入侵的情况下，让中国人民“克己反省”，无异于向侵略者投降。因此，华北汉奸的所谓“民族主义”，实为民族投降主义。

新民主义的民权主义以“君子政治”为本。华北汉奸说：“政治的主权政府的原动力，不在于人民，亦不在于政府，而在于能奉行天道的人。”[②] 他们能领悟天地化育之大道，了解人民的好恶，是“民之父母”，“作之君，作之师”。就是说，人民群众必须接受他们这些“君子”的独裁专制统治。华北汉奸还鼓吹以“道义”制定宪法，而“道义”所要求的宪法是“五伦”（君臣、父子、夫妇、兄弟、朋友）宪法；所要求的政治是“三礼”（天礼、地礼、人礼）政治。这一切都是要剥夺人民的政治权力，用儒家的封建伦理道德束缚人民的思想，让人民群众任他们宰割。因此，华北汉奸的民权主义实际上是“夺民权”主义。

新民主义的民生主义的要旨有二：一曰“劳资协调”，二曰改良“人生精神”。关于“劳资协调”，华北汉奸们说，“中国是一个生产事业尚未发达的国家，大家都穷，就说不上谁是资本家与地主”。应该“劳资协调，有钱的出钱，有力的出力，大家努力从事生产，生产事

---

①②缪斌：《由新民主义批判三民主义》。

业发达。自然大家都有饭吃，谁也不要打倒谁，谁也不要同谁斗争，大家丰衣足食，都过舒服的生活”。[①] 关于“人生精神”的改良，华北汉奸们说，根除资本主义弊病的方法，不在于消灭资本主义，而在于使金钱的力量受道德力量的支配。因此，要致力于“人生精神”的改良。否则，“举世交征利，而世界危矣”。[②] 华北汉奸的民生主义主张阶级调和，反对阶级斗争，要被剥削者“修身养性”，甘心情愿地受剥削和压迫。这根本不是民主主义，而是地地道道的“民死主义”。

华北汉奸的新民主义，是为配合日本侵略者的侵华理论而编造出来的，其目的是泯灭中国人民的民族意识，为日本帝国主义培养“顺民”、“良民”。因此，所谓“新民主义”实则“顺民主义”，即卖国主义。

二、汪精卫的卖国主义

汪精卫卖国集团是汉奸中罪恶昭彰者。他们为了替日本侵略者开脱罪责并为自己的叛国罪行辩护，大肆兜售卖国主义。

（一）颠倒黑白，把战争罪责强加于中国。中日战争是日本侵略中国的战争，这是举世公认的事实。然而，汪伪汉奸竟公然颠倒黑白，把战争的责任强加于中国。

首先，他们抹杀侵略者与被侵略者的区别。汪精卫说：日本帝国主义侵略中国，是“兄弟两个厮打了一场”。为什么厮打起来呢？他说：“系误于一种循环论。例如日本说：中国排日，是九一八事变的起源；中国说：日本侵略是排日的起源；日本说：中国要放弃以夷制夷政策，才能使中日关系好转；中国说：日本要放弃对于中国的野心，才能使中日关系好转。诸如此类，都是互相期待，互相责备，

① 陶国贤：《新民会大纲浅说》，《新民会讲演集》第1集，第54页。

② 缪斌：《由新民主义批判三民主义》，第27页。

以致愈弄愈糟”。[1]于是，“阴错阳差的打起来”。[2]这样，中日两国之间既无侵略与被侵略之分，也无正义与非正义之别；中日战争完全成了一场“误会”。看起来是各打五十大板，实际上是为侵略者张目。

其次，他们诬蔑中国共产党提倡抗日民族统一战线，导致了中日战争的爆发。汪精卫说：“共产党是只知有第三国际，不知有中国的，他受了第三国际的秘密命令，将阶级斗争的招牌收起，将抗日的招牌挂起，利用中国几年来的民族意识，挑动中日战争”。[3]众所周知，中国共产党倡导抗日民族统一战线，是基于日本不断扩大对中国的侵略、民族危机日益加深这一事实的。这是中国共产党能审时度势的伟大所在。不是共产党倡导统一战线挑起了中日战争，而是日本侵华导致了抗日统一战线的建立。汉奸的诬骂决不会改变这一历史事实，却从反面证明了中国共产党倡导抗日民族统一战线的正确性。

第三，汪伪汉奸说，中日战争是由于国民党的反日政策造成的。理由是：其一，国民党违背了“中日结合”的方针。汪精卫说，在他主持国民政府期间，贯彻了“中日结合”的方针。但是“十七年间，便不然了，济南事件为中日关系恶转的起头，但是冤仇宜解不宜结，中国此时只宜竭力忍耐，竭力解释，使中日关系由恶转而复归于好转，不幸当时国民政府不出此，遂使中日关系由恶转而更恶转，由此一直于九一八事变发生。”[4]其二，蒋介石没有接受日本的“三原则”，导致了中日战争爆发。汪精卫说：“善邻友好共同防共经济提携三原则，固然在近卫声明中，方才轮廓明白，但是数年以前，日本已经有此提议了。二十四年十一月二十日，日本有吉大使与蒋会见，曾经提出以三原则为改善中日关系之基础，蒋表示赞同”，

---

①②③④南京大学马列教研室编：《汪精卫集团卖国投敌批判资料选编》，第311页、第392页、第309页、第308页。

"其后忽然翻覆"。"这是二十五年整整一年中日交涉反覆停顿之原因,也是二十六年中日冲突终于爆发之原因"。[1] 其三,1928年以后,国民党"只是走上了依赖国联的一条路,于是与日本的冤仇越结越深,这是无可讳言的。为了这种冤仇,才有这十多年的纠纷,才有这三年来空前的浩劫"。[2]汪伪汉奸的这些胡言乱语是对历史的根本颠倒。他们抱怨国民党由对日妥协转向抗日导致了中日战争的爆发。照他们看来,如果国民党"竭力忍耐",接受日本的"三原则",不依赖国联,那么,日本帝国主义的本性就会改变,中日战争就不会爆发。但这是汉奸们的幻想。所谓"竭力忍耐"意味着什么?不是别的,只能是任日本帝国主义宰割。其结果是日本可以兵不血刃而变中国为它的殖民地。

第四,汪伪汉奸公然把战争责任强加在中国国民头上。大汉奸陈公博说:"以中日两国文化的交流,地理的接壤,经济的密切,实在不必有这次事变的,以不必有的事变,而终于来临,而且相互沦入血海,至三年之多,这是谁的责任呢?我们用自省自责的精神来检讨,我相信每一个国民,都有责任罢!"[3]不揭露日本侵华给中国人民带来的深重灾难,而让倍受战争摧残的国民承担战争的责任,只有毫无民族气节的汉奸卖国贼才会干出如此无耻的勾当。

(二)混淆是非,鼓吹"抗战亡国","投降救国"。汪精卫集团的成员都是民族失败主义者。他们反对抗战,鼓吹"战必大败"。周佛海说:"为甚么战必大败?"因为"中国的人的要素,组织的要素,没有一件能和日本比拟"。"想在日本崩溃之中,寻求中国的最后胜利",只不过"是空中楼阁"。因为,当"日本感觉着痒的时候,中国已感觉着痛了;等到日本感觉着痛的时候,中国已会因痛而死了"。"'抗战到底',底是甚么?底在哪里?如果不愿谈和,那何异说要

---

①②③南京大学马列教研室编:《汪精卫集团卖国投敌批判资料选编》,第310页、第341页、第387页。

'抗战到亡'呢?""因此,我断定战必大败"。"我是相信抗战下去,是要灭亡的","抗战越久,亡国越快"。[1]

与此同时,汪伪汉奸大肆宣扬"投降救国"的论调。他们说:"和未必大乱"。"停战议和,虽然共产党会拚命的反对和捣乱,但是决不致于使政府动摇,决不致使天下大乱"。[2]他们又说:"日本既然声明,对于中国没有侵略的野心,而且伸出手来,要求在共同目的之下亲密合作,中国为什么不也伸出手来,正如兄弟两个厮打了一场之后,抱头大哭,重归于好?这是何等又悲痛而又欢喜的事?"[3]他们攻击继续抗战是"在民族意识的掩护之下,来做摧毁民族断送国家的工作"。"不如学刘坤一张之洞之保障东南,李鸿章之挺身入京,在八国联军枪杆之下,成立和议,或者还可以补救一些"。[4]按他们的逻辑,抗战只能亡国,投降才能救国。在汉奸们那里,一切是非都是颠倒的。

(三)歪曲孙中山的思想,鼓吹"大亚洲主义"。汪伪的"大亚洲主义"并没有什么新鲜货色,只不过是日本帝国主义的"建设东亚新秩序"、"大东亚共荣圈"等理论的汉奸版。

第一,宣扬世界大势"进于集团行动"。他们说:"世界大势,无论在经济上军事上,都已经渐渐的由一国单独行动而进于集团行动了"。"大亚洲主义就是从此而来的"。[5]因此,我们"要守着大亚洲主义,来应付新时代的需要。这样,对于友邦所提出的东亚协同体,东亚新秩序,和最近两国人士所提倡的东亚联盟,也都有了正确的解释,也都有了基本的精神"。[6]这就直言不讳地供认,"大亚洲主义"同日本帝国主义的侵华理论是一脉相承的。

第二,鼓吹中日合作,共同复兴亚洲。汪伪汉奸不顾日本侵略中国的事实,大讲"中日是兄弟之邦,亚洲是我们的家庭",中日两

---

①②③④⑤⑥南京大学马列室编:《汪精卫集团卖国投敌批判资料选编》,第394~396页、第394~396页、第309页、第312页、第339页、第341页。

国应该“互相帮助，互相合作，来复兴我们的家庭”。[1] 他们竭力为日本帝国主义涂脂抹粉，说：“日本不但不阻止中国之发达，而且还要援助中国，使之早日具备现代国家的必要条件”。[2]“日本决不会走向灭亡中国那一条路”。[3]近卫的三原则“就是大亚洲主义的理想”。[4]他们要中国人民按照“近卫三原则”，与侵略者“合作”，共同复兴亚洲，实际上是他们甘心充当日本征服亚洲的走狗。

第三，否认日本帝国主义是中国人民的主要敌人，宣扬欧美是亚洲的敌人。他们说：“东亚在欧美资本势力支配之下”[5]，因此，“亚洲的敌人，明明白白的是西方的经济侵略”。从这种谬论出发，他们坚决反对抗日，主张“先进的日本，后进的中国，只有同心协力，向着共同的敌人来要求亚洲的解放”。[6]“如果战胜了英美，则百年以来的侵略势力，一扫而空；东亚得到解放，中国得到自由平等”。因此，“日本对英美开战以来，已经一变而为东亚战争，保卫东亚的战争”。认为“中日协力，乃至将南洋划在东亚共荣圈内，是驱除英美势力，复兴亚洲之基本”。[7]因此，“中国要和日本做一个建设东亚新秩序的伙伴”。[8]

第四，如何实现“大亚洲主义”呢？汪伪汉奸认为，首要条件是中国向日本投降，实现“和平”。汪精卫说，中国“对于日本，本著冤仇宜解不宜结的根本意义，努力于转敌为友。第一步恢复中日和平，第二步确立东亚和平”。[9]“和平之后我们计划一个东亚国际的机构，防卫以东亚为中心，经济也以东亚为中心，按着国家间防卫的长短，人口之多寡，以分配防卫的责任。按照国家间生存的需要发展的程序，以确定工商业和资源的进展”。[10]这样，“中国和日本，外交方针一致，国防方针一致”，“以应付瞬息万变错综复杂的国际

---

①②③④⑤⑥⑦⑧⑨⑩南京大学马列室编：《汪精卫集团卖国投敌批判资料选编》，第 319 页、第 335 页、第 322～323 页、第 322～323 页、第 368 页、第 373～375 页、第 371 页、第 312 页、第 390 页。

局势，对于其他国家，要联合那个，便两个国家一起与之为友，要对抗那个，便两个国家一起与之为敌，只有这样才可以奠定东亚之永久和平，只有这样才可以谋大亚洲主义之实现”。[1] 不难看出，汪伪汉奸“大亚洲主义”的设想与日本帝国主义独霸亚洲的侵略目标完全一致。因此，“大亚洲主义”实现之日，就是“大日本帝国”建立之时。

为了使“大亚洲主义”更具欺骗性，汪伪汉奸极力编造谎言。

其一，所谓“大亚洲主义”即民族主义。汪伪汉奸们说：“把爱中国爱亚洲的心，打成一片，东亚诸 国，互相亲爱，团结起来，保卫东亚，这是民族主义的著重点”。[2]因为，“没有东亚，断不会有中国”；“如果不和东亚先进国结合一致，则保不住东亚，也就保不住中国”。[3]“中国的命运与东亚的命运不可分”，“大东亚战争胜利之后，也即是中国独立之时”。[4]因此，“我们要本于民族主义与大亚洲主义，来与东亚的友邦合作，与东亚的各民族合作，以求中国民族的解放，并且求东亚各民族的解放”。[5]汪伪汉奸把“大亚洲主义”与民族主义划等号，进一步证明他们的民族主义恰恰是卖国主义。

其二，所谓“大亚洲主义”是孙中山的思想。汪精卫说：“总理主张以大亚洲主义来实行民族主义”[6]，“所以孙先生于十三年八月二十四日，把三民主义讲完之后，便于同年十一月二十八日在神户讲大亚洲主义”[7]。这是对孙中山的恶意歪曲和中伤。

1924 年 11 月 28 日，孙中山取道日本北上时，确曾在神户发表过题为《大亚洲主义》的演讲。但是，以“大亚洲主义”为题演讲并非出自孙中山的本意，而是日本神户商业会议所、日华实业协会等五团体定的。对此，孙中山在演讲中说得明明白白。他说：“今天大

---

①②③④⑤⑥⑦南京大学马列室编：《汪精卫集团卖国投敌批判资料选编》，第 320 页、第 376 页、第 361 页、第 386 页、第 344 页、第 341 页、第 338 页。

家定了一个问题，请我来讲演。”孙中山在这个题目下所讲的内容，恰恰是批判日本帝国主义鼓吹的“大亚洲主义”的。他在演讲中借题发挥，宣传北上的目的，希望日本人民支持他的主张，迫使日本政府放弃霸权政策，废除不平等条约。他“深望日本民间同志，有以纠正军阀之方针，不为同洲侵略之举，而为同舟共济之谋”[①]，“用两国国民的力量，共同维持东亚大局”[②]。况且，在这之前，孙中山早已认识到，当今和未来的世界是“公理与强权之战”，而不是“黄白之战争，或为欧亚之战争”。[③] 可见，“大亚洲主义”不是孙中山的思想。他主张中日两国人民团结一致共同维护东亚大局，这同日本帝国主义妄图独霸亚洲的“大亚洲主义”没有丝毫共同之处。汪精卫企图歪曲孙中山的思想，替他们的“大亚洲主义”寻找护身符，完全是徒劳的。

① 《总理遗墨》，第 51～52 页。

② 《对神户记者谈话》，《孙中山先生由上海过日本之言论》，第 22～40 页。

③ 《孙中山选集》，第 533 页，人民出版社 1981 年 10 月第 2 版。

第十六章

中国民主党派的政治主张

第一节　民主党派的抗战观

一、民主党派的抗战主张

中国民主党派是中国政治势力的代表之一，它们的观点主要反映了民族资产阶级和上层小资产阶级的政治主张。抗战初期的民主党派有中国国家社会党、中国青年党、中华民族解放行动委员会(第三党)、全国各界救国联合会、中国职业教育社和乡村建设学会，抗战中期又成立了中国民主政团同盟(1944 年 9 月改名为中国民主同盟)。"九一八"事变后，随着国内外关系的重大变化，中国与日本帝国主义之间的民族矛盾开始上升为主要矛盾，抗日救亡成为中华民族的神圣使命。在此形势下，各民主党派、包括一贯坚持反共立场的青年党等，都纷纷站在抗日阵线一端，积极提出了自己的抗战主张。

第一，疾呼救亡图存。

"九一八"事变后，爱国老人马相伯立即撰写了《为日祸敬告国人》书，呼吁国民各报决心，自赎自救，群策群力，共赴国难。第三党提出：中国的生路，就是在民族革命战争的血泊中求生存。为着彻底完成这个神圣的任务，就必须全国人民合作，共同担负起来。

1935年12月，马相伯、沈钧儒等280多位爱国民主人士响应中国共产党《八一宣言》，联名发表了《上海文化界救国运动宣言》和《抗日救国初步政治纲领》，疾呼"国难日亟"，"'以土事敌，土不尽，敌不餍'。在这生死存亡间不容发的关头，负责指导社会使命的文化界，再也不能苟且偷安，而应当立刻奋起，站在民众的前面领导救国运动！"他们还提出了坚持领土主权完整，否认一切有损领土主权的条约和协定；用全国兵力、财力反抗敌人侵略；保障人民基本权利等八项主张。翌年5月，全国救国会更加明确地提出："以团结全国救国力量，统一救国方案，保障领土完整，图谋民族解放为宗旨"。沈钧儒强调，要加强抗战的决心，只有打倒日本军阀，驱逐日本军队于中国领土之外，才能有安乐的日子；要充实团结的精神，如果不能充分团结，就会给敌人以可乘之机，加速中国的沦亡。中华职业教育社提出，要大规模地发动民众，进行全民抗战；拥护统一，拥护政府最高领袖，各党派、无党派人士一致合作；逐步实现民主政治以及外交上亲苏联美国并重等等。中国青年党则表示对日应断绝国交，立请宣战，同时"为应付国难起见，中国今日应废除一党专政，组织国防政府"。

第二，实行武装抗战。

第三，党在《抗战时期的政治主张》中明确提出，"抵抗暴日侵略的伟大民族解放战争，也是中华民族争取生存的最后时刻"。为挽救中华民族危机"最适当最有效的办法只有靠发动反对帝国主义的民族革命战争，首先对日宣战，只有靠中国人民的最后一滴血，才能保障中国不会沦为完全的殖民地，才能毁灭半殖民地的桎梏，博取中华民族的解放"。他们建议国民党"成立武装民众指挥之机关，指挥全国义勇军之活动，使其与正式军队之动作，有适当配合"。"于全国各地成立在乡抗日志愿军，以备征兵到来完成前之调用"。沈钧儒提出要武装民众的力量。因为民众的力量是伟大的、持久的，如果能加以严密的训练来参加英勇的抗日斗争，才能达到反日运动的目的。《上海文化界救国宣言》号召要“尽量的组织民众，一心一德地拿铁和血与敌人作殊死战，是中国民族的唯一出路”。中国青年党也公开表示，摆在我们面前的只有主和、主战两条路，“主和不是亡国奴的口号，便是卖国贼的法宝。我们应坚决的反对直接干涉到底！主战是中国起死回生的救命汤，我们应赶快实行对日作战”。

第三，团结抗战，拥护国共合作。

在敌强我弱的形势下，民主党派对国共合作，团结抗战寄予了极大的希望。1936 年 6 月，全国救国会正式宣告建立人民救国阵线，呼吁全国要不分党派、不分阶层、举全国之力以与敌人一战。7 月，全救会发表了《团结御侮的几个基本条件》，这是一篇表明民主党派抗日救国思想的极为重要的文件。

文件首先指出抗日救国关系整个民族生死存亡，“只有集合一切人力、财力、知力、物力，实行全面总动员，才能得到最后的胜利”。其次，阐明了联合战线的主要目的在于扩大抗日救国队伍。在“四万万五千万的中国人民中间，除了汉奸以外，没有一个人是应该摒弃的”。各党各派各方面共同联合起来抗日救国，并不是说把各党派消灭，更不是说利用联合战线消灭党派。“在联合战线上的各党各派，尽可以有不同的意见；只要在抗日救国的一点上，求得共同一致，大家互相宽容而不互相倾轧，互相攻击，联合战线就建立起来了[①]”。任何利用联合战线、利用抗日名义谋个别的企图，就是破坏联合战线，也就是破坏抗日运动。再次，从历史的角度阐明许多国家都是因为对外战争的胜利而促成内部统一的。因此，民族联合战线决不是一种短命的过渡性质的结合。他们批评蒋介石“攘外必先安内”的政策并不能促成真正的内部统一，而唯一得到“安

① 中共中央统战部、中共档案馆：《中共中央抗日民族统一战线文件选编》中册，第 583 页，档案出版社 1985 年 7 月版。

内”利益的只能是我们的共同敌人。要真正做抗日的准备，决不是所谓的先安内后攘外，而是联合各党派，形成民众运动，共纾国难。为此要求蒋介石立即做到：停止对西南的军事行动；开放抗日言论自由和救国运动自由；和红军停战议和，共同抗日。他们特别强调要求蒋介石尽快地消除过去的成见，联合各党派，主要是和中国共产党重新携手，为抗日救国而奋斗。

与此同时，第三党、职教社和乡村建设学会也都提出以最快的速度，组织全国的反日阵线，号召各党派放弃其宗派的偏见，立即联合起来，共同抗战。

第四，坚持民主抗战，反对妥协投降。

民主党派一致认为，抗战胜利与实现民主有不可分离的联系，因此主张抗战应该是民主的抗战，中国在抗战中要实现民主政治。包括建立民主制度，给人民抗日救国的言论、出版、集会、结社自由。同时要求国民党提前召集国民代表大会，制定全国上下一致遵守的政治纲领，使全国各阶层力量能迅速集中，各方政治意见能彻底融合，以树立政府之坚实抗战基础。1937 年 10 月，胡愈之在《申报》发表文章，明确指出：“被侵略的国家，要向强大的敌人实行抗战，有两个必要的条件，就是统一和民主，而这两个条件又是不能分开的”。“人民自己都知道是国家的主人，没有一个人不愿意为保卫祖国而献身，要是人民和国家本来就没有多大关系，那么既使勉强抗战，胜利的把握是很少的”。邹韬奋更具体地提出了抗战时期民主的内容必须包括：在现有的政治机构中，应有反映民意的机关；关于抗日及善意批评政治的言论自由；组织抗日团体的自由。施复亮在《怎样争取“最后的胜利”》一文中强调抗战胜利必须具备两个根本条件：一是发动民众运动，一是恢复“联俄政策”，即实行孙中山所说的“唤起民众及联合世界上以平等待我之民族”。“只有把抗战的基础放在广大民众身上，只有‘武力与民众合作’，只有军民打成一片，实行‘举国一致’的抗战，我们才能获得‘最后胜利’。

因此，我们必须立即发动民众运动，把一切民众（尤其是农工大众）组织起来，造成一个巩固的团结力”。

上海、太原失陷以后，国民党内曾出现一股“和平”空气。10月，汪精卫发表《寻求与国与团结民众》一文，为对日投降制造舆论。11月，陶德曼会见蒋介石，转达了日本的和谈条件。12月，国民党国防最高会议第五十四次常会讨论了对日政策，准备对日妥协。消息传出后，各民主党派表示强烈反对。胡愈之呼吁国人，警惕国民党蒋介石集团对日妥协和汪精卫集团的卖国投降。他告诫人们：“在经过一段军事挫折以后，妥协和投降的疫菌，便会乘机活跃，我们不能不谨慎防范，正象夏秋间我们必须打防疫针一样，我们认为应该赶快加强民众组织，肃清汉奸意识，同时对外表示中国抗战的决心，以谨防疫病——妥协与和平论——的流行。”他还谴责汪精卫抹煞了抗战与投降的界限，民主与法西斯的界限，指出如果中国对日抗战与投降都是和平路线，联络民主的英美法和社会主义的苏联与联络日本的盟友法西斯主义的德国和意大利都是“循国际和平的路线以前进”，那么中国的抗战就会从根本上被取消。同年11月，沈钧儒、邹韬奋、章伯钧、梁漱溟等人在一届二次参政会上严正指出：“任何人如果有妥协投降的阴谋活动，即等于民族的败类和叛徒，全民族应群起而攻之”。

汪精卫叛国投敌以后，各民主党派纷纷发表声明、通电，痛斥其卖国求荣，倒行逆施的丑行，并且密切注视国民政府的动态。邹韬奋曾意味深长地说：人们对于汪氏这次的悖谬行为却不可不得到相当的教训，脱离了大众意志的任何个人，他们本身都是没有力量的。领袖之所以成为领袖，是因为他能反映大众的迫切要求，为大众幸福而努力奋斗，一旦离开了这个立场，无论他原来的地位如何崇高，都是要为国人所共弃的，曾在政治上“失节”的人之可怜，固不在汪氏。他忠告国民政府中的动摇分子，要以汪精卫为前车之鉴。

第五，如何争取抗战的最后胜利。

1937 年 3 月，章乃器在《抗日必胜论》一书中，系统地论述了如何争取抗战胜利的问题。他首先批判了“机械的失败论”和“机会主义的抗日论”，指出，“‘九一八’的烽火，是中华民族历史上最严重的一个危机，然而同时是中华民族历史上最伟大的一个生机”，从危机中可以转变出生机来。机械论者因为看不出这种转机，所以得出的自然是失败论。机会主义者忽视了抗日胜利的必然性而重视了抗战胜利的偶然性。按照这两种论调抗日，则必然会导致失败。章乃器提出了“科学的抗日必胜论”和取得抗战胜利的条件。关于主观条件，共有五个方面：中国有五千年的悠久文化；有广大的国土和四万万五千万人口；将人口、土地、文化三个主观条件结合起来，可以得出一个结论：中华民族是不可能灭亡的；有相当的武装力量，有二百万以上的常备军，还有民间武力；“中华民族的民族意识是不会消沉下去，失败主义是不可能起很大的汉奸作用的”等等。关于客观条件，共有七个方面：帝国主义国内和国际间的矛盾，帝国主义为了维护本国利益而开展的“和平”运动；帝国主义国内革命势力的高涨；世界人民爱好和平反对残杀的运动；落后民族的觉悟，殖民地和半殖民地人民的解放运动；特别在中国，帝国主义国际间的矛盾格外尖锐；全世界的革命势力和全世界爱好和平的广大群众，对中国的重视超过对阿比西尼亚的重视；日本帝国主义有相当大的武力，但不能以全部力量对付中国。基于上述分析，章乃器得出结论：“‘使一切不利于我们的条件转变为有利于我们的条件’，这是任何革命斗争的铁则。但是，用什么方法可以达到这种目的呢？那只有‘紧紧的把握住矛盾’”。他认为，紧紧的把握矛盾，包含认识矛盾、运用矛盾和扩大矛盾的三个过程。而所谓矛盾，是包括敌人内部的矛盾以及自己的矛盾。认识当前的矛盾所在，运用这个矛盾，扩大这个矛盾，就可以用我们的主观力量去推进人类的进化。

章乃器提出的抗日必胜的这些主客观条件，虽不尽全面，但是可取的。尽管他的这些主张没有把争取抗战胜利同当前中国政治联系起来观察，没有将抗战胜利的希望放在广大人民群众革命斗争的基础上，而是寄托于国民党正规军，对于什么是当前的矛盾，如何紧紧地把握矛盾也没有清醒的认识，但是他的主张对推动全民族抗战的实现仍有一定的积极作用。

"八一三"事变后，旋复亮先后发表一系列文章，阐述如何争取抗战胜利的主张，在民主人士中具有一定的代表性。他认为抗战的重心在政治，我们能否坚持抗战取得最后胜利，全看在政治上有无办法。我们的政治机构和政治设施能够发动全国一切人力和物力来支持抗战到底，则我们的抗战一定得到胜利，否则就迟早要归于失败。他还指出，中国的抗战必须有鲜明的政治纲领来领导，必须使全体民众都在一个共同的抗日政治纲领之下团结起来支持抗战到底；召集人民救国会议，改革政治机构。同时他希望"上层抗战的领袖及下层抗战的民众共同努力，促进政治的民主化"。

上述民主党派的抗战主张，反映了抗战初期民主党派坚持抗战、团结、民主的基本思想，表现了他们的爱国精神和抗战积极性。但他们立足于依赖国民党政府抗战，"由政府来领导整个抗战运动"，把整个抗战前途和政治改革的希望寄托在蒋介石集团身上。而蒋介石集团顽固坚持一党专政，对抗战也是动摇的，这就使民主党派的许多正确主张根本不能实现。

二、中国民主政团同盟的政治主张

抗战初期，民主党派还没有认识到中国共产党的全面抗战路线是正确的路线，没有看清中国共产党及其领导下的军队是抗日战争的支柱。随着时间的推移，国民党片面抗战路线造成的恶果日益显露，加之对共产党实行军事进攻和政治压迫的同时，对民主党派和爱国人士也采取高压政策，先后逮捕了杜重远，拘留了马寅初，封闭邹韬奋创办的生活书店，甚至公开诬蔑沈钧儒等民主人士要在重庆“领导暴动”。在此情况下，许多民主党派的政治态度逐步发生了变化。为了更有效地争取民主，反对独裁，扩大民主党派在全国的影响，一些民主党派人士经过反复筹划，决定将 1939 年底成立的“统一建国同志会”改组为介乎国共两党之间的政党，取名为“中国民主政团同盟”。1941 年 10 月，中国农工民主党、中国青年党、中国国社党、中国人民救国会、中华职业教育社、乡村建设派等 6 个党派参加的中国民主政团同盟正式宣布成立，并公开发表了《中国民主政团同盟成立宣言》和《中国民主同盟对时局主张纲领》。其主要内容是：

第一，声明该组织是国内政治上一向抱民主思想的各党派的初步结合。在“国际阵线明朗有利，外援渐增，而在我则反不得协力制敌，甚而致力于内力相销，本来相衡，可忧实大”的情况下，需要团结起来，组成一个有充分力量和影响的政治集团，站在第三者立场，调和国共冲突，用这种办法来加强团结，坚持抗战。同时他们的实力也就会在这种努力中发展起来，成为足以决定中国前途的政治力量。

第二，提出了中国民主政团同盟的十条政治纲领。主要是，贯彻抗日主张，恢复领土主权的完整，反对中途妥协；加强国内团结，所有党派最近协调之点，亟需根本调整；督促并协助国民党切实执行抗战建国纲领；实践民主精神，结束党治，在宪法实施之前，设置各党派国事协议机关；确立国权统一，反对地方分裂；军队属于国家，军队忠于国家，反对军队中之党团组织，并反对以武力从事党争；厉行法制，保障人民生命财产及身体之自由，反对一切非法之特殊处置；尊重思想学术之自由，保护合法之言论出版集会结社等等。

第三，强调非武力的“国人意志之统一”。指出：“中国之兴必兴于统一，中国之亡必亡于不统一”。而统一的要旨在于“国人意志之统一”。抗战以来，“统一气象后不如初者”的根本原因在于“各恃其力，而有忽于人心之向背耶！不求于心而求于力。人心抑闭，武力充塞，寝假而至于公日，弥漫周迎，唯是强霸之力”。将此应彻底抛弃。

第四，宣布中国民主政团同盟的活动奉“军队国家化”，“政治民主化”为“鹄的”。指出，“军队国家化”，“政治民主化”是统一的根本，故此，“请以武力属之国家，而勿分操于党，彼此互以理性相见，而视大众趋向为依旧”。只有这样，才能“永奠统一，必兴民族”。

以上政治主张，充分反映了中国民主政团同盟代表了民族资产阶级、开明地主和上层小资产阶级的利益与要求。它既反对国民党一党专政的独裁统治和对日妥协政策；也不同意共产党领导的八路军，新四军和抗日政权的存在。它提出的军队国家化和政治民主化口号，是希望在国共两党之间发展自己的政治力量，扩大自己的政治影响，以便在一定的时机，建立资产阶级性质的民主共和国。

第二节　民主党派的建国观

一、民主党派的建国主张

抗日战争胜利以后，随着国内政治形势的发展和国统区人民民主运动的高涨，民主党派的组织也获得了极大的发展。除原有的民主党派组织队伍进一步扩大外，又先后成立了以民族工商业者为主体的中国民主建国会；以科技、文教界的中高级知识分子为主体的九三学社；以进步知识分子为主体的中国民主促进会；以国民党内爱国民主人士为主体的中国国民党民主促进会、三民主义同志联合会等等。另外，一些民主党派为了适应形势的发展，进行了相应的调整。全救会改名为中国人民救国会；中华民族解放行动委员会改名为中华农工民主党；1946 年，中国致公党总部的工作也在香港恢复。这些组织和原有的民主党派一起，在中国共产党的正确路线的影响下，在反对独裁、内战和争取和平民主等一系列重大斗争中，都发挥了重要的作用。

当时，在国内影响最大的民主党派是中国民主同盟，他以第三大党的姿态活跃在中国政治舞台上，其政治主张和坚持介乎于国共两党之间路线的立场也最有代表性。1945 年 8 月 15 日，民盟发表了《在抗战胜利声中的紧急呼吁》，明确提出了“民主统一，和平建国”的口号和十项政治主张。主要内容有：召开全国人民所一致需要的国民大会，成立举国一致的联合政府，颁布宪法，选举总统；保障人民的一切基本自由，包括各党派的公开活动；释放一切政治犯；由政府召集各党派及无党派人士的政治会议；军队国家化等等。文章强烈“要求执政的中国国民党，同时也要求有土地有人民也有武装的中国共产党，对我们的主张给以充分的考虑”。

毛泽东赴重庆谈判时，民盟主席张澜致函毛泽东和蒋介石，希望国共双方乘此时机，“全盘”、“彻底”地解决国家问题，同时提出，民盟对于国共谈判“虽不获事先参预，事后必须保留批评之自由”。以后民盟还提出了在国内产生很大影响的“调和国共”、“兼亲美苏”的方针，幻想以第三大党的地位，“缓冲国共两党的武力对峙与冲突”，左右政局，使中国的政治前途实现第三条道路。同年 10 月，民盟在临时全国代表大会(即第一次全国代表大会)上通过的《政治报告》、《大会宣言》以及《中国民主同盟纲领》等文件中，系统地提出了实现资产阶级共和国理想的完整方案。主要内容是：

第一，阐述了民盟的民主理论观。指出：民盟的唯一责任就是要实现中国的民主政治。而今日的中国在政治、经济和社会上仍然没有民主，这是绝对不能允许的。民盟的民主理论观是建立在“人”这一基础概念之上的，认为民主是一种政治制度，同是也是人类生活的一种方式，是人类做人的一种道理。“社会上一切政治经济的组织只是人类达到做人目的的工具”,而人是组织一切制度的主人。人民是国家的主人,人民组织国家的唯一的目的,只在谋全体人民的福利。所以在一个国家,倘政治是一人或一部分人的专制独裁,经济是一人或一部分人的独享独占,这就失去了民主的意义。民主的政治经济必定是全体人民的政治经济。检验真假民主的唯一尺度是:人民是否有机会做人,人人是否是自己的主人,人民是否是国家的主人。

第二,提出了建成中国型民主的必要性及具体措施。他们考察了英美苏国家议会政治、政党政治失败与成功的经验,认为都是中国今后建立民主制度的极好参考。但是在一个国家建立一种政治经济制度,绝不能抹煞自己国家过去的历史,更不能忽视自己国家当前的情况。因此,主张“拿苏联的经济民主来充实英美的政治民主”,“创造一种中国型的民主”。为了实现这种制度,《民盟纲领》规定:确立实行议会制。国会为代表人民行使主权之最高机关,由参议院及众议院合组之,国会有制订法律,通过预算、决算、规定常备军额、宣战、媾和、弹劾罢免官吏及宪法上赋予之其他职权。参议院由各省议会选出代表组成,众议院由全国人民直接选举之代表组成;确立实行责任内阁制,对众议院负责;司法独立,绝对不受行政及军事之干涉;地方自治。此外,还需规定国家保障人民的各项最基本的自由权利。

第三,提出要把中国建成真正的民主国家,首先要扫除民主的障碍,结束国民党一党专政,实现各党派平等基础上的和平统一。为此,必须着重解决三个问题:(1)“召集全国各党派及无党派的代表人士共同举行圆桌会议,用和平协商的方式对当前国家的一切问题逐步地积渐地求得全盘彻底的解决”。(2)建立联合政府,这是“中国和平、团结、统一的唯一途径”,是实现军队国家化,彻底消弥内战,平息党争的唯一枢轴”。(3)召集国民大会,而且必须是名符其实的代表真正民意的、而不是任何党派包办操纵的机关。

民盟的这些主张，比较集中地代表并反映了民主党派的建国思想，其主要锋芒是针对国民党独裁统治的。它所强调的实行立法、司法、行政三权分立的议会制度，就是为了反对国民党一党专政和蒋介石独裁；强调实行地方自治，就是为了反对国民党的中央集权制度，这在客观上对于维护解放区的民主权利，推动和平民主运动都具有积极的意义。但这些主张又存在局限性，就其性质来说，仍然是建立英美式的资产阶级共和国的纲领。而且，他们这里所说的人是不分阶级不分政治立场的抽象的人，可是在阶级社会里，每个人都具有阶级的属性，因此在阶级社会中从来就没有全体人类的民主。民盟所主张的民主对封建独裁统治来说，具有进步意义，但其同时也是不同于中国共产党的新民主主义政治理论的。民盟所设计的"中国型的民主"正是建立在这种超阶级的"人"的基础之上的，而在现实生活中，超阶级的人和超阶级的民主根本就不存在。没有剥削的经济制度，只能在阶级消灭之后才能实现。把英美的政治民主同苏联的经济民主结合起来的想法，忽视了无产阶级专政与资产阶级专政的本质区别，更是不切实际的幻想。

在此前后，其它各民主党派围绕抗战胜利后建立什么样的国家也纷纷发表自己的主张，并着重论述了结束党治、民主建国、和平统一、军队改革、安定秩序等问题。

1946年1月，各党派规划如何建国的政治协商会议在重庆召开，中国的资产阶级民主运动也出现了前所未有的活跃。以民盟为代表的民主党派在会上提出的政治主张主要是：

第一，关于政治民主化。支持中国共产党的主张，反对国民党所谓"扩大"国府委员会的方案，阐明了改组政府的三条理由：(1)希望由一人集权制过渡到民主集权制；(2)为了结束训政完成宪政，希望各党派能参加政府；(3)使目前政府的行政效率提高和现代化。基于这些原则，又进一步提出了改组政府的三项要求：必须有共同纲领为施政的共同准绳；设立共同的决策机关，并且真能决策;各方面人士参加执行机构,并且使它"真能执行"。

第二,关于施政纲领。对于国民党以《抗战建国纲领》、《建国大纲》和国民党六全大会政纲为依据的主张提出严肃批评,认为政协虽非人大代表,但真正代表人民利益。施政纲领应以国民党"一大"宣言和《中华民国训政时期约法》为依据,并参考中共及其他政党的纲领、各界人士的意见。

第三,关于军队国家化。提出两大原则:一是"全国所有军队应即脱离任何党派关系而归属于国家,达到军令政令之完全统一(现役军人脱离党籍)";二是大量裁减常备军额,而积极从事科学研究,工业建设。为此,应立即成立整军计划委员会,由国共两党军事人员,非两党军事人员,非军事人员参加,同时可聘美国顾问。民盟代表特别解释说:军队国家化,即是军队不属于任何私人、任何地方、任何党派所有。军权需交给无政党关系的文人,一切军营党化的方式都必须全部废止。这实际是要国共双方都交出军队,由他们代表国家接收。

第四,关于国大代表的选举和宪草修改原则。重申了国大代表必须重新选举的主张,强烈反对国民党一党包揽国大代表的作法。关于宪草修改原则,提出了七点必须注意的意见。要照顾到国内外形势的变化;研讨宪草的态度要绝对客观;国大应有常设机构;设置副总统;省长民选;职业选举应该加入,等等。毫无疑问,这些方案对国民党一党专政是有力的限制,同时也清楚地反映出民主党派要"把中国造成一个十足道地的民主国家"的具体政见。

二、中间路线的破产

资产阶级中间路线,是介乎于国共两党之间的既不同于共产党又不同于国民党的政治路线,它代表了中国民族资产阶级和上层小资产阶级的要求与愿望。抗战胜利后,国共两党相对均衡和暂时和平的局面为中间党派的活动提供了有利的时机,加之长期战争后人们希冀和平的情绪，使中间路线的存在又具有一定的社会基础。同时由于蒋介石所表示的欺骗性的和平民主姿态，更使一部分党派对中国政局产生不正确的认识，他们要“把握住这个千载一时的机会”，利用共产党的力量来压国民党向他们让步，利用国民党的力量来限制共产党的发展，以达到由他们控制政局，建立资产阶级共和国的目的。但是，从中国的历史发展与现实来看，企图在大地主大资产阶级与无产阶级两大敌对势力之间寻求一条中间道路来挽救国家的命运，毕竟只能是一种幻想。

中国民主同盟是坚持“中间路线”的主要党派之一，在民主党派中也颇具代表性。

1946 年 11 月，民盟负责人罗隆基、章伯钧等人在南京举行的记者招待会上提出，民盟从成立的时候起，就决定站在第三者的立场，努力调解国共的武力冲突。又说，我们愿保持在内战环境中超然独立的第三者地位，在调解武力竞争上继续尽最大的努力，以争取国家的真正和平，促进国家的真统一，建立中国的真宪政，实现中国的真民主。可见，以第三者的身份调解国共的武力冲突，建立资产阶级的民主共和国，这既是民盟的基本立场和主张，也是其它民主党派的基本立场和主张。

政协会议后，张东逊发表了《一个中间性的政治路线》一文，明确提出“中国必须于内政上建立一个资本主义与共产主义中间的政治制度”。[①] 这个制度的内涵包括“在政治方面比较多地采取英美式的自由主义与民主主义；同时在经济方面比较多地采取苏联式的计划经济与社会主义。从消极方面来说，即采取民主主义而不要资本主义，同时采取社会主义而不要无产阶级专政的革命”。如何站在“国共两党中间”呢？他表示既不赞成国民党官僚资本对资本主义发展的阻碍，亦不赞成共产党用斗争的方法来平分土地的

---

① 《再生》，第 118 页，1946 年 6 月 22 日出版。

政策，而是“应有一个全国适用的土地改革办法，使耕者有其田之理想由和平方法得以实现。我们同时主张根本铲降官僚资本，务使工商业依国家所定的全盘计划得由个人努力以发展之。这便是中间性的政治路线”。

“站在第三方面”，极力鼓吹“中间派的政治路线”的另一代表人物是民主建国会的领导人施复亮。他先后撰写了《何谓中间派》、《两条道路，一个动力》、《中间派的政治路线》、《中间派在政治上的地位与作用》、《中间路线与挽救危局》等大量文章，对“中间路线”进行了系统的论述。

首先，他阐述了“中间路线”的客观性。指出：“在今天中国的客观条件下，只有中间派的政治路线，在客观上才足以代表全国人民的共同要求和整个国家的真实利益”。“目前的政局是：国民党既不能用武力消灭共产党，共产党也不能用武力消灭国民党；而国际形势也不许可有一个完全右倾的国民党政权或完全左倾的共产党政权。在这种客观形势之下，唯一可能的正确的道路，就是恢复中间性的政协路线”。[①] 又说，“政协路线在本质上是中间派的政治路线”，“在今天的中国，也只有这样的路线才是真正的民主路线”。[②]

其次，阐述了中间派的社会基础。他认为中国是一个农业手工业占优势的社会，阶级分化 并不十分尖锐，包括民族企业家、手工业者、工商业从业人员、知识分子、小地主、富农、中农在内的中间阶层占全国人口的绝大多数。这些中间阶层都是中间派的社会基础，而中间派是中间阶层的政治代表。他认为中间派的立场就是大多数人民的立场，中间派的主张代表了大多数人民的利益，中间派的政团应当联合起来，形成强大的中间派的政治力量。

再次，阐述了中间派的政治理论和主张。他指出，中间派的政

① 《时与文》第1卷第5期，1947年4月11日。

② 《时与文》第1卷第8期，1947年5月2日。

治路线应是实现英美式的民族政治和发展民族资本主义。在政治上反对任何形式的一党独裁或阶级独裁；在行动上应当是不赞成暴力革命的"和平的改良道路"。他还详尽地提出了"中间路线"的三个基本原则：(1)中间派所要建设的新民主主义的政治，在形式上是英美式的民主政治，但决不许它成为少数特权阶级所独占的民主政治，必须把它变成为多数平民所共治的民主政治，进一步且须变成为全体人民所共治的民主政治。(2)尽量利用资本主义生产方式的各种优点以促进整个国民经济的迅速工业化。同时，为了提高农业的生产力和农民的购买力，应立即实施进步的土地改革。(3)工人贫农合作，共同反抗官僚买办资本家和大地主的压迫。与左翼党派合作，共同制止右翼党派的反动政策，但须保持自己的独立的政治立场。他申明，只要中间派能够始终坚持这三个基本原则，其政治路线一定能够获得广大人民的支持，成为当前中国唯一正确的政治路线。

其四，阐述了中间派在政治上的地位和作用。他认为中间派在中国的政治中具有决定性的作用，并且断定在近期之内，国共双方都不能用武力统一中国，而国际形势也不允许有一个完全右倾的国民党政权或完全左倾的共产党政权。在这种客观形势下，唯一可能的正确道路，就是恢复中间性的政协路线，由国共两党及其它民主党派共同组织民主的联合政府，进行政治、经济、军事、文化上的种种改革。但要走回这条道路，首先必须造成一个强大的中间派，独立于国民党统治集团与共产党之间，取得一种举足轻重的地位。在和平恢复以后，中间派更是推行民主政治的重要的决定的力量。目前只有加强中间派的力量，才能使国共双方不能不互让，从而"获致'调和'，达到'统一'，建立'民主主义的社会'"。

事实证明，"中间路线"虽然代表了民族资产阶级和上层小资产阶级的利益与要求，但它却根本不符合中国的国情与形势发展的需要，因此注定要遭到失败。究其原因，一是它违背了中国社会发展的客观要求和广大人民的愿望;二是国民党封建专制势力绝对不允许其存在。

就在一些人为"中间路线"奔走呼号的时候,国民党开始了对民主党派的镇压。1947年10月27日,国民党宣布民盟为"非法团体",强行予以解散,它标志着"中间路线"的开始破产。对于国民党的倒行逆施,中国共产党提出强烈抗议,并真诚地希望民盟放弃"中间路线",继续斗争。11月6日,新华社发表了《蒋介石解散民盟》的时势评论,指出蒋介石解散民盟"只能教育人民:要有自由,要有真正的和平,就必须用武力来打倒蒋介石,就必须坚决拥护人民解放军的武装革命斗争,而决不能依靠任何和平的合法的改良的方法"。时评还指出,"民盟方面现在应该得到教训:任何对美国侵略者及蒋介石统治集团或其中某些派别的幻想,都是无益于自己与人民的,应当消除这种幻想,而坚决地站到真正的人民民主革命方面来,中间道路是没有的。如果民盟能够这样做,则民盟之被蒋介石宣布为非法并不能损害民盟,却反而给民盟以走向较之过去更为光明的道路的可能性"。

在中国共产党的影响和帮助下,1948年1月,沈钧儒、邓初民等人在香港主持召开了民盟历史上非常重要的三中全会,宣布重建领导机构,恢复活动。会议重新确定了民盟的政治路线和斗争方针,认定美帝国主义和蒋介石是人民的公敌,要彻底摧毁南京反动独裁政府和驱逐美帝国主义,为彻底实现民主、和平、统一的新中国而奋斗到底。会议批判了"中间路线",宣布坚决地站在人民的立场、民主的立场,与中国共产党密切合作。会议承认过去以和平、公开、合法的方式去争取民主已经失败,"自从本盟被南京反动独裁政府勒令解散以来,一切所谓'中立'、'中间'的说法和幻想,实早已被彻底粉碎了"。因此,今后"决不能有所谓中立的态度"。

中国民主同盟是最有代表性的民主党派,从国民党强行解散民盟,到民盟三中全会的召开,反映了民盟的基本政治倾向,也反映了各民主党派的基本政治倾向，反映了民主党派在中国革命发展进程中的思想变化；它标志着民主党派已经彻底放弃了对国民党反革命统治的幻想和国共之间的第三者的立场，而决心与中国共产党密切合作，打倒蒋介石独裁政权，为建立民主和平的新中国而奋斗；同时也标志着“第三条道路”和“中间路线”的彻底破产。

第十七章

中国共产党的
人民民主专政理论

第一节　关于联合政府的争论

一、中国共产党的和平建国纲领

抗战胜利后，中国共产党为了实现符合全国人民心愿的国内和平与国家的民主进步，提出了建立联合政府的主张。所谓联合政府，是即不同于西方资本主义社会实行的资产阶级专政；也不同于当时苏联社会主义社会实行的无产阶级专政；而是以工人阶级为领导的人民大众的民主联盟的国家制度，即新民主主义的国家制度。早在1940年，毛泽东在《新民主主义论》中就指出，要在中国建立一个各革命阶级联合专政的新民主主义共和国，并在1944年明确提出了建立联合政府的主张。而后，在1945年4月召开的中国共产党第七次全国代表大会上，毛泽东在《论联合政府》的政治报告中，对有关联合政府的原则问题和具体实施方法做了全面的论述。

毛泽东指出：建立人民民主的联合政府既是历史的要求，也是全国人民的任务，并着重强调了人民的民主是建立联合政府的前提条件。而“建立一个以全国绝大多数人民为基础而在工人阶级领导之下的统一战线的民主联盟的国家制度”下的民主，才是人民的民主。他解释中国共产党主张建立联合政府的原因，主要是“拿资本主义的某种发展去代替外国帝国主义和本国封建主义的压迫，不但是一个进步，而且是一个不可避免的过程。它不但有利于资产阶级，同时也有利于无产阶级，或者说更有利于无产阶级”。这就是中国共产党愿意与国民党在合作抗日以后继续合作建国的理论根据。

毛泽东阐明了中国共产党关于联合政府的共同纲领。这种共同纲领又分为一般纲领和具体纲领两部分。一般纲领是：建立一个独立、自由、民主、统一和富强的新中国。这个新中国的国家制度不应该是一个由大地主大资产阶级专政的、封建的、法西斯的、反人民的国家制度；也不应该是一个纯粹民族资产阶级的旧式民主专政的国家；在现阶段也不应该实行社会主义的国家制度。中国需要建立的是一个以全国绝大多数人民为基础而在工人阶级领导之下的统一战线的民主联盟的国家制度，即新民主主义的国家制度或政权形态。

在政治上，主张推翻外来的民族压迫、废止国内的封建主义的法西斯主义的压迫，建立一个联合一切民主阶级的统一战线的采取民主集中制的政治制度；在经济上，主张实行耕者有其田和节制资本；在文化上，实行民族的、科学的、大众的文化。实行一般纲领的目的，是把中国从目前的殖民地、半殖民地和半封建的国家和社会状况，推进到社会主义的国家和社会。

根据这个纲领，中国共产党还制定了体现人民大众现实要求，也是最低限度要求的具体纲领，主要内容是：废止国民党一党专政，建立民主的联合政府和联合统帅部；取消一切镇压人民的反动的特务机关和特务活动；取消一切镇压人民的言论、出版、集会、结社、思想、信仰和身体等项自由的反动法令，使人民获得充分的自由权利；承认一切民主党派的合法地位；实行农村改革，扶助民间工业等等。其中“最重要的是要求立即取消国民党一党专政，建立一个包括一切抗日党派和无党派代表人物在内的举国一致的联合的临时的中央政府”。这两个纲领既有区别，又有联系。一般纲领在整个民主阶段是不变的，但随着形势和任务的变化，具体纲领是变化的。具体纲领反映一定时期阶级力量的对比和群众的觉悟程度，一般纲领为具体纲领规定了前进的方向和总的原则，具体纲领变动的目的也是为了有步骤地、更好地实现一般纲领。

毛泽东关于联合政府的论述，反映了中国共产党和平建国的良好愿望，在国内外引起巨大反响，得到广大人民和各民主党派的热烈拥护。

同年 8 月，毛泽东率中共代表团赴重庆与国民党谈判，进一步为建立联合政府，争取中国有一个光明的前途而努力。在重庆《会谈纪要》中，就民主联合政府问题作了如下规定：国共双方一致认为，“必须共同努力，以和平、民主、团结、统一为基础”，“长期合作，坚决避免内战，建设独立、自由和富强的新中国，彻底实行三民主义”。同时，双方认为“政治民主化，军队国家化及党派平等合法，为达到和平建国必由之途径”。关于政治民主化问题，双方一致认为应结束训政，实施宪政，召开政治协商会议，邀请各党派代表及社会贤达协商国是，讨论和平建国方案及召开国民大会各项问题；关于人民自由问题，一致认为政府应保证人民享受一切民主国家人民在平时应享受的身体、信仰、言论、出版、集会、结社之自由，现行法令当以此原则，分别予以废止或纠正；关于党派合法化问题，中共方面提出：政府应承认国民党、共产党及一切党派的平等合法地位。国民党方面表示，各党派在法律之前平等，本为宪政常轨，今可即行承认。上述协商的成果，可以说中国共产党关于联合政府基本主张在现实政治中的贯彻，并且为政治协商会议的召开奠定了思想基础。

1946 年 1 月，中国共产党在提交政治协商会议讨论的《和平建国纲领草案》中进一步阐述了联合政府的主张。

《草案》总则“确认国内各民主党派应实行长期合作，坚决避免内战，国内任何政治的民族的纠纷，均应以政治方法寻求解决”；以和平、民主、团结、统一为基础，迅速结束训政，实施宪政，建设独立、自由和富强的新中国。以“政治民主化、军队国家化及党派平等合法为达到和平建国必由之途径”。从而进一步明确了民主、统一、平等的原则。《草案》第二部分规定了人民的基本民主权利，提出“人民享受一切民主国家在平时应享受之身体、思想、信仰、言论、出版、集会、结社、通讯、居住、迁徙、营业、罢工、游行示威及免于贫苦、免于恐怖等自由”。此外还规定了现行法令有与上述原则抵触者，应分别予以废止或修正，凡有侵犯人民自由之权利者，应予处罚，所有侵害人民权利之一切特殊机构应立即解散。《草案》第三部分阐述了建立联合中央政府机构的方案。在结束训政筹备宪政之过渡期间，必须立即扩大现有的国民政府的基础，改组为能够容纳全国各抗日民主党派及无党派民主人士参加的举国一致的临时的联合的国民政府；各党派无党派民主分子应广泛参加国民政府的一切部门，多数党在政府中主要职位中所占的名额不得超过三分之一；改组后的国民政府应脱离国民党的直接领导；政府所发布的一切命令，都应由会议通过及主管机构联署。此外，《草案》还规定了召开有各党派参加的自由的普选的国民大会，以制定民主的宪法，成立民主的联合政府以及地方自治、军队改革、财政改革、改善民生、发展教育等内容。

综上所述，可以清楚地看到，《和平建国纲领草案》的核心，就是要废止国民党一党专政，建立一个真正民主的联合政府。表明中国共产党作为无产阶级政党要参加国家的领导，但并不是要求无产阶级一个阶级对整个国家的领导权，这是符合当时实际情况的完全正确的主张。尽管国民党在会议通过的《和平建国纲领》中将建立联合政府删改成为“当前国家设施，应顾及全国各地方、各阶级、各职业人民之正当利益，保持其平衡发展”，“用人不分派别，以能力资历为标准”，但这相对国民党一党专政来说，仍然是一个重大的进步。

二、国民党的“法统”与“宪法”

孙中山在《建国大纲》里曾设想将中国革命的发展分为军政、训政、宪政三个阶段，而在革命成功之前，由国民党代表大会代行国民大会职权，负责一切军国庶政，即“以党建国”和“以党治国”。1924 年，孙中山在国民党“一大”上再次郑重提出要用党的力量去改造国家，而且“以党治国”应效法俄国，并不是去模仿欧美式的政党政治。他在《关于组织国民政府案之说明》中指出，俄国十月革命之所以成功，“即因其将党放在国上”。其“可为我们模范，即俄国完全以党治国，比英、美、法之政党，握权更进一步”。这一时期“以党治国”的内涵是：“党在国上”，即党在政府之上，“以党为掌握政权之中枢”[①]，即直接掌握政权。它既不同于议会政治、政党内阁，也不同于欧美的多党政治，更不同于 1927 年以后国民党的一党专政。因为它不排斥其它的革命党，而是由一个统一的党来建国和治国。可见孙中山的这一思想是综合了西方资产阶级革命和俄国十月革命的经验教训后提出来的，其本意是：中国必须实行政党政治；“以党治国并不是用本党的党员治国，是用本党的主义治国“[②]；实行一党制，一切权力集中于国民党；贯彻民主集权，反对个人独裁。

孙中山逝世后，号称严尊遗教、法统的国民党众领袖在实践中很快将“以党治国”发展为“党员治国”。1925 年 7 月，国民党中央议决交国民政府公布的《中华民国国民政府组织法》第一条规定：“国民政府受中国国民党之指导及监督掌理全国政务。”1927 年 3

---

① 《孙中山全集》第 9 卷，第 122 页，中华书局 1986 年 4 月版。

② 《孙中山选集》，第 525～526 页，人民出版社 1956 年 11 月版。

月，武汉国民政府公布的《修正中华民国国民政府组织法》第一条，维持1925年7月广东国府组织法不变；第二条规定："国民政府由中央执委会选举委员若干人组织之，并指定其中五人为常务委员"。这是最早见到的包括"主义治国"和"党员治国"两项内涵的"一党专政"的根本法明文。1928年10月国民党中央通过的《训政纲领》，又将《建国大纲》中所规定的人民享有的选举、罢免、创制、复决四种政权划归了国民党。翌年3月，国民党"三大"更加明确规定："此其以中国国民党独负全责，领导国民，扶植中华民国之政权、治权，而使之发展，以入宪政之域。"① 上述文件的颁布及实施，标志着国民党一党专政的体制已经基本确立。1931年6月，南京国民政府颁布《中华民国训政时期约法》，进一步巩固了国民党一党专制的政体，并且通过军权的作用，使党治向个人独裁的方向发展。《约法》明确规定了国民党中央对全国的绝对统治权，从法律上进一步巩固了国民党一党专政的体制；在中央与地方均权的旗号下，将地方权力限制在最小范围内，加强了中央集权的统治；削弱了五院对政府的控制权，扩大了政府的权力和独立性；确认了国民政府对国民党中央的隶属关系。同年6月，国民党三届五中全会决定，蒋介石继续担任国民政府主席兼行政院长，从而使蒋介石总揽一切大权"合法化"，成为中国的大独裁者。

为了给国民党一党专政和蒋介石军事独裁披上民主的外衣，国民党于1936年5月5日颁布了《中华民国宪法草案》(即五五宪草)。宪草适应国民党一党专政和蒋介石军事独裁统治的需要，在中央政权的组织形式上，实际规定了总统独裁制。它赋予总统以凌驾于一切国家机关之上的种种大权，而所谓代表"民意"的"国民大会"，不但不能决定一切内政外交的大政方针，也无权干预或监督

---

① 荣孟源:《中国国民党历次代表大会及中央全会资料》，上卷，第658页，光明日报出版社1985年10月版。

这些方针的执行。宪草虽然以专章规定了“人民之权利义务”，但每项“自由”规定之后都写明“非依法律，不得限制之”。就是说，国民党为了其大地主大资产阶级统治的需要，可以随时抛出某种法律，来剥夺人民的自由权利。显然，这是一部维护国民党一党专政和蒋介石军事独裁的反人民反民主的宪法草案。

从以上事实可以清楚地看到，国民党蒋介石政权已经完全背离了孙中山以党治国的思想，最关键之处在于国民党从 1927 年起，已经由一个工农在内的多阶级的政治联盟异变为排斥工农的反革命的政治联盟。它根本不代表社会最广大的工农阶级的利益，而且党内也没有民主。在很长时期内，只是由少数上层领导人争权和专权。这就是国民党集团顽固坚持的所谓法统。

抗日战争胜利前后，国民党蒋介石集团为了抵制全国人民废止国民党一党专政、成立联合政府的要求，从 1945 年 6 月至 1946 年 4 月，先后召开了国民党第六次全国代表大会、国民党六届二中全会和第四届国民参政会第二次会议。这些会议的中心议题是：

第一，制定了坚持独裁统治，拒绝联合政府的路线。蒋介石在国民党“六大”上公开鼓吹，“今天的中心工作，在于消灭共产党！日本是我们国外的敌人，中共是我们国内的敌人！只有消灭中共，才能达成我们的任务”。并提出，“当前对中共之论争，应集中于反驳联合政府”。[①] 国民党“六大”还以召开“国民大会”作为抵制联合政府的手段，所谓国民大会的代表，完全是国民党在 1936 年一党包办产生的；所要通过的宪法，依然是以“五五宪草”为根据；有关国民大会的职权及其它职权等问题也得由国民党中执会或中常会来决定，这样的代表，这样的宪法 ，以及这一由国民党中央“授与”国民大会职权的作法，其必然结果，不外是将国民党一党独揽的权力

① 引自张秋千：《重庆的喜剧——国民党第六次全国代表大会内幕》，现代史资料社。

由其左手“还给”其右手罢了。在第四届国民参政会第二次会议上，蒋介石更加坚决地表示，拒绝成立各党派合作的联合政府。他说：政协会议不是制宪会议，政协会议关于政府组织的协议案在本质上更不能代替约法。“所以国民政府在政治协商会议开会时再三宣示，此次扩充政府的组织是在国民政府现有的基础之上要求各党派人士及社会贤达共同参加来扩大政府的范围，而决不是推翻现在国民政府的基础，另外来组织一个政府”。就是说国民党一党专政控制下的独裁政府只能扩充，不能改组，而且这种扩充不能触动国民党政府的基础。

第二，歪曲孙中山五权宪法的基本思想，为独裁统治制造理论根据。五权宪法学说是孙中山重要的建国理论，这一学说的核心是加强资产阶级的集权，以监察和考试权的设立来削弱议会对行政权的牵制作用，反对西方议会“专制”。这一学说的另一要点是强调权能分开，以便人民更好地运用权力来监督政府。但早在1928年10月国民党中央通过的《训政纲领》中，就已将人民享有的选举、罢免、创制、复决四种政权划给了国民党，由国民党“训练国民逐渐推行”，这就从根本上颠倒了权能各自的属性，也说明以后国民党集团所标榜的五权宪法根本不是孙中山的五权宪法学说。在国民党六届二中全会上，蒋介石公开指责政协会议违背了五权宪法的精神，并提出反对政协决议的五条意见，即：制定宪法，应用建国大纲为最基本之依据；国民大会应为有形之组织，用集中开会之方式行使建国大纲所规定之职权，其召集之次数应酌量增加；立法院对行政院不应有同意权及不信任权，行政院亦不应有提请解散立法院之权；监察院不应有同意权；省无须制定省宪①。这五条意见，充分暴露了国民党所要坚持的仍然是训政时期个人独裁的中央体制。此后，蒋介石在国民大会第三次会议上的演说中又提出：要使

① 《大公报》(重庆)1946年3月17日。

五权宪法的精义尽量发挥必须具备两个条件，第一必须行使政权的人民，具有掌握政权确保政权的能力和习惯，第二必须行使治权的政府，能够恪守治权的界限，不以治权来侵犯政权。所以五权宪法最好是由国父本人来行使。他又说："我们如果在今天就实行五权宪法 ，人民是否能掌握政权，而不受治权的侵犯呢？我可以说，目前我国大多数的人民，还没有这种能力和习惯。如果这样毫无保障，就实行五权宪法，我个人认为非常危险。……我相信假如我自己来行使五权宪法，我能以国父之心为心，以治权来保护政权，培育政权，使民权充分发展。"一言以蔽之，就是要由蒋介石自己来行使五权宪法，结论自然是独夫集权，人民无权。

第三，以所谓国民党的"法统"为一党专政进行辩护。蒋介石在国民党六届二中全会和国民参政会的讲话中详细介绍了国民党的所谓"法统"，并且强调从国民党的训政时期约法到"五五宪草"，再到将来制定宪法，这个"法统"是不能割裂中断的。他说："在宪法尚未颁行之前训政期约法是根本有效的。要知道国家不可一日没有政府，政府不能一日没有法律，尤其是国家与政府所依据的根本大法——约法，我们国民政府就是根据训政时期约法而行使其职权。倘若宪法尚未颁行而约法先行停止，中国就没有合法的政府，国家就要陷入无政府状态。"因此，这个维护国民党一党专政的"约法"是万万不能更动的。

1946 年 11 月，国民党撕毁政协会议决议，召开了一手包办的"国民大会"，通过了《中华民国宪法》。这部宪法共 14 章 175 条，其主要特点是：

第一，以根本法的形式，确认了蒋介石个人独裁统治的国家制度。规定"总统为国家元首"；总统有权召集国民大会，统率全国海陆空军、对外宣战和缔约媾和；宣布戒严解严；任免一切文武官员、五院正副院长的提名及解决五院之间的纠纷；遇有重大变故时，总统可以"依紧急命令法，发布紧急命令，为必要之处置"。这就从根本法的意义上确认了总统包揽一切，不受任何约束，不向任何机关负责，使其权力与专制的皇帝无异。

第二，剥夺了人民的民主自由权利。宪法虽然对人民权利义务作了规定，同时却又勾销了对人民民主自由的保障。如条文称“除为防止妨碍他人自由，避免紧急危难，维护社会秩序，或增进公共利益所必要者外，不得以法律限制之”。言外之意，凡是人民的基本民主自由权利，都可以用“妨碍他人自由”，“维持社会秩序”为理由，按照国民党政府自定的特殊法律而加以限制和终止。又如宪法将政权与治权分开，规定国民大会只有选举和罢免总统、副总统、修改宪法等职权，而无权决定国家的一切内政外交的基本方针，这样，国民大会也就没有实际权利了。

第三，违反政协协议的地方自治原则，实行中央集权。宪法表面上规定省、县地方自治，但是却规定了由中央制定“省县自治通则”作为省、县“自治法”制定的依据。这就事实上改变了政协决定的地方均权主义原则而成为中央集权主义。

第四，维护半殖民地半封建的社会政治经济制度。对于国民党政府签定的卖国条约和协定，宪法明文规定“遵守”，同时还规定了大地主大资产阶级的利益及帝国主义在华权益“应受法律之保障与限制”等等。

总之，《中华民国宪法》充分反映了国民党坚持独裁、内战的反革命政策，其实质是：人民无权，政府有权；地方无权，中央有权；立法无权，总统有权。伪国大的召开和伪宪法的通过，维护了国民党的一党专政，违反了各党派各界人士共同通过的政协协议，它的制定程序和内容完全违反了人民的意愿，因而遭到了中国共产党和其它民主党派、爱国民主人士及全国人民的强烈反对。

1946 年 11 月，周恩来发表谈话，指出：“这一‘国大’是违反政协决议与全国民意而由一党政府单独召开的，中国共产党坚决反对。”[①]。12月，中共中央发言人严正声明，中国人民决不承认蒋记伪宪法。各民主党派也发表联合声明，指出："这种宪法，不仅其产生的基础和基本精神是反和平反民主的，就是它的作用也是反和平反民主的。因此，我们现在反对这一宪法，实为争取和平民主必要的行动。"[②] 延安《解放日报》先后发表了《弄假成真——评蒋介石"国大"的闭幕》、《评国民党二中全会》、《破产的政治理论》、《再评破产的政治理论》等社论，对国民党顽固坚持伪法统和伪宪法进行了尖锐的揭露与批判。

首先，揭露了国民党背离、歪曲孙中山政治学说的丑恶行径，着重分析批判了国民党"权能分职、五权分立"的提法。指出：政权不是抽象的东西，政府机关、法庭、军队、警察、宪兵等等，乃是政权最明白的具体标志，谁掌握了这些东西，谁便有政权，便可以统治一切，也即谁便有治权。所谓政权即是治权，治权即是政权，这是一个东西。"十八年来，国民党当局假借中山先生这个权能分开的见解，认为他们自己是'有能的人'，而人民则是无能的'阿斗'，他们实行了一党专政和个人独裁，独占了全国的政府机关、法庭、军队、宪兵、警察等等，而把人民踏在足下。中国人民的民主运动，就是要求改变国民党这种独占"。[③]

其次，驳斥了蒋介石鼓吹的一党专政的法统论。指出：蒋介石现在拿出来的法统，就是《训政时期约法》。蒋介石在制定这个约法的所谓"国民会议"上曾言明，第一是要按照他所说的"今日举国所要求者为有效能的统治权之行施"规定一部法西斯独裁的"国家组织法"，也即是所谓的《训政时期约法》；第二是要在这个法西斯独

① 解放军政治学院：《中共党史参考资料》第10册，第233页。

② 《文汇报》(上海)1947年1月1日。

③ 《解放日报》1947年3月22日。

裁的“合法”基础上，继续扩大其屠杀人民和剪除异已的国内战争。蒋介石的所谓法统就是这么制造出来的。这个“法”不是别的，就是法西斯独裁法，就是国民党一党专政法，就是内战法。“毫无疑问，这个法统乃是中国一切黑暗和痛苦的象征”。①

社论还揭露了国民党顽固坚持这一法统的原因，是“要把‘宪政’当成他的训政之一脉相承。大家要把蒋介石这个‘法统’的理论，和他及国民党二中全会法西斯派关于推翻政协宪草原则的主张联系起来考察，便能够容易寻索到其中的秘密”。社论明确宣布，国民党所坚持的法统中国人民是不能够承认的，中国人民的斗争目标，“就是立即结束国民党一党专政，立即废止那个祸国殃民的《训政时期约法》，实现一个国会全权制、内阁制、省自治制的民主宪政。这就是中国人民的法统”②。

中国共产党领导全国人民对国民党顽固坚持的反动的伪宪法和伪法统的批判，对于孤立国民党反革命统治，教育人民，明辩是非，都起到了重大的作用。

第二节　中国共产党的人民民主专政理论

一、由民主革命向社会主义革命转变的理论

中国共产党在 1949 年 3 月召开的七届二中全会上系统地提出了由民主革命向社会主义革命转变的理论和策略。毛泽东在会议上的报告中，不仅及时提出了在全国民主革命胜利的形势下，党的工作重心必须由农村转向城市，而且就中国革命的转变问题，作了理论上的系统的阐述。

毛泽东首先从中国社会基本矛盾的变化上，科学地说明了中

①②《解放日报》1947 年 4 月 10 日。

国革命发生转变的原因。他指出:革命在全国胜利,并且解决了土地问题以后,中国还存在着两种基本的矛盾。国内是工人阶级和资产阶级的矛盾;国外是中国和帝国主义国家的矛盾。这种社会基本矛盾的变化,即国内的基本矛盾由人民大众同地主阶级和官僚资产阶级之间的矛盾转变为工人阶级与资产阶级的矛盾,乃是中国革命由民主革命阶段转变到社会主义革命阶段的基本依据。其次,毛泽东阐述了人民民主专政的国家政权是顺利地实现向社会主义革命转变并建设社会主义强大国家的基本条件。这种人民民主专政的国家政权,要由工人阶级团结广大农民阶级和其它阶级,以便在革命时期,彻底打倒反动势力。革命胜利以后,迅速地恢复和发展生产,对付国外的帝国主义,使中国稳步地由农业国转变为工业国,把中国建设成一个伟大的社会主义国家。因此,工人阶级领导的人民共和国的国家政权,在人民民主革命胜利以后,不是可以削弱,而是必须强化。再次,毛泽东从分析中国各种经济成分的状况出发,提出了中国革命转变中的一系列方针和政策。在经济上,规定了没收官僚资本归无产阶级领导的人民共和国所有,使这部分经济成为社会主义性质的国营经济,成为整个国民经济的领导成份和建设社会主义的物质基础。在国营经济的领导下,对私人资本主义经济采取恰如其分的有伸缩性的限制政策,通过合作社经济改造个体经济,这就是我国由新民主主义转变为社会主义的重要途径。在政治上,要巩固和加强无产阶级领导的以工农联盟为基础的人民民主专政的国家政权。为此,全党要认真地团结全体工人阶级、全体农民阶级和广大的革命知识分子。同时也要去团结尽可能多的能够和我们合作的城市小资产阶级和民族资产阶级的代表人物、它们的知识分子和政治派别,以便孤立反革命势力。在外交上,不承认国民党时代的任何外交机关和外交人员的合法地位,废除旧中国的一切不平等条约,取消帝国主义在中国的一切特权,按照平等的原则同一切国家建立外交关系,对于不改变敌视中国人民态度的帝国主义，决不给他们在中国以合法的地位。其四，提出加强党的思想建设是完成革命转变的重要保证。毛泽东说，因为胜利，党内骄傲情绪，以功臣自居的情绪，停顿起来不求进步的情绪，贪图享乐不愿再过艰苦生活的情绪可能增长。资产阶级也会出来捧场。可能有些共产党人，他们不曾被拿枪的敌人征服过，但是经不起资产阶级糖衣炮弹的袭击。毛泽东告诫全党，夺取全国胜利，只是走完了万里长征的第一步，今后的路程更长，工作更伟大更艰巨，因此，全党务必继续保持谦虚谨慎，不骄不躁的作风，务必继续保持艰苦奋斗的作风。

中共七届二中全会提出的这些理论，科学地阐明了中国革命由民主革命向社会主义革命转变的总任务及其基本途径，从而为夺取民主革命的最后胜利和建设新中国，在政治思想上作了充分的准备。

二、人民民主专政理论

随着三大战役、渡江战役的胜利和江南广大区域的解放，中国革命的胜利已成定局，召开新政协，建立新中国的时机已经成熟。将要出现在东方地平线上的新中国究竟是一个什么性质的国家，各个阶级在新中国的地位如何，采取什么样的政权组织形式，这个国家的内政外交方针是什么，它的发展前途如何？为了阐明中国共产党在这些重要问题上的主张，回击反革命派的攻击，批判和澄清各种错误思想，毛泽东于1949年6月30日发表了《论人民民主专政》。这篇文章依据马克思主义的国家学说，紧密结合中国实际，集中地阐述了中国共产党关于人民民主专政的理论。其要点是：

第一，阐明了中国建立人民民主专政、走社会主义道路的历史必然性。毛泽东总结了中国人民一百多年革命的历史经验，指出，从鸦片战争失败那时起，先进的中国人就不辞千辛万苦向西方国家寻求真理。但是帝国主义的侵略打破了中国人学西方的迷梦，只是在“十月革命一声炮响，给我们送来了马克思列宁主义”之后，中国人从思想到生活才出现了一个崭新的时期。在中国共产党的领导下，经过三十年的苦斗，才取得了基本胜利。这个事实雄辩说明：“西方资产阶级的文明，资产阶级的民主主义，资产阶级共和国的方案，在中国人民的心目中，一齐破了产。资产阶级的民主主义让位给工人阶级领导的人民民主主义，资产阶级共和国让位给人民共和国。”毛泽东告诫那些幻想资产阶级共和国的人们：资产阶级的共和国，外国有过的，中国不能有，因为中国是受帝国主义压迫的国家。在中国唯一的出路是经过工人阶级领导的人民共和国到达社会主义和共产主义，到达阶级的消灭和世界的大同。中国共产党的成立造成了这种客观可能性。总结中国共产党二十八年的经验，集中到一点，就是工人阶级（经过共产党）领导的以工农联盟为基础的人民民主专政。

第二，阐明了人民民主专政是工人阶级领导的，以工农联盟为基础的包括城市小资产阶级和民族资产阶级在内的政权，这就是中华人民共和国的性质。人民民主专政需要工人阶级的领导，因为只有工人阶级最有远见、大公无私、最富于革命的彻底性。人民民主专政的基础是工人阶级、农民阶级和城市小资产阶级的联盟，而主要是工人和农民的联盟，因为这两个阶级占了中国人口的百分之八十到九十，反帝反封建和推翻国民党反动统治，主要依靠这两个阶级的力量，由新民主主义到社会主义过渡也主要依靠这两个阶级的联盟。民族资产阶级在现阶段有其很大的重要性，因为他们是反帝的，他们对恢复和发展国民经济可以起很大的作用。但是，他们的社会经济地位规定了他们的软弱性，因而，它既不能充当革命的领导者，也不应当在国家政权中占主要地位。

第三，阐明了民主和专政的相互关系。毛泽东指出：对人民内部的民主方面和对反动派的专政方面互相结合起来，就是人民民主专政。在现阶段，工人阶级、农民阶级、城市小资产阶级和民族资产阶级都属于人民的范畴，这些阶级在共产党的领导下，团结起来，组成自己的国家，选举自己的政府，向着帝国主义走狗即地主资产阶级和官僚资产阶级以及代表这些阶级的国民党反动派及其帮凶实行专政，压迫这些人，只许他们规规矩矩，不许他们乱说乱动。否则革命就遭失败，人民就要遭殃，国家就要灭亡。对于人民内部则实行民主制度，人民享有言论集会结社等项自由权和选举权。只有在人民内部实行充分的民主，才能有效地组织人民对反动派实行专政；只有对反动派实行专政，才能保证人民的民主权利。

第四，人民民主专政的历史任务。毛泽东依据马克思列宁主义的国家学说，指出：国家是阶级压迫的工具。必须懂得，消灭阶级、消灭国家权力、消灭党，使人类进到大同境域，这是历史发展的客观规律，也是一条真理，问题只是时间和条件。我们和其它政党相反，他们怕说阶级的消灭、国家权力的消灭和党的消灭。我们则公开声明，恰是为了促使这些东西的消灭而创造条件，而努力奋斗。共产党的领导和人民民主专政的国家权力，就是这样的条件。不承认这一条真理，就不是共产主义者。但是，现在还不能消灭国家，因为帝国主义还存在，国内反动派还存在，国内阶级还存在。所以我们现在的任务是要强化人民的国家机器，借以巩固国防和保护人民利益，并以此作为条件，由新民主主义社会进到社会主义和共产主义社会，达到阶级的消灭和世界的大同，这就是人民民主专政所肩负的历史使命。

毛泽东《论人民民主专政》是建立新中国的伟大纲领，它阐明了中国共产党关于建立新中国的一系列基本思想，奠定了人民民主专政的理论基础和政策基础，对马克思列宁主义的国家学说，也是一种丰富和发展。

中国共产党关于人民民主专政理论的成熟为新政协的召开和新中国的诞生作了思想上和理论上的准备。1949 年 9 月，中国人民政治协商会议第一次全体会议在北京召开，会议通过了《中国人民政治协商会议共同纲领》，它以法律的形式确定了中国人民民主专政的国家制度，具有临时宪法的性质。

《共同纲领》明确规定：中华人民共和国为新民主主义的国家，实行工人阶级领导的、以工农联盟为基础的，团结各民主阶级和国内各民族的人民民主专政，反对帝国主义、封建主义和官僚资本主义，为新中国的独立、民主、和平、统一和富强而奋斗。

《共同纲领》制定了新中国成立后人民民主政权采取的各项基本政策。在经济方面，规定了经济建设的根本方针，是以公私兼顾，劳资两利，城乡互助，内外交流的政策，达到发展生产、繁荣经济的目的。此外，还阐明了五种经济成份（国营经济、合作社经济、农民和手工业者的个体经济、私人资本主义经济和国家资本主义经济）的性质、地位、规定它们的相互关系是：在国营经济领导之下，分工合作，各得其所，以促进整个社会经济的发展；在文化教育方面，规定了新中国的文化教育为新民主主义的，即民族的、科学的、大众的文化教育。人民政府的文化教育工作，应以提高人民文化水平，培养国家建设人材，肃清封建的、买办的、法西斯主义的思想，发展为人民服务的思想为主要任务；在民族关系方面，规定了各民族一律平等，实行团结互助，反对帝国主义和各民族内部的公敌，使中华人民共和国成为各民族友爱合作的大家庭。同时规定了在各少数民族繁居的地方实行民族区域自治；在外交方面，规定了保障本国独立、自由和领土主权的完整，拥护世界和平和各国人民间的友好合作，反对帝国主义的侵略政策和战争政策。在与国民党政府断绝关系和对中华人民共和国采取友好态度的前提下，在平等、互利及互相尊重领土主权的基础上，愿意和各国建立外交关系。

《共同纲领》集中体现了全国人民的意志和利益，是中华人民共和国在相当长的时期内的施政准则。《共同纲领》的制定和颁行，是中国新民主主义革命胜利的重要标志。这一胜利是马克思列宁主义的普遍真理同中国革命实践相结合的毛泽东思想的胜利，从政治思想史的角度来说，是马克思主义国家学说和中国新民主主义革命理论的胜利。